W0085040

Angular

Zu diesem Buch – sowie zu vielen weiteren O'Reilly-Büchern – können Sie auch das entsprechende E-Book im PDF-Format herunterladen. Werden Sie dazu einfach Mitglied bei oreilly.plus+:

www.oreilly.plus

2. Auflage

Angular

Das Praxisbuch zu Grundlagen und Best Practices

Manfred Steyer und Daniel Schwab

Manfred Steyer und Daniel Schwab

Lektorat: Ariane Hesse
Korrektorat: Friederike Daenecke
Fachgutachter: Jan Kielmann, Andreas Langmann
Satz: Gerhard Alfes, mediaService, Siegen, www.mediaservice.tv
Herstellung: Susanne Bröckelmann
Umschlaggestaltung: Michael Oréal, www.oreal.de
Druck und Bindung: Media-Print Informationstechnologie, mediaprint-druckerei.de

Bibliografische Information Der Deutschen Nationalbibliothek
Die Deutsche Nationalbibliothek verzeichnet diese Publikation in der Deutschen Nationalbibliografie; de-taillierte bibliografische Daten sind im Internet über http://dnb.d-nb.de abrufbar.

ISBN:
Print 978-3-96009-026-7
PDF 978-3-96010-144-4
ePub 978-3-96010-145-1
mobi 978-3-96010-146-8

2. Auflage 2017

Dieses Buch erscheint in Kooperation mit O'Reilly Media, Inc. unter dem Imprint »O'REILLY«. O'REILLY ist ein Markenzeichen und eine eingetragene Marke von O'Reilly Media, Inc. und wird mit Einwilligung des Eigentümers verwendet.

Copyright © 2017 dpunkt.verlag GmbH
Wieblinger Weg 17
69123 Heidelberg

Die vorliegende Publikation ist urheberrechtlich geschützt. Alle Rechte vorbehalten. Die Verwendung der Texte und Abbildungen, auch auszugsweise, ist ohne die schriftliche Zustimmung des Verlags urheberrechtswidrig und daher strafbar. Dies gilt insbesondere für die Vervielfältigung, Übersetzung oder die Verwendung in elektronischen Systemen.

Es wird darauf hingewiesen, dass die im Buch verwendeten Soft- und Hardware-Bezeichnungen sowie Markennamen und Produktbezeichnungen der jeweiligen Firmen im Allgemeinen warenzeichen-, marken- oder patentrechtlichem Schutz unterliegen.

Die Informationen in diesem Buch wurden mit größter Sorgfalt erarbeitet. Dennoch können Fehler nicht vollständig ausgeschlossen werden. Verlag, Autoren und Übersetzer übernehmen keine juristische Verantwortung oder irgendeine Haftung für eventuell verbliebene Fehler und deren Folgen.

Inhalt

Vorwort

Vor rund zehn Jahren galt für gute Webanwendungen noch die Regel, so viele Aufgaben wie möglich auf dem Server zu erledigen. Inzwischen stützen sich moderne Webanwendungen jedoch auf clientseitige Techniken, allen voran JavaScript. Dies steigert die Benutzerfreundlichkeit und schafft die Möglichkeit, die jeweilige Anwendung an die Auflösungen und Formfaktoren der vielen unterschiedlichen klassischen und mobilen Plattformen anzupassen.

Single Page Applications (SPA) sind ein derzeit äußerst beliebter Architekturstil für solche Webanwendungen. Wie ihr Name schon vermuten lässt, bestehen SPAs aus lediglich einer einzigen Seite, die ein Browser auf klassischem Weg abruft und anzeigt. Alle weiteren Seiten und Daten bezieht die SPA bei Bedarf über direkte HTTP-Zugriffe per JavaScript.

Das populäre JavaScript-Framework Angular, das von Google entwickelt wird, hilft Ihnen beim Erstellen von Anwendungen, die diesen Architekturstil verfolgen. Angular bietet unter anderem Unterstützung für die Datenbindung, für das Validieren von Daten oder das Arbeiten mit Vorlagen. Darüber hinaus bietet Angular Konzepte, mit denen Sie den Quellcode strukturieren und wartbare, wiederverwendbare sowie testbare Programmteile erschaffen können. Das vorliegende Buch präsent die Möglichkeiten von Angular. Dabei beschränkt es sich nicht nur auf die Grundlagen, sondern präsentiert auch Lösungen für Fälle, die das SPA-Framework nicht direkt abdeckt.

Zielgruppe

Das Buch richtet sich an Webentwickler, die bereits grundlegende Erfahrung mit HTML, CSS und JavaScript haben und nun mit Angular SPAs entwickeln wollen. Dabei bezieht es sich auf die Version 4 von Angular, die beim Verfassen der Texte die aktuellste Version war.

Zielsetzung des Buchs

Mit diesem Buch verfolgen wir das Ziel, Ihnen anhand von Beispielen zu zeigen, wie Sie Angular zur Entwicklung von Single Page Applications nutzen können. Dabei gehen wir auf die Möglichkeiten von AngularJS ein und präsentieren auch Lösungen für Aspekte, die AngularJS nicht direkt unterstützt. Für eine erschöpfende Funktionsauflistung verweisen wir Sie auf die online vorliegende Dokumentation.

Quellcodebeispiele, Online-Services und Errata

Über *www.angular-akademie.com* stellen wir Ihnen sämtliche in diesem Buch präsentierten Quellcodebeispiele sowie Online-Services zur Verfügung, die die Beispiele zu Demonstrationszwecken nutzen und die Sie auch in eigene Beispiele einbinden können. Darüber hinaus werden wir auf dieser Seite weitere Informationen zu Angular sowie gegebenenfalls Errata zum vorliegenden Buch veröffentlichen. Daneben bietet die Website Ihnen die Möglichkeit, mit uns Autoren direkt in Kontakt zu kommen.

Konventionen in diesem Buch

Kursiv
Wird genutzt für neue Begriffe, URLs, E-Mail-Adressen, aber auch Funktionsnamen, Befehle u. a.

`Nichtproportionalschrift`
Programmlistings und Codefragmente werden in dieser Schrift dargestellt.

Dieses Symbol steht für Tipps, Hinweise und allgemeinere Anmerkungen.

Aufbau des Buchs

Das Buch besteht aus 19 Kapiteln. Die folgende Auflistung zeigt, was diese bieten:

Kapitel 1, Projekt-Setup: In diesem Kapitel erfahren Sie, welche Schritte nötig sind, um mit Angular loszulegen. Dazu lernen Sie unter anderem das Angular Command Line Interface (CLI) kennen. Damit lässt sich ein gutes Grundgerüst für eine Angular-Anwendung generieren.

Kapitel 2, Erste Schritte mit Angular: In diesem Kapitel erfahren Sie, wie Sie mit Angular eine erste einfache Anwendung erstellen können, die via HTTP Daten abruft und darstellt. Sie lernen hier auch die Grundlagen zu Komponenten und Modulen kennen. Auch das Thema Datenbindung wird hier eingeführt.

Kapitel 3, Erste Schritte mit TypeScript: Die bevorzugte Sprache zum Entwickeln mit Angular ist TypeScript. Sie orientiert sich am ECMAScript-Standard und bietet zusätzlich ein statisches Typsystem, um Fehler frühzeitig erkennen zu können. In diesem Kapitel lernen Sie die wichtigsten Merkmale dieser JavaScript-Erweiterung kennen.

Kapitel 4, Komponenten und Datenbindung: Angular-Anwendungen sind Komponenten, die aus weiteren Komponenten bestehen. In diesem Kapitel erfahren Sie, wie Sie eigene Komponenten erstellen können, die über Datenbindung mit anderen Komponenten kommunizieren.

Kapitel 5, Pipes: Pipes helfen, Daten im Rahmen der Datenbindung zu transformieren. Sie kommen zum Beispiel zum Formatieren oder Umschlüsseln von Informationen zum Einsatz. Dieses Kapitel informiert über die in Angular enthaltenen Pipes und erklärt, wie Sie eigene Pipes in Ihren Projekten schreiben können.

Kapitel 6, Services und Dependency Injection: Services sind unter Angular wiederverwendbare Codeeinheiten. Dank Dependency Injection können Sie diese austauschbar gestalten. Dieses Kapitel zeigt die Möglichkeiten zum Entwickeln solcher Services auf. Außerdem erfahren Sie hier, wie Sie Services global oder auch nur für bestimmte Komponenten registrieren können.

Kapitel 7, Module: Zum Strukturieren von Anwendungen setzt Angular auf Module. In diesem Kapitel lernen Sie eine typische Modulstruktur für Angular-Anwendungen kennen. Außerdem erfahren Sie, wie Sie eigene Module umsetzen können.

Kapitel 8, Routing: Mit Routing lassen sich in einer Single Page Application mehrere Seiten simulieren und so Navigationsstrukturen etablieren. Dieses Kapitel geht auf den Angular-Router ein, der sich um diese Aufgabe kümmert. Es zeigt auch, wie Sie hierarchische Navigationsstrukturen entwickeln können oder ins Routing eingreifen und angeforderte Aktionen unterbinden können. Außerdem erfahren Sie hier, wie Ihre Anwendung mit dem Router bestimmte Bestandteile bei Bedarf nachladen kann (*lazy loading*).

Kapitel 9, Formulare und Validierung: In diesem Kapitel lernen Sie die beiden von Angular gebotenen Ansätze zum Umgang mit Formularen kennen. Außerdem erfahren Sie, wie Sie Eingaben validieren und eigene Formularsteuerelemente anbieten können.

Kapitel 10, Internationalisierung: In diesem Kapitel zeigen wir Ihnen, wie das Anpassen von Angular-Anwendungen für Benutzer verschiedener Länder und Sprachen funktioniert. Durch die Nutzung von Compiler-Tools unterscheidet sich der Ansatz von Angular deutlich von den meisten Frameworks. Als Alternative zur Angular-Methode gehen wir ebenfalls auf die externe Library *ngx-translate* ein.

Kapitel 11, RxJS und Angular: Mit RxJS wird Ihnen eine Library zur Verfügung gestellt, die es möglich macht, asynchrone Prozesse event-basiert über Observables, Observer und Operatoren abzubilden. Wir zeigen Ihnen die Grundlagen der Library sowie den Umgang mit ihr – in Kombination mit Angular. Sie erfahren auch, wie man Marble-Diagramme liest, die die funktionalen Eigenschaften der Operatoren beschreiben.

Kapitel 12, Performanceoptimierung mit OnPush, Immutables und Observables: Die Datenbindung in Angular ist von Haus aus sehr schnell. Um sie weiter zu beschleunigen, können Sie den Optimierungsmodus *OnPush* einsetzen. In diesem Kapitel erfahren Sie, wie das geht, und wie dieser Modus mit nicht veränderbaren Datenstrukturen (sogenannten Immutables) und Observables zusammenspielt.

Kapitel 13, Komponentendetails: Obwohl ab der Angular-Einführung in Kapitel 3 ständig Komponenten zum Einsatz kommen, gibt es doch einige paar Details, die unter anderem bei der Entwicklung wiederverwendbarer Komponenten nützlich sind. Diese lernen Sie hier kennen. Außerdem erfahren Sie in diesem Kapitel, was sich hinter den mit Komponenten verwandten Direktiven verbirgt und wie Sie damit Logik zu einer Seite hinzufügen können.

Kapitel 14, Animationen: Angular bietet Ihnen einfache Werkzeuge, um auch komplexere Animationen zu realisieren. Die Beispiele in diesem Kapitel zeigen schrittweise die Nutzung der von Angular eingesetzten *Web Animations API* in Verbindung mit Angular. Der Einsatz von *HammerJS* für Touch-Gesten bildet den Abschluss.

Kapitel 15, Authentifizierung und Autorisierung: Die wenigsten Anwendungen kommen ohne Authentifizierung und Autorisierung aus. Bei Single Page Applications bieten sich hierzu Token-basierte Verfahren an. Dieses Kapitel beschreibt zunächst die populären Standards *OAuth 2* und *OpenID Connect* und zeigt, wie Sie damit ein Security-Token anfordern können. Anschließend erfahren Sie, wie sich dieses Vorgehen in Ihren Angular-Anwendungen umsetzen lässt.

Kapitel 16, Redux mit @ngrx/store: Zum Strukturieren großer Anwendungen bietet sich das aus der Welt von React bekannte Muster *Redux* an. In diesem Kapitel erfahren Sie, was sich dahinter verbirgt und wie Sie es mit der Lösung *@ngrx/store* in einer Angular-Anwendung umsetzen können.

Kapitel 17, Testing: Wie die Qualität von Angular-Code mit automatisierten Tests geprüft werden kann, erfahren Sie in diesem Kapitel. Wir gehen dazu auf das populäre Testing-Framework *Jasmine* in Kombination mit den *Angular Testing Utilities* ein und zeigen Ihnen, wie Sie damit Tests für Ihren Angular-Code schreiben können. Begriffe und Techniken wie *Source Maps* und *Code Coverage* sowie *Mock* und *Spy* werden ebenfalls thematisiert. Im Anschluss gehen wir auf die Möglichkeiten zur Schaffung von End-2-End-Tests mit *Protractor* ein und zeigen Tipps und Tricks zur Konfiguration und Nutzung.

Kapitel 18, Tools und erweiterter Projektaufbau: In diesem Kapitel befassen wir uns mit verschiedenen Werkzeugen und Techniken, die die alltägliche Arbeit mit Angular auch außerhalb der Angular CLI stark vereinfachen. Nach einer Einführung zum strukturellen Aufbau eines Angular-Projekts erklären wir die Grundlagen des mächtigen Module-Bundlers *Webpack*, den auch die Angular CLI unter der Haube nutzt. Sie erfahren, wie Sie mithilfe von Tools wie *TSLint* und *Augury* Ihre eigene Anwendung sauber halten und im Bedarfsfall analysieren können.

Kapitel 19, Serverseitiges Rendering: Gerade bei Consumer-Apps setzt man gern auf das serverseitige Vorrendern von Single Page Applications. Das erhöht die wahrgenommene Startgeschwindigkeit und hilft bei der Suchmaschinenoptimierung. In diesem Kapitel erfahren Sie, wie Sie diese Idee mit Angular und den ab Version 4 zur Verfügung stehenden Mechanismen umsetzen können.

Schulungen und Beratung

Die Autoren bieten auch Schulungen und Beratung zu Angular an. Informationen dazu finden Sie ebenfalls unter *www.angular-akademie.com*.

Danksagungen

Unseren Dank für ihre Mitwirkung an diesem Buch möchten wir aussprechen an

- unsere Familienangehörigen, allen voran und in alphabetischer Reihenfolge Daniela, Jan, Kerstin und Valentin, die uns neben unserem Hauptberuf das Umfeld geschaffen haben, um auch an manchen Abenden und Wochenenden an diesem Buch zu arbeiten,
- *Florian Helmchen, Ariane Hesse* und *Friederike Daenecke*, die das Manuskript bearbeitet haben,
- sowie *Jan Kielmann* und *Andreas Langmann*, die wertvolles inhaltliches und fachliches Feedback zu den Texten und den Beispielen gegeben haben.

KAPITEL 1

Projekt-Setup

Moderne JavaScript-Projekte gleichen immer mehr ihren Gegenstücken aus der Welt der klassischen Software-Entwicklung: Sie nutzen Compiler, um moderne Sprachen wie TypeScript in handelsübliches JavaScript zu übersetzen. Zusätzlich verwenden sie in der Regel einen Build-Prozess, der unter anderem Bundles erzeugt. Damit sind JavaScript-Dateien gemeint, die sich aus mehreren einzelnen Dateien zusammensetzen. Durch dieses Vorgehen müssen nur noch wenige Bundles auf dem Server installiert sowie in den Browser geladen werden. Ersteres erhöht den Komfort beim Deployment und Letzteres verbessert die Startgeschwindigkeit der Anwendung. Außerdem kommen in modernen JavaScript-Projekten auch Werkzeuge zur Testautomatisierung oder sogenannte *Linter* zum Einsatz. Linter gleichen den Quellcode mit festgelegten Konventionen ab. Sie führen dazu eine statische Quellcodeanalyse durch.

Diese Entwicklung macht auch vor Angular nicht halt, und aus diesem Grund zeigt dieses Kapitel, wie ein professionelles Projekt-Setup dafür eingerichtet werden kann.

Angular CLI

Um keine Zeit mit dem Einrichten aller benötigten Werkzeuge zu verlieren, kommt hier das Angular Commandline Interface, kurz Angular CLI (*cli.angular.io*), zum Einsatz. Diese CLI generiert nicht nur das Grundgerüst der Anwendung, sondern auf Wunsch auch das Grundgerüst weiterer Anwendungsbestandteile. Außerdem kümmert sie sich um das Einrichten des TypeScript-Compilers, eines Build-Prozesses und von Werkzeugen zur Testautomatisierung.

Das damit generierte Projekt-Setup orientiert sich nicht nur an Best Practices, sondern hat auch offiziellen Charakter, zumal die CLI vom Angular-Team stammt.

Die CLI installieren

Die CLI lässt sich einfach über den Package-Manager *npm* beziehen, der sich im Lieferumfang von NodeJS (*nodejs.org*) befindet. Außerdem nutzt sie NodeJS als Laufzeitumgebung. Deswegen sollten Sie zur Vorbereitung eine aktuelle NodeJS-Version von *nodejs.org* herunterladen und installieren. Die Autoren haben gute Erfahrungen mit den jeweiligen Long-Time-Support-Versionen (LTS-Versionen) gemacht. Der Einsatz älterer Versionen kann zu Problemen führen.

Ist NodeJS erst mal installiert, kann die CLI mit *npm* installiert werden:

```
npm install -g @angular/cli
```

Der Schalter *-g* bewirkt, dass *npm* das Werkzeug systemweit, also global, einrichtet, sodass es überall zur Verfügung steht. Ohne diesen Schalter würde *npm* das adressierte Paket lediglich für ein lokales Projekt im aktuellen Ordner einrichten. Nach der Installation steht die CLI über das Kommando *ng* zur Verfügung.

Die CLI automatisiert eine Vielzahl an Entwicklungsaufgaben und wird auch ständig weiterentwickelt. Einen guten Überblick zum aktuellen Stand finden Sie unter *cli.angular.io*.

Ein Projekt mit der CLI generieren

Ein Aufruf von

```
ng new demo-app
```

generiert das Grundgerüst einer neuen Angular-Anwendung, die den Namen *demo-app* erhält. Da diese Anweisung auch einige Pakete via *npm* bezieht, kann der Aufruf etwas länger dauern. Um die Anwendung zu starten, wechseln Sie in den erzeugten Projektordner. Dort bauen Sie mit *ng serve* die Anwendung und stellen sie über einen Demo-Webserver bereit:

```
cd demo-app
ng serve
```

Im Zuge dieses Starts erzeugt die CLI auch die besprochenen Bundles. Danach sollten Sie unter *http://localhost:4200* eine Seite sehen, die in etwa wie jene in Abbildung 1-1 aussieht.

Der Text im Browserfenster stammt von einer Angular-Komponente, die die CLI eingerichtet hat. Diese Komponente wird in den folgenden Kapiteln näher betrachtet und erweitert.

Um die Anwendung ausführen zu können, generiert *ng serve* auch alle benötigten Bundles. Zusätzlich überwacht die CLI sämtliche Quellcodedateien und stößt das Kompilieren sowie Generieren der Bundles erneut an, wenn sie sich ändern. Danach aktualisiert sie sogar das Browserfenster. Damit dieser Vorgang, der im Zuge der Entwicklung ständig stattfindet, möglichst schnell vonstattengeht, schreibt die CLI die Bundles jedoch nicht auf die Platte, sondern hält sie im Hauptspeicher vor.

Abbildung 1-1: Von der CLI generierte Angular-Anwendung

Möchten Sie zum Ausliefern der Anwendung sämtliche Bundles als Dateien vorliegen haben, nutzen Sie den Befehl *ng build*, auf den wir im Abschnitt *Build mit CLI* eingehen.

Die automatische Generierung der Bundles nach einer Änderung am Programmcode funktioniert meist ganz gut, aber ab und an kommt die CLI aus dem Tritt. Das ist vor allem dann der Fall, wenn Dateien umbenannt werden. Abhilfe schafft hier nur ein Neustart des Entwicklungswebservers.

Um weitere Fälle zu vermeiden, in denen die CLI die Änderung von Dateien nicht wahrnimmt, bietet es sich an, ein Polling-Intervall in Millisekunden zu konfigurieren. Dieses können Sie in der Datei *.angular-cli.json* unter *defaults* hinterlegen:

```
"defaults": {
  [...]
  "poll": 1000
}
```

Den Port des Entwicklungsservers festlegen

Falls der Port 4200 schon belegt ist, können Sie mit dem Schalter *--port* auch einen anderen Port festlegen:

```
ng serve --port=8081
```

Um den gewünschten Port beim Start der Anwendung nicht ständig auf der Konsole erfassen zu müssen, bietet sich der Einsatz eines *npm*-Skriptes an. *npm*-Skripte sind einfache Skripte, die in der Konfigurationsdatei des Paketmanagers einzutragen sind und über die Konsole aufgerufen werden können. Die CLI definiert für ihre Standardbefehle auch schon ein paar solcher Skripte. Diese befinden sich in der Datei *package.json* im Abschnitt *scripts* (Listing 1-1):

Listing 1-1: Skripte in der Datei »package.json«

```
[...]
  "scripts": {
```

```
    "start": "ng serve",
    "build": "ng build",
    "test": "ng test",
    [...]
  },
[...]
```

Das Skript *start* stößt *ng serve* an und kann zum hier besprochenen Zweck um den Schalter *--port* erweitert werden (Listing 1-2). Das Skript *build* kümmert sich übrigens um den Build-Vorgang, den wir im nächsten Abschnitt beschreiben, und *test* stößt Unit-Tests an (siehe dazu Kapitel 17).

Listing 1-2: Start-Skript mit Angabe des Ports

```
[...]
  "scripts": {
    "start": "ng serve --port=8081",
    "build": "ng build",
    "test": "ng test",
    [...]
  },
[...]
```

Um ein Skript anzustoßen, kommt auf der Kommandozeile der Befehl *npm run* zum Einsatz:

```
npm run start
```

Für manche Skripten, die typischerweise in so gut wie jedem Projekt vorkommen, gibt es auch kürzere Schreibweisen. Beispielsweise können Sie das *start*-Skript auch so ausführen:

```
npm start
```

Die hier ausgeführten Befehle, wie *ng serve*, sucht *npm* standardmäßig im Ordner *node_modules*, der per Definition die heruntergeladenen Bibliotheken beherbergt.

Build mit CLI

Mit der Anweisung

```
ng build
```

können Sie die Anwendung auch bauen, ohne sie über den Entwicklungswebserver bereitzustellen, den die CLI mitbringt. Ohne zusätzliche Parameter erzeugt die CLI auf diesem Weg einen sogenannten Development-Build mit Debugging-Informationen. Im Produktionsbetrieb möchte man hingegen aus Performancegründen möglichst kleine Dateien verwenden. Hierzu steht Ihnen der Schalter *--prod* (für *Production*) zur Verfügung, der zu einem minifizierten Build ohne Debugging-Informationen führt:

```
ng build --prod
```

In beiden Fällen legt die CLI den erzeugten Build im Ordner *dist* ab. Um den Build-Vorgang anzupassen, können Sie die zugrunde liegende Konfiguration erweitern. In Kapitel 18 finden Sie mehr zu diesem Thema. Vorerst kommt zur Vereinfachung die standardmäßig angebotene Build-Konfiguration zum Einsatz.

Für den Produktionseinsatz führt die CLI eine sogenannte Ahead-of-Time-Kompilierung (AOT-Kompilierung) durch. Das bedeutet, dass HTML- und CSS-Dateien nach JavaScript übersetzt werden, damit Angular diese Aufgabe nicht zur Laufzeit durchführen muss. Der AOT-Compiler ist etwas strenger als jener, der im Browser zum Einsatz kommt. Deswegen kann es hier zu ein paar zusätzlichen Kompilierungsfehlern kommen. In diesem Fall gilt es, die Fehlermeldungen zu lesen und dementsprechend den Programmcode zu korrigieren. Weitere Informationen dazu finden Sie in Kapitel 18.

Um Bundles zu generieren, nutzt die CLI sogenannte Einstiegspunkte (engl. *entry points*). Das sind Programmdateien, die der Build-Prozess analysiert, um herauszufinden, welche anderen Programmdateien sie direkt oder indirekt verwenden. Alle Dateien, die er auf diese Weise findet, kommen in ein Bundle, das den Namen des jeweiligen Einstiegspunktes erhält. Im Zuge des Bundlings findet auch die TypeScript-Kompilierung statt.

Die Einstiegspunkte lassen sich über die Konfigurationsdatei *.angular-cli.json* konfigurieren. Sie bietet dazu unter anderem die Eigenschaften *main*, *polyfills* und *test*. Für jeden der damit konfigurierten Einstiegspunkte generiert die CLI ein Bundle. Das Bundle *main* beinhaltet den Programmcode, und *polyfills* enthält Bibliotheken, die eventuell fehlende Browserfunktionen nachrüsten. Sie garantieren somit, dass die Angular-Anwendung in allen unterstützten Browsern läuft. Das Bundle *test* beinhaltet sämtlichen Code, den die CLI für die Testautomatisierung benötigt. Kapitel 17 geht darauf genauer ein.

Projektstruktur von CLI-Projekten

Die von der CLI generierte Projektstruktur orientiert sich an Best Practices, die sich auch in anderen Projekten finden. Für einen ersten Überblick präsentiert Tabelle 1-1 die wichtigsten Dateien. Weitere Konfigurationsdateien stellen wir im Folgenden bei Bedarf vor.

Tabelle 1-1: Projektstruktur

Ordner/Datei	Beschreibung
`src/`	Beinhaltet alle Quellcodedateien (TypeScript, HTML, CSS etc.)
`src/main.ts`	Dieser Quellcodedatei kommt besondere Bedeutung zu. Die CLI nutzt sie als Einstiegspunkt in die Anwendung. Deswegen wird ihr Code beim Programmstart zuerst ausgeführt. Standardmäßig beinhaltet sie ein paar Zeilen zum Starten von Angular.
`src/assets/`	Ordner mit statischen Dateien, die die CLI beim Build in das Ausgabeverzeichnis kopiert. Hier könnten Sie zum Beispiel Bilder oder JSON-Dateien ablegen.

Tabelle 1-1: Projektstruktur (Fortsetzung)

Ordner/Datei	Beschreibung
`dist/`	Beinhaltet die von *ng build* generierten Bundles für die Auslieferung auf einem Server. Der Einsatz von *ng serve* schreibt diese Bundles hingegen nicht auf die Platte, sondern hält sie lediglich im Hauptspeicher vor.
`node_modules`	Beinhaltet sämtliche Module, die über *npm* bezogen wurden. Dazu gehören der TypeScript-Compiler und andere Werkzeuge für den Build, aber auch sämtliche Bibliotheken für Angular.
`tsconfig.json`	Konfigurationsdatei für TypeScript. Hier wird zum Beispiel festgelegt, dass der TypeScript-Compiler nach ECMAScript 5 kompilieren soll.
`package.json`	Referenziert sämtliche Bibliotheken, die benötigt werden, inklusive der gewünschten Versionen. Diese lassen sich mit dem Paket-Manager *npm* beziehen (*npm install*). Somit können alle Kollegen nach dem Auschecken des Quellcodes alle benötigten Module in den Ordner *node_modules* laden.
`index.html`	Die Startseite. Der Build-Prozess erweitert sie um Referenzen auf die generierten Bundles.
`.angular-cli.json`	Mit dieser Datei lässt sich das Verhalten der CLI anpassen. Beispielsweise referenziert sie globale Styles oder Skripte, die es einzubinden gilt. Sie zeigt jedoch auch auf jene Dateien, die als Einsprungspunkte für die Generierung von Bundles zu nutzen sind. Alle Dateien, die von diesen Einsprungspunkten direkt oder indirekt verwendet werden, landen im jeweiligen Bundle.

Bootstrap installieren

Die Beispiele in diesem Buch nutzen zur Formatierung der Ausgaben die Bibliothek *Bootstrap* (*http://getbootstrap.com/*). Dabei handelt es sich um ein sehr populäres Framework für responsives Webdesign, das unter anderem einige Stylesheets mitbringt. Bootstrap wird, wie die meisten anderen Bibliotheken auch, mit dem Paketmanager *npm* installiert:

```
npm install bootstrap --save
```

Dieser Befehl durchsucht standardmäßig das online zur Verfügung stehende *npm*-Repository und lädt Bootstrap in den Ordner *node_modules*. Der Schalter *save* gibt an, dass die heruntergeladene Bibliothek in der Datei *package.json* zu protokollieren ist. Sie weist dazu einen Abschnitt *dependencies* auf, der unter anderem die für Angular benötigten Bibliotheken und nach der Installation von Bootstrap auch einen Eintrag dafür enthält (Listing 1-3).

Listing 1-3: Protokollierte Bibliotheken in der Datei »package.json«

```
"dependencies": {
  "bootstrap": "^3.3.7",
  [...]
},
```

Der Wert des Eintrags spiegelt die heruntergeladene Version wider. Dabei sollte es sich um die aktuellste stabile Version handeln. Das Präfix ^ gibt an, dass beim nächsten Download-Vorgang auch eine neuere Minor- oder Patch-Version geladen werden darf. Somit könnte das Projekt anstatt der Version 3.3.7 auch eine

Version 3.4 oder 3.3.8 erhalten. Weitere Informationen zur Angabe von Versionen und zum Konfigurieren von Bibliotheken finden Sie in der Online-Dokumentation unter *https://www.npmjs.com/*.

Für gewöhnlich checkt man nur die Datei *package.json*, nicht aber den Ordner *node_modules*, in die Quellcodeverwaltung ein. Nach dem Auschecken können jedoch sämtliche in der *package.json* hinterlegten Bibliotheken durch einen einzigen Aufruf von

```
npm install
```

erneut bezogen werden.

Manche Bibliotheken kommen nur während der Entwicklung zum Einsatz. Beispiele dafür sind Build-Werkzeuge wie die CLI, der TypeScript-Compiler oder Dienstprogramme zum Ausführen von automatisierten Tests. Diese Bibliotheken trägt man per Definition in der *package.json* unter *devDependencies* ein. Damit *npm* diese Aufgabe beim Herunterladen übernimmt, nutzen Sie anstelle des Schalters *--save* den Schalter *--save-dev*.

Damit die CLI das Stylesheet von Bootstrap auch in die Anwendung einbindet, müssen Sie sie in der Datei *.angular-cli.json* im Array *styles* eintragen:

```
"styles": [
    "../node_modules/bootstrap/dist/css/bootstrap.css"
]
```

Die beiden Punkte vor *node_modules* (*../node_modules*) sind notwendig, weil die Angaben hier relativ zum Ordner *src* zu machen sind.

Nach einem erneuten Start der Anwendung mit *ng serve* bzw. *npm start* sollte das Browserfenster die Überschrift nun ohne Serifen präsentieren (siehe hierzu Abbildung 1-2).

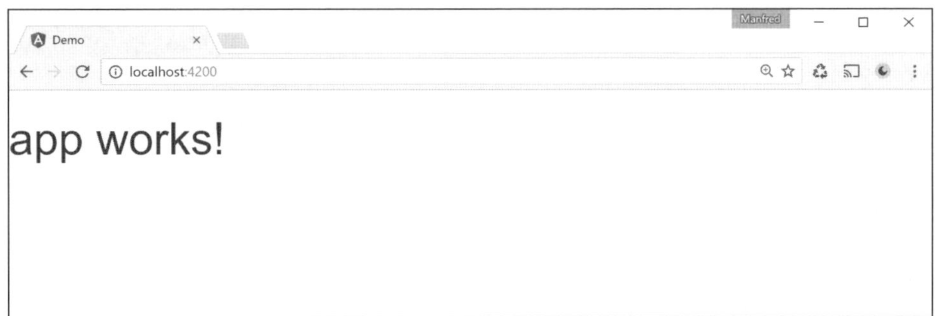

Abbildung 1-2: CLI-Projekt mit Bootstrap

Eine Alternative zum hier beschriebenen Eintrag in der Datei *.angular-cli.json* ist die folgende *import*-Anweisung, die am Beginn der Datei *src/main.ts* einzufügen ist:

```
import 'style-loader!bootstrap/dist/css/bootstrap.css';
```

Diese Anweisung ist auf den ersten Blick ein wenig kryptisch, was auch etwas damit zu tun hat, dass hier mehrere Aspekte zusammenspielen: Der *import*-Befehl an sich wird von TypeScript und neueren JavaScript-Versionen unterstützt. Er lädt die angegebene Datei. Handelt es sich dabei nicht um einen relativen Pfad, werden Bibliotheken im Ordner *node_modules* in Erwägung gezogen.

Das Präfix *style-loader* wird von der CLI angeboten. Genau genommen stammt der damit referenzierte *Style Loader* aus der Welt des Build-Werkzeugs *Webpack*, das der CLI zugrunde liegt. Er fügt die nachfolgende Datei beim Start der Anwendung in Form eines Inline-Styles in die *index.html* ein. Bei der Konfiguration der CLI wird diese Datei (sowie alle von ihr referenzierten Dateien wie Bilder oder Schriftarten) in das Bundle der Anwendung aufgenommen.

Alternativen zur CLI

Die Angular CLI generiert ein gutes Projekt-Setup mit offiziellem Charakter. Allerdings ist dieses Projekt-Setup in manchen Fällen zu simpel. Gerade bei großen Unternehmensanwendungen muss das Entwicklungs-Team umfangreicher in den Build-Prozess eingreifen können. Dieser Abschnitt zeigt zwei Möglichkeiten auf, die das erlauben.

Eject

Der CLI liegt mit *Webpack* ein flexibles Build-Werkzeug zugrunde. Allerdings gewährt die CLI keinen Zugriff auf dessen Konfigurationsdatei, die zwar viele Möglichkeiten bietet, aber auch komplex sein kann. Stattdessen stellt die CLI mit ihrer eigenen Konfigurationsdatei *.angular-cli.json* ein paar einfache Optionen zur Verfügung.

Wer die ganzen Möglichkeiten von Webpack nutzen möchte, kann jedoch die CLI „absprengen“:

```
ng eject
```

Dieser Befehl generiert eine Konfiguration für Webpack, aufgrund derer sich Webpack zunächst mal so wie die CLI verhält. Allerdings lässt sich die Konfiguration nach Belieben erweitern, um den gewünschten Build-Prozess zu schaffen. Der Nachteil ist, dass in diesem Fall die CLI nicht mehr für den Build-Vorgang genutzt werden kann. Sie können nun nicht mehr Befehle wie *ng serve* oder *ng build* nutzen, sondern müssen die generierten npm-Skripte verwenden, zum Beispiel mit *npm start* oder *npm run build*.

Wenn Sie sich für diesen Weg interessieren, finden Sie in Kapitel 18 Informationen zu Webpack. Das direkte Hantieren mit Webpack ist allerdings nicht gerade einfach. Deswegen bietet es sich in vielen Fällen an, stattdessen zu einem vorkonfigurierten Seed-Projekt zu greifen.

Seed-Projekte

Wenn Ihnen die von der CLI generierte Webpack-Konfiguration ab Werk zu wenig Möglichkeiten bietet und Sie sich auch nicht mit dem Erweitern dieser Konfiguration belasten möchten, können Sie zu sogenannten Seed-Projekten greifen.

Bei einem Seed-Projekt handelt es sich um ein komplett durchkonfiguriertes Projekt, das als Basis für eigene Entwicklungen gedacht ist. Die Website zu diesem Buch unter *www.angular-akademie.com* bietet Ihnen eine Liste populärer Seeds. Diese enthalten zum Beispiel mehrere Konfigurationen für unterschiedliche Build-Umgebungen. Diese Build-Konfigurationen basieren, wie die CLI auch, auf Webpack. Aber auch wenn Sie mithilfe von Seed-Projekten erste Schritte ohne Webpack-Kenntnisse tun können, empfiehlt es sich, sich früher oder später mit diesem Werkzeug zu beschäftigen. Kapitel 18 hilft Ihnen dabei.

Das Demo-Projekt zu diesem Buch liegt in zwei Versionen vor: Eine basiert auf der CLI, die andere auf einem Seed-Projekt. Somit kommen Sie beim Nachvollziehen und Nachstellen der Beispiele in den Genuss des schnellen Projektstarts mit der CLI. Außerdem finden Sie all jene Aspekte, die über die CLI hinausgehen, in der Version wieder, die auf dem Seed-Projekt basiert.

Werkzeuge

Nachdem das Thema Projekt-Setup nun geklärt ist, geht dieser Abschnitt auf ein paar Werkzeuge ein, die bei der Entwicklung mit Angular helfen.

Überlegungen zur Entwicklungsumgebung

Auch wenn sich Angular-Projekte mit jedem beliebigen Texteditor erstellen lassen, bietet es sich an, dafür ein Werkzeug zu nutzen, das TypeScript und im besten Fall auch Angular selbst unterstützt. Mit den folgenden zwei Entwicklungsumgebungen haben wir gute Erfahrungen gemacht.

Visual Studio Code

Visual Studio Code ist ein sehr populärer Editor mit eingebauter Unterstützung für TypeScript. Verwechseln Sie Visual Studio Code nicht mit dem klassischen Visual Studio von Microsoft! Diese freie Lösung steht für Windows, Mac und Linux zur Verfügung. Dank seines Plug-in-Konzepts ist Visual Studio Code auch flexibel anpassbar und erweiterbar. Manche Plug-ins bieten sogar Angular-bezogene Codevervollständigungen an, die über die standardmäßig von Visual Studio Code unterstützte Codevervollständigung für TypeScript hinausgeht. Eine Liste nützlicher Plug-ins finden Sie auf der Website zum Buch unter *www.angular-akademie.com*.

WebStorm und IntelliJ

Wer lieber zu einer kommerziellen Lösung greift, ist mit *WebStorm* oder seinem großen Bruder *IntelliJ* gut beraten. IntelliJ unterstützt auch serverseitige Java-Projekte. Beide bieten einen großen Funktionsumfang, inklusive einer Integration in verschiedene JavaScript-Frameworks. Außerdem bietet es einige Möglichkeiten zum Refactoring des Quellcodes und sowohl eine TypeScript- als auch eine Angular-bezogene Codevervollständigung.

Browser

Prinzipiell können Sie Angular-Anwendungen mit jedem beliebigen Browser testen, den das Framework unterstützt. Eine Liste aller Browser, mit denen Angular getestet wird, finden Sie auf den Github-Seiten von Angular. Allerdings haben wir gerade beim Debuggen von Angular-Anwendungen sehr gute Erfahrung mit Chrome gemacht und empfehlen deswegen an dieser Stelle Chrome.

Das Caching verhindern

Das vom Browser implementierte Caching verhindert, dass er Änderungen an den Quellcodedateien berücksichtigt. Dabei handelt es sich um eine sehr unangenehme Quelle von Missverständnissen bei der Entwicklung von Web-Anwendungen. Um Caching von vornherein zu verhindern, bietet Chrome im Registerblatt *Network* der Developer-Tools die Option *Disable cache* (Abbildung 1-3). Diese greift jedoch nur, solange die Developer-Tools offen sind.

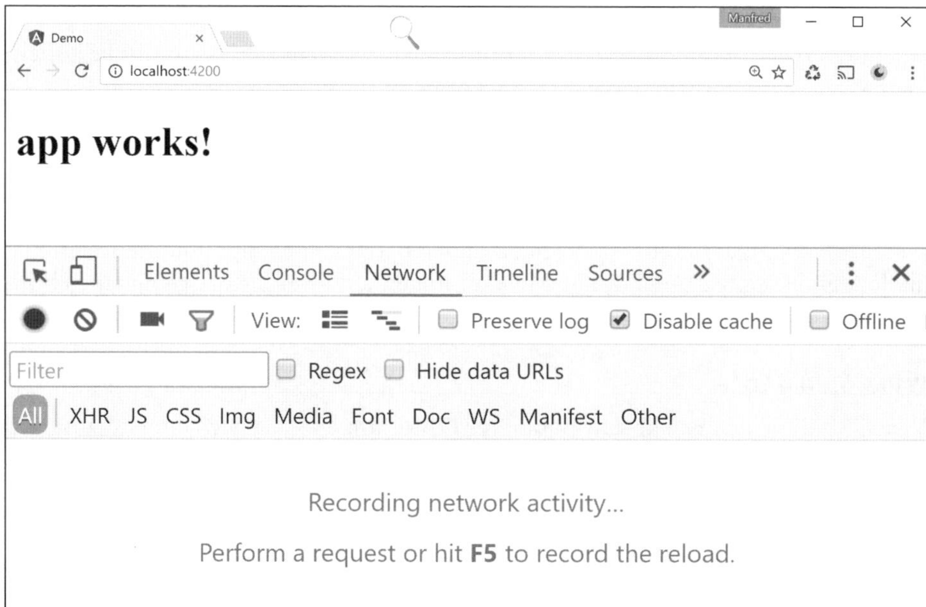

Abbildung 1-3: Das Caching deaktivieren

Alternativ dazu gibt es Browser-Plug-ins, die per Klick auf ein Icon den Cache leeren und die Seite neu laden. Ein Beispiel dafür ist Clear Cache, welches u. a. für Chrome zur Verfügung steht.

Zusammenfassung

Das Projekt-Setup bei modernen JavaScript-Anwendungen fällt in der Regel recht komplex aus. Sie müssen Compiler konfigurieren, Werkzeuge für das Testing installieren und einen Build-Prozess durchführen. Die Angular CLI nimmt Ihnen viele diese Aufgaben ab und generiert ein professionelles Setup, das viele Werkzeuge zur Entwicklung mit Angular einrichtet. Wer mehr Flexibilität benötigt, kann nach dem Generieren die CLI „absprengen“ und die komplexere, jedoch auch flexiblere Build-Lösung *Webpack* direkt konfigurieren. Als Alternative dazu bietet sich eines der zahlreichen *Seed-Projekte* an. Dabei handelt es sich um vorkonfigurierte Projekte, die als Basis für die eigene Entwicklung dienen.

KAPITEL 2

Erste Schritte mit TypeScript

Angular wurde mit der Sprache TypeScript geschrieben. Dabei handelt es sich um eine Obermenge von JavaScript, die ein Compiler in handelsübliches JavaScript übersetzt. Deswegen ist TypeScript auch für eigene Angular-Projekte die erste Wahl, wenngleich Angular auch JavaScript (ECMAScript 5 sowie ECMAScript 2015+) oder das von Google entwickelte *Dart* unterstützt.

Dieses Kapitel geht auf die Grundlagen zu TypeScript ein und stellt dessen wichtigste Sprachelemente vor. Wir gehen davon aus, dass Sie bereits Erfahrung mit grundlegenden Programmierkonzepten haben und JavaScript überblicksmäßig kennen. All jene, die sich bereits mit TypeScript auseinandergesetzt haben, sollten sich Kapitel 1 zum Projekt-Setup zu Gemüte führen, bevor sie das vorliegende Kapitel überspringen.

Motivation

Im Jahr 2015 war es so weit: Das lang ersehnte ECMAScript 6, das den offiziellen Namen ECMAScript 2015 bekam, wurde zum Standard erklärt. Damit hat das Konsortium, das sich um die Weiterentwicklung von JavaScript kümmert, eine Obermenge zum bis dahin vorherrschenden JavaScript-Standard ECMAScript 5 geschaffen und neue Sprachelemente eingeführt. Bei diesen handelt es sich um Sprachelemente, die andere Sprachen schon länger anbieten und die von manchen im JavaScript-Standard schmerzlich vermisst wurden. Beispiele dafür sind Klassen, Module oder Lambda-Ausdrücke, die das verkürzte Formulieren von Funktionen erlauben.

Seit jenem Zeitpunkt kommt es jährlich zu Erweiterungen des Standards, die jedoch teilweise nur sehr gering ausgefallen sind. Deswegen ist heute landläufig von ECMAScript 2015 die Rede, auch wenn zusätzlich Neuerungen aus ECMAScript 2017 oder ECMAScript 2018 zum Einsatz kommen.

Obwohl die neuesten Browser bereits ECMAScript 2015 unterstützen, kann man häufig nicht davon ausgehen, dass jeder Benutzer solch einen Browser verwendet. Gerade im Enterprise-Umfeld kommen auch noch ältere Varianten zum Einsatz, die mehr oder weniger an das Betriebssystem gekoppelt sind. Deswegen tut man gut daran, den geschriebenen Code mit einem Compiler[1] nach ECMAScript 5 zu übersetzen, zumal diese Sprachversion sehr weit verbreitet ist.

Die Sprache TypeScript, die bei Microsoft von Anders Hejlsberg – dem Vater von Delphi und C# – entwickelt wurde, setzt hier noch einen drauf: Sie versteht sich als Obermenge zu ECMAScript 2015 und bietet bereits Sprachelemente, die für spätere Versionen geplant sind. Der tatsächliche Mehrwert gegenüber ECMA-Script ist jedoch ihr statisches Typsystem. Es unterstützt den Programmierer beim frühzeitigen Erkennen von Fehlern, beim Refactoring von Quellcode sowie bei der Codevervollständigung. Auch hier kommt ein Compiler zum Einsatz, der den geschriebenen Quellcode wahlweise nach ECMAScript 3, ECMAScript 5 oder ECMAScript 2015 übersetzt.

Erste Schritte mit TypeScript

Nachdem wir in Kapitel 1 mit dem Projekt-Setup den Grundstein für erste Schritte in TypeScript gelegt haben, gehen wir in diesem Abschnitt auf einige grundlegende Sprachelemente ein.

Hallo Welt!

Als Basis für die ersten Schritte mit TypeScript kommt das Projekt-Setup aus dem vorigen Kapitel zum Einsatz. Dabei ist es unerheblich, ob es mit der CLI generiert wurde oder ob das erwähnte Seed-Projekt herangezogen wird.

Es bietet sich an, für den eigenen TypeScript-Code im Projekt eine Datei anzulegen. Diese wird hier *demo.ts* genannt und im Ordner *src* abgelegt. Weil es so ein schöner Brauch ist, gibt diese Datei vorerst *Hallo Welt!* auf der Entwickler-Konsole des Browsers aus:

```
console.debug('Hallo Welt!');
```

Diese Datei müssen Sie anschließend in der Startdatei des Projektes referenzieren, damit sie beim Start ausgeführt wird. Diese Datei nennt sich *src/main.ts* und erhält hierzu ganz oben eine weitere *import*-Anweisung:

```
import './demo';
```

Die Dateiendung *.ts* wird hier ganz bewusst weggelassen. Alle restlichen Einträge in der Datei *main.ts* kümmern sich um das Bootstrapping der Angular-Anwendung. Sie werden im nächsten Kapitel näher besprochen. Hier liegt der Fokus zunächst auf dem Kennenlernen von TypeScript.

Um das Projekt zu testen, starten Sie im Hauptordner des Projektes den Entwicklungswebserver. Wie oben beschrieben erfolgt das mit:

```
ng serve
```

1 Man spricht hier auch von Transpilern, da sie von einer Hochsprache in eine andere übersetzen.

Danach sollten Sie unter *http://localhost:4200* eine Seite sehen, die etwa wie jene in Abbildung 2-1 aussieht. Öffnet man die Entwickler-Konsole über das Hauptmenü des Browsers, sollte sich dort die Ausgabe *Hallo Welt!* finden.

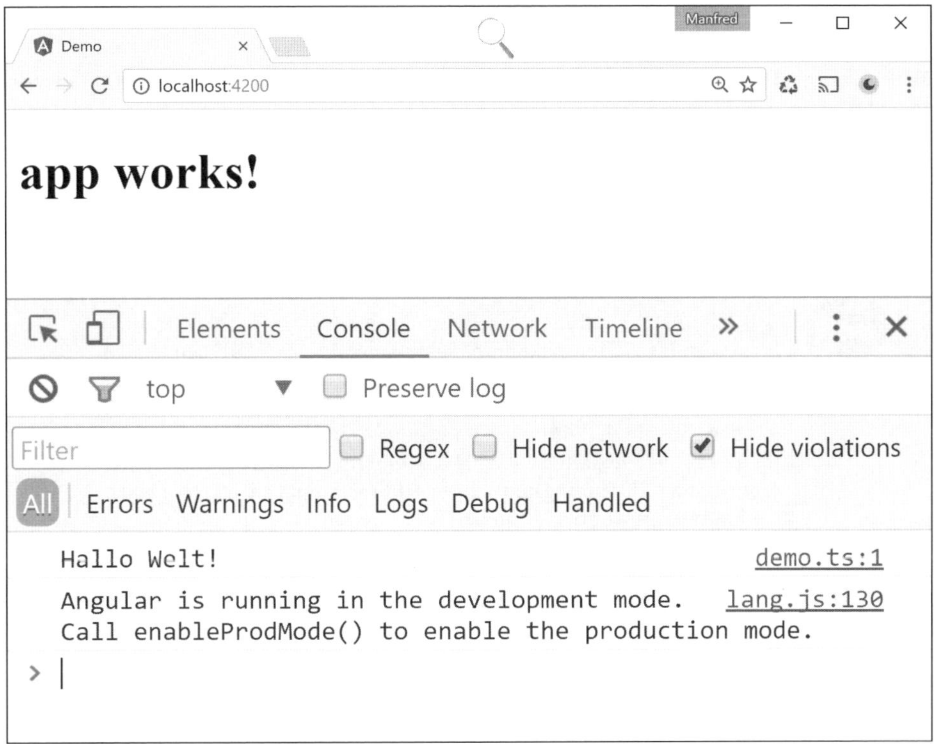

Abbildung 2-1: Ihre erste TypeScript-Anwendung

Variablen deklarieren

Zum Deklarieren von Variablen bietet sich in TypeScript das mit ECMAScript 2015 eingeführte Schlüsselwort *let* an. Den gewünschten Datentyp geben Sie hinter dem Variablennamen an, und auf Wunsch kann auch ein initialer Wert zugewiesen werden:

```
let message: string = "Hallo Welt!";
```

Der TypeScript-Compiler verhindert, dass ein Wert eines anderen Datentyps dieser Variablen zugewiesen wird:

```
// message = 42; // ERROR
```

Ein explizites Angeben von Typen ist jedoch vielerorts gar nicht notwendig, zumal TypeScript den Typ durch Schlussfolgerungen herzuleiten versucht. Im betrachteten Fall erkennt TypeScript beispielsweise durch den zugewiesenen Initialwert, dass es sich um einen String handelt:

```
let message2 = "Hallo Welt!"
// message2 = 42; // ERROR
```

Um dies zu verhindern, können Variablen explizit mit *any* typisiert werden. Dieser Datentyp ahmt das übliche Verhalten von JavaScript nach und erlaubt das Zuweisen aller möglichen Werte:

```
let message3: any = "Hallo Welt!";
message3 = 42; // OK
```

Wie die meisten anderen Sprachen erlaubt auch TypeScript die Deklaration von Konstanten, deren Werte sich im Nachhinein nicht verändern lassen. Hierzu kommt das Schlüsselwort *const* zum Einsatz, das ebenfalls mit ECMAScript 2015 eingeführt wurde:

```
const message4 = "Hallo Welt!";
// message4 = "Hallo Welt!"; // FEHLER
```

Als Alternative zum Schlüsselwort *let* unterstützt TypeScript auch das von JavaScript bekannte Schlüsselwort *var*. Auf den ersten Blick führen beide Varianten zum selben Ergebnis. Allerdings gelten mit *var* deklarierte Variablen aus historischen Gründen immer ab dem Beginn der aktuellen Funktion – egal wo sie deklariert werden. Mit *let* deklarierte Variablen entsprechen hingegen stärker dem Prinzip der geringsten Überraschung, zumal sie ab der Deklaration und nur für den aktuellen Block gelten:

```
function demo(a: number, b: number): number {
  // y existiert ab hier

  if (a > b) {
    let x = -1; // x existiert ab hier und nur in diesem Block
    return x;
  }
  else {
    var y = 1;
    return y;
  }
}
```

Ausgewählte Datentypen in TypeScript

Dieser Abschnitt präsentiert die für den Umgang mit Angular wichtigsten Datentypen, die TypeScript zu bieten hat.

number

Der Datentyp *number* entspricht dem gleichnamigen Datentyp aus JavaScript. Es handelt sich dabei prinzipiell um eine Fließkommazahl doppelter Genauigkeit (*Double*). Unter bestimmten Umständen stellt JavaScript Zahlen jedoch intern als Ganzzahl (*Integer*) dar. Dies ist zum Beispiel bei Ganzzahlen im Wertebereich von -2^{53} bis 2^{53} der Fall:

```
let i: number = 42;
let d: number = 0.815;
```

Um einen Wert in eine *number* umzuwandeln, die JavaScript intern durch einen Integer repräsentiert, kommt die Funktion *parseInt* zum Einsatz. Für Fließkommazahlen steht hingegen *parseFloat* zur Verfügung. Möchte man prüfen, ob ein Wert eine gültige Zahl ist, nutzt eine Anwendung *isNaN*, wobei *NaN* für *not a number* steht:

```
let i: number = parseInt("42"); // String 42 in Integer umwandeln
let d: number = parseFloat("0.815"); // String 0.815 in Fließkommazahl umwandeln

if (isNaN('ein String')) {
    console.debug('Ein String ist keine Zahl!');
}
```

Der Wert *NaN* kommt auch zum Einsatz, wenn das Ergebnis einer mathematischen Funktion nicht definiert ist. Ein Beispiel dafür ist die Division durch null (0).

string

Ein *string* ist eine Zeichenkette, die durch ein Objekt der Klasse *String* repräsentiert wird. Als Begrenzungszeichen kommen wahlweise einfache oder doppelte Anführungszeichen zum Einsatz. Auch Backticks sind mittlerweile möglich. Sie unterstützen Zeilenschaltungen sowie Platzhalter, die JavaScript-Ausdrücke in den String aufnehmen:

```
let name1: string = 'Max';
let name2: string = "Max";
let name3: string = `
    ${name2} Mustermann`;
```

Zum Verketten von Strings kommt ein Plus zum Einsatz:

```
let name4 = name2 + ' Muster';
```

Daneben bietet die Klasse *String* die üblichen Methoden, wie *substring*, *charAt* oder *length*. Eine gute Übersicht dazu finden Sie unter anderem im Mozilla Developer Network (*https://developer.mozilla.org/en-US/docs/Web/JavaScript/Reference/Global_Objects*).

boolean

Ein *boolean* repräsentiert einen Wahrheitswert (*true* oder *false*):

```
let ok: boolean = false;
```

Eine interessante Eigenheit von JavaScript und somit auch von TypeScript ist, dass sämtliche Datentypen als *boolean* behandelt werden können. Hierbei ist auch von *truthy* und *falsy* die Rede. Werte, die *truthy* sind, werden als *true* interpretiert; Werte, die *falsy* sind, als *false*.

Falsy sind neben *false* die Werte 0, '' (Leerstring), null, undefined und NaN (Not a Number). Alle anderen Werte sind *truthy*:

```
let firstName = null;
if (!firstName) {
  console.debug('firstName is falsy');
}
```

Arrays

Arrays nehmen mehrere Werte eines Typs auf und sind auch dynamisch erweiterbar. Das folgende Beispiel deklariert ein Strings-Array mit zwei Namen. Zwei weitere fügt es mit *push* ein. Danach iteriert es mit der *for-of*-Schleife (sie wurde mit ECMAScript 2015 eingeführt) sämtliche Einträge und gibt sie aus:

```
let namen: string[] = ['Max', 'Susi'];
// Gleichbedeutende Alternative: let namen: Array<string> = ['Max', 'Susi'];
namen.push('Rainer'); // Hinzufügen
namen.push('Anna');   // Hinzufügen

for(let name of namen) {
  console.debug(name);
}
```

any

Den Variablen des Typs *any* darf eine Anwendung alle möglichen Werte zuweisen. Somit simuliert der Typ *any* das Standardverhalten der dynamisch typisierten Sprache JavaScript:

```
let name: any = 'Max Muster';
name = 42;
```

Function

Der Datentyp *Function* verweist auf eine Funktion:

```
let f: Function = function() {
    console.debug('Hallo Welt!');
}
f(); // Aufruf von f
```

Alternativ dazu kann auch die gewünschte Methodensignatur festgelegt werden. Das folgende Beispiel legt fest, dass die zugewiesene Funktion zwei Numbers entgegennehmen und eine Number zurückliefern muss:

```
let func: (a: number, b: number) => number = null;
func = function(a: number, b: number) {
  return a + b;
}
console.debug(func(1,2))
```

Klassen und Interfaces

Eigene Datentypen lassen sich unter anderem mit Interfaces und Klassen definieren. Die nächsten Abschnitte gehen darauf ein.

JavaScript bringt schon einige Klassen mit, die sich über TypeScript natürlich auch nutzen lassen. Beispiele dafür sind die Klassen *String* zur Verwaltung von Zeichenketten, *Date* zum Repräsentieren von Datumswerten oder *Math* mit mathematischen Funktionen. Einen guten Überblick, der einen offiziellen Charakter hat, finden Sie im Mozilla Developer Network (*https://developer.mozilla.org/en-US/docs/Web/JavaScript/Reference/Global_Objects*).

Ein erstes Objekt samt Modul

Objekte sind ein zentrales Element in JavaScript, in TypeScript, aber auch in Angular. Die meisten Konzepte lassen sich durch Objekte beschreiben. Beispiele dafür sind Daten vom Server, Formulare und Eingabefelder oder Services mit wiederverwendbaren Routinen.

Die einfachste Möglichkeit, um die Struktur von Objekten festzulegen, ist die Nutzung von Interfaces. Sie definieren die benötigten Felder samt ihren Datentypen. Zur Veranschaulichung definiert Listing 2-1 ein Interface für Flüge:

Listing 2-1: Interface für einen Flug

```
// flight.ts
export interface Flight {
    id: number;
    from: string;
    to: string;
    date: string;
}
```

Dieses erste einfache Interface gibt lediglich Datenfelder vor. Der Abschnitt *Interfaces und Vererbung* zeigt darüber auch Interfaces, die Methoden vorgeben.

Wie der Kommentar am Beginn des Listings andeutet, wurde das betrachtete Interface in einer Datei *flight.ts* eingerichtet. Das ist insofern von Bedeutung, als ab ECMAScript 2015 jede Datei ein eigenes Modul darstellt. Dieses Modul ist von anderen Modulen abgeschottet und hat seinen eigenen Namensraum. Das bedeutet, dass alles, was eine Datei definiert, zunächst nur innerhalb dieser Datei existiert. Das beugt Namenskonflikten vor, zum Beispiel in Fällen, in denen mehrere Dateien etwas mit dem Namen *Flight* definieren.

Um anderen Modulen Konstrukte wie Interfaces, Klassen oder auch nur Variablen zur Verfügung zu stellen, kommt das Schlüsselwort *export* zum Einsatz. Solche Konstrukte können in anderen Dateien bei Bedarf importiert werden. Ein Beispiel dafür findet sich in Listing 2-2. Es handelt sich dabei um die Datei *demo.ts*, die in der ersten Zeile das Flight-Interface aus der Datei *flight.ts* importiert. Den Dateinamen der *flight.ts* gibt es dazu relativ an, und eine Dateiendung lässt es ganz bewusst weg. Das ist auch gut so, denn das, was beim Kompilieren eine *.ts*-Datei ist, wird bei der Ausführung eine eigene *.js*-Datei oder sogar nur ein kleiner Teil eines JavaScript-Bundles sein.

Listing 2-2: Objekt eines Interface-Typs verwenden

```
// demo.ts
import { Flight } from './flight';

let f: Flight = {
    id: 1,
    from: 'Graz',
    to: 'Hamburg',
    date: '2018-12-24T17:00:00.00+01:00'
}
```

```
f.from = 'GRZ';
f.to = 'HAM';
console.debug('from', f.from);
console.debug('flight', f);
```

Das betrachtete Beispiel definiert eine Variable vom Typ *Flight* und weist mit einem sogenannten Objektliteral ein neues Objekt zu. Der TypeScript-Compiler stellt hier sicher, dass sämtliche Vorgaben des Interfaces berücksichtigt sind. Das Weglassen einer der vier vorgegebenen Eigenschaften würde somit zu einem Fehler führen.

Eine etwas genauere Betrachtung verlangt die Eigenschaft *date*. Sie erhält einen String mit einem ISO-Datum. JavaScript hat zwar auch eine Klasse *Date*, um Datumswerte mit einem Objekt zu beschreiben, aber diese Klasse lässt sich nicht per JSON zwischen Server und Client übertragen. Das JSON-Format sieht dafür schlicht und ergreifend keine Repräsentation vor. Deswegen hat sich die Community auf die Nutzung von Strings mit dem ISO-Format geeinigt, das sowohl ein Datum, eine Uhrzeit als auch ein Zeitzonenoffset beinhalten kann. Das Offset wird hier durch die Endung +01:00 für mitteleuropäische Winterzeit ausgedrückt.

Es empfiehlt sich, den gewählten Editor so zu konfigurieren, dass er in der Lage ist, fehlende *import*-Anweisungen automatisch zu ergänzen oder vorzuschlagen. Das erspart einiges an Aufwand, zumal die meisten Beispiele hier (aber auch in anderen Quellen) nicht sämtliche Importe ständig wiederholen.

Klassen

Im Gegensatz zu Interfaces können Klassen auch Funktionen samt Logiken für die beschriebenen Objekte festlegen. Diese Funktionen nennen sich auch Methoden. Ein Beispiel dafür findet sich in Listing 2-3. Es definiert eine Klasse *FlightManager* zum Verwalten von Flügen:

Listing 2-3: Klasse zum Verwalten von Flügen

```
// flight-manager.ts
import { Flight } from './flight';

export class FlightManager {

    private cache: Flight[];

    constructor(cache: Flight[]) {
        this.cache = cache;
    }

    search(from: string, to: string): Flight[] {
        let result = new Array<Flight>();
        for(let f of this.cache) {
            if (f.from == from && f.to == to) {
                result.push(f);
```

```
            }
        }
        return result;
    }
}
```

Diese Klasse weist eine Eigenschaft *cache* auf, die vom Typ Flight-Array (*Flight[]*) ist und somit mehrere Flüge aufnehmen kann. Damit diese Eigenschaft nur innerhalb der Klasse sichtbar ist, wurde sie mit dem Access-Modifier *private* versehen. Standardmäßig sind alle Eigenschaften öffentlich, und somit können auch andere Konstrukte darauf zugreifen. Dies entspricht dem Einsatz des Access-Modifiers *public*.

Bei dem Konstruktor handelt es sich um eine Methode, die TypeScript beim Erzeugen von Objekten dieser Klasse aufruft. Er nimmt einen Initialwert für den Cache entgegen. Auf das Feld *cache* greift er über das Schlüsselwort *this* zu, das das aktuelle Objekt repräsentiert. Anders als bei vielen ähnlichen Sprachen ist der Einsatz von *this* in TypeScript verpflichtend.

Konstruktoren kommen häufig beim Initialisieren von Eigenschaften zum Einsatz. Im betrachteten Fall ist die Eigenschaft *cache* ein Beispiel dafür:

```
private cache: Flight[];

constructor(cache: Flight[]) {
    this.cache = cache;
}
```

Dieses Fragment weist das Konstruktorargument *cache* der gleichnamigen privaten Eigenschaft zu. Somit kommt das Wort *cache* hier viermal vor. Um dieses wortreiche Unterfangen abzukürzen, bietet TypeScript ein wenig syntaktischen Zucker:

```
constructor(private cache: Flight[]) {
}
```

Hierzu müssen Sie lediglich das Konstruktorargument mit einem Access-Modifier wie *private* oder *public* versehen. In diesem Fall richtet TypeScript sowohl ein Konstruktorargument als auch eine gleichnamige Eigenschaft ein und weist Ersteres Letzterer zu. Die Semantik entspricht somit der des zuvor betrachteten ausführlichen Konstrukts.

Die Methode *search* sucht anhand von übergebenen Kriterien nach Flügen im Cache und liefert ein Array mit den Treffern zurück. Dabei fällt auf, dass sie neben der Schreibweise *Flight[]* auch die Schreibweise *Array<Flight>* verwendet. Beides ist in TypeScript gleichbedeutend. Da *search* keinen Access-Modifier verwendet, kommt der Standard *public* zum Einsatz.

Da TypeScript versucht, Typen über Schlussfolgerungen herzuleiten, könnte in Listing 2-3 auch der Rückgabewert der Methode *search* weggelassen werden. In diesem Fall würde TypeScript durch Analyse der Verwendung von *return* auf den Datentyp *Flight[]* schließen. Wer sich mit expliziten Typangaben wohler fühlt, kann diese natürlich jederzeit verwenden.

Ein Beispiel für die Nutzung der Klasse *FlightService* findet sich in Listing 2-4. Es importiert sowohl *Flight* als auch *FlightManager* und erzeugt danach mit einem Objektliteral ein *Array<Flight>*, das als Cache fungiert:

Listing 2-4: Eine Klasse verwenden

```
// demo.ts

import { Flight } from './flight';
import { FlightManager } from './flight-manager';

let flights: Array<Flight> = [
  {
    id: 17,
    from: 'Graz',
    to: 'Hamburg',
    date: '2017-02-27'
  },
  {
    id: 18,
    from: 'Graz',
    to: 'Hamburg',
    date: '2017-02-27'
  },
  {
    id: 19,
    from: 'Graz',
    to: 'Mallorca',
    date: '2017-02-27'
  },
  {
    id: 20,
    from: 'Graz',
    to: 'Hamburg',
    date: '2017-02-27'
  }
];

let fm = new FlightManager(flights);
let result1 = fm.search('Graz', 'Hamburg');

for(let f of result1) {
  console.debug('flight', f);
}
```

Mit dem Schlüsselwort *new* erzeugt das betrachtete Beispiel ein neues Objekt nach der Vorlage des *FlightManagers* und übergibt dabei das Array *flights* an dessen

Konstruktor. Anschließend sucht es mit *search* nach Flügen von Graz nach Hamburg und gibt das erhaltene Ergebnis aus. Dazu iteriert es das Ergebnis mit der neuen *for-of*-Schleife, die ECMAScript 2015 eingeführt hat.

Funktionen und Lambda-Ausdrücke

Logiken müssen bei JavaScript nicht in Form von Methoden innerhalb von Klassen gekapselt sein. Vielmehr unterstützt die Sprache des Webs auch alleinstehende Funktionen. Wie Listing 2-5 veranschaulicht, kommt dazu das Schlüsselwort *function* zum Einsatz. Um anzuzeigen, dass eine Funktion keine Werte retourniert, verwendet sie den Datentyp *void*.

Listing 2-5: Eine einfache Funktion

```
function showFlight(f: Flight): void {
    console.debug('---- Flight ----');
    console.debug('id', f.id);
    console.debug('date', f.from);
    console.debug('date', f.to);
    console.debug('date', f.date);
}
```

Ein Beispiel für die Nutzung dieser Funktion findet sich in Listing 2-6:

Listing 2-6: Nutzung von Funktionen

```
let f: Flight = {
    id: 1,
    from: 'Graz',
    to: 'Hamburg',
    date: '2018-12-24T17:00:00.00+01:00'
}

showFlight(f);
```

So richtig spannend wird es, wenn es um den Einsatz anonymer Funktionen geht. Damit sind Funktionen gemeint, die keinen Namen haben, jedoch an Ort und Stelle verwendet werden. In Listing 2-7 kommt beispielsweise die Array-Funktion *filter* zum Einsatz. Sie hat die Aufgabe, ein Array zu filtern, und nimmt die Filterkriterien in Form einer anonymen Funktion entgegen.

Listing 2-7: Anonyme Funktion

```
search2(from: string, to: string): Flight[] {
    let result: Flight[] = this.cache.filter(function(f: Flight) {
        return f.from == from && f.to == to;
    });
    return result;
}
```

Die Funktion *filter* ruft die übergebene *anonyme* Funktion für jeden Eintrag im Array auf. Liefert diese *true*, nimmt *filter* den jeweiligen Eintrag in die Ergebnisliste auf; ansonsten wird er außen vor gelassen. Das so ermittelte Ergebnis liefert *filter* zurück.

Eine verkürzte Schreibweise dafür bieten die mit ECMAScript 2015 eingeführten Lambda-Ausdrücke. Sie heißen offiziell *Arrow-Funktionen*, weil in ihnen der Pfeiloperator (=>) genutzt wird. *Lambda-Ausdrücke* ist hingegen der sprachneutrale Name, der sich eingebürgert hat. Wie Listing 2-8 zeigt, ähnelt ein solcher Ausdruck der Nutzung anonymer Funktionen:

Listing 2-8: Lambda-Ausdruck

```
search3(from: string, to: string): Flight[] {
   return this.cache.filter((f:Flight) => {
      return f.from == from && f.to == to;
   });
}
```

Lediglich das Schlüsselwort *function* wird wegelassen, und als Trennzeichen zwischen Parameterliste und Body der Funktion kommt der Pfeiloperator (=>) zum Einsatz. Gelesen wird dieser Operator als *goes to*, was sich im Deutschen mit *wird abgebildet auf* übersetzen lässt. Sprachlich wurde das der Mathematik entlehnt, wo Funktionen Eingaben auf Ausgaben *abbilden*.

Die Schreibweise von Lambda-Ausdrücken lässt sich jedoch in manchen Fällen drastisch verkürzen. Listing 2-9 lässt beispielsweise die runden Klammern um die Parameter weg. Das ist möglich, wenn nur ein Parameter, dessen Typ hergeleitet wird, zum Einsatz kommt.

Listing 2-9: Gekürzter Lambda-Ausdruck

```
search3(from: string, to: string): Flight[] {
   return this.cache.filter(f => f.from == from && f.to == to);
}
```

Dieses Beispiel lässt jedoch auch die geschweiften Klammern zur Begrenzung des Funktionskörpers sowie das Schlüsselwort *return* weg. Das ist möglich, wenn die Funktion nur aus einer einzigen Zeile besteht. In diesem Fall zieht ECMAScript 2015 das Ergebnis dieser Zeile als Rückgabewert heran.

Neben der verkürzten Schreibweise bringen Lambda-Ausdrücke noch eine weitere Annehmlichkeit mit sich: Sie binden den Wert von *this*. Das bedeutet, dass *this* innerhalb des Lambda-Ausdrucks auf dasselbe Objekt wie außerhalb des Lambda-Ausdrucks zeigt. Für Entwickler aus der Welt von Java oder .NET ist das ohnehin das erwartete Verhalten. Erfahrene JavaScrpt-Entwickler wissen jedoch, dass der Aufrufer einer Funktion den Wert von *this* bestimmt. Das ist vor allem in Fällen wie dem betrachteten problematisch, wo der Browser die Funktion bei Bedarf aufruft.

Die Nutzung des Schlüsselworts *function* führt jedoch aus Gründen der Abwärtskompatibilität nach wie vor zu diesem etwas eigenwilligen Verhalten. Wer sich damit nicht belasten möchte, nutzt generell für Callback-Funktionen Lambda-Ausdrücke.

Interfaces und Vererbung

Interfaces und Klassenvererbung kommen in objektorientierten Sprachen zum Einsatz, um austauschbare Code-Strecken zu schaffen. Zwei Objekte, die dasselbe Interface implementieren, sind aus Sicht des Compilers gegeneinander austauschbar. Diesen Umstand nutzen Frameworks wie Angular, um die Flexibilität zu steigern und um Standardverhalten anzupassen.

Ein sehr einfaches Beispiel dafür ist die Berechnung eines Flugpreises. Die Anwendung kann zur Laufzeit ein Objekt, das den Preis eines Fluges berechnet, gegen ein anderes mit demselben Interface tauschen und somit die Art der Preisberechnung anpassen.

Interfaces

Um den Einsatz von Interfaces zur Schaffung austauschbarer Objekte zu veranschaulichen, greifen wir in Listing 2-10 das bereits verwendete *Flight*-Interface wieder auf:

Listing 2-10: Das Interface »Flight«

```
// flight.ts
export interface Flight {
    id: number;
    from: string;
    to: string;
    date: string;

    distance?: number;
    calcPrice?(): number;
}
```

Als Ergänzung bekommt *Flight* zwei weitere Einträge spendiert: *distance* gibt Auskunft über die Länge der Flugstrecke, und *calcPrice* ist eine Methode zum Berechnen des Flugpreises. Der Fragezeichenoperator (?) gibt an, dass diese beiden Erweiterungen optional sind.

Im Gegensatz zu Klassen definiert ein Interface für Methoden nur eine Signatur, jedoch keinen Körper mit einer gewünschten Logik. Das Bereitstellen des Körpers ist Aufgabe der Interface-Implementierungen. Ein weiterer Unterschied zu Klassen ist, dass sämtliche Einträge eines Interfaces per Definition öffentlich (*public*) sind.

Die Klasse *ScheduledFlight* in Listing 2-11 implementiert *Flight* explizit. Dazu listet sie dieses Interface in ihrer *implements*-Klausel auf. Das veranlasst den Compiler zu prüfen, ob sich *ScheduledFlight* an die Vorgaben des Interfaces hält.

Listing 2-11: Implementierung von »Flight«

```
export class ScheduledFlight implements Flight {

    id: number;
    from: string;
```

```
        to: string;
        date: string;

        distance: number;

        calcPrice() {
            return this.distance / 3;
        }

    }
```

Eine Klasse kann beliebig viele Interfaces implementieren. Diese sind kommagetrennt in der *implements*-Klausel anzugeben:

```
class ScheduledFlight implements Flight, Billable, Discountable, Offer {
    [...]
}
```

In diesem Fall muss die Klasse sämtliche Vorgaben aller Interfaces erfüllen.

Die Klasse *CharterFlight* aus Listing 2-12 implementiert ebenfalls das Interface *Flight*. Allerdings unterscheidet sich die Implementierung von *calcPrice* im Detail von jener in *ScheduledFlight*.

Listing 2-12: Eine weitere Implementierung des Interfaces »Flight«

```
export class CharterFlight implements Flight {

    id: number;
    from: string;
    to: string;
    date: string;

    distance: number;

    calcPrice() {
        return this.distance / 2;
    }
}
```

Dadurch, dass beide Klassen das Interface implementieren, können beide zu Variablen des Interface-Typs *Flight* zugewiesen werden. Somit kann ein *Scheduled Flight*-Objekt ein *CharterFlight*-Objekt ersetzen, wie Sie es in Listing 2-13 sehen:

Listing 2-13: Austauschen von Objekten

```
import { Flight, ScheduledFlight, CharterFlight } from './flight';

let f: Flight = new ScheduledFlight();
f.distance = 1000;
console.debug('Preis', f.calcPrice());

f = new CharterFlight(); // Ersetzen; dieselbe Variable zeigt nun auf einen
CharterFlight
charterFlight.distance = 1000;
console.debug('Preis', f.calcPrice()); // Neuer Preis
```

Sie können aber auch Code schreiben, der verschiedene Ausprägungen des *Flight*-Interfaces auf dieselbe Weise verwendet. Dies nennt man auch Polymorphie. Ein Beispiel dafür bietet Listing 2-14. Das Array *flights* vom Typ *Flight[]* beinhaltet sowohl einen *ScheduleFlight* als auch einen *CharterFlight*. Die Schleife geht auch nicht auf die Unterschiede zwischen diesen beiden Ausprägungen ein, sondern nutzt die vom Interface vorgegebenen Funktionen zur Preisberechnung. Da *calc Price*, wie oben erwähnt, ein optionales Member ist, prüft die Schleife mit einem *if*, ob diese Methode existiert.

Listing 2-14: Polymorphe Behandlung zweier Ausprägungen von »Flight«

```
// flight-demo.ts
import { Flight, ScheduledFlight, CharterFlight } from './flight';

let scheduledFlight: Flight = new ScheduledFlight();
scheduledFlight.distance = 1000;

let charterFlight: Flight = new CharterFlight();
charterFlight.distance = 1000;

let flights: Flight[] = [scheduledFlight, charterFlight];

console.debug('imperative variante');

for(let f of flights) {
    if (f.calcPrice) {
        console.debug('Preis', f.calcPrice());
    }
}
```

Interfaces verschwinden beim Kompilieren und existieren somit nicht mehr zur Laufzeit. Der Grund dafür ist, dass dynamische Sprachen wie JavaScript gänzlich ohne dieses Konstrukt auskommen.

Das hier gezeigte Beispiel funktioniert auch, wenn die Klassen das Interface nicht in ihrer *implements*-Klausel erwähnen. In diesem Fall prüft der Compiler jedoch bei der Klassendeklaration nicht, ob die Klasse das Interface implementiert. Allerdings findet eine ähnliche Prüfung bei der Zuweisung zur Variablen des Interface-Typs statt:

```
let scheduledFlight: Flight = new ScheduledFlight();
```

An dieser Stelle prüft der Compiler, ob der *ScheduledFlight* eine zum Flight kompatible Struktur aufweist. Ist dem nicht so, mahnt er die Zuweisung mit einem Fehler an. Man spricht hierbei auch von *Duck-Typing*: Was aussieht wie eine Ente, ist eine Ente.

Klassenvererbung

Anstatt ein Interface zu implementieren, kann eine Klasse auch von einer Basis-Klasse erben. Im Zuge dessen übernimmt die erbende Klasse sämtliche Eigenschaften und Methoden von der Basis-Klasse. Basis-Klassen werden auch als *Super-Klassen* und erbende Klassen dementsprechend als *Sub-Klassen* bezeichnet.

Als Beispiel für eine Basis-Klasse kommt in Listing 2-15 die Klasse *Person* zum Einsatz:

Listing 2-15: Basis-Klasse »Person«

```
class Person {
    id: number;
    firstName: string;
    lastName: string;

    fullName() {
        return this.firstName + " " + this.lastName;
    }
}
```

Diese Klasse unterscheidet sich zunächst nicht von herkömmlichen Klassen. Allerdings erben die Klassen *Passenger* und *Pilot* von ihr. Dazu erwähnen sie die Person in ihrer *extends*-Klausel (Listing 2-16). Genau das macht *Person* in diesem Kontext zur Basis-Klasse.

Listing 2-16: Zwei von »Person« abgeleitete Klassen

```
class Passenger extends Person {
    passengerStatus: string;
}

class Pilot extends Person {
    licenseNummber: string;
}
```

Ähnlich wie andere Mainstream-Sprachen erlaubt TypeScript keine Mehrfachvererbung. Eine Klasse kann also immer nur von einer anderen erben.

Durch die *extends*-Klausel übernehmen *Passenger* und *Pilot* sämtliche Felder und Methoden von *Person*. Zur Veranschaulichung ergänzen beide jeweils ein zusätzliches Feld. Ähnlich wie beim Einsatz von Interfaces lassen sich Sub-Klassen Variablen der Super-Klasse zuweisen. Durch die Vererbung hat die Sub-Klasse auf jeden Fall eine zur Super-Klasse kompatible Struktur.

Ein Beispiel dafür findet sich in Listing 2-17. Sowohl der neue *Passenger* als auch der neue *Pilot* werden hier einer Variablen vom Typ *Person* zugewiesen:

Listing 2-17: Polymorphe Behandlung zweier Ausprägungen von »Person«

```
let person1: Person = new Passenger();
person1.firstName = "Max";
person1.lastName = "Muster";

let person2: Person = new Pilot();
person2.firstName = "Jens";
person2.lastName = "Wolkenmeyer";

let isPerson = person1 instanceof Person; // true
let isPessenger = person1 instanceof Passenger; // true
let isPilot = person1 instanceof Pilot; // false

console.debug('isPerson', isPerson);
console.debug('isPilot', isPilot);
console.debug('isPassenger', isPassenger);
```

Beachtenswert ist in Listing 2-17 auch der Einsatz des *instanceof*-Operators. Er prüft, ob ein Objekt zu einem gegebenen Klassentyp kompatibel ist. Da es sich bei *person1* um einen Passagier handelt, ist sie natürlich kompatibel zur Klasse *Passenger* – oder anders ausgedrückt: Sie lässt sich den Variablen von *Passenger* zuweisen, auch wenn hierzu ggf. eine *Type Assertion* notwendig ist, siehe dazu den folgenden Abschnitt.

Sie ist jedoch durch die Vererbung auch kompatibel zu *Person*. Da ein Passagier jedoch kein Pilot ist – ihm fehlt in diesem Beispiel zumindest die Eigenschaft *licen seNummber* –, liefert die letzte Prüfung ein *false*.

Type Assertion („Type Casting")

Obwohl die im letzten Abschnitt verwendete Variable *person1* auf einen Passagier verweist, erlaubt sie keinen Zugriff auf Eigenschaften, die für Passagiere spezifisch sind, wie auf den *passengerStatus*:

```
let person1: Person = new Passenger();
person1.firstName = "Max";
person1.lastName = "Muster";
// let status = person1.passengerStatus; // ERROR !!
```

Der Grund dafür ist einfach: Die Variable *person1* ist mit *Person* typisiert. Das bedeutet, dass zur Laufzeit alles, was zur Person kompatibel ist, zugewiesen werden darf. Das schließt sowohl Passagiere als auch Piloten ein. Auch wenn in diesem einfachen Beispiel auf den ersten Blick ersichtlich ist, dass *person1* nur einen Passagier beherbergt, kann der Compiler dies im allgemeinen Fall nicht sicherstellen. Deswegen orientiert er sich bei den erlaubten Zugriffen am Typ der Variablen, also an *Person*. Und eine solche hat eben keinen *passengerStatus*.

Um dieses Problem zu umgehen, muss der Entwickler Verantwortung übernehmen und den Compiler explizit darauf hinweisen, dass es sich um einen Passagier handelt. Hierzu ist bei den meisten Sprachen eine Typumwandlung erforderlich. In TypeScript ist hierbei von einer *Type Assertion* die Rede:

```
let person1AsPassenger = person1 as Passenger; // Type Assertion
// let person1AsPassenger = <Pilot>person1; // Alternative Schreibweise
let status = person1AsPassenger.passengerStatus;
```

Das TypeScript-Team nimmt hier bewusst von der in anderen Sprachen üblichen Bezeichnung *Type Cast* Abstand, zumal ein Type Cast häufig auch bestimmte Prüfungen zur Laufzeit involviert. TypeScript hat jedoch keinen Einfluss auf die Ausführung des generierten JavaScript-Codes. Deswegen erscheint auch der Begriff *Type Assertion* treffender, zumal durch ihn ausgedrückt wird, dass man davon ausgeht, zur Laufzeit den gewünschten Typ vorzufinden.

Abstrakte Klassen

Manche Basis-Klassen sollen lediglich Felder und Methoden für Sub-Klassen anbieten, jedoch selbst nicht als Vorlage für Objekte dienen. Ein Beispiel dafür ist die Klasse *AbstractAddress* in Listing 2-18. Sie wurde mit den Schlüsselwort *abstract* versehen.

Listing 2-18: Abstrakte Basis-Klasse

```
export abstract class AbstractAddress {
    id: number;
    street: string;
    zipCode: string;
    city: string;

    constructor(id: number) {
        this.id = id;
    }

    fullAddress() {
        return this.street + ", " + this.zipCode + " " + this.city;
    }

    abstract toCSV(): string;

}
```

Das Schlüsselwort *abstract* verhindert nicht, dass andere Klassen von dieser Klasse erben können. Allerdings unterbindet es die Nutzung des *new*-Operators zur Erzeugung einer neuen Instanz von *AbstractAddress*. Die Anweisung

```
let a = new AbstractAddress(7);
```

ist somit nicht zulässig.

Wie dieses Beispiel zeigt, können abstrakte Klassen auch abstrakte Methoden haben. Das sind Methoden, die nur eine Signatur, aber keine Implementierung aufweisen. Demzufolge müssen sie erbende Klassen implementieren (sofern diese nicht auch abstrakt sind). Ein Beispiel dafür ist die *CompanyAddress* (Listing 2-19), die von *AbstractAddress* erbt und eine Implementierung für die abstrakte Methode *toCSV* liefert:

Listing 2-19: Erben von abstrakter Basis-Klasse

```
class CompanyAddress extends AbstractAddress {
    companyName: string;

    toCSV() {
        return `${this.id};${this.companyName};${this.street};${this.zipCode};${this.city}`;
    }
}
```

Der Vollständigkeit halber zeigt Listing 2-20 die Nutzung der *CompanyAddress*:

Listing 2-20: Nutzung der Klasse »CompanyAddress«

```
let a1 = new CompanyAddress(1);
a1.id = 1;
a1.city = "Graz";
a1.street = "Hier";
a1.zipCode = "8010";
a1.companyName = "Steh & Schau GmbH";

console.debug('a1 as csv', a1.toCSV());
console.debug('a1 as full Address', a1.fullAddress());
```

Zugriff auf eine Basis-Klasse

In manchen Fällen möchte sich eine Sub-Klasse auf die Dienste ihrer Super-Klasse stützen. Hierzu kommt das Schlüsselwort *super* zum Einsatz. Die *PrivateAddress* (Listing 2-21), die von der *AbstractAddress* erbt, veranschaulicht die beiden Arten der Nutzung.

Zum einen delegiert ihr Konstruktor einen Standardwert an den Konstruktor der Super-Klasse. Hierzu ruft sie *super* auf. Zum anderen überschreibt sie die von der Super-Klasse bereitgestellte Methode *fullAdress* mit einer eigenen Implementierung und ruft dafür über *super* die Implementierung der Super-Klasse auf.

Listing 2-21: Zugriff auf eine Basis-Klasse

```
class PrivateAddress extends AbstractAddress {
    firstName: string;
    lastName: string;

    constructor() {
        super(0);
    }

    fullAddress() {
        return this.firstName + " " + this.lastName + ", " + super.fullAddress();
    }

    toCSV() {
        return
`${this.id};${this.firstName};${this.lastName};${this.street};${this.zipCode};${this.city}`;
    }
}
```

Im Gegensatz zu anderen Mainstream-Sprachen vererbt TypeScript Konstruktoren. Wenn eine Sub-Klasse, wie die hier betrachtete *PrivateAdress* jedoch einen eigenen Konstruktor aufweist, muss dieser den Konstruktor der Super-Klasse explizit aufrufen. Genau dies ist der Grund, warum der Compiler im betrachteten Fall den Aufruf von *super* erzwingt.

Ausgewählte Sprachmerkmale

Nachdem wir die wichtigsten Merkmale, die TypeScript für die Entwicklung mit Angular aufweist, anhand eines Beispiels erläutert haben, geht dieser Abschnitt auf ein paar weitere Aspekte ein, die beim Einsatz von Angular nützlich sind.

Getter und Setter

Nicht alle Felder werden direkt in Objekten gespeichert. Manche müssen auch bei Bedarf berechnet oder von anderen benachbarten Klassen hergeleitet werden. Hierzu stellt TypeScript *Getter* und *Setter* zur Verfügung. Das sind Methoden, die einen Wert ermitteln, zum Beispiel berechnen, oder einen Wert aktualisieren. Der Clou daran ist, dass solche Methoden für den Aufrufer wie normale Eigenschaften aussehen. Ein Beispiel dafür bietet die Klasse *ScheduledFlight* in Listing 2-22. Sie definiert einen Getter sowie einen Setter *unixDate*, der die Flugzeit als Millisekunden seit dem 1.1.1970 repräsentiert. Diese Information leitet sich aus dem Feld *date* ab.

Listing 2-22: Klasse mit Getter und Setter

```
export class ScheduledFlight implements Flight {

    id: number;
    from: string;
    to: string;
    date: string;

    distance: number;

    calcPrice() {
        return this.distance / 3;
    }

    get unixDate() {
        return new Date(this.date).getTime();
    }

    set unixDate(time: number) {
        let date = new Date(time);
        this.date = date.toISOString();
    }

}
```

Achten Sie darauf, dass nach den Schlüsselwörtern *get* und *set* ein Leerzeichen steht. Im Gegensatz zu Java ist *get* bzw. *set* also nicht Teil des Namens, sondern zeigt nur an, dass jetzt eine Methode folgt, die als Getter bzw. Setter fungieren soll.

Für den Aufrufer gibt es keinen erkennbaren Unterschied zwischen herkömmlichen Feldern und solchen, die über Getter und Setter definiert werden: Er setzt einfach die Eigenschaft *unixDate* oder liest sie aus (Listing 2-23).

Listing 2-23: Nutzung von Getter und Setter

```
let nextFlight = new ScheduledFlight();
nextFlight.date = "2018-12-24";
console.debug('unix-date', nextFlight.unixDate);
nextFlight.unixDate = 1000;
console.debug('unix-date', nextFlight.date);
```

Generics

Nicht immer lässt sich im Voraus ein Datentyp festlegen. *Generische Klassen* oder kurz *Generics* helfen in solchen Situationen. Sie erhalten Typparameter für jene Datentypen, die beim Schreiben der Klasse nicht bekannt sind. Diese Typparameter können Sie wie andere Datentypen auch verwenden. Erst wenn die Klasse instanziiert wird, ist für diese Typparameter ein konkreter Datentyp anzugeben.

Bei der Klasse *Invoice* in Listing 2-24 handelt es sich um solch ein Generic. Sie definiert einen Typparameter *T* im Anschluss an den Klassennamen und nutzt diesen zur Typisierung der Eigenschaft *subject*.

Listing 2-24: Generische Klasse

```
// invoice.ts
import { Flight, CharterFlight } from './flight';

class Invoice<T> {
    subject: T;
    price: number;

    // Zugriff auf id löst Kompilierungsfehler aus,
    // weil T alles Mögliche sein könnte.
    // Das nachfolgende Beispiel löst das Problem.
    toString() {
        let id = '';
        // id = this.subject.id; // Fehler
        return `${id}: ${this.price}`;
    }

}
```

Ein Problem gibt es hier jedoch in der Methode *toString*: Der Compiler verbietet den Zugriff auf *this.subject.id*. Der Typparameter *T* kann zur Laufzeit ja alles Mögliche sein, und deswegen kann der Compiler nicht garantieren, dass dann eine Eigenschaft *id* vorliegt.

Abhilfe schafft hier eine Einschränkung für den Typparameter. Die Klasse *Flight Invoice* in Listing 2-25 gibt beispielsweise mit *extends Flight* an, dass der Typparameter *T* ein *Flight* oder eine Sub-Klasse davon sein muss:

Listing 2-25: Generische Klasse mit Einschränkung für Typparameter

```
class FlightInvoice<T extends Flight> {
    subject: T;
    amount: number;

    toString() {
        return `Flight ${this.subject.id }: ${this.amount}`;
    }

}
```

Aufgrund dieser Einschränkung garantiert TypeScript Zugriff auf alle Felder, die ein *Flight* mit sich bringt. Dazu gehört auch die *id*.

Beim Instanziieren eines Generics ist der gewünschte Datentyp anzugeben. Ein Beispiel dafür findet sich in Listing 2-26, das *T* auf *CharterFlight* festlegt:

Listing 2-26: Nutzung einer generischen Klasse

```
let charterFlightToCharge = new CharterFlight();
charterFlightToCharge.from = 'Graz';
charterFlightToCharge.to = 'Hamburg';
charterFlightToCharge.distance = 1000;

let charterInvoice = new FlightInvoice<CharterFlight>();
charterInvoice.subject = charterFlightToCharge;
charterInvoice.amount = charterFlightToCharge.calcPrice() * 1.50;

console.debug('charterInvoice', charterInvoice.toString());
```

Exceptions

Zur Fehlerbehandlung unterstützen JavaScript und TypeScript wie viele andere Sprachen auch *Ausnahmen*. Im Englischen heißen Ausnahmen *Exceptions*. Eine Funktion oder Methode löst eine Exception aus, um den Aufrufer auf einen Fehlerzustand hinzuweisen. Dieses Auslösen wird auch als *Werfen* bezeichnet. Ansonsten liefert sie das gewünschte Ergebnis.

Um eine Exception zu *werfen*, kommt das Schlüsselwort *throw* zum Einsatz (Listing 2-27):

Listing 2-27: Eine Exception werfen

```
function div(a: number, b: number): number {
  if (b == 0) {
    throw new Error('division by 0 is not allowed');
  }
  return a / b;
}
```

Im Gegensatz zu vielen anderen Sprachen kann *throw* jeden beliebigen Wert werfen, sogar eine *number* oder einen *string*. Allerdings ist es üblich, dass eine Instanz von *Error* oder einer Sub-Klasse von *Error* zum Einsatz kommt, um den jeweiligen Fehler anzuzeigen.

Eine Funktion oder Methode, die eine Exception wirft, kann in einem *try*-Block aufgerufen werden (Listing 2-28):

Listing 2-28: Eine Exception fangen

```
try {
  let result1 = div(10, 3);
  console.debug('result1', result1);

  let result2 = div(10, 0);
  console.debug('result2', result2);

}
catch(error) {
  console.error('Fehler', error);
}
finally {
  console.debug('finally');
}
```

Sobald eine Exception auftritt, bricht JavaScript den *try*-Block ab und springt in den nächsten *catch*-Block, der das geworfene Element entgegennimmt. Für Aufräumarbeiten kann der *try*-Block auch einen *finally*-Block erhalten. Diesen führt JavaScript auf jeden Fall aus – egal, ob ein Fehler aufgetreten ist oder nicht.

Ein *try*-Block muss immer mit einem *catch*- oder einem *finally*-Block auftreten. Auch alle drei Blöcke können kombiniert werden, wie das aktuelle Beispiel veranschaulicht.

Strikte Null-Prüfungen

So gut wie jede Sprache bietet Null-Werte, um anzuzeigen, dass für eine Variable kein Wert vorliegt. JavaScript und TypeScript bieten daneben sogar noch den Wert *undefined*. Dieser informiert darüber, dass die gewünschte Eigenschaft gar nicht vorhanden ist. Versucht der Programmcode, eine Eigenschaft oder Methode bei einer Variablen mit dem Wert *null* oder *undefined* zu nutzen, ergibt sich ein Laufzeitfehler. Da standardmäßig jede Variable diese Werte aufnehmen kann, müsste streng genommen der Programmcode mit Prüfungen sicherstellen, dass der gewünschte Zugriff sicher ist. Listing 2-29 veranschaulicht dies anhand des in diesem Kapitel verwendeten *FlightManagers:*

Listing 2-29: Auf Null-Werte prüfen

```
import { Flight } from './flight';

export class FlightManager {
```

```
    private cache: Flight[];

    constructor(cache: Flight[]) {
        if (!cache) throw Error('null or undefined is not allowed!');
        this.cache = cache;
    }

    search(from: string, to: string): Flight[] {
        let result = new Array<Flight>();
        for(let f of this.cache) {
            if (f.from == from && f.to == to) {
                result.push(f);
            }
        }
        return result;
    }
}
```

Hier prüft der Konstruktor den übergebenen *cache* auf *null* bzw. *undefined*. Streng genommen prüft er, ob der Wert *falsy* ist, was *null* und *undefined* inkludiert (vgl. Abschnitt *Ausgewählte Datentypen in TypeScript*). Damit verhindert das Beispiel, dass die Methode *search* beim Iterieren der Caches auf einen Fehler läuft, wenn der Cache einen Null-Wert aufweist.

Leider führt diese Prüfung nur dazu, dass die falsche Verwendung des *FlightMana gers* etwas früher zur Laufzeit entdeckt wird. Wünschenswert wäre es jedoch, solche Fehler schon beim Kompilieren ausschließen zu können. Hierzu bietet TypeScript strikte Null-Prüfungen (*strict null checks*).

Da diese Compiler-Prüfungen ein nicht abwärtskompatibles Verhalten mit sich bringen, müssen Sie sie explizit in der Datei *tsconfig.json* aktivieren (Listing 2-30):

Listing 2-30: »strictNullChecks« aktivieren

```
{
  "compilerOptions": {
    "target": "es5",
    [...]
    "strictNullChecks": true
  }
}
```

Ist diese Option erst mal aktiviert, können typisierte Variablen standardmäßig weder den Wert *null* noch *undefined* aufnehmen. Um dennoch diese Werte zuweisen zu können, muss die Deklaration dies explizit erlauben. Der Aufruf

```
let fm = new FlightManager(null);
```

provoziert somit einen Compiler-Fehler. Um wieder Null-Werte zuzulassen, sind sogenannte *Union-Types* zu nutzen. Dabei handelt es sich um ein Sprachkonstrukt von TypeScript, das vorgibt, dass eine Variable einen von mehreren Typen aufweisen muss. Die Zeile

```
let stringOrNumber: string | number;
```

deklariert beispielsweise eine Variable, die sowohl einen String als auch eine Zahl aufnehmen kann.

Auf dieselbe Weise lassen sich die Werte *null* und *undefined* in den Wertebereich einer Variablen aufnehmen. Allerdings sind in diesem Fall wieder die eingangs erwähnten Prüfungen nötig. Listing 2-31 veranschaulicht dies und kompensiert das Fehlen des Caches mit einem leeren Array:

Listing 2-31: »null« und »undefined« in den Wertebereich aufnehmen

```
private cache: Flight[];

constructor(cache: Flight[] | null | undefined) {
    if (!cache) {
        cache = [];
    }
    this.cache = cache;
}
```

In diesem Fall würde der Compiler ohne Null-Prüfung sogar einen Fehler auslösen, da *this.cache* weder *null* noch *undefined* aufnehmen kann.

Damit diese Option verwendet werden kann, müssen alle eingebundenen Bibliotheken mit dem Verhalten zurechtkommen, das TypeScript beim Einsatz strikter Null-Prüfungen an den Tag legt. Das Angular-Team plant, strikte Null-Prüfungen künftig zu unterstützen.

Asynchrone Operationen

Zum Abschluss beschäftigt sich dieses Kapitel mit einem etwas komplizierteren Thema, um das man in Browser-Anwendungen kaum herumkommt: Asynchronität. Um zu verhindern, dass das Browserfenster einfriert, führt der Browser alles, was etwas länger dauern kann, im Hintergrund aus – also asynchron. Sobald die gewünschte Aktion abgeschlossen wurde, ruft er Callback-Funktionen in dem Hauptthread auf, der sich um das Rendering im Browserfenster kümmert.

Das Paradebeispiel hierfür ist der Zugriff auf Web-APIs über das Browserfenster. Hier wäre es nämlich schade, wenn das Browserfenster einfröre, nur weil der Browser auf Daten vom Server wartet. Genau dieses Thema greift dieser Abschnitt auf, um den Umgang mit asynchronen Operationen zu veranschaulichen. Zu diesem Zweck kommt das *XmlHttpRequest*-Objekt zum Einsatz, das jeder Browser mittlerweile unterstützt. Dieses Objekt ist zwar die Grundlage für AJAX, allerdings verwenden die meisten Anwendungen es über Wrapper, die seine etwas spärliche API zugänglich machen. Solch ein Wrapper ist der *Http*-Service in Angular, der im nächsten Kapitel vorgestellt wird. Um die zugrunde liegenden Konzepte möglichst direkt zu veranschaulichen, nehmen wir in diesem Kapitel noch von solchen Wrappern Abstand.

XmlHttpRequest

Das *XmlHttpRequest*-Objekt, kurz XHR-Objekt, erlaubt den Zugriff auf Webressourcen wie Web-APIs und ist eigentlich sehr einfach aufgebaut (Abbildung 2-2).

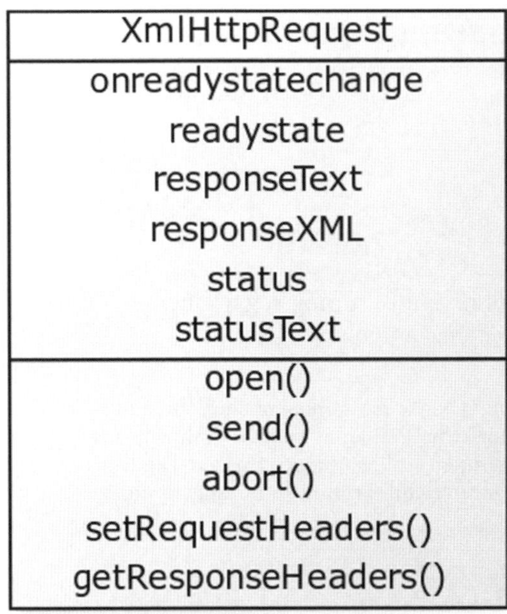

Abbildung 2-2: Grundlegender Aufbau des XHR-Objekts

Die Methoden *open* und *send* bauen eine Verbindung zu einem Webserver auf und senden ihm eine Anfrage. Über den Status der aktuellen Anfrage informieren die Eigenschaft *readystate* und das Ereignis *onreadystatechange*, das das XHR bei jeder Änderung des Readystates anstößt. Dessen mögliche Werte sehen Sie in Abbildung 2-3. Demzufolge liegt das gesamte Ergebnis der Anfrage erst vor, wenn der Readystate mit dem Wert 4 (*Done*) vorliegt. In diesem Fall lassen sich die empfangenen Daten über *responseText* als String sowie über *responseXML* in Form eines XML-Dokuments abrufen. Informationen über den aktuellen HTTP-Status finden sich in den Eigenschaften *status* und *statusText*. Beispiele dafür sind die Werte 200 und *OK* im Erfolgsfall oder 400 und *BAD REQUEST*, falls die Anfrage vom Server nicht bearbeitet werden konnte.

Wer mit Kopfzeilen arbeiten möchte, kann vor dem Senden der Anfrage mit *setRequestHeaders* Kopfzeilen für die Anfrage angeben und ab dem Readystate 2 (*Headers Received*) mit *getResponseHeaders* empfangene Kopfzeilen auslesen. Einen detaillierten Überblick über alle Methoden finden Sie unter anderen im Mozilla Developer Network (*https://developer.mozilla.org/en-US/docs/Web/JavaScript/Reference/Global_Objects*).

Abbildung 2-3: Mögliche Readystates

Ein Beispiel für die Nutzung des XHR-Objekts findet sich in Listing 2-32. Es registriert beim frisch erzeugten XHR-Objekt einen Event-Handler für *onreadystate change*. Für diesen ist nur der Zustand 4 (*Done*) interessant, und das zur Vereinfachung auch nur dann, wenn der Statuscode 200 ist. In diesem Fall gibt er den empfangenen *responseText* auf der Konsole aus. Hierbei könnte es sich um ein JSON- Dokument handeln.

Mit *open* gibt das Beispiel das gewünschte HTTP-Verb sowie die zu adressierende URL an. Mit *send* sendet es den Rest der Anfrage zum Server. Kurz darauf löst das XHR-Objekt das Event *onreadystatechange* mehrfach mit den einzelnen Zuständen aus.

Listing 2-32: Prinzipielle Nutzung des XHR-Objekts

```
let xhr = new XMLHttpRequest();

xmlhttp.onreadystatechange = function() {
    if (xhr.readyState == 4 && xhr.status == 200) {
        console.debug(xhr.responseText);
    }
    else if (xhr.readyState == 4 && xhr.status != 200) {
        console.debug('unerwarteter Status-Code');
    }
};

xmlhttp.open("GET", "http://...");
xmlhttp.send();
```

Callbacks

Der letzte Abschnitt hat gezeigt, wie eine Browseranwendung mit dem XHR-Objekt Daten abrufen kann. Jetzt stellt sich natürlich die Frage, wie eine Funktion oder Methode das vom Event-Handler erhaltene Ergebnis retournieren soll. Die wohl einfachste Möglichkeit besteht im Einsatz von Callback-Funktionen. Um das zu veranschaulichen, nimmt die Methode *searchFromWeb* in Listing 2-33 neben den Suchparametern *from* und *to*, die die gewünschten Flughäfen repräsentieren, zwei Funktionen entgegen:

Listing 2-33: Einsatz von Callbacks

```
export class FlightManager {

    // Der Cache wird nur für die lokalen Abfragen in den vorherigen
    // Abschnitten benötigt.
    private cache: Flight[];
```

```
    constructor(cache: Flight[]) {
        this.cache = cache;
    }

    searchFromWeb(
        from: string,
        to: string,
        success: (flights: Flight[]) => void,
        failed: (err: string) => void
    ) {

        let xmlhttp;
        xmlhttp = new XMLHttpRequest();
        xmlhttp.onreadystatechange = function() {
            if (xmlhttp.readyState == 4 && xmlhttp.status == 200) {
                console.debug(xmlhttp.responseText);
                success(JSON.parse(xmlhttp.responseText));

            }
            else if (this.readyState == 4 && this.status >= 400) {
                console.error('Fehler beim Laden', this.responseText)
                failed(this.responseText);
            }
        };

        let url = `http://angular-akademie.com/api/
flug?abflugort=${encodeURIComponent(from)}&zielort=${encodeURIComponent(to)}`;
        xmlhttp.open("GET", url);
        xmlhttp.send();
    }

}
```

Die Funktion *sucess* ruft *searchFromWeb* auf, sobald es ein Ergebnis gibt, und kommt es zu einem Fehler oder unerwarteten Zustand, stößt sie die übergebene Funktion *failed* an.

Der Aufruf der Methode *searchFromWeb* gestaltet sich nun an und für sich recht einfach. Neben den beiden Suchparametern erhält sie die beiden Callbacks in Form von Lambda-Ausdrücken. Sobald die Daten da sind, wird einer der beiden Ausdrücke ausgeführt (Listing 2-34):

Listing 2-34: Aufruf einer Methode mit Callbacks

```
let fm = new FlightManager([]);

console.debug('callback-based sample');

fm.searchFromWeb(
    'Hamburg',
    'Graz',
    (flights) => {
        console.debug('flights', flights);
    },
    (err) => {
```

```
        console.error('error', err);
    }
);
```

Der Nachteil dieser Vorgehensweise ist jedoch, dass die zeitliche Abfolge der einzelnen Aktionen nicht mehr intuitiv ersichtlich ist. Noch bevor der Aufruf von *searchFromWeb* abgeschlossen ist, gibt der Code schon an, was im Erfolgs- und was im Fehlerfall zu passieren hat.

Es gibt aber noch einen weiteren Nachteil: Stößt die Anwendung in einem Callback eine weitere asynchrone Methode mit einem Callback an, ergibt sich Code, der nur schwer zu lesen ist. Ein Beispiel dafür findet sich in Listing 2-35, das auch nach Rückflügen sucht, sobald Vorschläge für Hinflüge abgerufen wurden:

Listing 2-35: Wenn Callbacks Callbacks aufrufen, wird es unübersichtlich.

```
fm.searchFromWeb(
    'Hamburg',
    'Graz',
    (flights) => {
        console.debug('flights', flights);

        fm.searchFromWeb(
            'Graz',
            'Hamburg',
            (flights) => {
                console.debug('return flights', flights);
            },
            (err) => {
                console.error('error', err);
            }
        );

    },
    (err) => {
        console.error('error', err);
    }
);
```

Man spricht hier auch von der „Pyramide der Verdammnis“ (*Pyramide of Doom*). Diese wird – mit ein wenig Fantasie – sichtbar, wenn Sie sich die Whitespaces bzw. Einrückungen auf der linken Seite anschauen: Wenn Sie diese Dreiecksform um 90° nach links drehen, wirkt sie wie eine Pyramide.

Die Idee hinter den Promises, die wir im nächsten Abschnitt präsentieren, löst dieses Problem. Außerdem sorgen Promises dafür, dass der Quellcode einzelne asynchrone Funktionen in jener Reihenfolge widerspiegelt, in der sie auch zur Ausführung kommen.

Promises

Promises wurden mit ECMAScript 2015 in den JavaScript-Standard aufgenommen. Promises sind ein Stellvertreter für ein Ergebnis, das asynchron ermittelt wird und somit bereits vorliegen kann, aber nicht vorliegen muss. Ihnen liegt ein einfacher Zustandsautomat mit drei möglichen Zuständen zugrunde (Tabelle 2-1).

Tabelle 2-1: Zustände eines Promise

Zustand	Beschreibung
`pending`	Die asynchrone Operation ist noch nicht abgeschlossen.
`fulfilled`	Die asynchrone Operation wurde erfolgreich beendet und es liegt ein Ergebnis vor (sofern sie ein Ergebnis veröffentlicht).
`rejected`	Die asynchrone Operation wurde aufgrund eines Fehlers abgebrochen und es liegt eine Fehlerbeschreibung vor (sofern sie eine solche veröffentlicht).

Promises können in TypeScript mit dem Typ des asynchron ermittelten Ergebnisses typisiert werden. Die Methode *searchFromWebWithPromises* in Listing 2-36 liefert beispielsweise einen *Promise<Flight[]>*, da sie ein Flug-Array lädt:

Listing 2-36: Methode, die ein Promise zurückliefert

```
searchFromWebWithPromises(from: string, to: string): Promise<Flight[]> {

return new Promise((resolve: Function, reject: Function) => {
    var xmlhttp;
    xmlhttp = new XMLHttpRequest();
    xmlhttp.onreadystatechange = function() {
        if (xmlhttp.readyState == 4 && xmlhttp.status == 200) {
            console.debug(xmlhttp.responseText);
            resolve(JSON.parse(xmlhttp.responseText));

        }
        else if (xmlhttp.readyState == 4 && xmlhttp.status >= 400) {
            console.error('Fehler beim Laden', xmlhttp.responseText)
            reject(xmlhttp.responseText);
        }
        else if (this.readyState == 4) {
            console.warn('Unerwartetes Ergebnis', xmlhttp.responseText);
            reject(xmlhttp.responseText);
        }
    };

    var url = `http://angular-akademie.com/api/
flight?from=${encodeURIComponent(from)}&to=${encodeURIComponent(to)}`;
    xmlhttp.open("GET", url, true);
    xmlhttp.send();
});
```

In ihrer ersten Zeile erzeugt die Methode das Promise, das das asynchrone Ergebnis repräsentiert, und liefert es augenblicklich zurück. Das Promise führt den übergebenen Lambda-Ausdruck auch augenblicklich aus und übergibt ihm zwei Methoden. Erstere hört typischerweise auf den Namen *resolve* und versetzt das Promise in den Zustand *fulfilled*. Die zweite Methode, die häufig den Namen *reject* erhält, aktiviert hingegen den Zustand *rejected*. Beide Funktionen werden in asynchronen Callbacks aufgerufen und nehmen ein optionales Objekt entgegen. Dieses fungiert im Fall von *resolve* als Ergebnis und im Fall von *reject* als Fehlerbeschreibung.

Der Aufrufer kann nun beim retournierten Promise mit der Funktion *then* einen Success-Handler hinterlegen (Listing 2-37). Diesen ruft das Promise auf, wenn es in den Zustand *fulfiled* übergeht. Ein eventuelles Ergebnis übergibt es an diesen Handler.

Listing 2-37: Aufruf einer Methode, die ein Promise zurückliefert

```
let fm = new FlightManager([]);
fm
  .searchFromWebWithPromises('Hamburg', 'Graz')
  .then((flights: Flight[]) => {
    console.debug('Flights', flights);
    return fm.searchFromWebWithPromises('Graz', 'Hamburg')
  })
  .then((flights: Flight[]) => {
    console.debug('Return Flights', flights);
  })
  .catch((err) => {
    console.error('Flights', err);
  })
```

Das Ergebnis von *then* ist ein weiteres Promise. Bei diesem kann der Aufrufer mit *then* weitere Success-Handler sowie mit *catch* Error-Handler registrieren. Auf diese Weise bildet sich eine Aufrufkette, die folgenden Regeln unterliegt:

- Wird ein Promise in den Zustand *fulfilled* versetzt, stößt es den nächsten mit *then* registrierten Success-Handler an.
- Wird ein Promise in den Zustand *rejected* versetzt, stößt es den nächsten mit *catch* registrierten Error-Handler an.
- Liefert ein Success-Handler oder ein Error-Handler ein weiteres Promise zurück und ist dieses erfolgreich (*fulfilled*), wird der nächste Success-Handler in der Kette aufgerufen. Dieser erhält das Ergebnis des Promises. Dasselbe trifft zu, wenn ein Handler einen konkreten Wert zurückliefert. In diesem Fall wird augenblicklich der nächste Success-Handler in der Kette mit diesem Wert aufgerufen.
- Liefert ein Success-Handler oder ein Error-Handler ein weiteres Promise zurück und ist dieses nicht erfolgreich (*rejected*), wird der nächste Error-Handler in der Kette aufgerufen. Dieser erhält die Fehlerbeschreibung des Promise. Dasselbe trifft zu, wenn ein Handler eine Exception auslöst. In diesem Fall wird augenblicklich der nächste Error-Handler in der Kette aufgerufen. Er erhält dann die Ausnahme übergeben.

Diesen Regeln entsprechend sucht das hier betrachtete Beispiel zunächst nach Flügen von Hamburg nach Graz. War dieses asynchrone Unterfangen erfolgreich, sucht es zusätzlich nach Rückflügen. Tritt in der asynchronen Aufrufkette irgendwo ein Fehler auf, kommt der Error-Handler zur Ausführung.

Es ist auch schön zu sehen, dass der Einsatz von Promises die beiden im letzten Abschnitt erwähnten Probleme klassischer Callbacks umgeht: Der asynchrone Code liegt in jener Reihenfolge vor, in der er auch ausgeführt wird, und ist somit einfacher zu lesen. Außerdem gleicht die Nutzung von *then* und *catch* ein wenig der Nutzung von Exceptions (*try ... catch ...*) in synchronen Routinen. Außerdem verhindert das Verketten von Promises die erwähnte *Pyramid of Doom*.

Ausblick auf Observables

Wie die folgenden Kapitel zeigen, unterstützt Angular an einigen Stellen die Nutzung von Promises. Diese weisen jedoch auch Einschränkungen auf: Sie erlauben beispielsweise nur das Transportieren eines einzigen Wertes. Ereignisse, die öfter auftreten, lassen sich somit nicht abbilden. Außerdem lassen sie sich nach dem Start nicht mehr abbrechen. Deswegen unterstützt Angular auch die etwas komplexeren *Observables*, die diese Nachteile nicht mitbringen. Auf Observables gehen wir gleich im nächsten Kapitel ein, und in Kapitel 11 werden sie im Detail betrachtet.

Zusammenfassung

Die Sprache TypeScript ist sehr nahe am offiziellen JavaScript-Standard und implementiert künftige Spracherweiterungen schon heute. Somit bietet sie unter anderem Klassen, Module und Lambda-Ausdrücke. Zusätzlich bietet sie ein statisches Typsystem, das beim frühzeitigen Erkennen von Fehlern hilft. Um überall lauffähig zu sein, lässt sie sich in verschiedene ECMAScript-Versionen übersetzen. Unter diesen Kompilierungszielen befindet sich auch das weit verbreitete ECMAScript 5, das von sämtlichen aktuellen Browsern unterstützt wird.

KAPITEL 3
Erste Schritte mit Angular

Um Ihnen die einzelnen Aspekte von Angular zu vermitteln, verwenden wir in diesem Buch ein durchgängiges Beispiel. Sie können es im Leserbereich unter *www.angular-akademie.com* herunterladen. Dabei handelt es sich um eine Anwendung zum Buchen von Flügen. In diesem Abschnitt nutzen wir eine erste Seite dieser Anwendung, um Ihnen die Grundlagen von Angular zu zeigen. Ihre Aufgabe besteht im Suchen von Flugverbindungen. Außerdem können Sie den gewünschten Flug auswählen. Abbildung 3-1 gibt einen Vorgeschmack darauf.

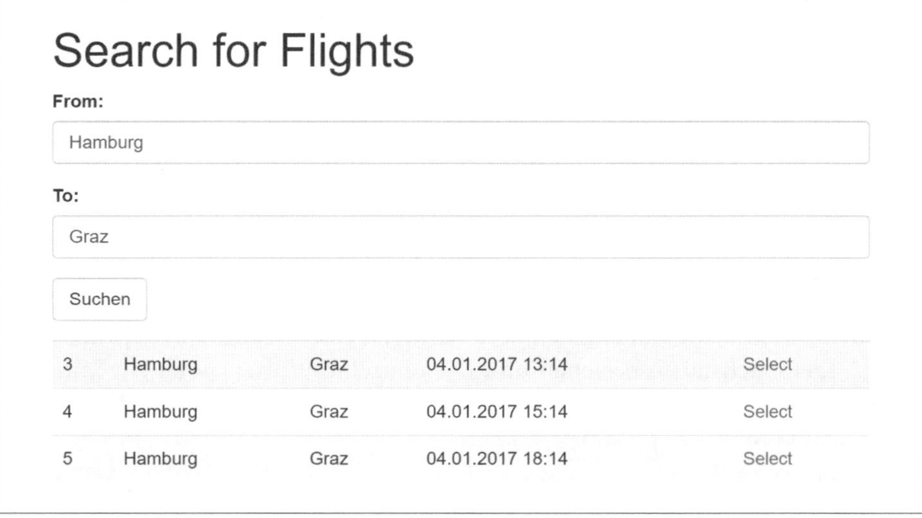

Abbildung 3-1: Anwendung zum Suchen nach Flügen

Um die hier beschriebenen Ausführungen nachzustellen, benötigen Sie eine aktuelle Version von NodeJS. Darüber hinaus bietet sich der Einsatz eines Editors mit Unterstützung für TypeScript an. Informationen zu beiden Themen finden Sie in Kapitel 1.

Eine erste Angular-Komponente

Nachdem die nötigen Details zum Projekt-Setup geklärt sind, geht dieser Abschnitt auf die Implementierung des eingangs erwähnten Anwendungsfalls zum Suchen nach Flügen ein. Hierzu wird eine Komponente bereitgestellt. Dabei handelt es sich um ein kleines, überschaubares, wiederverwendbares und testbares UI-Fragment.

Dateien für die Komponente anlegen

Komponenten sind Klassen, die Logik für ein UI-Fragment anbieten. Komponenten lassen sich mithilfe eines Templates darstellen. Das Template besteht aus Markup, zum Beispiel aus HTML-Elementen. Die hier betrachtete *FlightSearch Component* kommt in die Datei *src/app/flight-search/flight-search.component.ts*; das dazugehörige Template wird in der Datei *src/app/flight-search/flight-search.component.html* abgelegt (Listing 3-1).

Listing 3-1: Dateien der »FlightSearchComponent«

```
Src
+---
+---app
    +---
    +---flight-search
            flight-search.component.html
            flight-search.component.ts
```

Diese beiden Dateien orientierten sich an mehreren Best Practices aus dem Angular-Umfeld. Zum einen gilt es, Dateien nach Leistungsmerkmalen (*Features*) zu gruppieren. Aus diesem Grund kommt sowohl die TypeScript- als auch die HTML-Datei der Komponente in denselben Ordner. Zum anderen gilt es, durch sekundäre Dateiendungen auf den Inhalt der Dateien hinzuweisen. Dementsprechend enden diese beiden Dateien auf *component.ts* bzw. *component.html*. Darüber hinaus werden die Dateinamen in Kebab-Case geschrieben. Das bedeutet, dass sie aus Kleinbuchstaben bestehen und dass einzelne Wörter durch ein Minus zu trennen sind. Eine weitere übliche Konvention ist das Ablegen der Programmdateien im Ordner *src/app*.

Das Grundgerüst von Building-Blocks, wie Komponenten, lässt sich auch mit der Angular CLI generieren. Die hier gezeigte Komponente könnte beispielsweise mit

```
ng generate component flight-search
```

erzeugt werden. Gerade dann, wenn die gewählte Programmierumgebung dafür keine Unterstützung bietet, ist diese Vorgehensweise zu empfehlen. Die Ausführungen in diesem Buch sind unabhängig von der Art und Weise, wie die einzelnen Dateien erzeugt werden.

Eine Klasse für die Komponente

Die Implementierung der Komponente sehen Sie in Listing 3-2. Es handelt sich dabei um eine TypeScript-Klasse, die das UI auf abstrakter Ebene samt seiner Logik widerspiegelt. Dem Konstruktor wird eine Instanz des *Http*-Service übergeben, den Angular anbietet. Beim *Http*-Service handelt es sich um ein Objekt zum Zugriff auf Ressourcen, z. B. Web-APIs, via HTTP. Dieser Service kommt hier zum Einsatz, um verfügbare Flüge von einer Web-API abzurufen.

Listing 3-2: Implementierung der »FlightSearchComponent«

```
import {Flight} from '../../entities/flight';
import {Component} from '@angular/core';
import {Http, Headers, URLSearchParams} from '@angular/http';

@Component({
    selector: 'flight-search',
    templateUrl: './flight-search.component.html',
    styleUrls: ['./flight-search.component.css']
})
export class FlightSearchComponent {

    from: string = "Hamburg";
    to: string = "Graz";
    flights: Array<Flight> = [];
    selectedFlight: Flight;

    constructor(private http: Http) {
    }

    search() {
        [...]
    }

    select(f: Flight) {
        this.selectedFlight = f;
    }

}
```

Die Eigenschaften *from* und *to* repräsentieren die Route, für die der Anwender Flüge suchen möchte. Das Array *flights* nimmt die gefundenen Flüge auf. Es ist mit dem Interface *Flight* (Listing 3-3) typisiert, das die Struktur der von der Web-API gelieferten Flugobjekte widerspiegelt. Die Methode *search* kümmert sich um das Abrufen der Flüge, und *select* notiert sich den vom Benutzer ausgewählten Flug.

Listing 3-3: Das Interface »Flight« repräsentiert die abgerufenen Flug-Objekte.

```
// src/app/entities/flight.ts
export interface Flight {
    id: number;
    from: string;
    to: string;
    date: string; // ISO-Datum: 2016-12-24T17:00+01:00
}
```

Der Decorator *Component* zeichnet die Klasse *FlightSearchComponent* als Komponente aus. Mit dem angegebenen CSS-Selektor identifiziert er die HTML-Elemente, die die Komponente repräsentieren. Innerhalb dieser Elemente rendert Angular die Komponente. Die hier betrachtete Komponente würde Angular also in jedem Vorkommen von *<flight-search></fligh-search>* platzieren. Um Namenskonflikte mit Bibliotheken von Drittanbietern zu vermeiden, gehört es zum guten Ton, Selektoren mit einem Präfix auszustatten. Dieses Buch nutzt beispielsweise das Präfix *flight*.

Die *templateUrl* verweist auf das Template mit dem Markup zum Darstellen der Komponente, und die *styleUrls* verweisen auf Stylesheets, die das Framework für die aktuelle Komponente einbinden soll.

Als Alternative zu den Eigenschaften *templateUrl* und *styleUrls* bietet der Dekorator *Component* die Eigenschaften *template* und *styles*, denen die Anwendung sogenannte Inline-Templates bzw. Inline-Styles zuweisen kann. Gemeint sind damit Templates und Styles, die an Ort und Stelle in Form eines Strings definiert werden:

```
@Component({
    [...]
    template: `
        <h1>Inline-Template</h1>
        [...]
    `,
    styles: [`
        .h1 { font-size: 40px }
    `]
})
export class FlightSearchComponent { ... }
```

Wenn Sie die mit ECMAScript 6 eingeführten Backticks einsetzen, können sich solche Strings über mehrere Zeilen erstrecken.

Über den Dekorator *Component* eingebundene Styles beschränkt Angular auf die aktuelle Komponente. Somit verhindert das Framework, dass sich mehrere globale Styles ungewollterweise auf dasselbe Element auswirken. Der junge Browser-Standard *Shadow-DOM* macht das möglich. Da nicht jeder Browser diesen Standard unterstützt, emuliert ihn das Framework, indem es das Stylesheet sowie das Template entsprechend abändert.

Möchte die Anwendung den Einsatz von Shadow-DOM bzw. dessen Emulation verhindern, sodass die angegebenen Styles global gelten, kann sie die Eigenschaft *encapsulation* auf den Wert *ViewEncapsulation.None* setzen:

```
@Component({
  [...]
  encapsulation: ViewEncapsulation.None
})
export class FlightSearchComponent { ... }
```

Die Einstellung *ViewEncapsulation.Native* erzwingt hingegen die direkte Nutzung des Shadow-DOMs. Das setzt natürlich voraus, dass der gewählte Browser diesen Standard bereits umsetzt. Der Wert *ViewEncapsulation.Emulated*, der die Standardeinstellung darstellt, führt zur erwähnten Emulation.

Auf das Backend zugreifen

Das Innenleben der Methode *search* findet sich in Listing 3-4. Sie nutzt den injizierten *Http*-Service zum Zugriff auf eine Web-API:

Listing 3-4: Zugriff auf Ressourcen via HTTP

```
search() {

    let url = "http://www.angular-akademie.com/api/flight";

    let headers = new Headers();
    headers.set('Accept', 'text/json');

    let search = new URLSearchParams();
    search.set('from', this.from);
    search.set('to', this.to);

    this.http
        .get(url, { headers, search })
        .map(resp => resp.json())
        .subscribe(
            flights => {
                this.flights = flights;
            },
            err => {
                console.error(err);
            }
        );

}
```

Zum Abrufen von Daten über das HTTP-Verb *GET* kommt die gleichnamige Methode zum Einsatz. Diese nimmt die gewünschte URL sowie ein Objekt entgegen, das die Anfrage näher beschreibt. Über dieses Objekt kann der Aufrufer zum Beispiel die zu übersendenden Kopfzeilen, die Nutzdaten oder auch URL-Parameter angeben. Auf diesem Weg legt das Beispiel mit dem Typ *URLSearchParams* die URL-Parameter *from* und *to* fest. Mit der Kopfzeile *Accept* fordert die Methode eine Antwort im JSON-Format an. Das ist notwendig, weil die eingesetzte Web-API sowohl mit JSON- als auch mit XML-Dokumenten antworten kann.

Wie unter JavaScript üblich, erfolgt das Abrufen der Daten asynchron. Damit verhindern Browser ein Einfrieren der UI, während sie auf Daten warten. Diese asynchrone Operation repräsentiert die Methode *get* mit einem *Observable*, das sie zurückliefert. Dieses kommt aus dem Framework *RxJS* und repräsentiert einen asynchronen Strom von Objekten. Bei HTTP-Aufrufen beschränkt sich der Datenstrom auf ein einziges Objekt mit der Antwort der Web-API.

Die empfangene HTTP-basierte Antwort besteht aus Kopfzeilen und einem Body. Letzterer beinhaltet hier die abgerufenen Flüge in Form eines JSON-Dokuments. Die Methode *map* bildet dieses Dokument auf ein *Flight*-Array ab. Dazu nutzt sie die Methode *json*, die den *Body* mit einem JSON-Parser in ein entsprechendes JavaScript-Objekt überführt.

Leider muss die Methode *map*, wie die meisten Methoden von Observables, explizit eingebunden werden. Damit möchte man verhindern, dass unnötige Bibliotheksbestandteile das Anwendungsbundle unnötig aufblähen. Hierzu ist eine *import*-Anweisung notwendig:

```
import 'rxjs/add/operator/map';
```

Um diese Zeile nicht ständig wiederholen zu müssen, reicht es, sie ein einziges Mal in der *main.ts* einzutragen, die als Einstiegspunkt in die Anwendung dient.

Die Methode *Subscribe* richtet Lambda-Ausdrücke ein, die RxJS aufruft, wenn die asynchron abgerufenen Daten zur Verfügung stehen. Der erste übergebene Lambda-Ausdruck nimmt das vom Server erhaltene *Flight*-Array entgegen und verstaut es in der Eigenschaft *flights*. Der zweite Lambda-Ausdruck behandelt hingegen Fehlerfälle und erhält immer eine HTTP-Antwort übergeben.

Weitere Infos zu RxJS und Observables finden Sie in Kapitel 11.

Die hier erhaltene HTTP-Antwort *resp* beinhaltet noch weitere interessante Eigenschaften. Beispielsweise spiegeln *status* und *statusText* den erhaltenen Status-Code sowie dessen Beschreibung wider. Die Eigenschaft Headers liefert ein Objekt mit sämtlichen Kopfzeilen der Antwort, und die Methode *text* liefert den gesamten Body als String zurück:

```
import { Http, URLSearchParams, Headers, Response } from '@angular/http';

    [...]

function showResponse(resp: Response) {
    console.debug('Status-Code', resp.status);
    console.debug('Status-Text', resp.statusText);
    console.debug('Content-Type', resp.headers.get('Content-Type'));
    console.debug('Alle Header-Namen', resp.headers.keys());
    console.debug('Nutzdaten als String', resp.text());
}

[...]

this
    .http
    .get(url, { search, headers }) // Observable
```

```
        .subscribe(
            resp => showResponse(resp),
            err => showResponse(err)
        );
```

Neben der Methode *get* zur Ausführung von GET-Anfragen bietet der *Http*-Service noch weitere Methoden, mit denen Sie andere übliche HTTP-Verben (wie POST, PATCH, PUT oder DELETE) nutzen können. Deren Signatur entspricht prinzipiell jener von GET. Allerdings kommt für Verben, die Daten zum Server senden, ein zusätzlicher Parameter zum Einsatz. Erhält dieser Parameter ein JavaScript-Objekt, sendet der *Http*-Service es in Form von JSON an die Web-API. Listing 3-5 demonstriert dies mit der Methode *save*, die ein Flight-Objekt entgegennimmt und es per POST an die Web-API sendet:

Listing 3-5: Einen Flug per POST an die Web-API übertragen

```
public save(flight: Flight): Observable<Flight> {

  let url = "…";

  let headers = new Headers();
  headers.set('Accept', 'application/json');

  return this
          .http
          .post(url, flight, { headers })
          .map(resp => resp.json());

}
```

Strings transportiert der *Http*-Service hingegen eins zu eins. Auf diese Weise lassen sich auch andere Datenformate, zum Beispiel XML, übertragen.

Findet sich für ein gewünschtes Verb keine Methode, so kann die Anwendung die generische Methode *request* verwenden. Sie nimmt das Verb als String entgegen, das verwendet werden soll. Das folgende Beispiel demonstriert dies, indem es das Verb *MKCOL* verwendet. Dieses Verb wird vom Standard WEBDAV als Erweiterung zu HTTP definiert. Es sorgt dafür, dass auf dem Server ein Verzeichnis erstellt wird:

```
This
    .http
    .request(url, flight, { method: 'MKCOL' })
    .map(resp => resp.json())
    .subscribe( … );
```

Generell sollten Sie versuchen, mit den durch HTTP definierten Verben auszukommen, zumal zusätzliche Verben dazu führen, dass Web-APIs weniger selbsterklärend sind und das »Prinzip der geringsten Überraschung« verletzen.

Templates und die Datenbindung

Angular nutzt Templates, um Komponenten darzustellen. Templates sind HTML-Dateien mit Ausdrücken, die Eigenschaften und Methoden aus der Komponente mit einzelnen Seitenbestandteilen verknüpfen. Mit diesen sogenannten Datenbindungsausdrücken gleicht Angular den Zustand der Komponente mit dem Zustand des Templates ab. Angular schreibt dazu beispielsweise Daten aus der Komponente in das Template und übernimmt Änderungen daran in die entsprechenden Komponenten-Eigenschaften. Daneben veranlassen diese Ausdrücke Angular dazu, bei DOM-Ereignissen wie *click* oder *mouseover* Methoden der Komponente anzustoßen.

In diesem Abschnitt beschreiben wir die einzelnen Arten von Datenbindungsausdrücken anhand unseres Beispiels zur Flugbuchung.

Two-Way-Binding

Beim Einsatz von Formularen gilt es häufig, Eigenschaften aus der Komponente mit Eingabefeldern in der Anwendung abzugleichen. Die Werte der Eigenschaften sind also in Formularfelder zu übernehmen, und die Anwendung muss Änderungen an Formularfeldern zurück in die jeweilige Eigenschaft schreiben. Ändert die Komponente hingegen die Eigenschaft, ist der aktualisierte Inhalt erneut in das Eingabefeld zu übernehmen. Diese Aufgabe übernimmt Angular mit sogenannten *Two-Way-Bindings*.

Wenn Sie mit einem Two-Way-Binding beispielsweise die Eigenschaft *from* aus der Komponente aus dem letzten Abschnitt an ein Eingabefeld binden wollen, müssen Sie in Angular folgende Schreibweise nutzen:

```
<input [(ngModel)]="from">
```

Damit Sie auf den ersten Blick erkennen, dass es sich hier um ein Two-Way-Binding handelt, nutzt Angular ein Paar eckiger Klammern in Kombination mit einem Paar runder Klammern. Die Community nennt diese Schreibkonvention auch *Banana-in-a-Box*. Bei *ngModel* handelt es sich um eine sogenannte *Direktive*. Direktiven sind von Angular bereitgestellte DOM-Erweiterungen, die Verhalten zur Seite hinzufügen. Im Fall von *ngModel* besteht dieses Verhalten im gewünschten Abgleich mit der angegebenen Eigenschaft.

Property-Binding (One-Way-Binding)

Ähnlich wie Two-Way-Bindings übernehmen Property-Bindings Eigenschaften aus der Komponente in das Markup. Auch nach dem Aktualisieren der Eigenschaften in der Komponente aktualisiert diese Binding-Art die Ausgabe. Allerdings schreibt sie Änderungen des Benutzers nicht mehr in die Komponente zurück. Deswegen könnte man hier auch von One-Way-Bindings sprechen.

Um solch ein Binding einzurichten, nutzen Sie eckige Klammern:

```
<button [disabled]="!from || !to">Suchen</button>
```

Das hier betrachtete Beispiel bindet den Ausdruck *!from || !to* an die DOM-Eigenschaft *disabled*. Der Ausdruck prüft, ob mindestens eine der beiden Eigenschaften leer ist. Das Beispiel deaktiviert somit die Schaltfläche, wenn keine Werte für diese Eigenschaften vorliegen.

Dieses Beispiel zeigt auch, dass Angular sich an standardmäßig vorherrschende DOM-Eigenschaften binden kann. Genau genommen ist es aus Sicht von Angular egal, warum eine DOM-Eigenschaft existiert. Sowohl Standardeigenschaften als auch eigene Eigenschaften wie *ngModel* im letzten Abschnitt sowie DOM-Erweiterungen von anderen Bibliotheken lassen sich zusammen mit der Datenbindung nutzen.

Eine weitere Schreibweise für One-Way-Bindings sieht den Einsatz geschweifter Klammern vor:

```
<div>Es wurden {{ selectedFlight.length }} Flüge gefunden</div>
```

Damit platziert Angular eine Eigenschaft bzw. einen auf dieser basierenden Ausdruck mitten in der Seite.

Direktiven

Wie bereits erwähnt, fügen Direktiven Verhalten zur Seite hinzu. Dieses unterstützt häufig die Datenbindung. Ein Beispiel dafür ist die Direktive *ngFor*, die eine Auflistung iteriert und pro Eintrag ein Stück HTML rendert:

```
<table class="table table-striped">
    <tr *ngFor="let flight of flights">
        <td>{{flight.id}}</td>
        <td>{{flight.from}}</td>
        <td>{{flight.to}}</td>
        <td>{{flight.date}}</td>
    </tr>
</table>
```

Der von der *for-of*-Schleife an verarbeitete Ausdruck lehnt sich an die Grammatik der *for-of*-Schleife an, die mit ECMAScript 6 eingeführt wurde. Im hier betrachteten Fall durchläuft *ngFor* sämtliche Flüge des Arrays *flights* aus der Komponente des vorigen Abschnitts. Pro Flug rendert sie eine Tabellenzeile.

Der vorangestellte Stern (**ngFor*) gibt darüber Auskunft, dass es sich beim Inhalt des aktuellen Elements um ein sogenanntes Template handelt. Damit sind hier HTML-Fragmente gemeint, die Angular zunächst gar nicht rendert und bei Bedarf einmal oder mehrere Male in die Seite einfügt.

Eine weitere Direktive, die sich hier anbietet, ist *ngClass*. Sie weist dem aktuellen Element zur Formatierung eine Klasse zu, für die die Anwendung CSS-Styles definiert:

```
<table class="table table-striped">
    <tr *ngFor="let flight of flights" [ngClass]="{ 'active': flight === selectedFlight }">
        [...]
    </tr>
</table>
```

Somit erhält die Tabellenzeile mit dem gerade ausgewählten Flug die Klasse *active*. Diese Klasse stammt – wie die meisten Klassen, die wir in diesem Buch zum Formatieren von Ausgaben verwenden – aus dem populären Framework *Twitter Bootstrap* (*http://getbootstrap.com*).

Einen Überblick über weitere häufig verwendete Direktiven samt Alternativen dazu finden Sie in Tabelle 3-1.

Tabelle 3-1: Häufig verwendete Direktiven

Beispiel	Beschreibung
<tr *ngFor="let flight of flights"> <td>{{flight.id}}</td> </tr>	Iteriert über alle Flüge im Array *flights* und gibt pro Flug die Id aus.
<table *ngIf="flights.length > 0">…</table>	Blendet das Element ein, wenn der übergebene Ausdruck wahr (*true*) ist.
<table *ngIf="flights.length > 0; else noFlights">…</table> <template #noFlights>Keine Flüge gefunden</template>	Seit Version 4 unterstützt Angular auch einen *else*-Zweig beim Einsatz von *ngIf*. Das Schlüsselwort *else* verweist dazu auf den Namen eines Templates, das eingeblendet wird, wenn die Bedingung nicht erfüllt ist. Der Name des Templates wird mit einer Raute (#) als Präfix definiert. Diese Raute kommt jedoch nur bei der Deklaration des Namens und nicht bei dessen Verwendung zum Einsatz.
<tr [ngClass]= "{ 'active': flight === selectedFlight }"> </tr>	Weist die Klasse *active* zu, wenn der Ausdruck *flight === selectedFlight* wahr ist.
<tr [ngStyle]="{ 'background-color': bg}">…</tr>	Setzt die CSS-Eigenschaft *background-color* auf den Wert der Variablen *bg*.
<tr [ngStyle]="{ 'background-color': (flight === selectedFlight) ? 'orange' : 'blue' }"> </tr>	Setzt die CSS-Eigenschaft *background-color* auf *orange*, wenn der Ausdruck *flight === selectedFlight* wahr (*true*) ist; ansonsten kommt der Wert *blue* zum Einsatz. Hierzu verwendet das Binding den aus JavaScript und anderen C-ähnlichen Sprachen bekannten ternären Operator.
<tr [class.active]="flight === selectedFlight"> </tr>	Weist den Wert *active* zum Attribut *class* zu, wenn der übergebene Ausdruck wahr (*true*) ist. Bei dieser Kurzschreibweise werden der Attributname und der eventuell zuzuweisende Wert durch einen Punkt getrennt.
<input [(ngModel)]="to" name="to">	Bindet die Eigenschaft *to* aus der Komponente mittels Two-Way-Binding an das Eingabefeld. Kommt das *input*-Element innerhalb eines *form*-Elements (*<form>… </form>*) zum Einsatz, erzwingt Angular das Vergeben eines Namens.

Pipes

Ähnlich wie Direktiven unterstützen auch Pipes die Datenbindung. Sie sind in der Lage, Werte beim Binden zu verändern, und lassen sich somit unter anderem für das Formatieren von Werten nutzen. Zur Demonstration nutzt das folgende Beispiel die von Angular angebotene Pipe *date* zum Formatieren des Datums:

```
<td>{{flight.date | date:'dd.MM.yyyy HH:mm'}}</td>
```

Eine weitere standardmäßig vorhandene Pipe, die vor allem für Entwickler nützlich ist, ist die Pipe *json*. Sie wandelt das gesamte Objekt in seine JSON-Repräsentation um. Somit können Entwickler Objekte zum Testen ausgeben, ohne dafür eine Komponente oder Markup schreiben zu müssen:

```
<pre>Warenkorb
--------------------
{{ selectedFlight | json }}
</pre>
```

Kapitel 5 geht näher auf Pipes ein und zeigt auch, wie sich eigene Pipes definieren lassen.

Event-Bindings

Runde Klammern führen zu einer Bindung an Events. Dabei kann es sich sowohl um DOM-Events als auch um Erweiterungen von Frameworks wie Angular handeln. Das hier betrachtete Beispiel nutzt zwei Event-Bindings, um auf Maus-Klicks zu reagieren. Das eine Event-Binding verknüpft die Schaltfläche *Suchen* mit der Komponentenmethode *search*:

```
<button
    (click)="search()"
    [disabled]="!from || !to">
Suchen
</button>
```

Das andere Event-Binding ruft für einen der dargestellten Flüge die Methode *select* auf, um ihn als ausgewählten Flug vorzumerken:

```
<table class="table table-striped">
    <tr *ngFor="let flight of flights" [ngClass]="{ 'active': flight === selectedFlight }">
        [...]
        <td><a (click)="select(flight)">Select</a></td>
    </tr>
</table>
```

Das gesamte Template

Der Vollständigkeit halber zeigt Listing 3-6 das gesamte Template für die *Flight SearchComponent*, das wir in den vorangegangenen Abschnitten besprochen haben. Dabei fällt auf, dass uns die verwendeten Sonderzeichen, die bei ersten Schritten mit Angular durchaus gewöhnungsbedürftig sind, beim Erkennen der gewählten Datenbindungsart unterstützen und das Template somit nachvollziehbarer gestalten.

Listing 3-6: Template der »FlightSearchComponent«

```
<div class="form-group">
    <label>From:</label>
    <input [(ngModel)]="from" class="form-control">
</div>
<div class="form-group">
    <label>To:</label>
```

```
    <input [(ngModel)]="to" class="form-control">
</div>

<div class="form-group">
    <button
        class="btn btn-default"
        (click)="search()"
        [disabled]="!from || !to">
    Suchen
    </button>
</div>

<table class="table table-striped">

    <tr *ngFor="let flight of flights"
        [ngClass]="{ 'active': flight === selectedFlight }">
        <td>{{flight.id}}</td>
        <td>{{flight.from}}</td>
        <td>{{flight.to}}</td>
        <td>{{flight.date | date:'dd.MM.yyyy HH:mm'}}</td>
        <td><a (click)="select(flight)">Select</a></td>
    </tr>

</table>

<pre>Warenkorb
--------------------
{{ selectedFlight | json }}
</pre>
```

Alternative Schreibweisen für Bindings

Für die drei vorgestellten Binding-Arten sieht Angular auch eine alternative Schreibweise vor. Sie nutzt anstelle von Klammern jeweils ein Präfix. Diese Schreibweise erwähnen wir hier nur der Vollständigkeit halber, denn sie kommt in der Praxis nur äußerst selten zum Einsatz. Das mag daran liegen, dass das Angular-Team die klammerbasierte Schreibweise bevorzugt und auch die meisten Beispiele, die Sie in Internet finden, die Schreibweise mit Klammern nutzen.

Zum Vergleich zeigt Listing 3-7 das in diesem Kapitel verwendete Template unter Verwendung der präfixbasierten Schreibweise. Das Präfix *bindon-* markiert Two-Way-Bindings, das Präfix *bind-* kennzeichnet Property-Bindings, und *on-* steht vor Event-Bindings.

Listing 3-7: Nutzung der alternativen Schreibweisen für Bindings

```
<div class="form-group">
    <label>From:</label>
    <input bindon-ngModel="from" class="form-control">
</div>
<div class="form-group">
    <label>To:</label>
    <input bindon-ngModel="to" class="form-control">
</div>
```

```
<div class="form-group">
    <button
        class="btn btn-default"
        on-click="search()"
        bind-disabled="!from || !to">
    Suchen
    </button>
</div>

<table class="table table-striped">

    <tr *ngFor="let flight of flights"
        bind-ngClass="{ 'active': flight === selectedFlight }">
        <td>{{flight.id}}</td>
        <td>{{flight.from}}</td>
        <td>{{flight.to}}</td>
        <td>{{flight.date | date:'dd.MM.yyyy HH:mm'}}</td>
        <td><a on-click="select(flight)">Select</a></td>
    </tr>

</table>

<pre>Warenkorb
--------------------
{{ selectedFlight | json }}
</pre>
```

Templates kompilieren

Um die Anwendung des Templates zur Laufzeit zu beschleunigen, überführt Angular das Template in JavaScript-Code, den Laufzeitumgebungen gut optimieren können. Dieser Kompilierungsschritt kann entweder während der Ausführung oder bereits im Zuge der Entwicklung erfolgen. Ersteres nennt sich *Just-in-Time-Kompilierung*, und bei Letzterem spricht man von einer *Ahead-of-Time-Kompilierung* (siehe Kapitel 18). Eine Ahead-of-Time-Kompilierung müssen Sie mit dem Template-Compiler durchführen, der im Lieferumfang von Angular enthalten ist. Sie trägt unter anderem zu einer Beschleunigung der Startgeschwindigkeit bei.

Welche dieser Betriebsarten zu verwenden ist, legt eine Anwendung beim Start von Angular fest (vgl. dazu auch Kapitel 18). Zur Vereinfachung nutzen wir bei dem hier betrachteten Beispiel eine Just-in-Time-Kompilierung.

Ein erstes Modul

Um eine Anwendung zu strukturieren, fasst Angular die einzelnen Anwendungsbestandteile, z. B. Komponenten, zu Modulen zusammen. Jede Anwendung hat ein sogenanntes *Root-Module*, das jene Komponente, die die gesamte Anwendung repräsentiert, zur Verfügung stellt. Da diese Komponente die Wurzel des Komponentenbaums der Anwendung darstellt, nennt man sie auch *Root-Component*. Darüber hinaus kann ein Modul andere Module mit wiederverwendbarem Code einbinden (Abbildung 3-2).

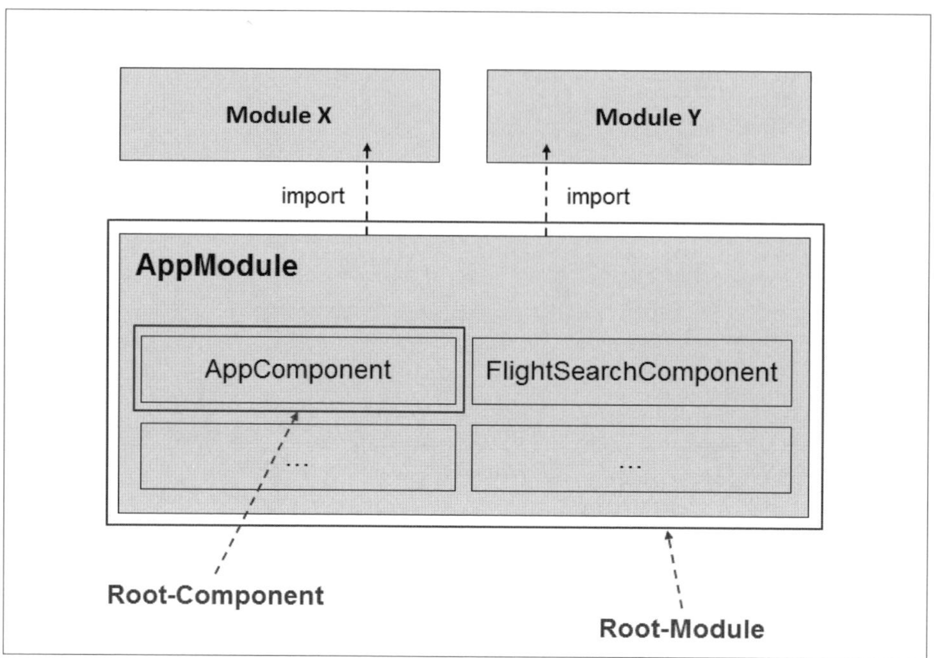

Abbildung 3-2: Root-Module mit Root-Component

Zur Definition eines Moduls stellt die Anwendung eine Klasse mit dem Dekorator *NgModule* zur Verfügung. Listing 3-8 veranschaulicht das an der Klasse *AppModule*, deren Grundgerüst von der Angular CLI generiert wird und Teil der meisten Seed-Projekte ist.

Listing 3-8: Root-Module der Anwendung

```
import {FlightSearchComponent} from './flights/flight-search/flight-search.component';
import {NgModule} from "@angular/core";
import {BrowserModule} from "@angular/platform-browser";
import {HttpModule} from "@angular/http";
import {FormsModule} from "@angular/forms";
import {AppComponent} from "./app.component";

@NgModule({
    imports: [
        BrowserModule,
        HttpModule,
        FormsModule
    ],
    declarations: [
        AppComponent, FlightSearchComponent
    ],
    bootstrap: [
        AppComponent
    ]
})
export class AppModule {
}
```

Das betrachtete Beispiel definiert ein Modul mit dem Namen *AppModule*, das drei weitere von Angular bereitgestellte Module importiert. Das *BrowserModule* beinhaltet die Framework-Bestandteile, die erforderlich sind, damit Angular im Browser ausgeführt werden kann. Es referenziert auch das sogenannte *CommonModule*, das allgemeine Direktiven wie *ngFor*, *ngClass* oder *ngStyle* anbietet. Das *HttpModule* beherbergt den verwendeten *Http*-Service, und das *FormsModule* erlaubt das Arbeiten mit Formularen. Beispielsweise bietet es für Two-Way-Bindings die Direktive *ngModel* an.

Unter *declarations* listet das Modul seine Bestandteile auf. Diese beschränken sich hier auf die *FlightSearchComponent* sowie auf die *AppComponent*, die durch die Angular CLI geniert oder von einem Seed-Projekt angeboten wird. Da es sich dabei auch um die Root-Komponente handelt und sie somit beim Start der Anwendung bereitzustellen ist, kommt sie auch in der Sektion *bootstrap* vor.

Die *AppComponent* gestaltet sich sehr einfach. Ihr Selektor legt fest, dass das HTML-Element *flight-app* die Komponente repräsentiert, und die Eigenschaft *templateUrl* verweist auf die HTML-Datei, die zur Darstellung genutzt werden muss (Listing 3-9):

Listing 3-9: »AppComponent«

```
import { Component } from '@angular/core';

@Component({
    selector: 'flight-app',
    templateUrl: './app.component.html'
})
export class AppComponent {
}
```

Auch das Template ist vorerst sehr einfach (Listing 3-10). Es besteht aus einem *div*-Element mit der Klasse *container*. Diese von Twitter-Bootstrap vorgegebene Klasse fügt Ränder zum Element hinzu. In ihr befindet sich das Element *flight-search*, das die oben beschriebene *FlightSearchComponent* repräsentiert (vgl. den Selektor in Listing 3-2).

Listing 3-10: Template der »AppComponent«

```
<div class="container">
    <flight-search></flight-search>
</div>
```

Dieses Template wird im Laufe der nächsten Kapitel noch ausgebaut. Beispielsweise erhält es ein Menü, mit dem der Benutzer zwischen verschiedenen Komponenten wechseln kann.

Bootstrapping

Zum Starten von Angular wählt eine Anwendung zunächst die Plattform, in der das Framework laufen soll. Auf diese Weise legt sie beispielsweise fest, ob Angular im Browser oder serverseitig auszuführen ist. Die Plattform legt aber auch fest, ob die Templates zur Laufzeit (Just-in-Time) oder im Vorfeld (Ahead-of-Time) kompiliert werden. Zusätzlich gibt die Anwendung beim Start auch das Modul mit der gewünschten Root-Komponente bekannt. Im hier betrachteten Beispiel übernimmt die Datei *main.ts* diese Aufgaben (Listing 3-11). Auch diese Datei wird in der Regel von der CLI oder mit einem Seed-Projekt erzeugt, wobei je nach Projekt-Setup auch abweichende Dateinamen zum Einsatz kommen.

Listing 3-11: Anwendung bootstrappen

```
import {platformBrowserDynamic}
          from '@angular/platform-browser-dynamic';
import {AppModule} from "./app.module";

platformBrowserDynamic()
    .bootstrapModule(AppModule)
    .catch(err => console.error(err));
```

Die hier verwendete Funktion *platformBrowserDynamic* liefert eine Plattform-Implementierung zur Ausführung im Browser mit Just-in-Time-Kompilierung.

Damit Angular die definierte Root-Komponente in der Single-Page-Anwendung darstellt, müssen Sie diese in der Start-Datei referenzieren. Aus diesem Grunde beinhaltet die in Listing 3-12 gezeigte Datei *index.html* ein Element *flight-app* (Listing 3-9).

Listing 3-12: Startdatei

```
<html>
  [...]
  <body>
    <div class="container">
      <flight-app></flight-app>
    </div>
    [...]
    <script src="..."></script>
    <script src="..."></script>
  </body>
</html>
```

Das betrachtete Beispiel deutet auch an, dass die Datei *index.html* einzelne Script-Dateien referenziert. Dabei handelt es sich um die aus dem kompilierten Quellcode generierten Bundles. Sowohl die CLI als auch das hier verwendete Seed-Projekt setzen dazu auf die Lösung Webpack, die wir in Kapitel 18 näher betrachten. Je nach Konfiguration können diese Verweise zunächst auch fehlen und erst im Zuge des Builds durch Webpack ergänzt werden.

Anwendung ausführen

Sie haben nun Ihre erste Angular-Anwendung geschrieben, und es ist an der Zeit, sie zu testen. Dazu kommt der Befehl

```
npm start
```

im Hauptverzeichnis des Projekts zum Einsatz. Bei Nutzung der CLI kann man stattdessen auch

```
ng serve
```

verwenden. Nach dem Erzeugen der Bundles steht dann die Anwendung unter *http://localhost:4200* bereit. Verhält sich die Anwendung nicht wie gewünscht, sollten Sie einen Blick auf die Entwickler-Konsole (F12) werfen. Hier finden Sie häufig Fehlermeldungen. Außerdem finden Sie dort den Debugger. Mit ihm können Sie Haltepunkte definieren und somit den Programmfluss nachvollziehen. Das funktioniert sogar mit TypeScript-Code, da der TypeScript-Compiler Debugging-Informationen, sogenannte *Source Maps*, generiert. Eine häufige Fehlerquelle ergibt sich auch durch den Browser-Cache. Wie in Kapitel 1 beschrieben, sollten Sie Maßnahmen ergreifen, um das Caching zu verhindern.

Zusammenfassung

Angular-Anwendungen bestehen aus Komponenten. Hierbei handelt es sich um Klassen, die ein UI-Fragment repräsentieren und sich mit einem Template darstellen. Zusammengehörige Komponenten werden zu Komponenten zusammengefasst, wobei das sogenannte Root-Module die Hauptkomponente der Anwendung beinhaltet. Dieses ist beim Start der Anwendung anzugeben.

KAPITEL 4

Komponenten und Datenbindung

Eine Angular-Anwendung besteht aus Komponenten, die wiederum aus Komponenten bestehen. Dadurch ergibt sich ein Komponentenbaum. Somit kann eine komplexe Anwendung auf mehrere einfache, wiederverwendbare und testbare Teile heruntergebrochen werden.

Während wir in der Einführung zu Angular bereits eine erste Komponente beschrieben haben, zeigen wir Ihnen in diesem Kapitel, wie Sie eine solche Komponente in mehrere Komponenten zerlegen können, die über Datenbindung miteinander kommunizieren. Dabei handelt es sich auch um das Grundprinzip, aus dem sich der Komponentenbaum einer Anwendung ergibt.

Datenbindung in Angular

Bevor wir Ihnen zeigen, wie Komponenten über Datenbindung kommunizieren, gehen wir in diesem Abschnitt darauf ein, wie Datenbindung in Angular überhaupt funktioniert.

Rückblick auf AngularJS 1.x

Um die Architekturentscheidungen hinter der Datenbindung in Angular zu verstehen, lohnt sich ein Blick auf den Vorgänger, AngularJS 1.x. Hier konnte alles an alles gebunden werden. Um dies zu veranschaulichen, zeigt Abbildung 4-1 zwei Datenmodelle sowie eine Direktive, die aneinander gebunden wurden. Die Direktiven entsprechen in diesem Beispiel den heutigen Komponenten.

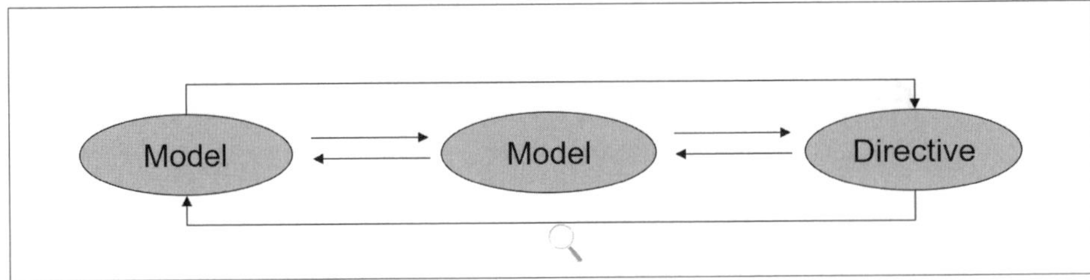

Abbildung 4-1: Zyklen in AngularJS 1.x

Durch die vielen wechselseitigen Abhängigkeiten konnte eine Änderung zu weiteren Änderungen führen, und diese konnten wiederum weitere Änderungen nach sich ziehen. Deswegen musste AngulaJS 1.x auch im Kreis laufen. Dieses Im-Kreis-Laufen war auch als *Digest-Cycle* bekannt und war natürlich der Performance alles andere als zuträglich. Obwohl AngularJS 1.x in vielen Fällen schnell genug war, sind Programmierer durch dieses Verhalten das eine oder andere Mal – abhängig von der Anwendungsarchitektur – in Performance-Fallen getappt, aus denen sie nur schwer wieder herausgekommen sind.

Bei Angular (ab Version 2) ist die Situation anders: Hier ist die Anwendung ein Komponentenbaum. Somit ergibt sich eine hierarchische Struktur, die das Einführen einiger einfacher Regeln ermöglicht (Abbildung 4-2). Diese Regeln sind unter anderem der Schlüssel für die extrem gute Performance der Neuauflage. Die nächsten Abschnitte gehen darauf ein.

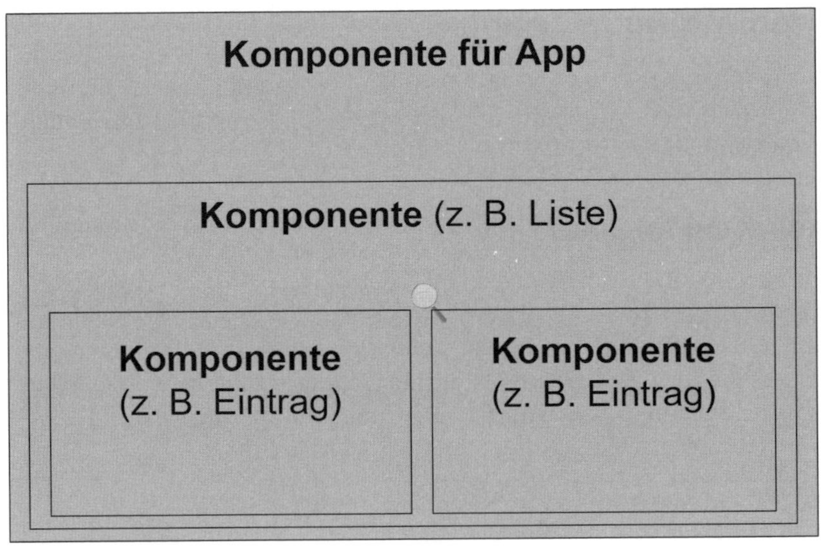

Abbildung 4-2: Hierarchische Struktur einer Angular-Anwendung

Property-Binding

Für Property-Bindings gilt in Angular, dass sie immer nur Daten von einer Parent- zu einer Child-Komponente weitergeben. Mit anderen Worten bedeutet das, dass Child-Komponenten im Rahmen der Datenbindung nicht ihren Parent verändern dürfen (Abbildung 4-3). Die Daten fließen hier also von oben nach unten.

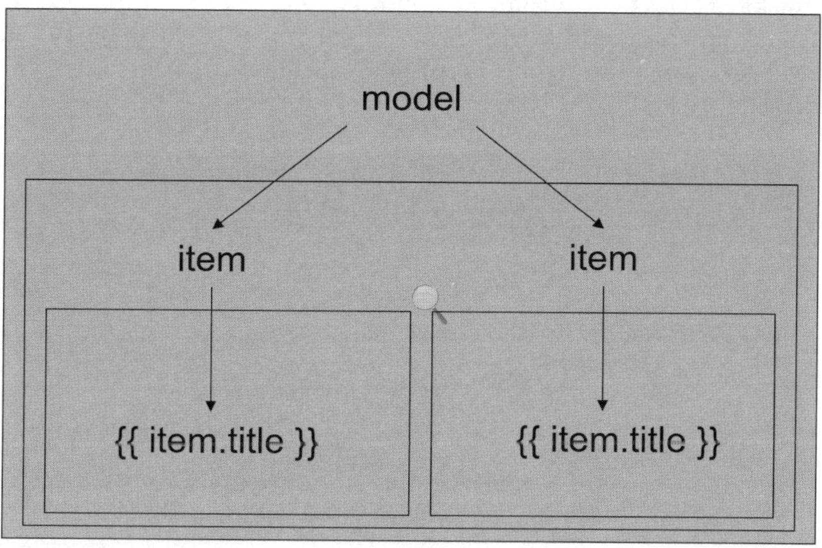

Abbildung 4-3: Die Daten fließen bei Property-Bindings von oben nach unten.

Der Abhängigkeitsgraph, der in AngularJS 1.x noch Zyklen enthalten konnte, ist nun ein Baum – also frei von Zyklen. Somit muss Angular auch nicht mehr im Kreis laufen. Vielmehr reicht es, den Baum ein einziges Mal zu traversieren, um ihn mit der UI abzugleichen – oder anders ausgedrückt: Man benötigt lediglich einen einzigen Digest im Sinne von AngularJS 1.x. Da Angular für das Traversieren des Baums Code generiert, der sich gut von JavaScript-Engines optimieren lässt, ist dieser Vorgang äußerst schnell. Standardmäßig findet diese Codegenerierung beim Start der Anwendung statt. Dank der Ahead-of-Time-Kompilierung (AOT-Kompilierung, siehe Kapitel 18) kann sich bereits der Build-Prozess darum kümmern.

Um das Property-Binding zu optimieren, kann man das Framework wissen lassen, welcher Teil des Baums sich geändert hat. In diesem Fall beschränkt sich Angular auch nur auf den betroffenen Teilbaum. Da es sich hierbei um eine Optimierungstechnik handelt, die über die Grundlagen hinaus geht, finden Sie Informationen dazu erst in Kapitel 12.

Event-Bindings

Event Bindings definieren Handler für Ereignisse, die in Kind-Komponenten auftreten. Beispiele dafür sind das Click-Event aus der Einführung zu Angular. Die Schaltfläche löst es aus, behandelt wurde es jedoch im Handler der übergeordneten *FlightSearchComponent*.

Beim Auslösen eines Events kann die Kind-Komponente einen Wert angeben, den der Handler im Parent erhält. Dies dient der genaueren Beschreibung des aktuellen Ereignisses. Somit fließen bei Event-Bindings Informationen von unten nach oben (Abbildung 4-4).

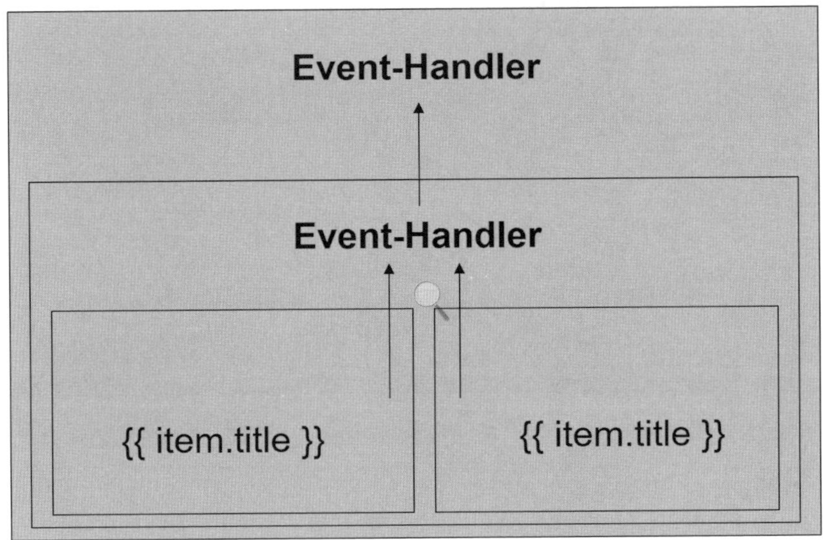

Abbildung 4-4: Die Daten fließen bei Event-Bindings von unten nach oben.

Das Schöne an Event-Bindings ist, dass sie sehr billig sind: Das Auslösen eines Event-Handlers besteht mehr oder weniger nur im Aufruf einer festgelegten Methode. Aus diesem Grund benötigt Angular dafür – um abermals die Nomenklatur aus AngularJS 1.x zu bemühen – keinen einzigen Digest.

Allerdings kann ein Event den Zustand der Anwendung verändern. Jemand klickt auf *Auswählen*, und plötzlich befindet sich ein neuer Flug im Warenkorb, oder jemand klickt auf *Suchen*, und ein paar Augenblicke später liegen neue Flüge vor, die es anzuzeigen gilt. Wie Angular damit umgeht, zeigt der nächste Abschnitt.

Das Zusammenspiel von Property- und Event-Bindings

Damit die von Event-Handlern an den Komponenten durchgeführten Änderungen in der UI präsentiert werden, greifen bei Angular die beiden betrachteten Arten der Datenbindung ineinander. Das lässt sich durch einen Zustandsautomaten sehr gut veranschaulichen (Abbildung 4-5).

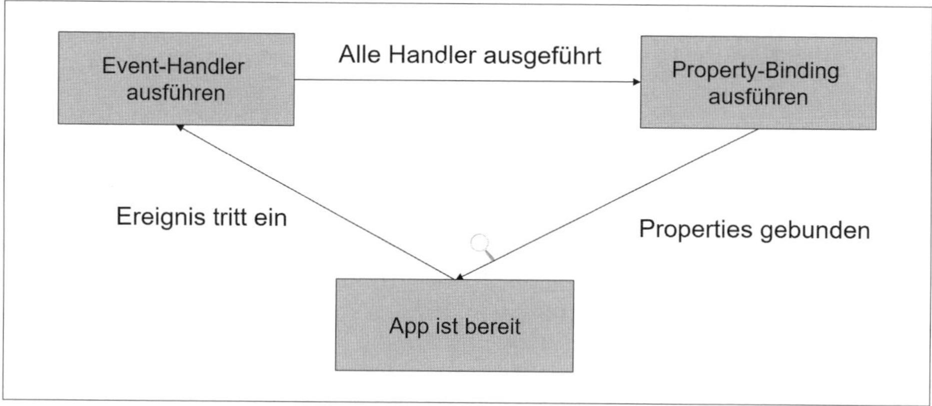

Abbildung 4-5: Datenbindung als Zustandsautomat

Nach dem Initialisieren der Anwendung ist sie bereit und wartet auf Ereignisse. Hierbei kann es sich um Benutzer-Ereignisse (z. B. *click* oder *keypress*), Zeitereignisse (z. B. *timeout*) oder Datenereignisse (z. B. das Empfangen serverseitiger Daten) handeln. Um diese Ereignisse zu erkennen, klinkt sich Angular mit einem Mechanismus, der sich *zone.js* nennt, beim Start in sämtliche Event-Handler ein.

Tritt ein Ereignis auf, führt Angular die dafür registrierten Event-Handler aus. Ein Event-Handler kann weitere Events auslösen. Auf diese Weise kann eine Anwendung Informationen im Komponentenbaum nach oben transportieren.

Sind alle Event-Handler ausgeführt worden, führt Angular ein Property-Binding durch. Das ist notwendig, weil jedes Event gebundene Daten tendenziell verändern kann. Dazu traversiert es den gesamten Komponentenbaum ein einziges Mal. Wie schon erwähnt, ist dieser Vorgang bei Angular gut optimiert und somit in der Regel auch sehr schnell. Darüber hinaus existieren Optimierungsmöglichkeiten hierfür (siehe Kapitel 12 *Performanceoptimierung mit OnPush*).

Danach ist die Anwendung abermals bereit, und das Spiel beginnt von vorne. So folgt auf jede Event-Phase ein Property-Binding. Somit findet genau ein Digest anstatt einer Vielzahl von Digests bei AngularJS 1.x statt. Wichtig ist hier auch, dass ein Property-Binding keine Events auslösen darf. Das würde ja einer Änderung des Parents gleichkommen und so etwas ist – wie bereits gesagt – per Definition verboten. Somit verhindert Angular aufgrund seiner Architektur, dass mehr als ein Digest zu einem Zeitpunkt stattfindet.

Bindings im Template

Wie wir schon in der Einführung zu Angular erwähnt haben, werden die beiden Arten von Bindings durch eine jeweils eigene Schreibweise im Template ausgedrückt. Während für Property-Bindings eckige Klammern zum Einsatz kommen, greift man bei Event-Bindings zu runden (Listing 4-1). Somit ist auf dem ersten Blick ersichtlich, welches Binding vorliegt.

Listing 4-1: Template mit Bindings

```
<button [disabled]="!from || !to" (click)="search()">
    Search
</button>

<table>
    <tr *ngFor="let flight of flights">
        <td>{{flight.id}}</td>
        <td>{{flight.date}}</td>
        <td>{{flight.from}}</td>
        <td>{{flight.to}}</td>
        <td><a href="#" (click)="selectFlight(flight)">Select</a></td>
    </tr>
</table>
```

Sogar die Syntax mit den doppelt geschweiften Klammern ist genau genommen nichts anderes als eine Kurzschreibweise für ein Property-Binding. Im betrachteten Fall handelt es sich um ein Binding an die DOM-Property *text-content*, die den textuellen Inhalt eines Knotens widerspiegelt. Die Schreibweise

```
<td>{{ flight.id }}</td>
```

ist somit gleichbedeutend mit:

```
<td [text-content]="flight.id"></td>
```

Two-Way-Bindings wurden in diesem Beispiel ausgespart. Warum, erklärt der nächste Abschnitt.

Two-Way-Bindings

Wie wir schon erwähnt haben, kennt Angular Event-Bindings und Property-Bindings. Und beide Binding-Arten spielen zusammen. Da stellt sich nun die Frage, wo die Two-Way-Bindings geblieben sind. Gerade in formularbasierten Anwendungen muss man ja häufig den Formularzustand mit einem Objektmodell abgleichen.

Die Antwort hierauf lautet, dass ein Two-Way-Binding in Angular nichts anders als eine Kombination aus einem Property-Binding und einem Event-Binding ist: Das Property-Binding transportiert den jeweiligen Wert von der Komponente ins Eingabefeld, und bei einer Änderung durch den Benutzer transportiert das Event-Binding die Daten wieder retour in die Komponente. In erster Näherung könnte also ein Two-Way-Binding wie folgt formuliert werden:

```
<input [ngModel]="from" (ngModelChange)="update($event)">
```

Dieses Beispiel nutzt *ngModel* als Property-Binding und das dazugehörige *ngMo delChange* als Event-Binding. Letzteres wird bei jeder Änderung am Datenfeld aktiv und erhält über *$event* den geänderten Wert. Ändert der Benutzer beispielsweise *Hamburg* auf *Frankfurt* um, befindet sich in *$event* der neue Wert *Frankfurt*. Diesen Wert übergibt es an die Methode *update*, die nun die Ausgangsvariable *from* aktualisiert:

```
update(f: Flight) {
    this.selectedFlight = f;
}
```

Das Ganze lässt sich ein wenig abkürzen, indem der Code des Event-Handlers direkt im Event-Binding hinterlegt wird:

```
<input [ngModel]="from" (ngModelChange)="from = $event">
```

Noch kürzer wird es mit der bereits vorgestellten Banana-in-a-Box-Syntax:

```
<input [(ngModel)]="from">
```

Hierbei müssen Sie jedoch beachten, dass diese Grammatik nichts anders als die Kurzschreibweise für die zuvor betrachtete explizite Form ist. Um daraus ein Property-Binding zu generieren, streift Angular einfach die runden Klammern ab. Das Event-Binding wird durch Anhängen der Endung *Change* hergestellt. Aus *[(ngMo del)]* wird somit *(ngModelChange)*. Daneben geht Angular davon aus, dass solche Events den geänderten Wert als *$event* erhalten. Diesen schreibt es in die Ausgangsvariable zurück.

Durch diese Architektur benötigt Angular selbst für das Aktualisieren von Two-Way-Bindings pro Änderung maximal einen Digest. Außerdem sollten Sie diese Konvention im Hinterkopf haben, wenn Sie eigene Komponenten schreiben. Sollten die ein Two-Way-Binding anbieten, müssen Sie sich genau an diese Konventionen halten. Der nächste Abschnitt geht darauf anhand eines Beispiels ein.

Eigene Komponenten mit Datenbindung

Sie wissen jetzt, wie Datenbindung unter Angular funktioniert. In diesem Abschnitt zeigen wir, wie Sie eigene Komponenten schreiben, die über Bindings mit der Außenwelt kommunizieren. Dazu wird eine Komponente geschaffen, die so einfach wie möglich, aber so komplex wie nötig ist, um die vorhin diskutierten Konzepte zu zeigen. Es handelt sich dabei um eine Komponente, die Flüge in Form von Karten präsentiert.

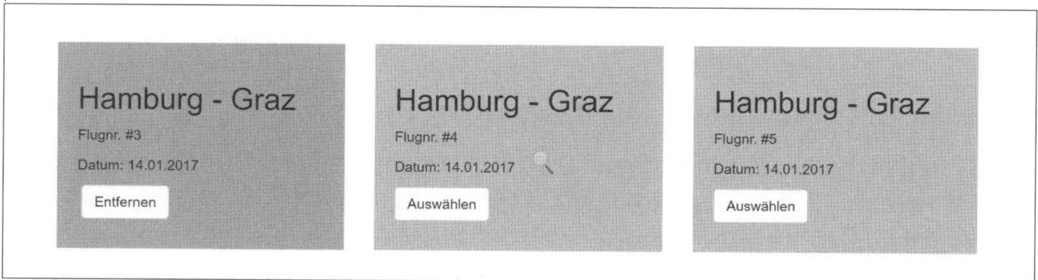

Abbildung 4-6: Die »FlightCardComponent«

Solche Karten sind derzeit sehr üblich, zumal sie ein flexibles (*responsive*) Design erlauben: Steht am Endgerät viel Platz zur Verfügung, kann eine Anwendung mehrere Karten nebeneinander anzeigen. Steht wenig Platz zur Verfügung, zeigt die Anwendung die Karten untereinander an.

Jede Karte kann ausgewählt werden. Wurde sie ausgewählt, erhält sie einen orangen Hintergrund; ansonsten einen blauen. Außerdem sollen alle ausgewählten Flüge im Warenkorb präsentiert werden. Dazu wird der Warenkorb auf eine *Map* abgeändert, die die IDs der Flüge auf einen *boolean* abbildet:

```
public basket = new Map<number, boolean>();
```

Um festzustellen, ob sich ein Flug im Warenkorb befindet, muss die Anwendung also nur prüfen, ob der Basket an der Stelle der *FlugId* truthy ist:

```
let inBasket = this.basket[7]; // 7 ist eine FlugId
```

Zur Visualisierung des Warenkorbs kommt aus Gründen der Vereinfachung abermals die JSON-Pipe zum Einsatz:

```
{{ basket | json }}
```

Das Ganze gestaltet sich dann wie in Abbildung 4-7 gezeigt.

```
{
  "3": true,
  "4": false,
  "5": true
}
```

Abbildung 4-7: Ausgabe des Warenkorbes

Eine Komponente mit Property-Binding

Die hier besprochene Karte soll über Property-Bindings zwei Informationen vom Parent übergeben bekommen: den anzuzeigenden Flug und die Information, ob sie ausgewählt wurde. Für die erste Information weist die Komponente eine Eigenschaft *item* und für zweite Information eine Eigenschaft *selected* auf:

```
<div *ngFor="let f of flights">
   <flug-card [item]="f" [selected]="basket[f.id]">
   </flug-card>
</div>
```

Um alle gefundenen Flüge auszugeben, iteriert das betrachtete Beispiel über die Auflistung *flights* und gibt pro Eintrag eine Karte aus.

So können Sie sich das Einbinden einer Komponente wie den Aufruf einer Funktion vorstellen, die Parameter übergeben bekommt und ein Stück UI rendert. Eine andere Metapher für eine Komponente ist ein elektronisches Bauteil, z. B. ein Chip: Er ist über Eingänge mit der Außenwelt verdrahtet und bekommt auf diese Weise die nötigen Informationen (Abbildung 4-8).

Im hier betrachteten Fall nimmt der Eingang *item* den jeweiligen Flug entgegen, und der Eingang *selected* bekommt den entsprechenden *boolean* aus dem Warenkorb.

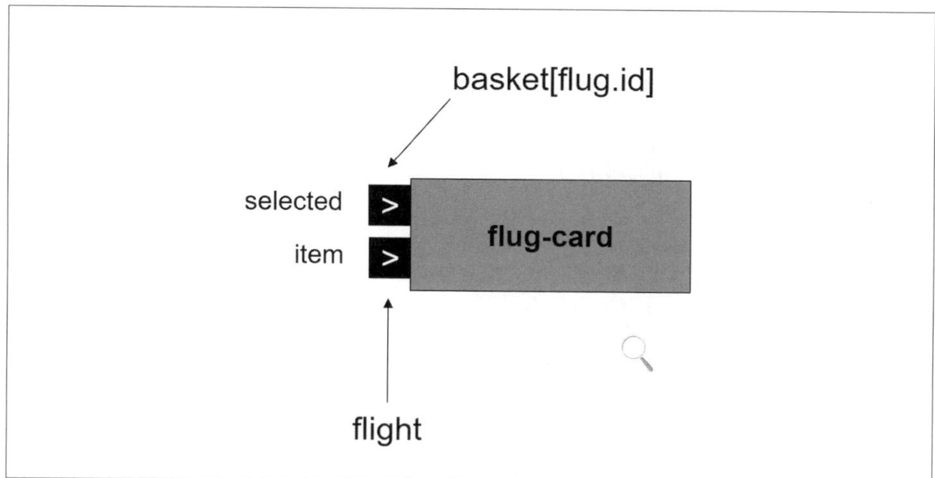

Abbildung 4-8: Die Komponente »flug-card«

Jetzt stellt sich natürlich die Frage, wie man mit Angular solche Eingänge darstellt. Der nächste Abschnitt geht darauf ein.

Implementierung der Komponente mit Property-Bindings

Die Implementierung der Komponente, die wir in den letzten Abschnitten besprochen haben, besteht zunächst mal aus einer Klasse mit einem *Component*-Dekorator. Dieser erhält einen Selektor sowie einen Verweis auf ein Template. Das ist so weit nichts Neues. Neu ist allerdings der *Input*-Dekorator. Er dekoriert sämtliche Eigenschaften, die die Komponente von ihrem Parent entgegennimmt (Listing 4-2):

Listing 4-2: Implementierung einer Komponente mit Property-Bindings

```
import { Component, EventEmitter, Input, Output } from '@angular/core';
import { Flight } from '../../entities/flight';

@Component({
    selector: 'flight-card',
    templateUrl: './flight-card.component.html'
})
export class FlightCardComponent {

    @Input() item: Flight;
    @Input() selected: boolean;

    select() {
        this.selected = true;
    }

    unselect() {
        this.selected = false;
    }
}
```

Außerdem weist sie zwei Methoden auf, die ihr Template aufruft: *select* wählt die Karte aus, und *deselect* hebt diese Auswahl wieder auf. Das Template dieser Komponente prüft zunächst, ob die Karte selektiert wurde. Ist dem so, erhält die Karte per *ngStyle* die Hintergrundfarbe *orange*; ansonsten *lightsteelblue* (Listing 4-3):

Listing 4-3: Template der »flight-card«

```
<div style="padding:20px;"
     [ngStyle]="{'background-color': (selected) ?  'orange' : 'lightsteelblue' }">

    <h2>{{item.from}} - {{item.to}}</h2>
    <p>Flugnr. #{{item.id}}</p>
    <p>Datum: {{item.date | date:'dd.MM.yyyy HH:mm'}}</p>

    <p>
      <button *ngIf="!selected" class="btn btn-default" (click)="select()">
      Select
      </button>
      <button *ngIf="selected" class="btn btn-default" (click)="deselect()">
      Unselect
      </button>
    </p>
</div>
```

Das Template gibt ein paar Daten des aktuellen Fluges aus und hat am unteren Ende zwei Schaltflächen, die *select* bzw. *deselect* anstoßen. Zu einem Zeitpunkt zeigt die Karte jedoch nur eine der beiden Schaltflächen an. Das hängt davon ab, ob die Karte gerade ausgewählt ist.

Komponente registrieren und aufrufen

Um die Komponente verwenden zu können, müssen Sie sie bei einem Angular-Modul registrieren. Zur Vereinfachung kommt hier das *AppModule* zum Einsatz (Listing 4-4). Das Zusammenspiel mehrerer Module betrachten wir später in Kapitel 7.

Listing 4-4: Komponente registrieren

```
@NgModule({
    [...],
    declarations: [
        FlightSearchComponent,
        FlightCardComponent,
        [...]
    ]
})
export class AppModule {
}
```

Danach erhält das gesamte Modul Zugriff auf die Komponente und lässt sich z. B. zur Präsentation gefundener Flüge verwenden. Hierzu greift dieses Beispiel auf die *FlightSearchComponent* aus Kapitel 3 zurück. Zunächst erhält sie den beschriebenen Warenkorb. Dann müssen Sie noch die Schleife, die die Suchergebnisse auflistet, so abändern, dass sie die Karten rendert (Listing 4-5):

Listing 4-5: Einbinden der »FlightCardComponent«

```
<div *ngFor="let f of flights">
    <flight-card [item]="f" [selected]="basket[f.id]">
    </flight-card>
</div>
```

Wie besprochen, erhält diese Komponente den aktuellen Flug und den Boolean aus dem Warenkorb. Die Anwendung sollte nun wie eingangs gezeigt die gefundenen Flüge als Karten präsentieren.

Die Karten lassen sich auch über die präsentierten Schaltflächen aus- und abwählen. Ein kleines Problem fällt dabei allerdings auf: Angular aktualisiert den Warenkorb nicht. Hierzu müsste die *FlightCardComponent* ihren Parent, der den Warenkorb verwaltet, mit einem Ereignis benachrichtigen. Wie das geht, erläutert der nächste Abschnitt.

Um mehrere Karten nebeneinander zu präsentieren, kann man zum Spaltenlayout von Bootstrap greifen. Es ist für responsive Designs gedacht – also für Designs, die sich an unterschiedliche Auflösungen anpassen. Dazu unterteilt es eine Seite in zwölf gedachte Spalten, und die Anwendung weist jedem Element eine bestimmte Anzahl an Spalten zu. Dabei kann sie zwischen sehr kleinen (*extra small*, *xs*), kleinen (*small*, *sm*), mittleren (*medium*, *md*) und großen (*large*, *lg*) Bildschirmen unterscheiden. Beispiele für diese vier Größeneinheiten sind Handys, Tabletts, kleine Laptops und Desktop-Geräte. Hierbei handelt es sich jedoch nur um Näherungen, denn schlussendlich kommt es auf die zur Verfügung stehende Auflösung an.

Beispielsweise könnte man nun angeben, dass eine Karte bei sehr kleinen Geräten (*xs*) alle zwölf Spalten erhält, bei kleinen (*sm*) sechs, bei mittleren (*md*) vier und bei großen (*lg*) drei der insgesamt zwölf Spalten. Somit werden je nach Auflösung eine bis vier Karten nebeneinander präsentiert. Hierzu sieht Bootstrap die nachfolgend verwendeten Klassen vor:

```
<div *ngFor="let f of flights" class="col-xs-12 col-sm-6 col-md-4
  col-lg-3">
    <flight-card [item]="f" [selected]="basket[f.id]">
    </flight-card>
</div>
```

Jede dieser Klassen, die mit dem Präfix *col-* eingeleitet werden, gibt für eine Auflösung die gewünschte Spaltenanzahl an. Beispielsweise bedeutet *col-md-4*, dass eine Karte bei einem mittleren Gerät vier der zwölf Spalten erhält.

Komponenten mit Event-Bindings

Dieser Abschnitt erweitert die hier gezeigte *FlightCardComponent* um ein Ereignis *selectedChange*. Dieses Ereignis soll den Parent informieren, wenn die Karte aus- bzw. abgewählt wird. Listing 4-6 zeigt, wie es verwendet werden soll:

Listing 4-6: Nutzung einer Komponente mit Events

```
<div *ngFor="let f of flights">
   <flug-card [item]="f"
              [selected]="basket[f.id]"
              (selectedChange)="basket[f.id] = $event">
   </flug-card>
</div>
```

Man könnte sich solch eine Komponente als Funktion vorstellen, die Parameter übernimmt und über einen Callback Informationen veröffentlicht.

Die Metapher mit dem Chip passt hier noch besser: Ein Chip hat Ein- und Ausgänge, über die er mit seiner Umgebung verdrahtet wird. Die Ausgänge entsprechen den Events (Abbildung 4-9). Im hier betrachteten Fall fließt der Wert *selected* über einen Ausgang zurück in den Warenkorb.

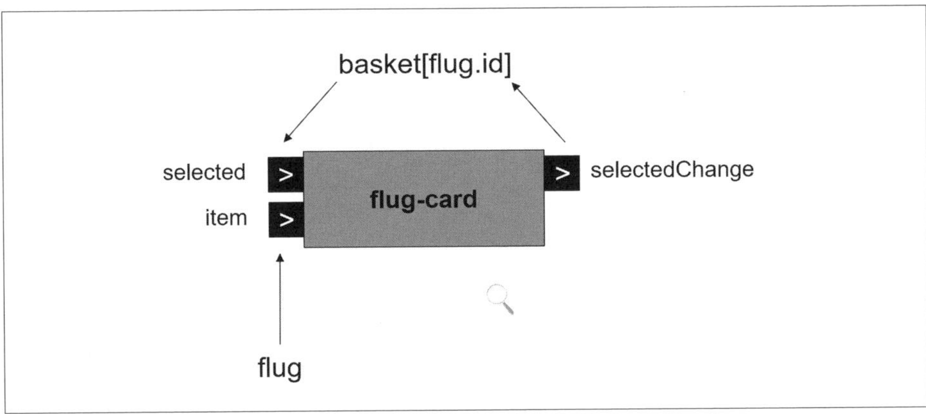

Abbildung 4-9: Komponente mit Event-Bindings als Chip

Implementierung der Komponente mit Event-Binding

Für das Event erhält die *FlightCardComponent* eine Eigenschaft *selectedChange*, die Sie mit *Output* dekorieren müssen (Listing 4-7). Ihr Typ ist per Definition ein *EventEmitter*.

Listing 4-7: Komponente mit Event

```
import { Component, EventEmitter, Input, Output } from '@angular/core';
import { Flight } from '../../entities/flight';

@Component({
    selector: 'flight-card',
```

```
    templateUrl: './flight-card.component.html'
})
export class FlightCardComponent {

    @Input() item: Flight;
    @Input() selected: boolean;
    @Output() selectedChange = new EventEmitter<boolean>();

    select() {
        this.selected = true;
        this.selectedChange.emit(this.selected);
    }

    unselect() {
        this.selected = false;
        this.selectedChange.emit(this.selected);
    }

}
```

Damit der *EventEmitter* den neuen Wert von *selected* über *$event* veröffentlichen kann, wird er mit Boolean typisiert.

Komponente aufrufen

Nach dieser Erweiterung können Sie mit dem Aufruf der *FlightCardComponent* einen Event-Handler für *selectedChange* festlegen (Listing 4-8):

Listing 4-8: Festlegen eines Event-Handlers

```
<div *ngFor="let f of flights">
    <flight-card [item]="f"
                 [selected]="basket[f.id]"
                 (selectedChange)="basket[f.id] = $event">
    </flight-card>
</div>
```

Die Anwendung sollte nun beim Aus- und Abwählen einer Karte den Warenkorb aktualisieren (Abbildung 4-10).

Abbildung 4-10: Der Warenkorb wird nun aktualisiert.

Komponenten mit Two-Way-Bindings

Die meisten Leser dürften es schon bemerkt haben: Die *Input*/*Output*-Kombination für *selected* erfüllt sämtliche Konventionen für die verkürzte Banana-in-a-Box-Schreibweise, die wir in Abschnitt *Two-Way-Bindings* diskutiert haben: Das Event setzt sich aus dem Namen der Property sowie aus dem Suffix *Change* zusammen und veröffentlicht den geänderten Wert via *$event*. Insofern spricht hier nichts gegen den Einsatz dieser komfortablen Grammatik (Listing 4-9):

Listing 4-9: Verkürzte Schreibweise für Two-Way-Databinding

```
<div *ngFor="let f of flights">
    <flight-card [item]="f"
                 [(selected)]="basket[f.id]">
    </flight-card>
</div>
```

Hier wird auch der Nachteil dieser Abkürzung ersichtlich: Sie schreibt nach jeder Änderung den neuen Wert direkt in die Ausgangsvariable zurück. Wollte man hingegen bei einer Änderung eine Methode anstoßen, müsste man das stattdessen explizit mit einem Event-Binding erledigen.

Life-Cycle-Hooks

Eine Komponente unterliegt einem bestimmten Lebenszyklus: Sie wird irgendwann erzeugt, erhält Daten über Property-Bindings und wird irgendwann auch wieder zerstört. Letzteres ist z. B. der Fall, wenn die Bedingung eines umgebenden *ngIf* nicht mehr erfüllt ist.

Angular-Anwendungen können auf diese Stationen im Leben einer Komponente reagieren, indem sie Life-Cycle-Hooks implementieren.

Ausgewählte Hooks

Angular bietet Hooks für verschiedene Zeitpunkte im Leben einer Komponente. In diesem Abschnitt stellen wir drei davon vor. In den folgenden Kapiteln führen wir anlassbezogen weitere ein.

Für jeden Life-Cycle-Hook definiert Angular einen Supertyp im Modul *@angular/core*, der eine Methode vorgibt (Tabelle 4-1).

Tabelle 4-1: Ausgewählte Life-Cycle-Hooks

Supertyp	Methode	Beschreibung
`OnInit`	ngOnInit	Wird nach dem Initialisieren und somit nach dem ersten Ausführen der Property-Bindings aufgerufen.
`OnChanges`	ngOnChanges	Wird nach jedem Property-Binding aufgerufen. Der erste Aufruf erfolgt kurz vor dem Aufruf von OnInit.
`OnDestroy`	ngOnDestroy	Wird aufgerufen, bevor Angular eine Komponente zerstört.

Um nun Hooks zu nutzen, implementiert die gewünschte Komponente die jeweiligen Supertypen und deren Methoden (Listing 4-10):

Listing 4-10: Life-Cycle-Hooks nutzen

```
@Component({
    selector: 'my-component',
    [...]
})
export class Component implements OnChanges, OnInit {

    @Input() someData;
    ngOnInit() {
        [...]
    }
    ngOnChanges() {
        [...]
    }
}
```

Experiment mit Life-Cycle-Hooks

Damit Sie sich mit Life-Cycle-Hooks vertraut machen können, beschreiben wir hier ein kleines Experiment. Es erweitert die weiter oben eingeführte *FlightCard Component* um die Hooks *OnInit* und *OnChanges* (Listing 4-11):

Listing 4-11: Die »FlightCardComponent« mit Life-Cycle-Hooks

```
import { Flight } from './../../entities/flight';
import { Component, Input, EventEmitter, Output, OnInit, OnChanges } from '@angular/
core';

@Component({
    selector: 'flight-card',
    templateUrl: './flight-card.component.html'
```

```
})
export class FlightCardComponent implements OnInit, OnChanges {

    @Input() item: Flight;
    @Input() selected: boolean;
    @Output() selectedChange = new EventEmitter<boolean>();

    constructor() {
        console.debug('ctor', this.item);
    }

    ngOnInit() {
        console.debug('ngOnInit', this.item);
    }

    ngOnChanges(changes) {
        console.debug('ngOnChanges', this.item);

        if (changes.item) {
            console.debug('ngOnChanges: item');
        }
        if (changes.selected) {
            console.debug('ngOnChanges: selected');
        }
    }

    select() {
        this.selected = true;
        this.selectedChange.next(this.selected);
    }

    deselect() {
        this.selected = false;
        this.selectedChange.next(this.selected);
    }

}
```

Die beiden von den Hooks vorgegebenen Methoden geben ihren Namen sowie den aktuellen Flug in der Eigenschaft *item* auf der Konsole aus. Die Methode *ngOnChange* prüft zusätzlich mit dem erhaltenen Parameter, welche Eigenschaften durch die letzte Property-Bindung aktualisiert wurden, und notiert diese Erkenntnis auch auf der Konsole. Zum Vergleich gibt auch der Konstruktor den aktuellen Flug aus.

Lässt man nun diesen Code laufen, erhält man nach dem Suchen der Flüge die Ausgabe aus Abbildung 4-11.

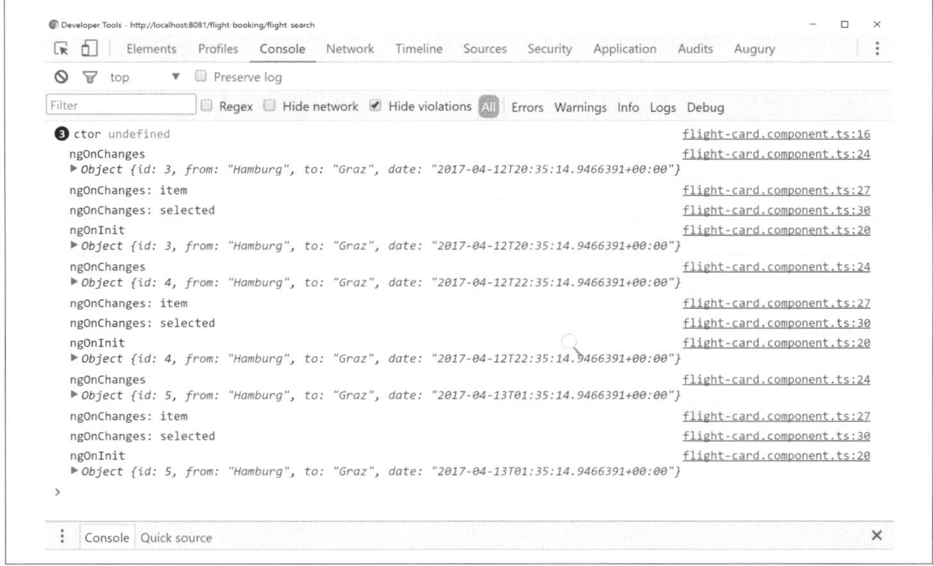

Abbildung 4-11: Debugging-Ausgaben bei der Initialisierung von drei »FlightCardComponent«-Instanzen

Diese Ausgabe zeigt, dass Angular bei der ersten Datenbindung pro Komponente zuerst *ngOnChanges* und dann erst *ngOnInit* aufruft. Das entspricht auch den Informationen in Tabelle 4-1. Außerdem mag es auf den ersten Blick verwundern, dass im Konstruktor *item* noch null ist. Das liegt daran, dass der Konstruktor das Erste ist, was JavaScript für eine Klasse ausführt. Zu diesem Zeitpunkt hat Angular noch gar keine Gelegenheit gehabt, ein Data-Binding auszuführen. Möchte eine Komponente also auf gebundene Daten zugreifen, muss sie dazu *ngOnInit* oder *ngOnChange* nutzen.

Ändert man danach den Status einer Karte, erhält man nur den Aufruf von *ngOn Changes* (Abbildung 4-12).

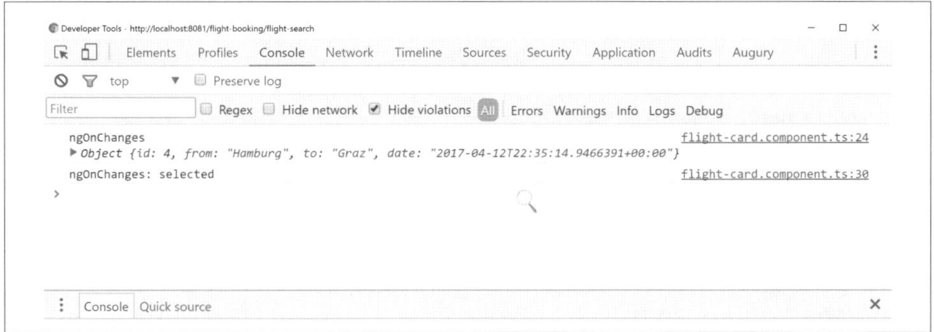

Abbildung 4-12: Debugging-Ausgabe nach Auswahl einer »FlightCardComponent«-Instanz

DateControl mit Life-Cycle-Hooks

Als Ergänzung zu dem Experiment aus dem letzten Abschnitt zeigen wir hier eine Komponente, die von einem Life-Cycle-Hook abhängig ist. Es handelt sich um eine einfache Datumskomponente, die auf den Namen *DateComponent* hört (Abbildung 4-13).

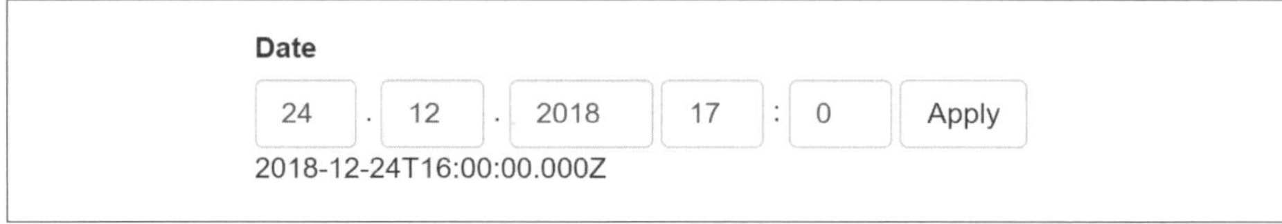

Abbildung 4-13: Einfache Datumskomponente

Um zu zeigen, dass das Two-Way-Binding auch die gebundene Eigenschaft in der Komponente aktualisiert, gibt dieses Beispiel sie darunter zusätzlich per Datenbindung aus. Die Abweichung von einer Stunde ergibt sich dadurch, dass auf dem verwendeten Rechner die mitteleuropäische Winterzeit eingestellt ist. Während die *DateComponent* diese Einstellung berücksichtigt, da sie das *Date*-Objekt von JavaScript nutzt, ist das bei der Ausgabe nicht der Fall. Diese verwendet, wie die Endung Z andeutet, die Universalzeit, die auch in Greenwich zum Einsatz kommt.

Die *DateComponent* nimmt per Property-Binding ein Datum in Form eines ISO-Strings entgegen und zerlegt es in seine Einzelteile. Diese bindet sie an die präsentierten Eingabefelder. Da das Zerlegen des Datums immer dann zu erfolgen hat, wenn per Datenbindung ein neues Datum ankommt, kümmert sich der Life-Cycle-Hook *ngOnChange* darum (Listing 4-12):

Listing 4-12: Die Datumskomponente zerlegt ein eingehendes Datum mit »ngOnChanges«

```
import { Component, Input, OnInit, OnChanges, EventEmitter, Output }
  from '@angular/core';

@Component({
    selector: 'flight-date-component',
    templateUrl: './date.component.html'
})
export class DateComponent implements OnInit, OnChanges {

    @Input() date: string;
    @Output() dateChange = new EventEmitter<string>();

    day: number;
    month: number;
    year: number;
    hour: number;
    minute: number;

    constructor() {
        console.debug('date in constructor', this.date);
    }

    ngOnInit() {
        console.debug('date in ngOnInit', this.date);
```

```
    }

    ngOnChanges(change) {
        console.debug('date in ngOnChanges', this.date);
        // if(change.date) { ... }

        let date = new Date(this.date);
        this.day = date.getDate();
        this.month = date.getMonth() + 1;
        this.year = date.getFullYear();
        this.hour = date.getHours();
        this.minute = date.getMinutes();
    }

    apply() {
        let date = new Date(this.year, this.month - 1,
                        this.day, this.hour, this.minute);
        this.dateChange.next(date.toISOString());
    }
}
```

Damit Ihr Skript auf Änderungen an bestimmten Eigenschaften reagiert, können Sie als Alternative zu *ngOnChanges* auch mit TypeScript einen Setter einführen:

```
_date: string;
@Input() set date(value: string) {
    // Auf Wertänderung reagieren
   this._date = value;
}
```

Die Methode *apply* kommt zum Einsatz, wenn der Benutzer seine Eingaben bestätigt. Sie erstellt ein neues Datum aus den Einzelteilen und stößt mit einem davon abgeleiteten ISO-String das Event *dateChange* an.

Das Template dieser Komponente besteht lediglich aus Textfeldern, die sich an die Teile des Datums binden. Außerdem weist es eine Schaltfläche auf, die die Methode *apply* aufruft (Listing 4-13):

Listing 4-13: Die Datumskomponente zerlegt ein eingehendes Datum mit »ngOnChanges«.

```
<form class="form-inline">
    <input [(ngModel)]="day" name="day"
            maxlength="2" style="width:50px" class="form-control">
    .
    <input [(ngModel)]="month" name="month"
            maxlength="2" style="width:50px" class="form-control">
    .
    <input [(ngModel)]="year" name="year"
            maxlength="4" style="width:70px" class="form-control">

    <input [(ngModel)]="hour" name="hour"
            maxlength="2" style="width:50px" class="form-control">
    :
    <input [(ngModel)]="minute" name="minute"
            maxlength="2" style="width:50px" class="form-control">

    <input type="button" value="Apply" (click)="apply()"
      class="btn btn-default">
</form>
```

Damit Angular von der Existenz der Komponente erfährt, müssen Sie sie bei einem Modul registrieren. Auch hier kommt zur Vereinfachung das *AppModule* zum Einsatz (Listing 4-14):

Listing 4-14: Komponente registrieren

```
@NgModule({
    [...],
    declarations: [
        FlightSearchComponent,
        FlightCardComponent,
        DateComponent,
        [...]
    ]
})
export class AppModule {
}
```

Um die Komponente zu testen, erhält die *FlightSearchComponent* ein weiteres Feld *date*:

```
public date: string = (new Date()).toISOString();
```

Außerdem erhält ihr Template einen Verweis auf die *DateComponent* (Listing 4-15):

Listing 4-15: Komponente einsetzen

```
<div class="form-group">
    <label>Date</label>
    <flight-date-component [(date)]="date"></flight-date-component>
    {{date}}
</div>
```

Zusammenfassung

Während bei Property-Bindings Daten im Komponentenbaum von oben nach unten fließen, ist es bei Event-Bindings genau anders herum: Hier fließen die Daten von unten nach oben. Um Zyklen zu vermeiden, führt Angular diese Bindings in zwei Phasen durch: Nach jedem Event kommen die Event-Bindings zur Ausführung, und danach kümmert Angular sich um die Property-Bindings, um die UI zu aktualisieren. Sogar Two-Way-Bindings sind streng genommen nur eine Kombination aus einem Property- und einem entgegengesetzten Event-Binding.

Eigene Komponenten können ebenfalls diese Bindings verwenden, um mit anderen Komponenten zu kommunizieren. Darüber hinaus benachrichtigt Angular jede Komponente mittels Life-Cycle-Hooks über bestimmte Ereignisse. Ein Beispiel dafür ist der Empfang initialer Daten oder neuer Daten über Property-Bindings.

KAPITEL 5

Pipes

Nicht immer weisen die verwendeten Daten eine Struktur auf, die für die Ausgabe in einer Komponente benötigt wird. Daher müssen Sie Ihre Daten häufig formatieren, sortieren oder filtern. Angular bietet für diese Aufgabe das Konzept der Pipes. Damit lassen sich Daten im Rahmen der Datenbindung transformieren. Dieses Kapitel zeigt, wie Pipes zu verwenden sind, welche Pipes Angular ab Werk bietet und wie eine Anwendung eigene Pipes ins Spiel bringen kann.

Überblick

Um mit einer Pipe Daten im Zuge der Datenbindung zu transformieren, kommt jene Schreibweise zum Einsatz, die Sie von der Kommandozeile her kennen:

```
{{ flight.from | flightCity }}
```

Demzufolge übergibt Angular den Wert auf der linken Seite des Pipe-Symbols | an die Pipe auf der rechten Seite. Konkret leitet Angular im betrachteten Fall also *flight.from* an *flightCity* weiter. *flightCity* ist hier eine benutzerdefinierte Pipe, deren Aufbau weiter unten betrachtet wird.

Eine Pipe kann auch zusätzliche Parameter erhalten. Diese hängen Sie, getrennt durch jeweils einen Doppelpunkt, an den Aufruf an:

```
{{ flight.from | flightCity:'short' }}
{{ flight.from | flightCity:'short':'en' }}
```

Außerdem lässt sich, wie auf der Kommandozeile, das Ergebnis einer Pipe an eine weitere Pipe übergeben:

```
{{ flight.from | flightCity:'short' | lowercase }}
```

Built-in Pipes

Angular bringt ein paar Pipes sozusagen ab Werk mit. Eine Übersicht sehen Sie in Tabelle 5-1. Eine Beschreibung sämtlicher Parameter finden Sie in der API-Dokumentation unter *angular.io*.

Tabelle 5-1: Built-in Pipes

Pipe	Beschreibung	Beispiel
`date`	Formatiert ein Datum entsprechend der übergebenen Formatierungszeichenfolge. Kann mit einem ISO-String oder einem *Date*-Objekt verwendet werden. Im letzteren Fall wird die Pipe nur dann aktualisiert, wenn die Anwendung das *Date*-Objekt gegen ein neues tauscht. Da die Pipe die Eigenschaften des *Date*-Objekts nicht überwacht, reicht es nicht, diese zu verändern.	{{ flight.date | date:'dd.MM.yyyy' }}
`json`	Wandelt ein Objekt in einen JSON-String um. Das kann während der Entwicklung für Test-Ausgaben nützlich sein.	{{ flight | json }}
`uppercase`	Wandelt einen String in Großbuchstaben um.	{{ flight.from | uppercase }}
`lowercase`	Wandelt einen String in Kleinbuchstaben um.	{{ flight.from | lowercase }}
`titlecase`	Wandelt einen String in *Titlecase* um. Das bedeutet, dass der erste Buchstabe jedes Wortes großgeschrieben wird.	{{ flight.from | titlecase }}
`number`	Formatiert eine Zahl. Erhält als Parameter einen String im Format *'a.b-c'*, wobei *a* für die Mindestanzahl an Stellen vor dem Komma, *b* für die Mindestanzahl an Stellen nach dem Komma und *c* für die maximale Anzahl an Stellen nach dem Komma steht.	{{ price | number:'1.2-2' }}
`currency`	Wie *number*, allerdings wird vor der Zahl eine Währungsbezeichnung eingefügt. Der erste Parameter repräsentiert die Währung in Form eines ISO-Codes (z. B. EUR oder USD). Der zweite legt fest, ob anstatt des ISO-Codes das Währungssymbol anzuzeigen ist (z. B. € oder $), und der dritte Parameter entspricht der Formatierungsangabe der Pipe *number*.	{{price | currency:'EUR':false:'1.2-2'}}
`percent`	Formatiert einen Prozentwert. Aus *0.3* wird beispielsweise *30 %*. Der optionale Parameter entspricht jenem der Pipe *number*.	{{ factor | percent:'1.2-2' }}
`slice`	Filtert ein Array, indem es nur einen bestimmten Index-Bereich zurückliefert.	<li *ngFor="let f of flights | slice:1:3">{{f.from}}</li>
`async`	Registriert sich für ein Promise oder ein Observable und liefert den empfangenen Wert zurück. Infos dazu finden Sie in den Kapiteln 11 und 12.	{{ observable | async }}

In einigen Fällen benötigt die Anwendung den von der Pipe transformierten Wert. Hierzu können Sie das Schlüsselwort *as* heranziehen, das diesen Wert an eine Variable zuweist. *as* wurde mit Version 4 eingeführt.

```
{{ f.date | date:'dd.MM.yyyy HH:mm' as formattedDate }}
{{ formattedDate }}
```

Deklariert die Komponente diese Variable, können Event-Handler darauf zugreifen.

Eigene Pipes

Nachdem wir im letzten Abschnitt die Built-in-Pipes vorgestellt haben, zeigt dieser Abschnitt, wie eine Anwendung eigene Pipes definieren kann. Dazu erklären wir zunächst die Idee der puren (reinen) Pipes und zeigen danach anhand einer Implementierung, wie eine eigene Pipe zu gestalten ist.

Pure Pipes

Zur Performance-Optimierung hat das Angular-Team den Begriff der puren (reinen) Pipes eingeführt. Im Sinne der funktionalen Programmierung ist eine Pipe dann pur, wenn ihre Ausgaben einzig und allein von den Eingaben abhängen. Ergibt sich beispielsweise beim Aufruf von

```
{{ flight.from | flightCity:'short'}}
```

das Ergebnis nur aus *flight.from* und aus dem Parameter *'short'*, dann ist die Pipe eine pure Pipe. Verwendet die Pipe zum Ermitteln des Ergebnisses jedoch auch andere Informationen, zum Beispiel die aktuelle Uhrzeit oder Ergebnisse eines Service-Aufrufs, ist sie per Definition nicht mehr pur.

Die Entscheidung zwischen pur und nicht pur macht einen großen Unterschied fur die Performance. Pipes, die nicht pur sind, muss Angular nach jedem Event ausführen. Der Grund dafür ist, dass jeder Event-Handler prinzipiell einen Nebeneffekt haben kann, der das Ergebnis der Pipe beeinflusst.

Ein Beispiel dafür wäre ein Service, der die für den Benutzer konfigurierte Sprache verwaltet. Wenn diese Sprache das Ergebnis einer Pipe beeinflusst, kann sich dieses nach jedem Event ändern, zumal jeder Event-Handler die im Service gespeicherte Sprache verändern kann.

Pipes, die hingegen pur sind, muss Angular zunächst nur einmal ausführen. Danach kann das Framework den erhaltenen Wert wiederverwenden, bis sich eine der Eingaben verändert. Erst dann muss es die Pipe erneut anstoßen.

Ob eine Pipe pur ist oder nicht, legt der Entwickler fest, wenn er sie deklariert. Angular glaubt diesen Angaben und ruft die Pipe dementsprechend oft erneut auf. Eine falsche Angabe wirkt sich somit negativ auf die Performance bzw. auf die Aktualisierung der UI aus.

Implementierung einer einfachen Pipe

Eine Pipe ist lediglich eine Klasse, die Sie mit dem Pipe-Dekorator versehen müssen und die den Basistyp *PipeTransform* implementiert. Der Pipe-Dekorator legt jenen Namen fest, der im HTML zum Aufrufen der Pipe zu nutzen ist (Listing 5-1).

Listing 5-1: Eine einfache Pipe

```
import { Pipe, PipeTransform } from '@angular/core';

@Pipe({
    name: 'flightCity',
    pure: true
})
export class CityPipe implements PipeTransform {
    transform(value: any, fmt: string): any {

        // fmt: short, long
        let short, long;

        switch(value) {
            case 'Graz':
                short = 'GRZ';
                long = 'Flughafen Graz Thalerhof';
            break;
            case 'Hamburg':
                short = 'HAM';
                long = 'Airport Hamburg Fulsbüttel Helmut Schmidt';
            break;
            default:
                short = long = 'ROM';
        }

        if (fmt == 'long') return long;
        return short;

    }
}
```

Im Markup kommt also nicht der Klassenname, sondern der über den Dekorator vergebene Name zum Einsatz. Außerdem informiert der Dekorator Angular darüber, ob es sich um eine pure Pipe handelt.

Der Basistyp *PipeTransform* gibt die Methode *transform* vor, die den an die Pipe übergebenen Wert sowie eine beliebige Anzahl an Parametern entgegennimmt. Diese Methode transformiert die Eingaben und liefert das Ergebnis dieses Unterfangens zurück. Im betrachteten Listing findet hier zum Beispiel eine Umschlüsselung der Ortsbezeichnungen statt.

Das Interface *PipeTransform* definiert für sämtliche Parameter sowie für den Rückgabewert den Datentyp *any*. Das zeigt, dass eine Pipe alle Datentypen transformieren kann, also auch Objekte und Arrays.

Pipes registrieren und nutzen

Damit Angular erfährt, dass eine bestimmte Pipe existiert, müssen Sie sie bei einem Modul registrieren. Genau wie Komponenten tragen Sie die Pipe dazu unter *declarations* ein (Listing 5-2):

Listing 5-2: Eine Pipe registrieren

```
@NgModule({
  imports: [
    BrowserModule,
    FormsModule,
    HttpModule
  ],
  declarations: [
    AppComponent,
    FlightSearchComponent,
    CityPipe
  ],
  providers: [
  ],
  bootstrap: [AppComponent]
})
export class AppModule { }
```

Anschließend können Sie die Pipe in sämtlichen Komponenten dieses Moduls nutzen:

```
{{f.from | flightCity:'short' }} - {{f.to | flightCity:'long' }}
```

Wie ein Modul Pipes, aber auch Komponenten für andere Module bereitstellen kann, ist Thema von Kapitel 7.

Zusammenfassung

Pipes erlauben das Transformieren von Daten im Zuge der Datenbindung. Somit kann eine Anwendung die vom Server empfangenen Daten weiterverwenden, ohne sie in eigene Strukturen überführen zu müssen. Stattdessen bereitet sie die Daten mit einer Pipe für den jeweiligen Anwendungsfall auf.

KAPITEL 6

Services und Dependency Injection

Zum Bereitstellen von wiederverwendbaren Routinen, aber auch zur Verwaltung von Daten innerhalb des Clients nutzen Angular-Anwendungen Services. Diese sind im Idealfall austauschbar, wiederverwendbar und testbar. Die Klasse *Http*, die bereits in Kapitel 3 zum Einsatz kam, ist ein Beispiel dafür. Dieses Kapitel zeigt, wie Sie eigene Services schreiben und von Angular injizieren lassen können.

Austauschbarkeit dank Dependency Injection

Kapitel 3 hat es schon am Beispiel des *Http*-Service gezeigt: Eine Komponente kann sich benötigte Services in den Konstruktor injizieren lassen. Das bedeutet in den meisten Fällen, dass die Komponente ein Konstruktorargument vom Typ des gewünschten Service anbietet. Listing 6-1 veranschaulicht dies anhand einer Komponente, deren Konstruktor einen *FlightService* verlangt:

Listing 6-1: Die Komponente lässt sich einen Http-Service injizieren.

```
@Component({
    selector: 'flight-search',
    templateUrl: './flight-search.component.html',
    styleUrls: ['./flight-search.component.css']
})
export class FlightSearchComponent {

    constructor(private flightService: FlightService) {
    }

    [...]
}
```

Das Konstruktorargument bekommt von Angular einen Wert übergeben. Diesen Vorgang nennt man auch *injizieren*, und das Konzept dahinter nennt sich *Dependency Injection*. Angular entscheidet hier aufgrund seiner Konfiguration, was tatsächlich zu übergeben ist.

Im Produktiveinsatz könnte sich das Framework im betrachteten Fall entscheiden, tatsächlich einen *FlightService* zu übergeben. Im Testbetrieb könnte es stattdessen der Komponente eine Dummy-Implementierung des *FlightService* zukommen lassen, die nicht Flüge via HTTP abruft, sondern ein paar hartcodierte Test-Flüge zurückliefert. Damit das klappt, muss der Dummy strukturell kompatibel zum *FlightService* sein – oder anders ausgedrückt: Er muss dieselben Eigenschaften und Methoden aufweisen.

Services implementieren und nutzen

Ein Service kann fast alles sein: Ein Objekt, eine Funktion oder auch eine Klasse, die Angular bei Bedarf instanziiert. In den meisten Fällen ist Letzteres der Fall, und deswegen konzentrieren wir uns in diesem Abschnitt auch darauf. Die anderen Möglichkeiten zeigen wir Ihnen im Abschnitt *Arten von Providern* weiter unten.

Ein erster Service

Ein klassenbasierter Service ist sehr einfach zu schreiben: Es handelt sich dabei lediglich um eine Klasse, die mit *Injectable*[1] dekoriert wird (Listing 6-2). Der Name ist zutreffend, weil Angular einen Service – wie eingangs besprochen – in den Konsumenten injiziert:

Listing 6-2: Klassenbasierter Service

```
import { Flight } from './../../entities/flight';
import { Http, URLSearchParams, Headers } from '@angular/http';
import { Injectable } from '@angular/core';
import { Observable } from 'rxjs/Observable';

@Injectable()
export class FlightService {

    constructor(private http: Http) {
    }

    find(from: string, to: string): Observable<Flight[]> {

        let url = 'http://www.angular-akademie.com/api/flight';

        let search = new URLSearchParams();
        search.set('from', from);
        search.set('to', to);

        let headers = new Headers();
        headers.set('Accept', 'application/json');

        return this
                .http
                .get(url, { search, headers  })
                .map(resp => resp.json());
```

1 Genau genommen kann *Injectable* sogar weggelassen werden, wenn sich der Service selbst nichts injizieren lassen möchte. Allerdings ist es eine Best Practice, *Injectable* generell zu verwenden.

```
    }

}
```

Der hier betrachtete Service lässt sich den *Http*-Service injizieren und bietet eine Methode *find* an, um damit in einer Web-API nach Flügen zu suchen.

Solch ein Service kann anschließend von anderen Services oder Komponenten via Dependency Injection angefordert werden (Listing 6-3):

Listing 6-3: Eine Komponente fordert »FlightService« an.

```
import { FlightService } from './flight.service';
import { Flight } from './../../entities/flight';
import { Component } from '@angular/core';

@Component({
    selector: 'flight-search',
    templateUrl: './flight-search.component.html',
    styleUrls: ['./flight-search.component.css']
})
export class FlightSearchComponent {

    from: string;
    to: string;
    flights: Array<Flight> = [];
    selectedFlight: Flight;

    constructor(private flightService: FlightService) {
    }

    search(): void {

        this.flightService
            .find(this.from, this.to)
            .subscribe(
                (flights: Flight[]) => {
                    this.flights = flights;
                },
                (err) => {
                    console.debug('Fehler', err);
                }
            )

    }

    select(f: Flight): void {
        this.selectedFlight = f;
    }
}
```

Damit das möglich ist, muss Angular von der Existenz des *FlightService* wissen. Deswegen muss die Anwendung ihn registrieren. Dazu gibt es zwei Möglichkeiten, die wir in den nächsten Abschnitten beschreiben.

Einen Service global registrieren

Um einen Service global, also für die gesamte Anwendung, bereitzustellen, müssen Sie ihn in einem beliebigen Modul registrieren. Auch wenn Ihnen dabei Ihr Bauchgefühl sagt, dass solch ein Service nur dem jeweiligen Modul zur Verfügung steht, sind solche Services immer global! Es spielt also keine Rolle, welches Modul den Service deklariert – er steht überall zur Verfügung. Somit können Services auch zur modulübergreifenden Kommunikation dienen.

Damit Sie einen Service registrieren können, müssen Sie zuerst einen Provider einrichten. Dieser verknüpft ein sogenanntes Token mit dem Service. Das Token ist in erster Näherung jener Typ, den der Konsument anfordert. In Listing 6-3 ist beispielsweise *FlightService* das angeforderte Token, zumal dieser Typ für das Konstruktorargument zum Einsatz kommt.

Der mit einem Token verknüpfte Service ist jene Implementierung, die Angular tatsächlich injiziert. Verknüpft die Anwendung beispielsweise das Token *Flight Service* mit einem *DummyFlightService*, erhält die Komponente in Listing 6-3 diese Implementierung. Wie wir schon erwähnt haben, ist das in Testszenarien sinnvoll (siehe dazu auch Kapitel 17). Für den Produktiveinsatz kann die Anwendung jedoch den »richtigen« *FlightService* festlegen, und für spezielle Kunden kommt eventuell sogar ein *AdvancedFlightService* zum Einsatz, der weitere Logiken implementiert.

Letzteres ist in Listing 6-4 der Fall: Hier definiert die Anwendung im *AppModule* einen Provider, der das Token *FlightService* an den hier nicht näher beschriebenen *AdvancedFlightService* bindet.

Listing 6-4: Das Token »FlightService« wird an den »AdvancedFlightService« gebunden.

```
@NgModule({
  imports: [
    BrowserModule, FormsModule, HttpModule
  ],
  declarations: [
    AppComponent, FlightSearchComponent, [...]
  ],
  providers: [
    { provide: FlightService, useClass: AdvancedFlightService }
  ],
  bootstrap: [
    AppComponent
  ]
})
export class AppModule { }
```

Der Provider in Listing 6-5 nutzt hingegen sowohl für das Token als auch für den Service denselben Typ. Das bedeutet, dass jeder Konsument, der einen *FlightSer vice* anfordert, auch einen *FlightService* bekommt.

Listing 6-5: Das Token »FlightService« wird an den »FlightService« gebunden.

```
@NgModule({
  imports: [
    BrowserModule, FormsModule, HttpModule
  ],
  declarations: [
    AppComponent, FlightSearchComponent, [...]
  ],
  providers: [
    { provide: FlightService, useClass: FlightService }
  ],
  bootstrap: [
    AppComponent
  ]
})
export class AppModule { }
```

Wie wir in Kapitel 17 zeigen, können Testfälle solche Provider überschreiben, damit diese eine Dummy-Implementierung erhalten, zum Beispiel einen *Dummy FlightService*.

Da der Fall, dass sowohl der Provider als auch der Service denselben Typ verwenden, in Angular-Anwendungen recht häufig ist, gibt es dafür auch eine Kurzform. Um diese zu nutzen, geben Sie lediglich den jeweiligen Typ statt des Providers an (Listing 6-6):

Listing 6-6: Kurzform für Provider

```
@NgModule({
  imports: [
    BrowserModule, FormsModule, HttpModule
  ],
  declarations: [
    AppComponent, FlightSearchComponent, [...]
  ],
  providers: [
    FlightService
  ],
  bootstrap: [
    AppComponent
  ]
})
export class AppModule { }
```

Registrieren mehrere Module einen globalen Service für dasselbe Token, so überschreiben sie sich gegenseitig. Das bedeutet, dass der zuletzt eingerichtete Provider herangezogen wird. Das kann natürlich zu einem unerwarteten Verhalten führen. Andererseits kann das aber genau dasjenige Verhalten sein, das das Entwicklungs-Team herbeiführen wollte. Ein Beispiel dafür ist der Fall, dass ein importiertes Modul eine Standardimplementierung eines Service registriert und das *AppModule* diese Implementierung gegen eine anwendungsspezifische austauscht.

Einen Service nutzen

Ist ein Service erst einmal registriert, dann können ihn andere Services bzw. Komponenten per Dependency Injection beziehen. Zur Veranschaulichung zeigt Listing 6-3 eine *FlightSearchComponent*, die sich den Service in den Konstruktor injizieren lässt und ihn zur Implementierung ihrer *search*-Methode verwendet (vgl. Listing 6-3).

Services sind prinzipiell Singletons. Das bedeutet, dass Angular davon lediglich eine Instanz erzeugt und diese in alle Konsumenten injiziert, die den Service anfordern. Eine weitere Komponente, die den *FlightService* anfordert, würde somit dieselbe Instanz bekommen. Somit können mehrere Komponenten auch über Services kommunizieren bzw. Services zum Verwalten gemeinsamer Daten nutzen.

Jede Regel hat allerdings auch eine Ausnahme: Eine Angular-Anwendung kann mehrere Dependency-Injection-Scopes aufweisen, und jeder Scope kann in diesem Fall seinen eigenen „Singleton" erhalten. Wie sich solche Scopes bilden, zeigen wir im nächsten Abschnitt.

Einen Service lokal registrieren

Die letzten Abschnitte haben gezeigt, wie sich Services global – also anwendungsweit – registrieren lassen. Alternativ dazu kann eine Anwendung einen Service auch nur für eine bestimmte Komponente registrieren. Solche Services können von dieser Komponente sowie von deren direkten und indirekten Kind-Komponenten – sprich: von allen Komponenten darunter – konsumiert werden. In diesem Bereich gilt der Service auch als Singleton.

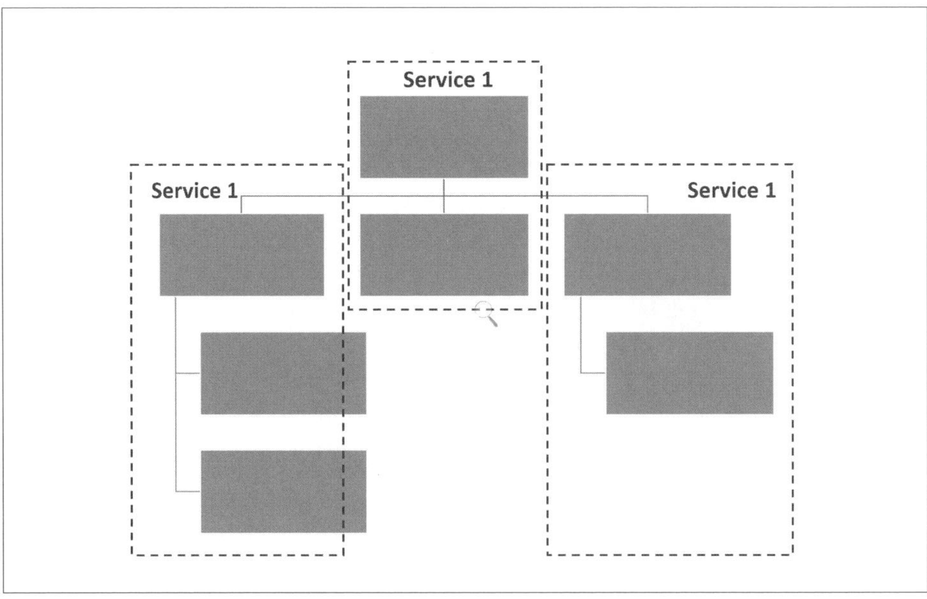

Abbildung 6-1: Services und Scopes

Abbildung 6-1 veranschaulicht das: Hier wurde für das Token *FlightService* dreimal ein Service registriert: einmal global und zweimal lokal auf Komponenten-Ebene. Somit existieren auch drei Instanzen des *FlightService*.

Generell gilt, dass ein Service für den Teilbaum gültig ist, für den er registriert wurde. Registrieren weiter unten gelegene Komponenten erneut einen Provider für dasselbe Token, so überschatten diese den weiter oben eingeführten Service. Aus diesem Grund erhält die *FlightSearchComponent* auch ihren eigenen Service und nicht den Service, der weiter oben an globaler Stelle definiert wurde.

Um Services für eine Komponente zur registrieren, erhält ihr Component-Dekorator entsprechende Provider (Listing 6-7):

Listing 6-7: Einen Service auf Komponenten-Ebene deklarieren

```
@Component({
    selector: 'flight-search',
    templateUrl: './flight-search.component.html',
    styleUrls: ['./flight-search.component.css'],
    providers: [
        { provide: FlightService, useClass: FlightService }
    ]
})
export class FlightSearchComponent {
    [...]
}
```

Auch die besprochene Kurzform lässt sich hier nutzen, wenn derselbe Typ sowohl als Token als auch als Service zum Einsatz kommen soll (Listing 6-8).

Listing 6-8: Einen Service auf Komponenten-Ebene mit Kurzform deklarieren

```
@Component({
    selector: 'flight-search',
    templateUrl: './flight-search.component.html',
    styleUrls: ['./flight-search.component.css'],
    providers: [
        FlightService
    ]
})
export class FlightSearchComponent {
    [...]
}
```

Um zu sehen, welche Services wo registriert werden und welche Services schlussendlich wo zum Einsatz kommen, bietet sich das freie Werkzeug *Augury* (*https://augury.angular.io/*) an. Es visualisiert diesen Umstand und zeigt daneben auch die Inhalte der Module sowie die Zustände aktiver Komponenten an.

Arten von Providern

Bis jetzt haben wir lediglich Provider betrachtet, die ein Token mit klassenbasierten Services verknüpfen. Auch wenn das der wohl häufigste Fall sein mag, so gibt es noch weitere Arten von Providern. In diesem Abschnitt gehen wir auf sie ein. Dazu liefern wir Ihnen zunächst weitere Informationen zu Token und beschreiben dann die einzelnen Optionen, die Provider bieten.

Token

Wie die Beispiele bis jetzt gezeigt haben, sind Token häufig Typen. In diesem Fall bietet sich zum Beispiel der Typ der Standardimplementierung des Service an. Allerdings kann eine Anwendung auch (abstrakte) Basisklassen als Token heranziehen. Beispielsweise könnte eine Anwendung von der abstrakten Basisklasse *AbstractFlightService* die Implementierungen *FlightService*, *AdvancedFlightService* und *DummyFlightService* ableiten und dann über die konfigurierten Provider festlegen, welche dieser drei Implementierungen zum Einsatz kommt. Ein solcher Provider könnte dann wie folgt aussehen:

```
{ provide: AbstractFlightService, useClass: AdvancedFlightService }
```

Die Konsumenten würden dann den Basistyp anfordern und den konfigurierten Subtyp erhalten:

```
@Component({
    selector: 'flight-search',
    templateUrl: './flight-search.component.html',
    styleUrls: ['./flight-search.component.css'],
})
export class FlightSearchComponent {
    constructor(private flightService: AbstractFlightService) { … }
}
```

Selbst wenn Token und Service in keiner Vererbungsbeziehung zueinander stehen, funktioniert dieses Spiel. In diesem Fall muss die Anwendung jedoch darauf achten, dass der konfigurierte Service zum Token kompatibel ist, zumal der Konsument erwartet, dass der Service die Methoden und Eigenschaften des Tokens anbietet.

Auch wenn es verwundern mag, aber Interfaces dürfen nicht als Token verwendet werden. Der Grund dafür ist, dass der TypeScript-Compiler Interfaces beim Kompilieren entfernt: JavaScript kommt als dynamisch typisierte Sprache ja gänzlich ohne Interfaces aus.

Alternativ zum Einsatz von Typen kann eine Angular-Anwendung Token sogar mit Konstanten darstellen. Dies ist nützlich, wenn es für ein bestimmtes Konzept keinen geeigneten Typ gibt. Beispiele dafür sind Fälle, in denen Funktionen oder Objekte als Service zum Einsatz kommen. Informationen dazu bietet der Abschnitt *Konstanten als Token* weiter unten.

useClass

Die Möglichkeit, mit *useClass* ein Token an eine Klasse zu binden, haben wir bereits in den bisherigen Beispielen beleuchtet:

```
{ provide: FlightService, useClass: AdvancedFlightService }
```

Alternativen dazu finden Sie in den nächsten Abschnitten.

useValue

Mit *useValue* bindet ein Provider ein Token an einen bereits existierenden Wert. Dabei kann es sich um einen einfachen Wert, z. B. einen String, aber auch um ein Objekt oder eine Funktion handeln.

Listing 6-9 definiert zum Beispiel ein Objekt *dummyFlightService* mit einer *find*-Methode. Diese gibt zur Veranschaulichung eine Information auf der Konsole aus und liefert anschließend ein Observable zurück. Dieses Observable veröffentlicht ein leeres Array. Solche Services bieten sich im Testbetrieb einer Anwendung an, wo man nicht ständig auf einen Server zugreifen möchte.

Listing 6-9: Ein Dummy-Objekt als Ersatz für »FlightService«

```
let dummyFlightService = {
    find(from: string, to: string) {
        console.debug('find', from, to);
        return Observable.of([]);
    }
}
```

Die Komponente in Listing 6-10 knüpft dieses Objekt mit *useValue* an das Token *FlightService*. Somit erhält die Komponente von Angular auch dieses Objekt in den Konstruktor injiziert.

Listing 6-10: Ein Objekt an ein Token binden und konsumieren

```
@Component({
    selector: 'flight-app',
    templateUrl: './app.component.html',
    providers: [
        { provide: FlightService, useValue: dummyFlightService }
    ]
})
export class AppComponent {

    constructor(private flightServices: FlightService) {
        [...]
    }
    [...]
}
```

useFactory

Mit *useFactory* bindet ein Provider ein Token an eine Factory. Dabei handelt es sich um eine Funktion, deren Aufgabe die Erzeugung des gewünschten Service ist. Diese Funktion kann sich andere Services injizieren lassen, um ihre Aufgabe zu erledigen.

Da Services Singletons sind, ruft Angular diese Funktion nur ein einziges Mal auf. Zur Demonstration dient hier eine erweiterte Version des Beispiels aus dem letzten Abschnitt (Listing 6-11):

Listing 6-11: Einsatz einer Factory

```
const DEBUG = true;

@Component({
    selector: 'flight-app',
    templateUrl: './app.component.html',
    providers: [
        {
            provide: FlightService,
            useFactory: (http:Http) => {
                if (DEBUG) {
                    return dummyFlightService;
                }
                else {
                    return new FlightService(http);
                }
            },
            deps: [Http]
        }
    ]
})
export class AppComponent {

    constructor(private flightServices: FlightService) {
        [...]
    }

    [...]
}
```

In diesem Beispiel entscheidet die Konstante *DEBUG* darüber, ob der *dummy FlightService* oder der eigentliche *FlightService* zum Einsatz kommt. Um diese Konstante auszuwerten, bindet das Beispiel mit *useFactory* einen Lambda-Ausdruck an das Token *FlightService*. Dieser liefert eine der beiden Varianten zurück.

Da für die Erzeugung des eigentlichen *FlightService* der *Http*-Service benötigt wird, lässt sich die Factory diesen injizieren. Leider nutzt an dieser Stelle Angular die Typen der Argumente nicht als Token. Diese müssen Sie über das Array *deps* angeben.

useExisting

Die Eigenschaft *useExisting* erlaubt es Providern, eine Weiterleitung auf ein anderes Token einzurichten. Das folgende Beispiel legt auf diese Weise fest, dass Konsumenten, die etwas für das Token *AbstractFlightService* anfordern, dasselbe bekommen wie Konsumenten, die etwas für das Token *FlightService* anfordern:

```
providers: [
    { provide: AbstractFlightService, useExisting: FlightService },
    { provide: FlightService, useValue: someFlightService }
]
```

Solch eine Umleitung kann nützlich sein, wenn mehrere Komponenten unterschiedliche Token für dasselbe Konzept verwenden. Das kann sich zum Beispiel ergeben, wenn die Anwendung bestehende Komponenten wiederverwendet.

multi

Um besonders flexible Teilsysteme zu kreieren, muss man ab und zu mehrere Services an ein Token binden. Ein Beispiel dafür ist ein Plug-in-System, bei dem eine Anwendung mit mehreren *FlightServices* gleichzeitig arbeitet, um bei verschiedenen Anbietern nach Flügen zu suchen. Idealerweise registriert man die einzelnen *FlightServices* nur einmal an einer zentralen Stelle, und die einzelnen Konsumenten erhalten dann Zugriff auf sie in Form eines Arrays. Die Konsumenten können dann das Array iterieren und parallel bei mehreren Anbietern nach Flügen suchen.

Das Schöne an diesem Ansatz ist die Flexibilität: Soll die Anwendung irgendwann einmal weitere Anbieter unterstützen, muss sie nur einen weiteren *FlightService* registrieren. Die einzelnen Konsumenten bleiben davon unberührt: Sie iterieren nach wie vor alle vorhandenen Services und nutzen sie.

Zur Demonstration registriert Listing 6-12 zwei *FlightServices*. Damit sich die beiden dafür genutzten Provider nicht gegenseitig überschreiben, setzt es *multi* auf *true*:

Listing 6-12: Einsatz eines Multi-Bindings

```
@Component({
    selector: 'flight-app',
    templateUrl: './app.component.html',
    providers: [
        { provide: FlightService, useClass: FlightService, multi: true },
        { provide: FlightService, useValue: dummyFlightService, multi: true }
    ]
})
export class AppComponent {

    constructor(
        @Inject(FlightService) private flightServices: FlightService[]) {
    }
    [...]
}
```

Der Konstruktor lässt sich sämtliche registrierten *FlightServices* als Array injizieren. Da allerdings nicht *FlightService*[] – also ein *FlightService*-Array –, sondern der Typ *FlightService* als Token fungiert, ist dieses über den Dekorator *Inject* anzugeben.

Konstanten als Token

Nicht immer findet sich für ein gewünschtes Konzept ein Datentyp, den man auch als Token verwenden kann. Für diese Fälle bietet Angular die Möglichkeit, Konstanten als Token einzusetzen. Beispiele dafür sind Services, die durch einfache Werte (wie Strings) oder auch durch Funktionen repräsentiert werden.

Solche Konstanten haben ab Angular 4 den Typ *InjectionToken<T>*, wobei *T* für den Typ des Service steht. In Angular 2 greift man stattdessen zum untypisierten *OpaqueToken*.

Um dies zu demonstrieren, definiert Listing 6-13 ein Token für die Basis-URL der genutzten Web-API:

Listing 6-13: Eine Konstante für ein Token deklarieren

```
// app.tokens.ts
import { InjectionToken } from '@angular/core';
export const BASE_URL = new InjectionToken<string>('BASE_URL');
```

Das *AppModule* bindet dieses Token an die tatsächliche URL (Listing 6-14), und der *FlightService* (Listing 6-15) lässt sich diese URL injizieren.

Listing 6-14: Eine Konstante als Token verwenden

```
import { NgModule } from '@angular/core';
import { BASE_URL } from './app.tokens';

[...]

@NgModule({
    [...],
    providers: [
        {provide: BASE_URL, useValue: 'http://www.angular-akademie.com'}
    ],
    bootstrap: [
        AppComponent
    ]
})
export class AppModule {
}
```

Listing 6-15: Einen Service für ein konstantenbasiertes Token anfordern

```
import { Injectable, Inject } from '@angular/core';
import { Http, Headers, URLSearchParams } from '@angular/http';
import { BASE_URL } from '../../app.tokens';
import { Flight } from '../../entities/flight';
```

```
[...]

@Injectable()
export class FlightService {

    public flights: Array<Flight> = [];

    constructor(private http: Http,
                @Inject(BASE_URL) private baseUrl: string) {
    }

    [...]
}
```

Da die URL ein String, das Token jedoch die Konstante *BASE_URL* ist, kommt hier der Dekorator *Inject* zum Einsatz, um das Token zu referenzieren.

Zusammenfassung

Services bieten wiederverwendbare allgemeine Funktionalitäten an und können per Dependency Injection von anderen Services, aber auch von Komponenten bezogen werden. Dazu fordern solche Konsumenten über Konstruktorargumente einen Service an. Welche konkrete Service-Implementierung Angular tatsächlich liefert, hängt von der aktuellen Konfiguration ab. So kann Angular beispielsweise für Testfälle andere Implementierungen bereitstellen als für den Produktiveinsatz.

KAPITEL 7

Module

Angular verwendet Module, um zusammengehörige Codeeinheiten zusammenzufassen. In diesem Kapitel stellen wir eine typische Modulstruktur vor, die Angular-Anwendungen verwenden, und zeigen, wie sich unterschiedliche Arten von Modulen einrichten lassen.

Motivation

In den bis hier betrachteten Abschnitten haben wir uns mit einem einzigen Modul zufriedengegeben. Dabei handelte es sich um das *AppModule*, das beim Bootstrapping von Angular angegeben wird. Wie Listing 7-1 zeigt, deckt dieses Modul verschiedene Aspekte ab: Zum einen beinhaltet es die *AppComponent*, die die Shell der Anwendung darstellt, und zum anderen enthält es mit der *FlightSearchComponent* eine Komponente, die bereits einen Anwendungsfall implementiert. Außerdem beherbergt es die allgemeine *CityPipe* und *SortPipe*, die früher oder später in mehreren Anwendungsfällen zum Einsatz kommen.

Listing 7-1: Ein unübersichtliches Modul

```
@NgModule({
  imports: [
    BrowserModule,
    FormsModule,
    HttpModule
  ],
  declarations: [
    // Shell
    AppComponent,

    // Use Case: Flug buchen
    FlightSearchComponent,

    // Allgemeine Funktionalität
    CityPipe
  ],
  providers: [
  ],
  bootstrap: [AppComponent]
})
export class AppModule { }
```

Sie können sich sicher vorstellen, dass dieses eine Modul sehr bald recht unübersichtlich wird, wenn die Anwendung wächst. Aus diesem Grund bietet es sich an, die Anwendung in mehrere Module zu gliedern. Der nächste Abschnitt stellt deswegen eine Modulstruktur vor, die sich im Angular-Umfeld bewährt hat.

Eine Angular-typische Modulstruktur

Angular selbst macht weder Vorgaben zur Strukturierung von Anwendungen noch zum Einsatz von Modulen. Allerdings hat sich die in Abbildung 7-1 gezeigte Struktur bewährt.

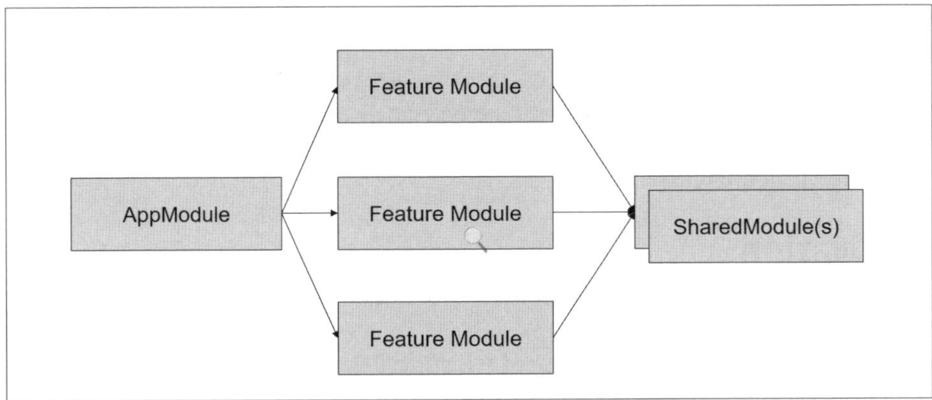

Abbildung 7-1: Typische Modulstruktur

Dieser Struktur zufolge hat die Anwendung ein Root-Module, das die Shell der Anwendung beinhaltet und beim Bootstrapping an Angular übergeben wird. Mit *Shell* ist hier die Hauptseite der Anwendung inklusive Navigationsstrukturen gemeint. Pro Anwendungsfall weist die Anwendung ein sogenanntes Feature-Module auf. Falls diese Feature-Modules zu groß werden, können sie auch in verschiedene kleinere Module aufgeteilt werden. Als Faustregel bietet es sich an, ein Modul ab etwa 7 +/- 2 Einträgen zu splitten. Diese Menge entspricht der häufig genannten Anzahl an Dingen, die die meisten Menschen zu einem Zeitpunkt überblicken können.

Außerdem weisen die meisten Anwendungen ein oder mehrere Shared Modules auf. Das sind Module mit allgemeinen Inhalten, die anwendungsfallübergreifend zum Einsatz kommen. Beispiele dafür sind Logging, Authentifizierung, allgemeine Validierungsregeln sowie allgemeine Pipes.

Während sich die Einteilung der geschaffenen Module in diese drei Kategorien aus organisatorischen Gründen bewährt hat, existiert auf technischer Ebene kein Unterschied. Angular kennt lediglich Module, die weitere Module importieren.

Shared Modules

Das Beispiel in Listing 7-2 zeigt ein einfaches Shared Module, das Pipes deklariert. Wie in Kapitel 3 beschrieben, handelt es sich dabei um eine mit *NgModule* dekorierte Klasse.

Listing 7-2: Shared Module mit Pipes

```
import { CityPipe } from './pipes/city.pipe';
import { NgModule } from '@angular/core';
import { CommonModule } from '@angular/common'

@NgModule({
    imports: [
        CommonModule
    ],
    declarations: [
        CityPipe
    ],
    providers: [],
    exports: [
        CityPipe
    ]
})
export class SharedModule { }
```

Die Eigenschaft *import* gibt an, welche anderen Module Sie importieren müssen. Häufig wird hier zumindest das *CommonModule* von Angular referenziert. Dieses beinhaltet die Building-Blocks, die standardmäßig zur Verfügung stehen. Beispiele dafür sind *ngFor*, *ngIf*, *ngStyle*, *ngClass*aber auch Built-in-Pipes, wie *date* oder *json*. Bis dato musste dieses Modul nicht eingebunden werden, da das *BrowserModule*, das Angular im Browser bootstrappt, dieses Modul importiert.

Die Eigenschaft *declare* informiert über den Inhalt des Moduls. Sie listet Komponenten, Direktiven und Pipes auf. All diese Building-Blocks stehen innerhalb des Moduls zur Verfügung.

Damit auch ein anderes Modul die deklarierten Building-Blocks nutzen kann, müssen Sie sie exportieren. Das betrachtete Beispiel listet dazu eine Pipe auch unter *export* auf. Alles was hier gelistet ist, kann von Modulen genutzt werden, die dieses Modul importieren.

Das ist auch ein großer Unterschied zu den Providern, die auf Modulebene definiert werden: Diese gelten – wie in Kapitel 6 besprochen – global, also für alle Module.

Feature-Modules

Ein Feature-Module für den Anwendungsfall der Flugbuchung findet sich in Listing 7-3. Da die darin deklarierte *FlightSearchComponent* mit Formularen, insbesondere mit *ngModel* arbeitet, importiert es das *FormsModule*.

Listing 7-3: Ein Feature-Module für die Flugbuchung

```
import { FlightSearchComponent } from './flight-search/flight-search.component';
import { FlightCardComponent } from './flight-search/flight-card.component';
import { SharedModule } from './../shared/shared.module';
import { CommonModule } from '@angular/common';
import { FormsModule } from '@angular/forms';
import { NgModule } from '@angular/core';

@NgModule({
    imports: [
        FormsModule,
        CommonModule,
        SharedModule
    ],
    declarations: [
        FlightSearchComponent,
        FlightCardComponent
    ],
    providers: [
    ],
    exports: [
        FlightSearchComponent
    ]
})
export class FlightBookingModule { }
```

Außerdem importiert es aus den im letzten Abschnitt diskutierten Gründen das *CommonModule* sowie das *SharedModule*, um dessen Pipes nutzen zu können. Über einen Export stellt es die deklarierte *FlightSearchComponent* der Außenwelt zur Verfügung.

Root-Modules

Das Root-Module, das sich in der Regel *AppModule* nennt, gestaltet sich nach der oben beschriebenen Refaktorierung etwas schlanker. Es importiert nun das neue *FlightSearchModule* und deklariert die *AppComponent*, die es auch bootstrappt (Listing 7-4):

Listing 7-4: Ein Root-Module für eine Flugbuchung

```
import { FlightBookingModule } from './flight-booking/flight-booking.module';
import { BrowserModule } from '@angular/platform-browser';
import { NgModule } from '@angular/core';
import { HttpModule } from '@angular/http';
import { AppComponent } from './app.component';
```

```
@NgModule({
  imports: [
    BrowserModule,
    HttpModule,
    FlightBookingModule
  ],
  declarations: [
    AppComponent
  ],
  providers: [
  ],
  bootstrap: [AppComponent]
})
export class AppModule { }
```

Module reexportieren

Manche Module werden in so gut wie allen anderen Modulen benötigt. Beispiele dafür sind das *FormsModule* oder das *CommonModule*. Um diese Module nicht manuell überall importieren zu müssen, bietet sich der Einsatz eines Sammelmoduls an. Das *SharedModule* in Listing 7-5 nimmt diese Rolle wahr. Es importiert die beiden genannten Module und exportiert sie auch wieder. Das bedeutet, dass jedes Modul, das das *SharedModule* importiert, auch Zugriff auf das *FormsModule* sowie auf das *CommonModule* erhält.

Listing 7-5: Sammelmodul

```
import { CityPipe } from './pipes/city.pipe';
import { NgModule } from '@angular/core';
import { CommonModule } from '@angular/common'
import { FormsModule } from '@angular/forms';

@NgModule({
    imports: [
        CommonModule,
        FormsModule
    ],
    declarations: [
        CityPipe
    ],
    providers: [],
    exports: [
        CityPipe,
        CommonModule,
        FormsModule
    ]
})
export class SharedModule { }
```

Zusammenfassung

Module fassen zusammengehörige Building-Blocks wie Komponenten oder Pipes zusammen und helfen somit beim Strukturieren einer Angular-Anwendung. Typischerweise enthält eine Anwendung neben dem Root-Module, das als Hauptmodul sämtliche Komponenten für den Programmstart bereitstellt, pro Feature ein eigenes sogenanntes Feature-Module. Funktionalitäten, die Sie in mehreren Feature-Modulen benötigen, können Sie in sogenannte Shared Modules auslagern.

KAPITEL 8
Routing

Auch sogenannte *Single Page Applications* (SPA) müssen dem Anwender unterschiedliche Seiten präsentieren. Abhängig vom Zustand der Anwendung gilt es, die eine oder die andere Ansicht einzublenden. Router helfen innerhalb einer SPA bei dieser Aufgabe. Daneben erlauben sie es auch, einzelne Ansichten in verschiedenen Dateien zu organisieren. Diese Dateien lädt der Router entweder bei Bedarf oder bereits beim Anwendungsstart.

Beim *Angular Router* handelt es sich um die offizielle Routerimplementierung für Angular, die auch aus der Feder des Produktteams stammt. Dieses Kapitel ergänzt das Beispiel aus den vorangegangenen Kapiteln, sodass es unter Nutzung des Angular Routers mehrere Ansichten präsentiert. Im Rahmen dessen erhält die Anwendung auch ein Menü, um zwischen den einzelnen Ansichten zu wechseln.

Überblick

Wenn eine Single Page Application mehrere Seiten simulieren soll, reicht es nicht, einfach nur Bereiche ein- und auszublenden. In diesem Fall würde nämlich der Browser vom damit verbundenen Zustandswechsel nichts mitbekommen. Die Konsequenz davon ist, dass der Anwender den Back-Button nicht nutzen kann, um zu früheren Zuständen oder Ansichten innerhalb der SPA zurückzukehren. Dasselbe gilt für Bookmarks oder Links, die auf eine bestimmte Ansicht der SPA verweisen. Glücklicherweise lösen Router auch dieses Problem. Sie spendieren jeder Ansicht eine eigene URL, die die URL der SPA ergänzt. Somit ändert sich die URL bei jedem Zustandswechsel, und der Browser kann Back-Buttons oder Bookmarks anbieten.

Routing und Platzhalter

Der Router, der im Lieferumfang von Angular enthalten ist, sieht vor, dass die SPA neben konkreten Bereichen, wie Menüs oder Fußzeilen, auch einen Platzhalter aufweist (Abbildung 8-1).

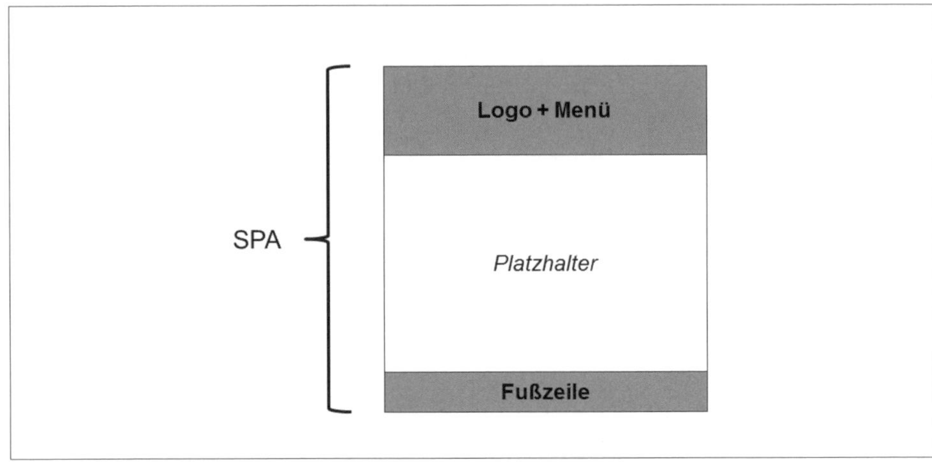

Abbildung 8-1: Single Page Application mit Platzhalter für das Routing

Um festzulegen, welche Komponente der Router in diesem Platzhalter positionieren soll, hängt der Aufrufer einen zusätzlichen Pfad an die URL an. Dieser Pfad verweist auf einen Konfigurationseintrag, der unter anderem die Komponente bekannt gibt. Man sagt auch, dass der Router die adressierte Komponente aktiviert. Abbildung 8-2 veranschaulicht dies. Hier wurde an die URL */index.html* der Pfad */flug-buchen/flug-suchen* angehängt. Das veranlasst den Router, die damit assoziierte *FlugSuchenComponent* zu aktivieren. Welche URL zum Aktivieren welcher Komponente führen soll, legt der Entwickler im Rahmen einer Routing-Konfiguration fest.

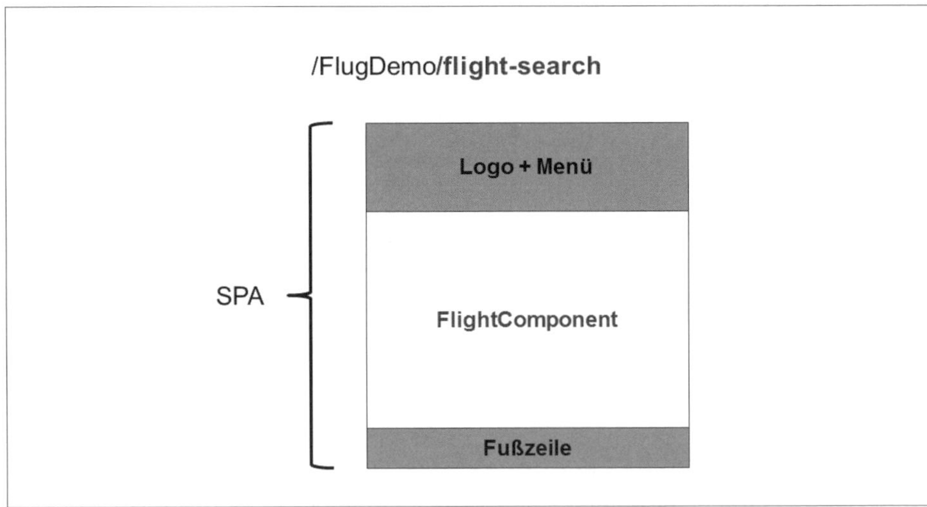

Abbildung 8-2: Aktivieren von Komponenten mit dem Angular Router

Routen einsetzen

Wenn Sie Routing verwenden, stellt sich unter anderem die Frage, wie der Browser, aber auch die SPA den Pfad der Route von der restlichen URL unterscheiden kann. Hier sind zwei Ansätze üblich. Der klassischere Ansatz sieht die Platzierung des Routen-Pfades im Hash-Fragment vor. Das würde im hier betrachteten Beispiel so aussehen:

```
index.html#/flight-search
```

Der Vorteil dieses Ansatzes ist, dass der Browser das Hash-Fragment nie zum Server sendet und beim Ändern des Hash-Fragments auch keine neue Seite beim Server anfordert. Letzteres wäre nicht der Fall, wenn die SPA die URL vor dem Hash-Fragment ändert. Macht sie aus *index.html* etwa *index2.html*, beginnt der Browser, diese Datei vom Server zu laden.

Eine Alternative dazu bietet die mit HTML5 assoziierte History-API. Mit ihr kann eine Anwendung programmgesteuert verschiedene Zustände sowie URLs dafür definieren und später kann ein Anwender über Bookmarks, Links oder den Back-Button zu einem gewünschten Zustand zurückkehren. Solche URLs sehen auch wie herkömmliche URLs aus. Anstelle der Raute (#) kann somit als Trennzeichen zwischen der eigentlichen URL und dem Pfad der Route ein einfacher Slash zum Einsatz kommen:

```
index.html/flight-search
```

Da die SPA hier die Grenze zwischen URL und Routen-Pfad selbst verwaltet, liegt diese Information erst nach dem Laden der SPA vor. Das bedeutet, dass der Browser zunächst die gesamte URL beim Server anfragt. Somit muss der Server hier bei einer Anfrage der URL *index.html/flight-search* die SPA zurückliefern, die sich hinter *index.html* befindet. Dasselbe Verhalten muss der Server beim Anfordern anderer URLs, die mit *index.html* beginnen, an den Tag legen. Serverseitige Frameworks bieten dazu in der Regel einen eigenen Routing-Mechanismus. Alternativ können entsprechende Regeln häufig auch im Webserver direkt hinterlegt werden.

Da der Browser beim ersten Aufruf die gesamte URL an den Server sendet, erhält der Server auch die Möglichkeit, die erste Ansicht vorzurendern. Dies erhöht die Startgeschwindigkeit der SPA und gibt auch Benutzern, die JavaScript deaktiviert haben, die Möglichkeit einer zumindest grundlegenden Nutzung. Dies ist vor allem bei Consumer-Anwendungen wichtig, da hier häufig wenige Millisekunden über den Verbleib des Benutzers entscheiden und Anbieter auch mit Benutzern ohne JavaScript ins Geschäft kommen wollen. Darüber hinaus unterstützt dies auch die Indizierung durch Suchmaschinen. Auch wenn diese beim Indizieren von Single Page Applications immer besser werden, ist eine serverseitig generierte Antwort trotzdem von Vorteil. Lösungen wie Universal Angular (*universal.angular.io*) unterstützen diesen Ansatz.

Erste Schritte mit dem Router

Um die Funktionsweise des Routers zu veranschaulichen, erweitern wir in diesem Kapitel die bis dato betrachtete Beispielanwendung. Diese Erweiterung bietet mithilfe des Routers drei Menüpunkte an: *Home*, *Flug suchen* und *Passagier suchen* (Abbildung 8-3):

Abbildung 8-3: Demo-Anwendung mit Routing

Der Platzhalter befindet sich in dieser Anwendung unterhalb des Menüs. Er erhält abhängig vom Anwendungszustand eine der folgenden Komponenten:

- *HomeComponent*: Zeigt eine Begrüßung an.
- *FlightSearchComponent*: Das ist die Komponente aus dem ersten Teil dieser Serie (Kapitel 3).
- *PassengerSearchComponent*: Entspricht vom Aufbau her der *FlightSearch Component*, bietet jedoch eine Suche nach Passagieren an.
- *FlightEditComponent*: Dient zum Editieren eines ausgewählten Fluges.

Routing-Konfiguration einrichten

Damit der Router weiß, wann er welche Komponente aktivieren muss, stellt die Anwendung ihm mit der Datei *app.routes.ts* eine Konfiguration bereit. Dabei handelt es sich um ein Array mit Routen, die in erster Linie Pfade auf Komponenten abbilden (Listing 8-1).

Listing 8-1: Routenkonfiguration

```
// app.routes.ts
import { Routes, RouterModule } from '@angular/router';
[...]
const APP_ROUTES: Routes = [
    {
        path: 'home',
        component: HomeComponent
    },
    {
```

```
        path: 'flight-search',
        component: FlightSearchComponent
    },
    {
        path: 'passenger-search',
        component: PassengerSearchComponent
    }
];
```

Eine erweiterte Version der gezeigten Konfiguration findet sich im nächsten Listing. Sie legt unter anderem mit dem ersten Eintrag eine Standardroute fest, die sich mit *redirectTo* um eine Umleitung auf die Route *home* kümmert. Diese wird aktiviert, wenn kein Pfad vorhanden ist (Listing 8-2).

Listing 8-2: Standardrouten

```
import { Routes, RouterModule } from '@angular/router';
[...]
const APP_ROUTES: Routes = [
    {
        path: '',
        redirectTo: 'home',
        pathMatch: 'full'
    },
    {
        path: 'home',
        component: HomeComponent
    },
    {
        path: 'flight-search',
        component: FlightSearchComponent
    },
    {
        path: 'passenger-search',
        component: PassengerSearchComponent
    },
    {
        path: '**',
        redirectTo: 'home'
    }
];
```

Normalerweise prüft der Router, ob ein konfigurierter Pfad ein Präfix des Pfades in der aktuellen URL darstellt. Das ist unter anderem für die Unterstützung der hierarchischen Routen wichtig, die wir weiter unten beschreiben. Genau dieses Verhalten ist jedoch bei Standardrouten mit einem leeren Pfad ein Problem, zumal ein Leerstring das Präfix jedes Strings ist. Deswegen setzt das hier betrachtete Beispiel die Eigenschaft *pathMatch* auf *full*. Das bewirkt, dass der konfigurierte Pfad mit dem Pfad in der URL voll und ganz übereinstimmen muss.

Daneben richtet die betrachtete Konfiguration am Ende mit dem Pfad ** eine Catch-All-Route ein. Diese kümmert sich um alle Pfade, die bis dahin zu keiner Route gepasst haben, und leitet den Benutzer ebenfalls auf *home* um.

Mit den Routen konfiguriert die Anwendung das *RouterModul*. Hierzu kommt die statische Methode *forRoot* zum Einsatz:

```
export const AppRouterModule = RouterModule.forRoot(ROUTE_CONFIG);
```

Die Methode *forRoot* ist nur für Konfigurationen im Root-Modul da. Für eventuelle weitere Module sieht die Klasse *RouterModule* die Methode *forChild* vor. Im Abschnitt weiter unten greifen wir dieses Thema anhand eines Beispiels auf.

Um die Arbeitsweise des Routers zu beeinflussen, nimmt die Methode *forRoot* über den zweiten optionalen Parameter ein Objekt entgegen. Damit lässt sich zum Beispiel angeben, dass Routen im Hash-Fragment der URL zu positionieren sind oder dass der Router Tracing-Meldungen auf der Konsole ausgeben soll:

```
export let AppRouterModule = RouterModule.forRoot(APP_ROUTES,
                                 { useHash: true, enableTracing: true});
```

Root-Komponente einrichten

Anstatt auf eine konkrete Komponente zu verweisen, beinhaltet die Root-Komponente beim Einsatz des Routers einen Platzhalter. Der Vollständigkeit halber zeigt Listing 8-3 die Implementierung dieser bis dato wenig aufregenden Komponente:

Listing 8-3: Root-Komponente

```
import { Component } from '@angular/core';

@Component({
    selector: 'flight-app',
    templateUrl: 'app.component.html'
})
export class AppComponent {
}
```

Das Template dieser Komponente findet sich in Listing 8-4. Ihren Platzhalter definiert es mit *router-outlet*. Die Direktive *routerLink* erzeugt einen Link, der zu einer der definierten Routen führt.

Listing 8-4: Template für die Top-Level-Komponente

```
<nav class="navbar navbar-default">
    <ul class="nav navbar-nav">
        <li routerLinkActive="active"><a [routerLink]="['/home']">Home</a></li>
        <li routerLinkActive="active"><a [routerLink]="['/flight-search']">Flight
Search</a></li>
        <li routerLinkActive="active"><a [routerLink]="['/passenger-
search']">Passenger Search</a></li>
    </ul>
</nav>

<div class="container">
    <router-outlet></router-outlet>
</div>
```

Anstatt ein Array mit einem einzigen Eintrag an *routerLink* zu übergeben, kann die Anwendung diesen Eintrag auch direkt übergeben. Die Schreibweise

```
<a [routerLink]="['/home']">Home</a>
```

ist somit gleichbedeutend mit:

```
<a [routerLink]="'/home'">Home</a>
```

Eine weitere Vereinfachung lässt sich durch das Entfernen der eckigen Klammern erzielen. In diesem Fall interpretiert Angular den übergebenen Wert als String, und somit fallen auch die Hochkommas weg:

```
<a routerLink="/home">Home</a>
```

Wie weiter unten gezeigt wird, ist die allgemeine array-basierte Schreibweise bei aufwendigeren Routen notwendig, die zum Beispiel auch Parameter entgegennehmen.

Die Direktive *routerLinkActive* stellt den ausgewählten Menüeintrag hervorgehoben dar. Sie verweist dazu auf eine Klasse, die mit den nötigen Formatierungen versehen wurde. Im betrachteten Fall kommt die von Twitter Bootstrap vordefinierte Klasse *active* zum Einsatz. Befindet sich auf demselben oder auf einem untergeordneten Element ein aktiver *routerLink*, so weist *routerLinkActive* die definierte Klasse ihrem Element zu.

Als Alternative zum Einsatz der Direktive *routerLink* kann die Anwendung den Routenwechsel auch programmgesteuert vollziehen. Dazu lässt sie sich den Router injizieren und nutzt anschließend dessen Methode *navigate*. Ihr erstes Argument entspricht den Daten, die an *routerLink* übergeben werden (Listing 8-5).

Listing 8-5: Programmgesteuertes Routing

```
import { Router } from '@angular/router';
[...]
@Component({ [...] })
export class AppComponent {
    constructor(private router: Router) { }

    goHome() {
        this.router.navigate(['/home']);
    }
}
```

AppModule anpassen

Damit Angular die betrachtete Root-Component beim Bootstrapping erzeugt, müssen Sie sicherstellen, dass sie im *AppModule* unter *bootstrap* eingetragen ist. Zur Bestückung ihres Platzhalters stützt sie sich auf das konfigurierte *Router Module*, das oben beschrieben wurde und in diesem Beispiel den Namen *App RouterModules* trägt (Listing 8-6).

Listing 8-6: Root-Module

```
@NgModule({
    imports: [
        BrowserModule,
        HttpModule,
        FormsModule,
        AppRouterModule,
        [...]
    ],
    declarations: [
        AppComponent,
        HomeComponent,
        FlightCardComponent,
        FlightSearchComponent,
        PassengerSearchComponent,
        [...]
    ],
    providers: [...],
    bootstrap: [
       AppComponent
    ]
})
export class AppModule {
}
```

Daneben listet das Beispiel sämtliche Komponenten der Anwendung im Modul unter *declarations* auf. Das ist unter anderem notwendig, damit der Template-Compiler die einzelnen Komponenten finden kann. Wie der nächste Abschnitt zeigt, könnte alternativ dazu das Modul diese Aufgabe auch anderen Modulen überlassen und diese importieren.

Die Startdatei *index.html* verweist nun auf die Root-Komponente und gibt mit einem Base-Element an, wo sich die Grenze zwischen URL und Routen-Pfad befindet (Listing 8-7):

Listing 8-7: index.html

```
<!DOCTYPE html>
<html>
  <head>
    [...]
<base href="/">
  </head>
  <body>
    <flight-app></flight-app>
    [...]
  </body>
</html>
```

Anwendungen, die das Base-Element nicht beeinflussen können, haben auch die Möglichkeit, diese Information an das Token *APP_BASE_HREF* über einen Provider zu binden. In diesem Fall müssen jedoch per Definition sämtliche Verweise innerhalb der Anwendung, darunter Verweise auf Bilder und Skripte, absolut sein (Listing 8-8).

Listing 8-8: So nutzen Sie das Token »APP_BASE_HREF«.

```
import { APP_BASE_HREF } from '@angular/common';
[…]
@NgModule({
    […],
providers: [
        { provide: APP_BASE_HREF, useValue: "/"},
        FlugService
    ],
    bootstrap: [
        AppComponent
    ]
})
export class AppModule {
}
```

Die auf diese Weise erweiterte Anwendung sollte nun nach dem Starten das eingangs gezeigte Menü präsentieren und die Möglichkeit bieten, zwischen der *HomeComponent*, der *FlightSearchComponent* und der *PassengerSearchCompo nent* zu wechseln.

Strukturierung mit Modulen

Bei der bis dato betrachteten Implementierung muss das *AppModule* als Root-Module sämtliche Komponenten referenzieren, die der Router verwendet. Bei größeren Anwendungen führt dies zu einem großen und unübersichtlichen Modul. Deswegen bietet es sich an, die Anwendung in mehrere Module aufzusplitten und diese in das Root-Module zu importieren. Anwendungsteile, die gemeinsam einen Anwendungsfall oder eine Gruppe zusammengehöriger Anwendungsfälle implementieren, kommen entsprechend eines Vorschlags des Angular-Teams in sogenannte Feature-Modules.

Für die hier betrachtete Lösung bietet sich ein Feature-Module für das Buchen von Flügen an – vor allem dann, wenn man davon ausgeht, dass die Anwendung später noch um weitere Feature-Modules ergänzt wird. Dieses *FlightBookingModule* erhält seine eigenen Routen sowie sein eigenes darauf aufbauendes konfiguriertes *RouterModule* (Listing 8-9):

Listing 8-9: Routen für das »FlightBookingModule«

```
const FLIGHT_BOOKING_ROUTES: Routes = [
    {
        path: 'flight-search',
        component: FlightSearchComponent
    },
    {
        path: 'passenger-search',
        component: PassengerSearchComponent
    }
];

export const FlightBookingRouterModule = RouterModule.forChild(FLIGHT_BOOKING_ROUTES);
```

Hierbei müssen Sie beachten, dass das *FlightRouterModule* mit der statischen Methode *forChild* einzurichten ist, da sie lediglich Routen für ein Feature-Module definiert. Das *AppModule* nutzt stattdessen als Root-Module jedoch *forRoot*.

Das *FlightModule* importiert das konfigurierte *FlightRouterModule*, aber auch das *FormsModule* und das *CommonModule* von Angular (Listing 8-10):

Listing 8-10: Deklaration des »FlightBookingModule«

```
@NgModule({
    imports: [
        CommonModule,
        FormsModule,
        FlightBookingRouterModule,
        [...]
    ],
    declarations: [
        FlightSearchComponent,
        FlightCardComponent,
        PassengerSearchComponent
    ],
    providers: [
    ]
})
export class FlightBookingModule {
}
```

Zusätzlich listet es unter *declarations* die benötigten Komponenten auf. Auf einen *export*-Abschnitt verzichtet es bewusst, da das Modul in sich geschlossen ist und die darin zu findenden Komponenten lediglich über seine Routen erreichbar sind. Die Routen für das *AppModule* beschränken sich nun auf die *HomeComponent* sowie auf die besprochenen Standardrouten (Listing 8-11):

Listing 8-11: Aktualisierte Routen für »AppModule«

```
// app.module.ts
export const ROUTE_CONFIG: Routes = [
 {
        path: '',
        redirectTo: 'home',
        pathMatch: 'full'
    },
    {
        path: 'home',
        component: HomeComponent
    },
    {
        path: '**',
        redirectTo: 'home'
    }
];
```

Das *AppModule* deklariert nach dieser Änderung lediglich die *AppComponent* und die *HomeComponent*. Daneben importiert es nun auch das *FlightBookingModule* (Listing 8-12):

Listing 8-12: Aktualisiertes »AppModule«

```
@NgModule({
    imports: [
        BrowserModule,
        HttpModule,
        FormsModule,
        AppRouterModule,
        FlightBookingModule
        [...]
    ],
    declarations: [
        AppComponent,
        HomeComponent
    ],
    providers: [
    ],
    bootstrap: [
        AppComponent

    ]
})
export class AppModule {
}
```

Hierarchisches Routing mit Child-Routes

Komponenten, die der Router aktiviert, können einen weiteren Platzhalter aufweisen. Auf diese Weise lassen sich verschachtelte oder hierarchisch organisierte Views gestalten. Die Routen, die für so einen Platzhalter definiert werden, nennt man auch Child-Routes. In diesem Abschnitt zeigen wir an einem Beispiel die Nutzung dieses Konzepts.

Überblick zu Child-Routes

Ein Beispiel für Child-Routes stellt die *FlightBookingComponent* in Abbildung 8-4 dar. Sie beinhaltet neben einem links dargestellten Untermenü einen Platzhalter, in dem sie weitere Routen aktivieren kann.

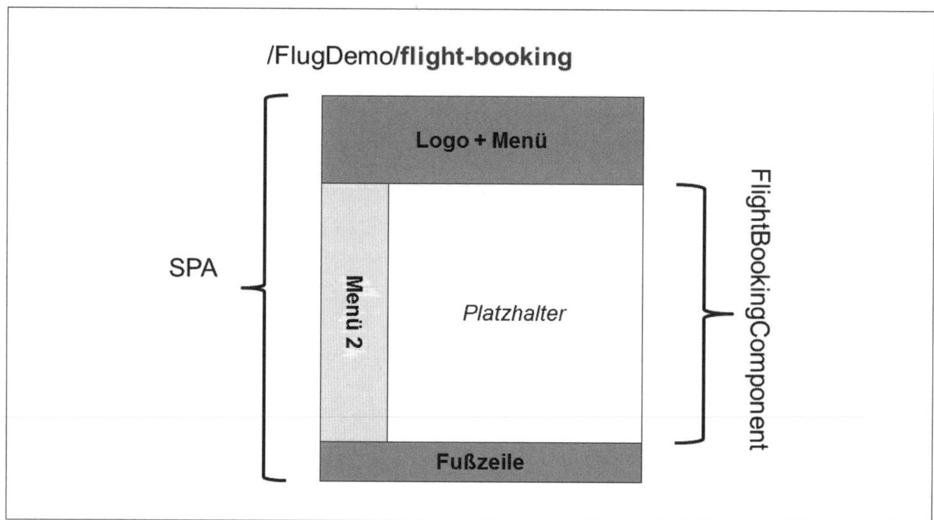

Abbildung 8-4: Komponente mit Child-Routes

In der Folge hängt es von der gewählten URL ab, welche Child-Route der Router im Platzhalter der betrachteten Komponente aktiviert. In Abbildung 8-5 gibt die verwendete URL beispielsweise an, dass die *FlightSearchComponent* innerhalb der *FlightBookingComponent* zu aktivieren ist.

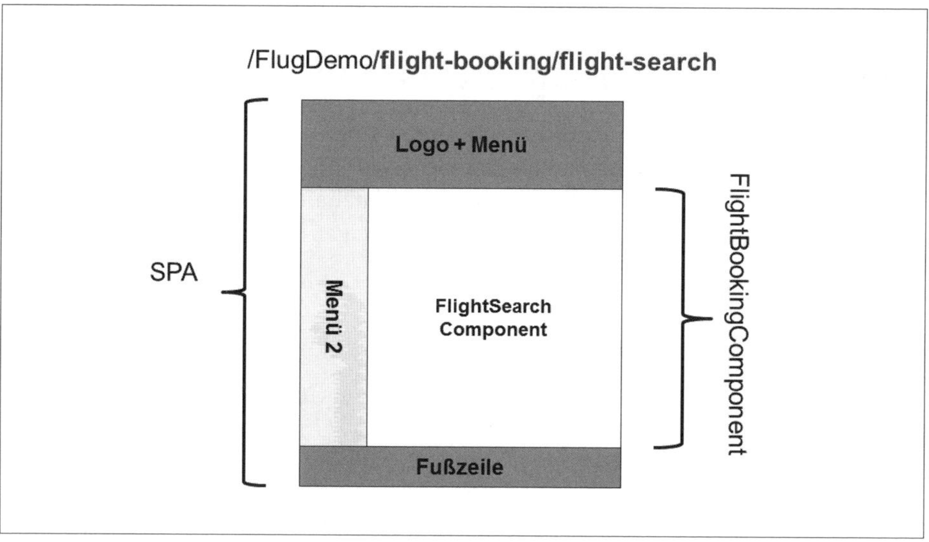

Abbildung 8-5: Hierarchisches Routing

Child-Routes implementieren

Um die Implementierung von Child-Routes zu veranschaulichen, fassen wir in diesem Abschnitt die Menüpunkte *Flug suchen* und *Passagier suchen* aus der in diesem Kapitel betrachteten Demo-Anwendung zu einem Menüpunkt *Flug buchen* zusammen. Dieser verweist auf eine neue *FlightBookingComponent*, die links ein Menü mit *Flug auswählen* und *Passagier auswählen* präsentiert und rechts davon einen Platzhalter aufweist (siehe Abbildung 8-6).

Abbildung 8-6: Beispielanwendung, erweitert um hierarchisches Routing

Abhängig von dem Befehl, den der Benutzer auf der linken Seite auswählt, lädt die Anwendung die *FlightSearchComponent* oder die *PassengerSearchComponent* in den Platzhalter auf der rechten Seite.

Die Implementierung der *FlightBookingComponent* gestaltet sich zunächst einfach:

Listing 8-13: Neu eingeführte »FlightBookingComponent«

```
@Component({
    selector: 'flight-booking',
    templateUrl: './flight-booking.component.html'
})
export class FlightBookingComponent {
}
```

Auch das Template der *FlightBookingComponent* definiert einen Platzhalter mit *router-outlet* (Listing 8-14). Wie auch das Template der *AppComponent* richtet das hier betrachtete Template ein paar Links mittels *routerLink* ein:

Listing 8-14: Template der »FlightBookingComponent«

```
<div class="col-sm-3">
    <ul class="nav nav-pills nav-stacked" style="margin-top:20px;">
        <li routerLinkActive="active">
          <a [routerLink]="['./flight-search']">Flug auswählen</a></li>
```

```
        <li routerLinkActive="active">
          <a [routerLink]="['./passenger-search']">Passagier auswählen</a></li>
    </ul>
</div>

<div class="col-md-9">
    <router-outlet></router-outlet>
</div>
```

Mit dem Präfix ./ zeigt *routerLink* an, dass die definierte Route an die aktuelle Route anzuhängen ist. Da es sich dabei um das Standardverhalten handelt, könnte es diese Information auch weglassen. Interessant wird es jedoch, wenn der Link sich irgendwo an einer anderen Stelle im Verzeichnisbaum befindet. Um beispielsweise einen Schwesternknoten zu adressieren, ist ../ voranzustellen. Mit *../passenger-search* können Sie somit von */flight-search* zu */passenger-search* navigieren.

Dem Router teilt das *FlightBookingModule* die gewünschte Hierarchie mit ihrer Routenkonfiguration mit. Hierzu richtet es eine Route für die *FlightBookingComponent* ein. Diese Route erhält über die Auflistung *children Child-Routes*, die auf die *FlightSearchComponent* und *PassengerSearchComponent* verweisen:

Listing 8-15: Child-Routes

```
const FLIGHT_BOOKING_ROUTES: Routes = [
    {
        path: 'flight-booking',
        component: FlightBookingComponent,
        children: [
            {
                path: '',
                redirectTo: 'flight-search',
                pathMatch: 'full'
            },
            {
                path: 'flight-search',
                component: FlightSearchComponent
            },
            {
                path: 'passenger-search',
                component: PassengerSearchComponent
            }
        ]
    }
];

export let FlightBookingRouterModule = RouterModule.forChild(FLIGHT_BOOKING_ROUTES);
```

Die Pfade der Child-Routes gelten als Erweiterung der Pfade der übergeordneten Parent-Route. Ein Aufruf der URL *flight-booking/flight-search* führt beispielsweise dazu, dass der Router die *FlightBookingComponent* im Platzhalter der Anwendung aktiviert sowie die *FlightSearchComponent* im Platzhalter der *FlightBookingCom ponent*. Um selbst dann, wenn nur die Parent-Route *flight-booking* aufgerufen wird, eine sinnvolle Antwort liefern zu können, definiert die betrachtete Routenkonfiguration eine Standardroute mit leerem Pfad. Diese leitet auf die Route *flight-search* weiter. Nach dieser Änderung müssen Sie noch das Hauptmenü in der *App Component* anpassen (Listing 8-16):

Listing 8-16: Aktualisiertes Template für die »AppComponent«

```
<nav class="navbar navbar-default">
    <ul class="nav navbar-nav">
        <li routerLinkActive="active"><a [routerLink]="['/home']">Home</a></li>
        <li routerLinkActive="active"><a [routerLink]="['/flight-booking']">Flug
buchen</a></li>
    </ul>
</nav>

<div class="container">
    <router-outlet></router-outlet>
</div>
```

Während der Menüpunkt *Home* direkt auf die *HomeComponent* verweist, leitet der Menüpunkt *Flug Buchen* den Benutzer auf den ersten Unterpunkt der *FlugBu chenComponent*, nämlich *Flug suchen*.

Parametrisierte Routen

Beim Routenwechsel gilt es häufig, Informationen an die adressierten Routen zu übergeben. Beispielweise muss die Anwendung einer Route zum Editieren eines Fluges dessen ID mitteilen. Hierzu kommen Routing-Parameter zum Einsatz.

Parameter an Routen übergeben

Um den Einsatz von parametrisierten Routen zu demonstrieren, führen wir in diesem Abschnitt eine *FlightEditComponent* zum Editieren von Flügen ein. Die Route, die darauf verweist, findet sich in Listing 8-17:

Listing 8-17: Routen mit Platzhalter

```
const FLIGHT_BOOKING_ROUTES: Routes = [
    {
        path: 'flight-booking',
        component: FlightBookingComponent,
        children: [
            {
                path: '',
                redirectTo: 'flight-search',
                pathMatch: 'full'
            },
            {
                path: 'flight-search',
                component: FlightSearchComponent
            },
```

```
            {
                path: 'passenger-search',
                component: PassengerSearchComponent
            },

            {
                path: 'flight-edit/:id',
                component: FlightEditComponent
            }
        ]
    }
];

export let FlightBookingRouterModule = RouterModule.forChild(FLIGHT_BOOKING_ROUTES);
```

Beim Betrachten dieser Route fällt der mit einem Doppelpunkt eingeleitete Wert *:id* auf. Dabei handelt es sich um einen Platzhalter, der zur Laufzeit vom Aufrufer einen konkreten Wert erhält. Diesen Wert kann die Komponente über eine Instanz von *ActivatedRoute* auslesen, der via Dependency Injection zu beziehen ist.

Die Implementierung in Listing 8-18 nutzt hierzu die Eigenschaft *params* dieser *ActivatedRoute*, die als Observable über Änderungen an den übersendeten Parametern informiert. Der beim Observable registrierte Lambda-Ausdruck greift auf den Wert des Parameters *id* zu und lädt mit einem injizierten *FlightService* den gewünschten Flug. Zusätzlich bietet er eine Methode *save* an, die mit dem *FlightService* den eventuell geänderten Flug zurück zum Server sendet.

Listing 8-18: Routenparameter entgegennehmen

```
import { Component, OnInit } from '@angular/core';
import {ActivatedRoute} from "@angular/router";
import {Flight} from "../../entities/flight";
import {FlightService} from "../services/flight.service";

@Component({
    templateUrl: './flight-edit.component.html'
})
export class FlightEditComponent implements OnInit {

    id: string;
    flight: Flight;

    constructor(private route: ActivatedRoute, private flightService: FlightService) {
    }

    ngOnInit() {

        this.route.params.subscribe(p => {
            this.id = p['id'];

            this.flightService.findById(this.id)
                .subscribe(
                    (flight: Flight) => {
                        this.flight = flight;
```

```
                },
                (err) => {
                    console.debug('Fehler beim Laden', err);
                }
            );


        });
    }

    [...]
}
```

Die Eigenschaft *params* ist ein Observable, damit es über Änderungen an Parametern informieren kann. Ändert die Anwendung beispielsweise die URL */flight-edit/17* auf */flight-edit/18*, bleibt die Komponente geladen und erhält lediglich über das *params*-Observable die Information, dass sich der Parameter geändert hat.

Der Vollständigkeit halber findet sich in Listing 8-19 das Template der *FlightEdit Component*:

Listing 8-19: Template für »FlightEditComponent«

```
<h1>Flight Edit</h1>

<div *ngIf="flight">

    <div class="form-group">
        <label>Id</label>
        <input class="form-control" [(ngModel)]="flight.id">
    </div>
    <div class="form-group">
        <label>From</label>
        <input class="form-control" [(ngModel)]="flight.from">
    </div>
    <div class="form-group">
        <label>To</label>
        <input class="form-control" [(ngModel)]="flight.to">
    </div>
    <div class="form-group">
        <label>Datum</label>
        <input class="form-control" [(ngModel)]="flight.date">
    </div>
    <div class="form-group">
        <button class="btn btn-primary" (click)="save()">Save</button>
    </div>
</div>
```

Wichtig ist hier das *ngIf*, das prüft, ob sich der gewünschte Flug bereits in der Eigenschaft *flight* befindet. Das ist an dieser Stelle notwendig, weil die Komponente den Flug asynchron lädt und er somit nicht augenblicklich, sondern erst nach ein paar Sekunden zur Verfügung steht. Somit hat *flight* zunächst den Wert *undefined*, was die weiter unten angeführten Datenbindungen, zum Beispiel für *flight.id* oder *flight.from*, zum Scheitern bringen würde.

Um innerhalb der *FlightCardComponent* einen Link für die hier betrachtete Route zu erzeugen, nutzt die Anwendung abermals *routerLink*. Das übergebene Array erhält dazu den Pfad der gewünschten Route sowie Werte für die Parameter:

```
<a [routerLink]="['../flight-edit', flight.id]">Editieren</a>
```

Da sich die *FlightCardComponent* innerhalb der *FlightSearchComponent* befindet und die Routenkonfiguration diese auf derselben Ebene wie die hier adressierte *FlightEditComponent* definiert, müssen Sie der adressierten Route zwei Punkte voranstellen – so, wie es auch im Dateisystem üblich ist. Somit erfolgt die Navigation über den gemeinsamen Parent zur jeweiligen Schwesterroute.

Zusätzlich nimmt *routerLink* ein optionales Parameter-Objekt entgegen. Dessen Eigenschaften hängt es in Form von Matrixparametern an das aktuelle URL-Segment an. Die Nutzung von

```
<a [routerLink]="['../flight-edit', flight.id, {showDetails: true, showAll:
true}]">Editieren</a>
```

führt somit zu folgendem Link, wenn man für *flug.id* den Wert 17 annimmt:

flug-buchen/flug-edit/17;showDetails=true;showAll=true

Der Router verwendet für benannte Parameter standardmäßig Matrixparameter, die einen Strichpunkt als Trennzeichen verwenden:

flug-buchen/flug-edit/17;showDetails=true;showAll=true

Im Gegensatz zum besser bekannten Query-String, der ein Fragezeichen verwendet, bezieht sich ein Matrixparameter immer auf das aktuelle URL-Segment. Somit kann der Router solche Parameter ganz klar einem Segment und somit auch einer Komponente zuordnen. Das folgende Beispiel macht auf diese Weise klar, dass sich *orderBy* auf das Segment *passagiere* bezieht und die beiden anderen Parameter auf *flug-edit/17*:

flug-buchen/flug-edit/17;showDetails=true;showAll=true/passagiere;orderBy=Name

QueryString und Hash-Fragment

Standardmäßig stellt der Router die übergebenen Parameter als Matrixparameter innerhalb der URL dar. Wie im letzten Abschnitt gezeigt, beziehen sich diese immer auf ein URL-Segment und somit auf eine Komponente. Zusätzlich kann die Anwendung jedoch auch URL-Parameter in der bekannten Form

url?param1=value1¶m2=value2¶m3=value3

definieren. Auch die Definition eines Hash-Fragments ist möglich:

url#info-im-hashfragment

Diese beiden Möglichkeiten bieten sich an, um anwendungsweite Einstellungen zu repräsentieren. Wie die weiteren Ausführungen zeigen, kann der Router solche Parameter bei einem Routenwechsel unangetastet lassen.

Um diese beiden Bestandteile einer URL zu beeinflussen, nimmt die *navigate*-Methode des Routers über ihr optionales zweites Argument ein *NavigationExtra*-Objekt entgegen. Ihre Eigenschaft *queryParams* verweist auf ein Objekt, das die gewünschten URL-Parameter widerspiegelt:

Listing 8-20: QueryString beim programmgesteuerten Navigieren setzen

```
activateExpertMode() {
    let queryParams = {
        expertMode: 'true'
    }
    this.router.navigate([], { queryParams });
}
```

Neben der Eigenschaft *queryParams* kann der Aufrufer auf diese Weise noch weitere Informationen übergeben (Tabelle 8-1).

Tabelle 8-1: Ausgewählte Eigenschaften von »NavigationExtra«

Eigenschaft	Beschreibung
queryParams	Definiert ein Objekt mit den zu setzenden URL-Parametern.
queryParamsHandling	Kann festlegen, dass bestehende Parameter erhalten bleiben sollen.
hash	Definiert einen String als Hash-Fragment.
preserveHash	Definiert, dass der Router das aktuelle Hash-Fragment im Rahmen der angeforderten Navigation erhalten soll.

Erfolgt das Routing nicht programmgesteuert über die Methode *navigate*, sondern deklarativ über die Direktive *routerLink*, lassen sich dieselben Werte als HTML-Attribute angeben. Das folgende Beispiel demonstriert das anhand der Eigenschaft *queryParamsHandling*:

```
<li routerLinkActive="active"><a [routerLink]="['/flight-booking']"
queryParamsHandling="merge">
Flug buchen
</a></li>
```

Sowohl für die URL-Parameter als auch für das Hash-Fragment bietet die *Activated Route* ein Observable. Damit können Sie die gesetzten Werte in der vom Router aktivierten Komponente in Erfahrung bringen:

Listing 8-21: QueryString auslesen

```
export class FlightSearchComponent {

    public from: string = "Hamburg";
    public to: string = "Graz";
    public selectedFlight: Flight;

    constructor(private flightService: FlightService, route: ActivatedRoute) {
```

```
        route.queryParams.subscribe((p) => {
            console.debug('queryParams', p);
        })


    }
}
```

Lazy Loading von Routen

Standardmäßig werden beim Aufruf einer Angular-Anwendung sämtliche Module geladen. Gerade bei großen Anwendungen führt das zu einer schlechten Startperformance. Der Router bietet hierfür Abhilfe, indem er die Möglichkeit bietet, einzelne Module erst bei Bedarf zu laden.

Routen für das Lazy Loading einrichten

Um das Lazy Loading zu nutzen, kommen Routen mit der Eigenschaft *loadChildren* zum Einsatz. Listing 8-22 demonstriert dies anhand der Routen für das *App Module*:

Listing 8-22: Konfiguration für das Lazy Loading

```
// app.module.ts
let APP_ROUTES: Routes = [
    {
        path: '',
        redirectTo: 'home',
        pathMatch: 'full'
    },
    {
        path: 'home',
        component: HomeComponent
    },
    {
        path: 'flight-booking',
        loadChildren: './flight-booking/flight-booking.module#FlightBookingModule'
    },
    [...]
}
```

Im betrachteten Fall verweist *loadChildren* auf einen String, der zwei durch eine Raute getrennte Informationen erhält. Der erste Teil benennt die Datei, in der sich das gewünschte Modul befindet, und der zweite Teil gibt Auskunft über den Namen der Modulklasse. Damit Lazy Loading funktioniert, müssen Sie darauf achten, dass kein anderer Teil des *AppModules* direkt auf das *FlightBookingModul* zugreift. Aus diesem Grund darf selbst das *AppModule* das *FlightBookingModul* nicht mehr importieren (Listing 8-23):

Listing 8-23: Module, die verzögert geladen werden sollen, dürfen nicht referenziert werden.

```
@NgModule({
    imports: [
        BrowserModule,
        HttpModule,
        FormsModule,
        [...],
        // FlightBookingModule // <-- Würde Lazy Loading verhindern
    ],

    [...]
})
export class AppModule {
}
```

Lazy Loading und Webpack

Nutzt das Projekt Webpack, müssen Sie zusätzlich einen Loader für die Unterstützung von Lazy Loading konfigurieren. Dieser Loader kümmert sich darum, dass die definierten Module in eigenen Bundles landen, die Angular erst bei Bedarf lädt. Das hier betrachtete Beispiel nutzt für diese Aufgabe den *angular2-router-loader*, der via *npm* zur Verfügung steht (Listing 8-24):

Listing 8-24: Webpack-Loader für das Lazy Loading

```
[...]
module: {
    loaders: [
        [...],
        { test: /\.ts$/, loaders: ['angular2-router-loader?loader=system', 'angular2-
template-loader', 'awesome-typescript-loader'] }
    ]
},
[...]
```

Beim Start von *webpack* oder des *webpack-dev-servers* können Sie beobachten, ob sich die betroffenen Module nun in einem eigenen Bundle befinden. Ist dem so, sollte die Ausgabe auf eine entsprechende Anzahl zusätzlicher Bundles hinweisen, die mit null beginnend fortlaufend nummeriert sind (Abbildung 8-7).

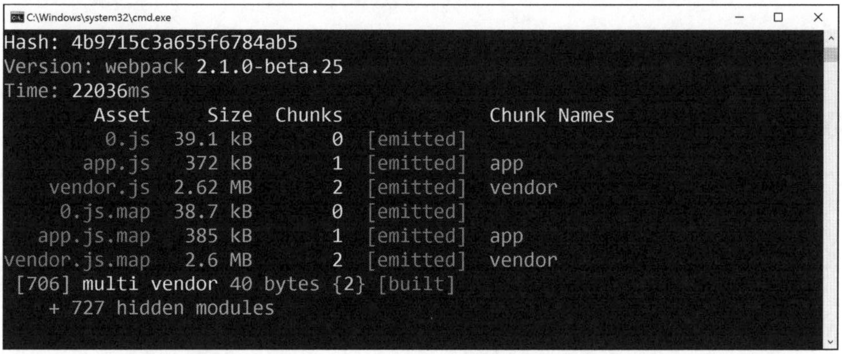

```
C:\Windows\system32\cmd.exe
Hash: 4b9715c3a655f6784ab5
Version: webpack 2.1.0-beta.25
Time: 22036ms
        Asset     Size  Chunks             Chunk Names
         0.js  39.1 kB       0  [emitted]
       app.js   372 kB       1  [emitted]  app
    vendor.js  2.62 MB       2  [emitted]  vendor
     0.js.map  38.7 kB       0  [emitted]
   app.js.map   385 kB       1  [emitted]  app
vendor.js.map   2.6 MB       2  [emitted]  vendor
 [706] multi vendor 40 bytes {2} [built]
    + 727 hidden modules
```

Abbildung 8-7: Webpack erzeugt für das nachzuladende Modul ein Bundle »0.js«.

Lazy Loading im Browser nachvollziehen

Ob das konfigurierte Lazy Loading funktioniert, lässt sich einfach im Browser nachvollziehen. Hierzu nutzen Sie beispielsweise das Registerblatt *Network* in den Dev-Tools von Chrome (Abbildung 8-8). Es zeigt, wann Chrome welche Dateien lädt. Funktioniert das Lazy Loading, lädt Angular das abgespaltene Bundle erst, wenn es benötigt wird. In unserem Fall sollte diese Übersicht auf das Laden des Bundles *0.js* erst dann hinweisen, wenn Sie in den Bereich zum Suchen nach Flügen navigieren.

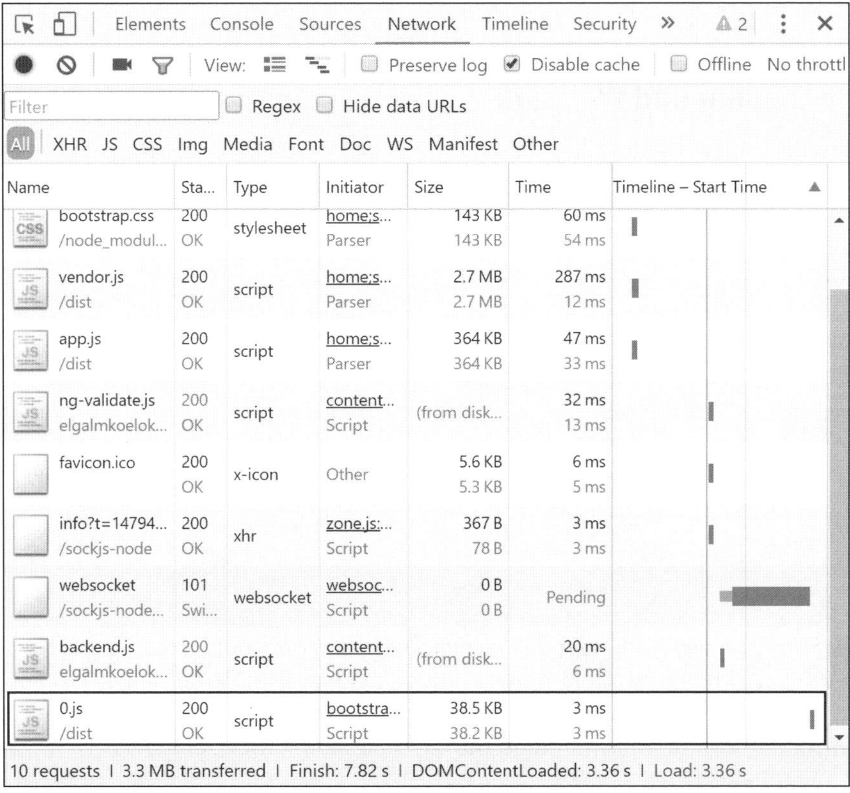

Abbildung 8-8: Lazy Loading im Browser nachvollziehen

Lazy Loading und Shared Modules

Falls sich die nachzuladenden Module auf Shared Modules stützen, müssen Sie beim Einsatz von Lazy Loading besondere Vorsicht walten lassen. In diesem Abschnitt zeigen wir Ihnen, auf welchen Fallstrick Sie achten müssen, und liefern Ihnen die passende Lösung in Form eines Service zum Authentifizieren von Benutzern für die hier betrachtete Demo-Anwendung. *AppModule* und *FlightBooking Module* referenzieren *SharedModule*. *SharedModule* bietet diesen Service an, der den Namen *AuthService* trägt (Abbildung 8-9).

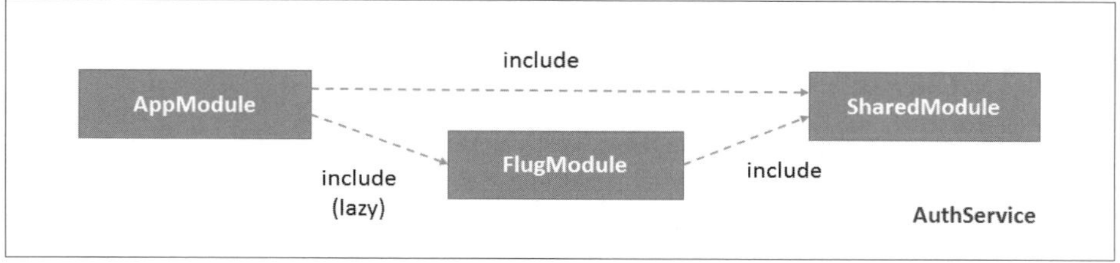

Abbildung 8-9: Modulstruktur

Genau darin liegt das Problem, denn Angular richtet aufgrund seiner internen Funktionsweise für verzögert nachgeladene Module einen eigenen „globalen" Namensraum ein. Deshalb richtet es auch zwei Instanzen des *AuthService* ein: eine für das *FlightBookingModule* und eine für den Rest (Abbildung 8-10).

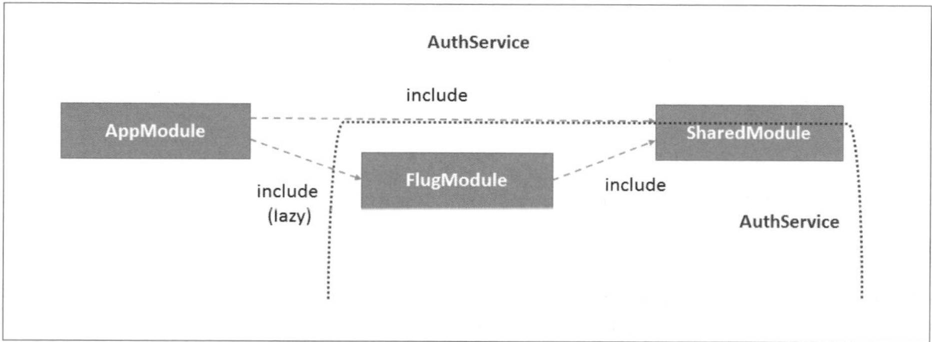

Abbildung 8-10: Mehrere »globale« Namensräume bei Lazy Loading und Shared Modules

Bevor wir Ihnen eine Lösung für dieses Dilemma zeigen, beschreiben wir noch im nächsten Abschnitt die Implementierung und Nutzung des *AuthService*.

Den AuthService implementieren und nutzen

Beim *AuthService* handelt es sich um eine abstrakte Klasse. Sie dient dazu, die Art der Authentifizierung austauschbar zu gestalten (Listing 8-25):

Listing 8-25: Abstrakter »AuthService«

```
export abstract class AuthService {
    public abstract login(): void;
    public abstract logout(): void;
    public abstract get isLoggedIn(): boolean;
    public abstract get userName(): string;
}
```

In diesem Abschnitt nutzen wir mit dem *SimpleAuthService* eine sehr einfache Implementierung von *AuthService*, die die Authentifizierung eines hartcodierten Benutzers lediglich simuliert (Listing 8-26). Der Autor spricht in diesem Zusammenhang auch von einer Authentifizierung für »besonders ehrliche Benutzer«. In Kapitel 15 finden Sie eine etwas umfangreichere Implementierung dieses Service.

Listing 8-26: Beispiel für einen Service zum Authentifizieren von Benutzern

```
@Injectable()
export class SimpleAuthService implements AuthService {

    private _userName = "";

    public login(): void {
        this._userName = "Max";
    }

    public logout(): void {
        this._userName = "";
    }

    public get isLoggedIn(): boolean {
        return this._userName != "";
    }

    public get userName(): string {
        return this._userName;
    }

}
```

Durch die Angabe von *implements AuthService* stellt der Compiler sicher, dass der *SimpleAuthService* alle von *AuthService* beschriebenen Eigenschaften implementiert. Auch wenn das Schlüsselwort *implements* bei anderen Sprachen der Implementierung von Interfaces vorbehalten ist, unterstützt TypeScript es auch für Klassen. Im Gegensatz zu *extends* findet hier jedoch keine Vererbung statt. Stattdessen prüft der Compiler tatsächlich nur, ob sämtliche Eigenschaften des adressierten Typs implementiert sind. Im betrachteten Fall ist die Nutzung einer abstrakten Klasse notwendig, da sie sich im Gegensatz zu einem Interface auch als Token für die Dependency Injection nutzen lässt.

Wie bereits eingangs angemerkt, bietet das *SharedModule* den *AuthService* an. Dazu weist es einen entsprechenden Provider auf (Listing 8-27):

Listing 8-27: Registrierung des »AuthService« beim »SharedModule«

```
@NgModule({
    imports: [
        FormsModule,
        CommonModule
    ],
    providers: [
        { provide: AuthService, useClass: SimpleAuthService },
        [...]
    ],
    declarations: [
        [...]
    ],
    [...]
})
export class SharedModule {
}
```

Im Weiteren gehen wir davon aus, dass das *SharedModule* neben dem *AuthService* eine ganze Menge weiterer hier nicht näher betrachteter Konstrukte enthält und deswegen auch für das *AppModule* interessant ist. Deswegen listet auch das *App Module* das *SharedModule* in seinem *imports*-Array (Listing 8-28):

Listing 8-28: Das »AppModule« referenziert das »SharedModule«.

```
@NgModule({
    imports: [
        SharedModule
        [...]
    ],
    [...]
}
export class AppModule {
}
```

Auch das per Lazy Loading bezogene *FlightBookingModule* macht vom *AuthSer vice* und somit vom *SharedModule* Gebrauch (Listing 8-29):

Listing 8-29: Auch das »FlightBookingModule« referenziert das »SharedModule«.

```
@NgModule({
    imports: [
        SharedModule,
        [...]
    ],
    [...]
})
export class FlightBookingModule {
}
```

Um den Benutzern das Anmelden zu erlauben, lässt sich die *HomeComponent* den *AuthService* injizieren (Listing 8-30):

Listing 8-30: Die »HomeComponent« ermöglicht über den »AuthService« eine Authentifizierung.

```
@Component({
    templateUrl: './home.component.html'
})
export class HomeComponent {
    constructor(private authService: AuthService, private route: ActivatedRoute) {
    }

    login() {
        this.authService.login();
    }

    logout() {
        this.authService.logout();
    }

    get userName() {
        return this.authService.userName;
```

```
    }
}
```

Außerdem stellt die *HomeComponent* Methoden für das An- und Abmelden zur Verfügung. Diese Methoden delegieren an den *AuthService* ebenso wie der Getter für den Benutzernamen (*userName*). Das dazu passende Template findet sich in Listing 8-31:

Listing 8-31: Das Template der »HomeComponent« inklusive einer Möglichkeit zur Authentifizierung

```
<h1 *ngIf="!userName">Welcome!</h1>
<h1 *ngIf="userName">Welcome, {{userName}}!</h1>

<button class="btn btn-default" (click)="login()">Login</button>
<button class="btn btn-default" (click)="logout()">Logout</button>
```

Neben der *HomeComponent* nutzt auch die *PassengerSearchComponent* den *Auth Service*. Das Ziel ist, den Benutzernamen als Passagiernamen vorzuschlagen (Listing 8-32):

Listing 8-32: Auch die »PassengerSearchComponent« nutzt den »AuthService«.

```
@Component({
    templateUrl: './passenger-search.component.html'
})
export class PassengerSearchComponent{
    name: string;

    constructor(authService: AuthService) {
        this.name = authService.userName;
    }
}
```

Einen Ausschnitt des dazugehörigen Templates sehen Sie in Listing 8-33:

Listing 8-33: Das Template der »PassengerSearchComponent«

```
<h1>PassengerSearch</h1>

<div class="form-group">
    <label>Name</label>
    <input [(ngModel)]="name" class="form-control">
</div>
<div class="form-group">
    <button class="btn btn-default">Search</button>
</div>
[…]
```

Beim Testen der gezeigten Implementierung fällt auf, dass sich der Benutzer zwar anmelden kann (Abbildung 8-11), die Passagiersuche seinen Benutzernamen jedoch nicht vorschlägt (Abbildung 8-12).

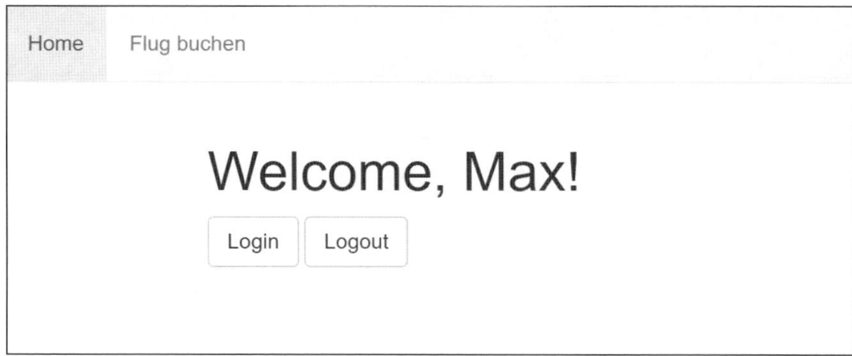

Abbildung 8-11: Demo-Anwendung nach der Anmeldung

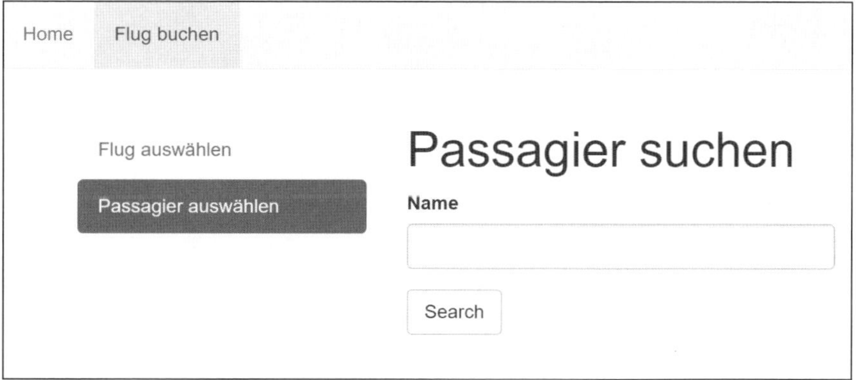

Abbildung 8-12: Passagiersuche ohne vorgeschlagenen Namen trotz Anmeldung

Wie wir bereits eingangs erläutert haben, liegt das daran, dass Angular für nachgeladene Module einen eigenen globalen Namensraum einrichtet. Somit entstehen im Laufe der Zeit zwei Instanzen von *AuthService*. Während im betrachteten Fall die Authentifizierung mit dem einen *AuthService* erfolgt, nutzt die *PassengerSearch Component* im nachgeladenen *FlightBookingModule* die andere Instanz. Bei dieser ist der Benutzer nicht als angemeldet vermerkt.

Korrekte Nutzung von SharedModules beim Einsatz von Lazy Loading

Um das hier beschriebene Dilemma zu umgehen, empfiehlt das Angular-Team, ein Muster zu verwenden. Dieses sieht vor, dass das *SharedModule* in zwei Ausprägungen anzubieten ist: einmal mit Providern, die global gelten, und einmal ohne (Abbildung 8-13).

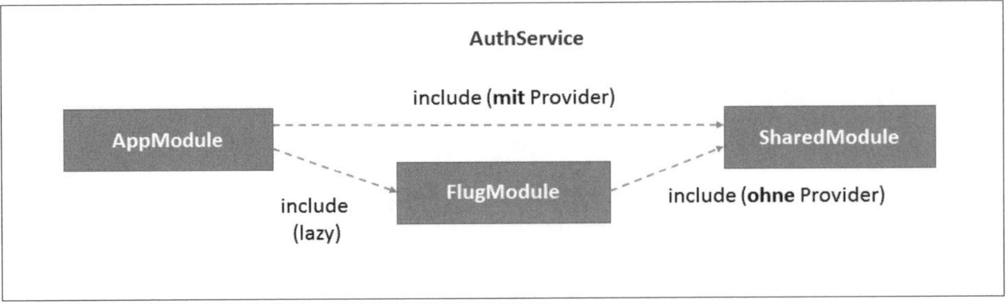

Abbildung 8-13: Korrekte Nutzung eines »SharedModule« zusammen mit Lazy Loading

Die Implementierung dieses Ansatzes ist einfacher, als es auf den ersten Blick scheint. Zunächst müssen Sie das Modul gänzlich ohne Provider einrichten. Zusätzlich geben Sie ihm eine statische Methode, die per Definition den Namen *forRoot* tragen sollte. Diese Methode liefert das Modul inklusive Provider zurück (Listing 8-34):

Listing 8-34: Das überarbeitete »SharedModule«

```
@NgModule({
    imports: [
        FormsModule,
        CommonModule
    ],
    providers: [
         // Ganz bewusst leer gelassen!
    ],
    declarations: [
        CityPipe,
        CityValidatorDirective,
        [...]
    ],
    [...]
})
export class SharedModule {
    static forRoot(): ModuleWithProviders {
        return {
            providers: [
                AuthService,
                [...]
            ],
            ngModule: SharedModule
        };
    }
}
```

Zum Repräsentieren eines Moduls mit zusätzlichen Providern bietet Angular den Typ *ModuleWithProviders* an, der sich im Namensraum *@angular/core* befindet.

Anschließend referenziert das Hauptmodul (Root-Module), das in der Regel den Namen *AppModule* trägt, das *SharedModule*. Dazu nutzt es die Methode *forRoot* (Listing 8-35):

Listing 8-35: Das »AppModule« nutzt die Methode »forRoot«, um das »SharedModule« zu referenzieren.

```
@NgModule({
    imports: [
        SharedModule.forRoot(),
        [..]
    ],
    [...]
})
export class AppModule {
}
```

Alle anderen Module können das *SharedModule*, wie gehabt, auf klassische Weise referenzieren. Somit richtet Angular die Provider nur einmal auf globaler Ebene für alle Module ein.

Dieses Muster nutzt auch der Router selbst, indem das *RouterModule* auch eine Methode *forRoot* für das Root-Module anbietet. Daneben bietet es auch eine Methode *forChild*, die auf dieselbe Weise nur Provider für ein bestimmtes Feature-Module definiert. Diese Provider richten unter anderem die Routenkonfiguration für das Feature-Module ein.

Preloading

Preloading geht über die Möglichkeiten von Lazy Loading hinaus und erlaubt weitere Performanceoptimierungen: Es nutzt freie Ressourcen nach dem Start der Anwendung, um Module nachzuladen, die später per Lazy Loading angefordert werden könnten. Wenn der Router diese Module später tatsächlich benötigt, stehen sie augenblicklich zur Verfügung.

Preloading aktivieren

Um das Preloading zu aktivieren, brauchen Sie ab Version 3.1.0 des Routers lediglich beim Erzeugen des konfigurierten *AppRoutesModule* eine *PreloadingStrategy* angeben (Listing 8-36):

Listing 8-36: Konfiguration von Preloading

```
import {Routes, RouterModule, PreloadAllModules} from '@angular/router';

[...]

export const AppRoutesModule = RouterModule.forRoot(APP_ROUTES_CONFIG,
                                        { preloadingStrategy: PreloadAllModules
});
```

Die hier verwendete Strategie *PreloadAllModules* führt dazu, dass Angular beim Programmstart sämtliche Module per Preloading bezieht.

Das Ergebnis dieses Unterfangens können Sie in Chrome mit dem Registerblatt *Network* in den Dev-Tools beobachten. Da das Laden lokaler Dateien sehr schnell vonstatten geht, empfiehlt es sich, dabei die Netzwerkgeschwindigkeit zu drosseln. Abbildung 8-14 demonstriert zum Beispiel das Ladeverhalten bei einer simulierten 3G-Verbindung:

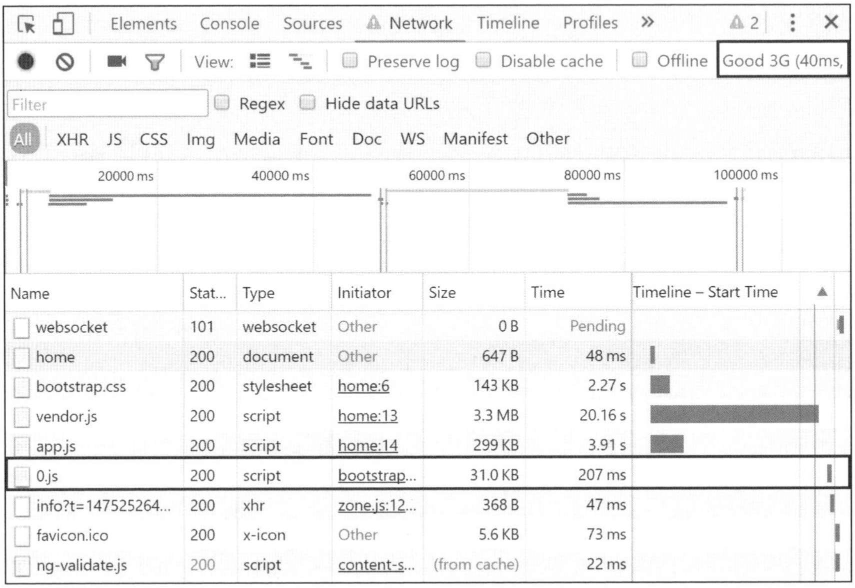

Abbildung 8-14: Angular lädt Module nach dem Start der Anwendung vor.

Beim Laden der Seite zeigt das betrachtete Fenster, dass Angular das Bundle *0.js* mit dem *FlightModule* erst nach dem Start der Anwendung lädt. Da dieses Bundle jedoch recht klein ist, müssen Sie dazu sehr genau hinschauen. Deswegen beschreiben wir im nächsten Abschnitt ein Experiment, mit dem Sie diesen Umstand besser nachvollziehen können.

Preloading mit einem Experiment nachvollziehen

Damit Sie die Tatsache, dass das Preloading erst nach dem Start der Anwendung beginnt, besser nachvollziehen können, kommt in diesem Abschnitt eine benutzerdefinierte Preloading-Strategie zum Einsatz. Diese führt mit RxJS eine Verzögerung von ein paar Sekunden aus, bevor sie sich um das Laden des Moduls kümmert.

Wenn Sie eine eigene Preloading-Strategie bereitstellen wollen, müssen Sie den Typ *PreloadingStrategy* implementieren:

Listing 8-37: Eigene »PreloadingStrategy« zum Nachvollziehen des Preloadings

```
// custom-preloading-strategy.ts
import {PreloadingStrategy, Route} from "@angular/router";
```

```
import {Observable} from 'rxjs';

export class CustomPreloadingStrategy implements PreloadingStrategy {
    preload(route: Route, fn: () => Observable<any>): Observable<any> {
        return Observable.of(true).delay(7000).flatMap(_ => fn());
    }
}
```

Die Methode *preload* der *PreloadingStrategy* erhält von Angular die Route, die es zu laden gilt, sowie eine Funktion, die das Laden übernimmt. Somit kann sie entscheiden, ob die betroffene Route per *Preloading* bezogen werden soll, und diesen Vorgang ggf. auch anstoßen. Das zurückgelieferte Observable informiert Angular, wenn *preload* ihre Aufgabe erledigt hat.

Die hier betrachtete Implementierung erzeugt ein Observable mit dem (Dummy-) Wert *true* und versendet diesen mit einer Verzögerung von 7 Sekunden. Nach dieser Zeitspanne führt *flatMap* das Preloading durch.

Um die *CustomPreloadingStrategy* zu verwenden, müssen Sie beim Erzeugen des konfigurierten *AppRoutesModule* auf sie verweisen. Da an dieser Stelle die Strategie lediglich als Token zum Einsatz kommt, benötigt Angular zusätzlich einen Provider dafür:

Listing 8-38: Die »CustomPreloadingStrategy« als Provider bereitstellen

```
// app.routes.ts
[...]
export const AppRoutesModule = RouterModule.forRoot(ROUTE_CONFIG, {
                                             preloadingStrategy:
CustomPreloadingStrategy });
export const APP_ROUTES_MODULE_PROVIDER = [CustomPreloadingStrategy];
```

Damit der Provider der Anwendung zur Verfügung steht, referenziert das *AppModule* ihn über ihr Array *providers*. Das konfigurierte *AppRoutesModule* referenziert es natürlich nach wie vor:

Listing 8-39: Provider registrieren

```
// app.module.ts
import {AppRoutesModule, APP_ROUTES_MODULE_PROVIDER} from "./app.routes";
[...]

@NgModule({
    imports: [
        BrowserModule,
        HttpModule,
        FormsModule,
        AppRoutesModule,
        [...]
    ],
    declarations: [
        AppComponent
    ],
    providers: [
```

```
        [...]
        APP_ROUTES_MODULE_PROVIDER
    ],
    bootstrap: [
        AppComponent
    ]
})
export class AppModule {
}
```

Das Fenster *Network* in den Dev-Tools zeigt nun sehr deutlich, dass die Anwendung wie gewünscht erst nach dem Programmstart mit ungenutzten Ressourcen und Preloading das Modul lädt (Abbildung 8-15).

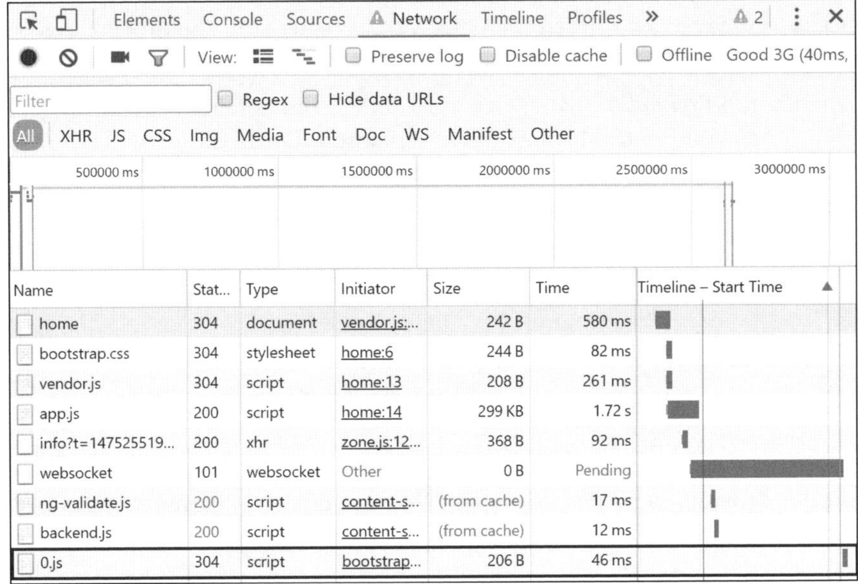

Abbildung 8-15: Verzögertes Preloading zur Demonstration mit benutzerdefinierter »PreloadingStrategy«

Selektives Preloading mit eigener Preloading-Strategie

Als Beispiel für eine eigene Preloading-Strategie zeigt dieser Abschnitt eine Implementierung, welche das Preloading auf bestimmte Module beschränkt. Dazu erhalten die gewünschten Routen eine benutzerdefinierte Eigenschaft *preload*:

Listing 8-40: Konfiguration mit eigenen Eigenschaften

```
// app.routes.ts

import {Routes, RouterModule} from '@angular/router';
import {HomeComponent} from "./modules/home/home/home.component";

const ROUTE_CONFIG: Routes = [
```

```
    {
        path: 'home',
        component: HomeComponent
    },
    {
        path: 'flug-buchen',
        loadChildren: './modules/flug/flug.module#FlugModule',
        data: {
            preload: true
        }
    },
    {
        path: '**',
        redirectTo: 'home'
    }
];

export const AppRoutesModule = RouterModule.forRoot(ROUTE_CONFIG, {
preloadingStrategy: CustomPreloadingStrategy });

export const APP_ROUTES_MODULE_PROVIDER = [CustomPreloadingStrategy];
```

Die Eigenschaft *data* ist für solche benutzerdefinierten Erweiterungen vorgesehen. Die Preloading-Strategie kann nun prüfen, ob die übergebene Route diese Eigenschaft aufweist:

Listing 8-41: Eigene »PreloadingStrategy« für selektives Preloading

```
// custom-preloading-strategy.ts

import {PreloadingStrategy, Route} from "@angular/router";
import {Observable} from 'rxjs';

export class CustomPreloadingStrategy implements PreloadingStrategy {

    preload(route: Route, fn: () => Observable<any>): Observable<any> {
        if (route.data['preload']) {
            return fn();
        }
        else {
            return Observable.of(null);
        }
    }
}
```

In diesem Fall lädt die Preloading-Strategie die Route mit der entgegengenommenen Funktion und liefert das Observable zurück, das sie von der Funktion erhalten hat. Ansonsten gibt sie ein (Dummy-)Observable zurück, das den Wert *null* transportiert. Das Registrieren der *CustomPreloadingStrategy* erfolgt daraufhin wie bereits weiter oben beschrieben.

Aux-Routes

Mit den als Aux-Routes bezeichneten *Auxiliary Routes* (Hilfsrouten) erlaubt der Router das Einführen mehrerer Platzhalter. Dabei müssen Sie jedem Platzhalter einen Namen spendieren. Mit Angabe dieses Namens kann die Anwendung eine Komponente für den Platzhalter festlegen. Genau genommen hat der bis dato verwendete Platzhalter auch schon einen Namen gehabt, zumal Angular standardmäßig die Bezeichnung *primary* vergibt. Das Konzept hinter Aux-Routes erlaubt es auch, alle Platzhalter unabhängig voneinander mit Inhalten zu füllen. Abbildung 8-16 veranschaulicht dieses Vorgehen.

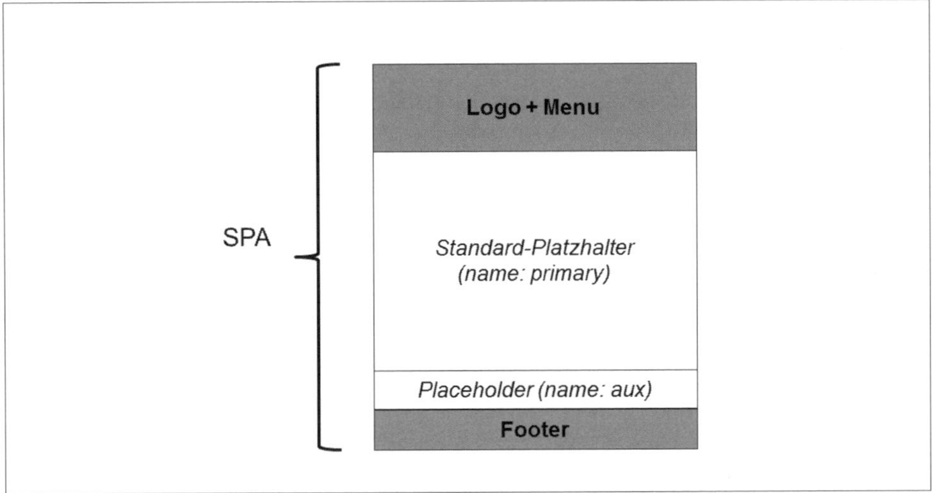

Abbildung 8-16: Schematische Darstellung von Aux-Routes

Die Tatsache, dass der Platzhalter mit dem Namen *aux* unter dem Standardplatzhalter positioniert ist, bedeutet übrigens nicht, dass sein Inhalt auch immer an dieser Stelle eingeblendet wird. Die Möglichkeiten von CSS erlauben es, die dort eingeblendeten Inhalte überall auf der Seite zu platzieren und sogar den Standardplatzhalter zu überblenden. Auf diese Weise lassen sich mit Aux-Routes modale Dialoge entwickeln, deren Zustand die URL widerspiegelt. Weitere Anwendungsfälle sind das Einblenden zusätzlicher Informationen sowie die Realisierung einer Anwendung, die – wie eine Entwicklungsumgebung auch – aus verschiedenen Bereichen besteht, die bis zu einem bestimmten Punkt sogar unabhängig voneinander sein können. Ein weiteres Beispiel hierfür ist ein Chat, der neben dem Arbeitsbereich der Anwendung für Support-Fälle eingerichtet wird, oder das Einrichten mehrerer Arbeitsbereiche im Stil weit verbreiteter Dateimanager.

In diesem Abschnitt nutzen wir zur Veranschaulichung von Aux-Routes eine *FlightHistoryComponent*, die Informationen über vergangene Suchanfragen präsentiert. Bei Bedarf wird sie über eine Aux-Route aktiviert (Abbildung 8-17).

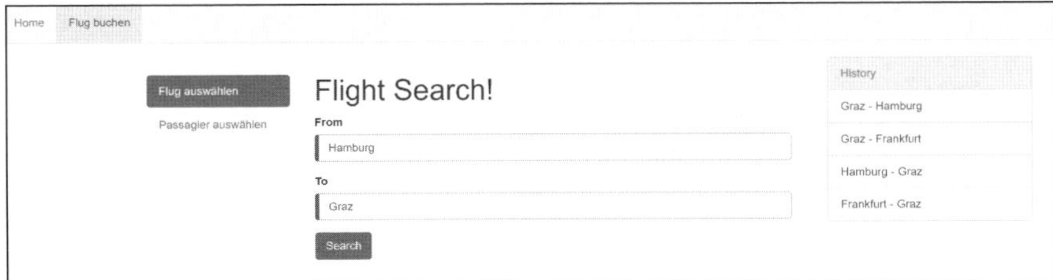

Abbildung 8-17: Nutzung einer Aux-Route in der Demo-Anwendung

Ein Vergleich mit Abbildung 8-18 zeigt, dass der Router Aux-Routes unabhängig von der Standardroute aktivieren kann, zumal hier neben der *HistoryComponent* im Platzhalter *aux* die *HomeComponent* im Hauptplatzhalter erscheint.

Abbildung 8-18: Aux-Routes können unabhängig von der Standardroute aktiviert werden.

Analog zum Standardplatzhalter erhält die *AppComponent* einen zweiten Platzhalter mit dem Namen *aux* (Listing 8-42):

Listing 8-42: Platzhalter für Aux-Routes

```
<div class="container">

<div class="row">
    <router-outlet></router-outlet>
</div>

<div class="row">
    <router-outlet name="aux"></router-outlet>
</div>

</div>
```

Zusätzlich erhält die Routenkonfiguration einen Eintrag, der sich auf den Platzhalter *aux* bezieht. Dazu kommt die Eigenschaft *outlet* zum Einsatz (Listing 8-43):

Listing 8-43: Definition einer Aux-Route

```
let APP_ROUTES: Routes = [
    {
        path: '',
        redirectTo: 'home',
        pathMatch: 'full'
```

```
    },
    {
        path: 'home',
        component: HomeComponent
    },
    [...]
    {
        path: 'history',
        component: FlightHistoryComponent,
        outlet: 'aux'
    }
];
```

Dabei ist zu beachten, dass jede Route einen bestimmten Platzhalter adressiert. Benennt eine Route ihren Platzhalter nicht direkt über die gezeigte Eigenschaft *outlet*, weist der Router sie dem Standardplatzhalter *primary* zu.

Den Inhalt für den Standardplatzhalter *primary* gibt die Anwendung, wie gehabt, über die URL an. Die Komponenten für alle weiteren benannten Platzhalter werden innerhalb runder Klammern in der URL angeführt. Die URL

```
http://localhost:8080/bookings(aux:history;showDetails=true)
```

weist beispielsweise darauf hin, dass die Route *bookings* im Hauptplatzhalter zu aktivieren ist, sowie darauf, dass die Route *history* dem Platzhalter mit dem Namen *aux* eine Komponente verpassen soll. Die Komponente erhält hier auch zur Demonstration einen Parameter *showDetails*.

Zum Generieren solcher URLs bietet sich die Direktive *routerLink* an (Listing 8-44):

Listing 8-44: Aux-Route aktivieren

```
<li><a [routerLink]="[{outlets: { aux: 'history' }}]">History einblenden</a></li>
<li><a [routerLink]="[{outlets: { aux: null }}]">History ausblenden</a></li>
```

Während die Direktive *routerLink* in den vorangegangenen Abschnitten lediglich auf die Route für den Standardplatzhalter verwiesen hat, definiert sie hier ein Objekt, das mit der Eigenschaft *outlet* auf ein weiteres Objekt verweist. Letzteres bildet die Namen einzelner Platzhalter auf die dafür zu aktivierenden Routen ab. Auf diese Weise lassen sich auch Komponenten für mehrere Platzhalter gleichzeitig aktivieren. Das betrachtete Beispiel zeigt auch, dass eine Aux-Route nicht zwingend aktiv sein muss. Um einen Platzhalter zu leeren, müssen Sie ihm lediglich den Wert *null* zuweisen.

Der Vollständigkeit halber zeigt Listing 8-45, wie die Anwendung einer Aux-Route Parameter übergeben kann. Dazu kommt die gewohnte Schreibweise zum Einsatz, die den Namen der gewünschten Route zusammen mit Parametern in einem Array verstaut.

Listing 8-45: Aux-Route und Parameter

```
<li><a [routerLink]="[{outlets: { aux: ['history', {showDetail: true}] }}]">History
einblenden</a></li>
<li><a [routerLink]="[{outlets: { aux: null }}]">History ausblenden</a></li>
```

Guards

Mit Guards können sich Angular-Anwendungen über Routenwechsel informieren lassen. Bei Guards handelt es sich lediglich um Services mit vorgegebenen Methoden, die der Router zu bestimmten Zeitpunkten aufruft. Diese Methoden können auch ins Routing eingreifen: Ihr zurückgelieferter Wert bestimmt, ob der Router den angeforderten Routenwechsel tatsächlich durchführen darf. Kann die Methode ihre Entscheidung augenblicklich bekannt geben, liefert sie einen *Boolean*. Um die Entscheidung hinauszuzögern, liefert sie zunächst lediglich ein *Observable<boolean>* oder einen *Promise<boolean>*. Steht die Entscheidung später fest, kann die Methode über diese Mechanismen den Router benachrichtigen. Dieses Vorgehen ist beispielsweise notwendig, wenn zur Entscheidungsfindung eine Web-API zu konsultieren oder Rücksprache mit dem Benutzer zu halten ist.

Für unterschiedliche Arten von Guards definiert Angular auch unterschiedliche Interfaces, die es zu implementieren gilt (Tabelle 8-2).

Tabelle 8-2: Typen für Guards

Interface	Methode	Beschreibung
CanActivate	*canActivate*	Legt fest, ob die gewünschte Route aktiviert werden darf.
CanActivateChild	*canActivateChild*	Legt fest, ob bzw. welche Child-Routes einer Route aktiviert werden dürfen.
CanLoad	*canLoad*	Legt fest, ob ein Modul per Lazy Loading geladen werden darf.
CanDeactivate	*canDeactivate*	Legt fest, ob eine Route deaktiviert werden darf.

Das Aktivieren von Routen verhindern

In diesem Abschnitt demonstrieren wir die Nutzung von Guards anhand einer Implementierung von *CanActivate*, die unberechtigte Benutzer von Routen fernhält. Dies dient weniger der Sicherheit, zumal Sicherheit bei browserbasierten SPAs immer im Backend zu realisieren ist. Vielmehr dient dies der Benutzerfreundlichkeit, da hierdurch die Anwendung den Benutzer bei Bedarf zur Anmeldung auffordern kann.

Bei einem Guard handelt es sich um einen einfachen Service, der den Typ *CanActivate* implementiert. Außer dem weiter oben beschriebenen *AuthService* zum Anmelden von Benutzern lässt er sich auch den Router injizieren. Damit leitet er Benutzer mit fehlenden Berechtigungen auf eine andere Route weiter (Listing 8-46):

Listing 8-46: Mit Guards Routen vor nicht authentifizierten Benutzern schützen

```
import {Injectable} from "@angular/core";
import {CanActivate, ActivatedRouteSnapshot, RouterStateSnapshot, Router}
  from "@angular/router";
import {AuthService} from "./auth.service";

@Injectable()
export class AuthGuard implements CanActivate {

    constructor(private authService: AuthService, private router: Router) {
    }

    canActivate(route: ActivatedRouteSnapshot, state: RouterStateSnapshot): boolean {

        //let isProtected = route.data['protected'];
        //if (authService.isLoggedIn || !isProtected) {

        if (this.authService.isLoggedIn) {
            return true;
        }
        else {
            this.router.navigate(['/home', {needLogin: true}]);
            return false;
        }

    }

}
```

Die von *CanActivate* vorgegebene gleichnamige Methode erhält vom Router einen *ActiveRouteSnapshot*, der über die gewünschte Route informiert, sowie einen *Rou terStateSnapshot*, der über die aktuelle Route Auskunft gibt. Sie wendet sich an den *AuthService*, um herauszufinden, ob der aktuelle Benutzer angemeldet ist. Ist dem so, liefert sie *true* zurück und erlaubt somit die gewünschte Aktivierung. Ansonsten leitet sie mit der Methode *navigate* des Routers den Benutzer auf die Route *home* weiter. Dabei übergibt sie einen Parameter, der die dahinterliegende *HomeComponent* wissen lässt, dass der Benutzer aufgrund fehlender Berechtigungen bei ihr gestrandet ist.

Da es sich beim *AuthGuard* um einen Service mit allgemeiner Logik handelt, kommt er ins *SharedModule*:

Listing 8-47: Guard als Service registrieren

```
@NgModule({
    imports: [
        FormsModule,
        CommonModule
    ],
    [...]
})
export class SharedModule {
    static forRoot(): ModuleWithProviders {
        return {
```

```
            providers: [
                AuthService,
                AuthGuard,
                [...]
            ],
            ngModule: SharedModule
        };
    }
}
```

Um den Guard für eine Route zu aktivieren, muss sie mit ihrer Eigenschaft *can Activate* lediglich darauf verweisen. Damit eine Route mehrere solche Guards nutzen kann, handelt es sich bei *canActivate* um ein Array:

Listing 8-48: »AuthGuard« in Routenkonfiguration hinterlegen

```
let FLIGHT_BOOKING_ROUTES: Routes = [
    {
        path: '',
        component: FlightBookingComponent,
        children: [
            {
                path: 'flight-search',
                component: FlightSearchComponent
            },
            {
                path: 'passenger-search',
                component: PassengerSearchComponent
            },
            {
                path: 'flight-edit/:id',
                component: FlightEditComponent,
                canActivate: [AuthGuard],
                data: {
                    restricted: true
                }
            }

        ]
    }
];

export let FlightBookingRouterModule = RouterModule.forChild(FLIGHT_BOOKING_ROUTES);
```

Technisch gesehen, registriert *canActivate* nicht direkt den zu nutzenden Guard, sondern lediglich ein Token, das auf den gewünschten Guard verweist. Hier kommt also ein weiteres Mal Dependency Injection ins Spiel. Um die hier beschriebene Routenkonfiguration beispielsweise auf einen *AdvancedAuthGuard* verweisen zu lassen, müsste die Anwendung lediglich einen entsprechenden Provider einrichten:

```
{ provide: AuthGuard, useClass: AdvancedAuthGuard }
```

Die konfigurierte Route macht auch von der Eigenschaft *data* Gebrauch. Damit lässt sich ein applikationsspezifisches Objekt mit beliebigen Eigenschaften hinterlegen. Diese Eigenschaften können unter anderem Guards auslesen. Damit kann die Routenkonfiguration den Guard über die gültigen Benutzer in Kenntnis setzen. Beispielsweise könnte sie hier Gruppen auflisten, die Benutzer aufweisen müssen. Zur Veranschaulichung nutzt das betrachtete Beispiel lediglich eine Eigenschaft *restricted*, die darüber informiert, ob die Route angemeldeten Benutzern vorbehalten ist.

Um diese Informationen innerhalb des Guards auszuwerten, muss der Guard lediglich auf die Eigenschaft *data* des übergebenen *ActivatedRouteSnapshots* zugreifen:

Listing 8-49: Eigene Routenparameter in Guard berücksichtigen

```
@Injectable()
export class AuthGuard implements CanActivate {

    constructor(private authService: AuthService, private router: Router) {
    }

    canActivate(route: ActivatedRouteSnapshot, state: RouterStateSnapshot): boolean {

        let isProtected = route.data['protected'];
        if (authService.isLoggedIn || !isProtected) {
           return true;
        }
        else {
            this.router.navigate(['/home', {needLogin: true}]);
            return false;
        }

    }

}
```

Das Aktivieren von untergeordneten Routen verhindern

Für Guards, die Child-Routes schützen, bietet Angular das Interface *CanActivate Child*. Seine Funktionsweise entspricht der von *CanActivate*. Allerdings bezieht sich die getroffene Entscheidung nicht auf die Route, für die der Guard registriert wurde, sondern auf dessen Child-Routes.

Das folgende Beispiel zeigt die Implementierung der im letzten Abschnitt betrachteten Logik als *CanActivateChild*-Guard (Listing 8-50):

Listing 8-50: Beispiel für »CanActivateChild«-Guard

```
@Injectable()
export class AuthChildGuard implements CanActivateChild {
    constructor(private authService: AuthService, private router: Router) {
    }
```

```
    canActivateChild(childRoute: ActivatedRouteSnapshot,
                     state: RouterStateSnapshot): boolean {


        if (this.authService.isLoggedIn) {
            return true;
        }
        else {
            this.router.navigate(['/home', {needLogin: true}]);
            return false;
        }

    }

}
```

Auch für diesen Guard ist ein Provider einzurichten. Das vom Provider genutzte Token ist anschließend in der gewünschten Routenkonfiguration über die Eigenschaft *canActivateChild* anzuführen (Listing 8-51):

Listing 8-51: Den »CanActivateChild«-Guard in der Routenkonfiguration hinterlegen

```
let FLIGHT_BOOKING_ROUTES: Routes = [
    {
        path: '',
        component: FlightBookingComponent,
        canActivateChild: [AuthChildGuard],
        children: [...]
     },
     [...]
}
```

Um den Guard für mehrere Routen zu konfigurieren, bietet es sich an, diese mit einer Pseudo-Route zu gruppieren. Dabei handelt es sich um eine Route mit einem leeren Pfad, die lediglich auf den Guard verweist, ohne eine Komponente festzulegen. Die von ihr gruppierten Routen befinden sich in der Eigenschaft *children* (Listing 8-52):

Listing 8-52: »CanActivateChild«-Guard in Pseudo-Route

```
[...]
{
    path: '',
    canActivateChild: [AuthChildGuard],
    children: [
    {
        path: 'flight-booking',
        loadChildren: './flight-booking/flight-booking.module#FlightBookingModule'
    },
    {
        path: 'bookings',
        component: BookingsComponent
    }]
},
[...]
```

Das Laden von Modulen verhindern

Sogar das verzögerte Laden von Modulen lässt sich mit Guards unterbinden. Dazu müssen Sie lediglich den Typ *CanLoad* implementieren. Wie das folgende Beispiel veranschaulicht, funktioniert ein solcher Guard vom Prinzip her genauso wie die bis dato betrachteten:

Listing 8-53: Beispiel für einen »CanLoad«-Guard

```
import {CanLoad, Route, Router} from "@angular/router";
import {AuthService} from "./auth.service";
import {Injectable} from "@angular/core";

@Injectable()
export class AuthLoadGuard implements CanLoad {

    constructor(private authService: AuthService, private router: Router) {
    }

    canLoad(route: Route): boolean {
        if (this.authService.isLoggedIn) {
            return true;
        }
        else {
            this.router.navigate(['/home', {needLogin: true}]);
            return false;
        }
    }

}
```

Natürlich benötigt die Anwendung auch für diesen Guard einen Provider, und dessen Token wird nun über die Eigenschaft *canLoad* einer Route referenziert, die für das Lazy Loading genutzt wird (Listing 8-54):

Listing 8-54: Nutzung eines »CanLoad«-Guards in der Routenkonfiguration

```
let APP_ROUTES: Routes = [
    {
        path: 'flight-booking',
        loadChildren: './flight-booking/flight-booking.module#FlightBookingModule',
        canLoad: [AuthLoadGuard]
    },
    [...]
]
```

Das Deaktivieren einer Komponente verhindern

Um einen Guard zu demonstrieren, der das Deaktivieren einer Route verhindert, nutzen wir in diesem Abschnitt eine Implementierung, die eine angeforderte Deaktivierung zunächst hinauszögert. Sie fragt den Benutzer, ob er oder sie die Route tatsächlich verlassen möchte, und nutzt dann die erhaltene Entscheidung, um den aktuellen Vorgang abzubrechen oder zu bestätigen. Mit solch einem Verhalten kann eine Anwendung beispielsweise verhindern, dass geänderte, jedoch nicht gespeicherte Daten verloren gehen.

Zur Implementierung des Guards kommt der Typ *CanDeactivate* zum Einsatz. Dieser spiegelt die adressierten Komponenten wider. Damit das hier vorgestellte Beispiel nicht nur mit einer einzigen Komponente funktioniert, definieren wir hier ein Interface. Jede Komponente, die dieses Interface realisiert, kann im Folgenden mit dem Guard zusammenspielen (Listing 8-55).

Listing 8-55: Interface für Komponenten, die den »CanDeactivate«-Guard nutzen

```
export interface ComponentWithCanDeactivate {
    canDeactivate(): Promise<boolean>;
}
```

Der Guard implementiert das Interface *CanDeactivate*, das *ComponentWithCan Deactivate* als Typparameter nutzt (Listing 8-56):

Listing 8-56: Der »CanDeactivate«-Guard, der an eine Komponente delegiert

```
import {CanDeactivate, ActivatedRouteSnapshot, RouterStateSnapshot}
  from "@angular/router";
import {ComponentWithCanDeactivate} from "./component-with-can-deactivate";

export class LeaveComponentGuard implements CanDeactivate<ComponentWithCanDeactivate>
{

    canDeactivate(
       component: ComponentWithCanDeactivate,
       route: ActivatedRouteSnapshot,
       state: RouterStateSnapshot): Promise<boolean>
    {

        return component.canDeactivate();

    }

}
```

Die Methode *canDeactivate* nimmt die betroffene Instanz dieser Komponente als *ComponentWithCanDeactivate* entgegen. Zusätzlich erhält sie Parameter, die über den aktuellen sowie den künftigen Zustand des Routers informieren. Danach delegiert sie an die Komponente, damit diese für den Benutzer eine Warnmeldung einblendet.

Die gleichnamige Methode der Komponente, die auf diesem Weg zur Ausführung kommt, setzt eine interne Eigenschaft *exitWarning.show* auf *true* (Listing 8-57). Damit blendet sie die Warnmeldung ein. Diese fragt den Benutzer, ob er tatsächlich die Route verlassen möchte. Da *canDeactivate* die Antwort des Benutzers abwarten muss, liefert sie ein *Promise<boolean>* zurück und verstaut die dazu passende *resolve*-Methode in der Eigenschaft *exitWarning.observer*.

Die Methode *decide* nimmt die Benutzerentscheidung entgegen und blendet die Warnmeldung wieder aus, indem sie die Eigenschaft *exitWarning.show* auf *false* zurücksetzt. Danach gibt sie über die zuvor erhaltene *resolve*-Methode die Entscheidung an das Promise und somit an den Router weiter.

Listing 8-57: Verzögerte Bekanntgabe einer Entscheidung für den Guard

```
import {Component, OnInit} from '@angular/core';
import {ActivatedRoute} from "@angular/router";
import {Flight} from "../../entities/flight";
import {ComponentWithCanDeactivate}
  from "../../shared/deactivation/component-with-can-deactivate";

@Component({
    templateUrl: './flight-edit.component.html'
})
export class FlightEditComponent implements ComponentWithCanDeactivate, OnInit {

    id: string;
    flight: Flight;

    constructor(private route: ActivatedRoute) {
    }

    ngOnInit() { [...] }

    exitWarning = {
        show: false,
        resolve: null
    }

    decide(decision: boolean) {
        this.exitWarning.show = false;
        this.exitWarning.resolve(decision);
    }

    canDeactivate() {
        this.exitWarning.show = true;
        return new Promise((resolve) => {
            this.exitWarning.resolve = resolve;
        });
    }

    save() { [...] }

}
```

Das Template für die Warnmeldung sehen Sie in Listing 8-58. Es blendet die Warnmeldung in Abhängigkeit von *exitWarning.show* mittels **ngIf* ein. Die Entscheidung des Benutzers, die die Warnung über einen der beiden Links entgegennimmt, delegiert das Template an die Methode *decide* weiter.

Listing 8-58: Template für eine Warnung

```
<div *ngIf="exitWarning.show" class="alert alert-warning">
        <div>
        Daten wurden nicht gespeichert! Trotzdem Maske verlassen?
```

```
        </div>
        <div>
            <a href="javascript:void(0)" (click)="decide(true)"
               class="btn btn-danger">Ja</a>
            <a href="javascript:void(0)" (click)="decide(false)"
               class="btn btn-default">Nein</a>
        </div>
</div>
```

Um den Guard für eine Route zu registrieren, müssen Sie den Guard – wie gehabt – über einen Provider bereitstellen. Das Array *canDeactivate* in der Routenkonfiguration muss anschließend auf das genutzte Token verweisen (Listing 8-59):

Listing 8-59: Einen Guard in der Routenkonfiguration hinterlegen

```
const FLIGHT_BOOKING_ROUTES: Routes = [
    {
        path: 'flight-booking',
        component: FlightBookingComponent,
        children: [
            {
                path: 'flight-search',
                component: FlightSearchComponent
            },
            {
                path: 'passenger-search',
                component: PassengerSearchComponent
            },
            {
                path: 'flight-edit/:id',
                component: FlightEditComponent,
                canDeactivate: [LeaveComponentGuard]
            }
        ]
    }
];
```

Events

Damit sich die Anwendung über die Tätigkeiten des Routers auf dem Laufenden halten kann, veröffentlicht der Router Ereignisse, auf Englisch *Events* (Tabelle 8-3):

Tabelle 8-3: Router-Ereignisse

Ereignis	Beschreibung
NavigationStart	Der Wechsel zu einer neuen Route wurde gestartet.
RoutesRecognized	Der Router konnte aus der URL die gewünschte Route ableiten.
NavigationEnd	Der Wechsel zu einer neuen Route wurde abgeschlossen.
NavigationCancel	Der Wechsel zu einer neuen Route wurde durch einen Guard abgebrochen.
NavigationError	Beim Wechsel zu einer neuen Route ist ein Fehler aufgetreten.

Eine Anwendung kann diese Ereignisse beispielsweise nutzen, um beim Routenwechsel eine entsprechende Information einzublenden. Die folgenden Ausführungen zeigen, wie dies in der hier betrachteten Demo-Anwendung implementiert werden kann. Mit der Eigenschaft *showWaitInfo* zeigt die *AppComponent* an, ob die Information einzublenden ist:

Listing 8-60: Flag zum Einblenden eines Lade-Indikators

```
export class AppComponent {
    public showWaitInfo: boolean = false;
         [...]
}
```

Abhängig davon blendet das Template der *AppComponent* ein *div*-Element ein bzw. aus. Mithilfe von CSS kann die Anwendung es zentriert über dem Arbeitsbereich darstellen:

Listing 8-61: Einfacher Lade-Indikator

```
<div *ngIf="showWaitInfo" [...]>
    Please wait ...
</div>
```

Um sich über Ereignisse auf dem Laufenden zu halten, konsumiert die *AppComponent* das Observable *events* des Routers:

Listing 8-62: Auf Routing-Events reagieren

```
export class AppComponent {


    public showWaitInfo: boolean = false;

    constructor(private router: Router) {

        router.events.subscribe(
            (event) => {

                console.debug('router-event', event);

                if (event instanceof NavigationStart) {
                    this.showWaitInfo = true;
                }
                else if (event instanceof NavigationEnd
                    || event instanceof NavigationCancel
                    || event instanceof NavigationError) {
                    this.showWaitInfo = false;
                }

            }
        )
                    [...]
    }
    [...]
}
```

Hierbei fällt auf, dass der Router das Observable *events* über jedes Ereignis in Kenntnis setzt. Das hier betrachtete Beispiel setzt abhängig vom Ereignis die Eigenschaft *showWaitInfo* auf *true* oder auf *false* und blendet somit die Information ein bzw. aus.

Resolver

Die in diesem Kapitel beschriebene *FlightEditComponent* ermittelt im Life-Cycle-Hook die ID des zu ladenden Fluges und lädt ihn anschließend (Listing 8-63):

Listing 8-63: Daten in eine Komponente laden

```
export class FlightEditComponent implements OnInit {

    id: string;
    flight: Flight;

    constructor(private route: ActivatedRoute, private flightService: FlightService) {
    }

    ngOnInit() {

        this.route.params.subscribe(p => {
            this.id = p['id'];

            this.flightService.findById(this.id)
                .subscribe(
                    (flight: Flight) => {
                        this.flight = flight;
                    },
                    (err) => {
                        console.debug('Fehler beim Laden', err);
                    }
                );
        });

    }
    [...]
}
```

Diese zunächst einfache Vorgehensweise führt zu einem Problem: Das Laden des Fluges findet erst statt, nachdem der Routenwechsel abgeschlossen ist. Eine Anwendung, die unter Nutzung der Router-Ereignisse einen Lade-Indikator anzeigt, blendet ihn somit zu früh aus. Der Grund dafür ist, dass der Router unmittelbar nach Abschluss des Routings das Ereignis *NavigationEnd* auslöst. Zu diesem Zeitpunkt ist das asynchrone Laden des Fluges jedoch noch im Gange. Somit kann der Anwender das Formular nicht sofort nach dem Ausblenden des Indikators nutzen, sondern muss noch ein wenig warten. Auch im Template ist diesem Problem Rechnung zu tragen, um Zugriffe auf die Eigenschaft *flight* zu verhindern, während diese noch *null* bzw. *undefined* ist. In der hier betrachteten Lösung verwenden wir dazu ein einfaches *ngIf* (Listing 8-64):

Listing 8-64: Die Eigenschaft »flight« verweist auf »undefined«, bis sie asynchron zur Verfügung gestellt wird.

```
<div *ngIf="flight">
    <div class="form-group">
        <label>Id</label>
        <input class="form-control" [(ngModel)]="flight.id">
    </div>
    <div class="form-group">
        <label>From</label>
        <input class="form-control" [(ngModel)]="flight.from">
    </div>
    [...]
</div>
```

Als Lösung hierfür bietet der Router ein Konzept, das sich Resolver nennt. Hierbei handelt es sich in der Regel um Services, die den Typ *Resolve<T>* und dessen Methode *resolve* implementieren. Diese Methode hat die Aufgabe, die von einer Komponente benötigten Werte zu ermitteln. In der Regel stößt sie dazu eine asynchrone Operation an, die ein *Promise* oder ein Observable zurückliefert. Der Router nimmt diese Objekte entgegen und zögert den Abschluss des Routenwechsels hinaus, bis die dahinterstehenden Werte ermittelt wurden. Danach stellt er diese Werte der adressierten Komponente zur Verfügung. Die folgende Implementierung veranschaulicht das (Listing 8-65):

Listing 8-65: Resolver für den zu ladenden Flug

```
import {Flight} from "../../entities/flight";
import {Resolve, ActivatedRouteSnapshot, RouterStateSnapshot} from "@angular/router";
import {Observable} from "rxjs";
import {FlightService} from "./flight.service";
import {Injectable} from "@angular/core";

@Injectable()
export class FlightResolver implements Resolve<Flight>
{
    constructor(private flightService: FlightService) {
    }

    resolve(route: ActivatedRouteSnapshot, state: RouterStateSnapshot):
                                    Observable<any>|Promise<any>|any {
        let id = route.params['id'];
        console.debug('FlightResolver', id);
        return this.flightService.findById(id);
    }
}
```

Diese Implementierung lässt sich den *FlightService* injizieren und ermittelt innerhalb von *resolve* den Routing-Parameter *id*. Anschließend fordert *resolve* beim *FlugService* den dazugehörigen Flug an und liefert das erhaltene *Observable<Flight>* zurück. Wie die Signatur von *resolve* vermittelt, kann diese Methode anstatt eines *Observab les* bzw. eines *Promises* auch einen konkreten Wert zurückliefern. Das ist nützlich, wenn sich dieser Wert synchron in Erfahrung bringen lässt.

Wie alle Services sind auch Resolver über einen Provider zu registrieren (Listing 8-66):

Listing 8-66: Einen Resolver als Service registrieren

```
@NgModule({
    imports: [
        CommonModule,
        FormsModule,
        ReactiveFormsModule,
        SharedModule,
        FlightBookingRouterModule
    ],
    declarations: [...],
    providers: [
        FlightService,
        FlightResolver
    ],
    exports: [
    ]
})
export class FlightBookingModule {
}
```

Die Konfiguration der gewünschten Route referenziert den *Resolver* über ihre Eigenschaft *resolve*. Dazu verweist sie auf ein Objekt, dessen Namen die Werte widerspiegelt, die ermittelt werden sollen. Bei den zugewiesenen Werten handelt es sich um die jeweiligen *Resolver*. Das folgende Listing gibt auf diese Weise bekannt, dass der Wert *flight* mit dem *FlightResolver* zu laden ist (Listing 8-67):

Listing 8-67: Resolver in Routenkonfiguration registrieren

```
let FLIGHT_BOOKING_ROUTES: Routes = [
    {
        path: '',
        component: FlightBookingComponent,
        canActivateChild: [AuthChildGuard],
        children: [
            [...],
            {
                path: 'flight-edit/:id',
                component: FlightEditComponent,
                canActivate: [AuthGuard],
                canDeactivate: [LeaveComponentGuard],
                data: {
                    restricted: true
                },
                resolve: {
                    flight: FlightResolver
                }
            }

        ]
    }
];
```

Die Eigenschaft *data*, die bereits in einigen vorangegangenen Beispielen verwendet wurde, hat im Übrigen eine ähnliche Semantik wie *resolve*. Der Unterschied zwischen diesen beiden Konzepten ist jedoch, dass *data* Werte im Rahmen der Routenkonfiguration fix vorgibt und *resolve* das Berücksichtigen eines *Resolver* erlaubt.

Um auf die von einem Resolver ermittelten Objekte zuzugreifen, nutzt die adressierte Komponente – wie auch beim Einsatz von Werten, die mit *data* festgelegt wurden – die Eigenschaft *data* der *ActivatedRoute*. Hinter dieser Eigenschaft verbirgt sich ein *Observabe*, das die ermittelten Werte als Objekt präsentiert (Listing 8-68):

Listing 8-68: Auf einen Flug zugreifen, der vom Resolver geladen wurde

```
export class FlightEditComponent implements OnInit {

    id: string;
    flight: Flight;

    constructor(private route: ActivatedRoute) {

        route.params.subscribe(p => {
            this.id = p['id'];
        });

        route.data.subscribe((data) => {

            this.flight = data['flight'];

        })
    }
    [...]
}
```

Zusammenfassung

Der von Angular angebotene Router ermöglicht es, unterschiedliche Seiten innerhalb einer Single Page Application (SPA) zu simulieren. Daneben bietet er unter anderem hierarchische Views mit Child-Routes und ist die Basis für das Lazy Loading. Gerade Letzteres ist bei größeren Anwendungen zur Steigerung der Startgeschwindigkeit wichtig. Die Möglichkeiten des Routers gehen jedoch weit über das hinaus: Beispielsweise erlaubt er dank sogenannter Auxiliary-Routes die Co-Existenz mehrerer Platzhalter, die die Anwendung unabhängig voneinander mit Komponenten bestücken kann. Daneben kann er die Anwendung mithilfe von Ereignissen über seine Aktivitäten informieren. Über Services, die sich Guards nennen, kann eine SPA auch in das Routing eingreifen und so beispielsweise das Aktivieren bzw. Deaktivieren einer Route verhindern.

KAPITEL 9

Formulare und Validierung

Eine Stärke von Angular ist seit jeher die Verwaltung von Formularen. Angular bringt hierzu gleich zwei Ansätze: einen *template-getriebenen* und einen *reaktiven*. Ersterer sieht vor, dass der Entwickler die benötigten Formulare zur Gänze über HTML-Markup beschreibt. Entscheidet sich der Entwickler hingegen für den reaktiven Ansatz, beschreibt er das Formular über einen Objektgraphen. Namensgebend ist hier die Tatsache, dass dieser Objektgraph einen direkten Zugriff auf Observables bietet, die aus der Welt von RxJS (*Reactive Extensions for JavaScript*) stammen und die über Zustandsänderungen an den Eingabefeldern informieren. Während der template-getriebene Ansatz in der Regel mit weniger Aufwand einhergeht, bietet die reaktive Alternative dem Entwickler mehr Kontrolle.

Template-getriebene Formulare

Um die Nutzung von Template-getriebenen Formularen zu erläutern, erweitern wir in diesem Abschnitt unser Demo-Projekt um eine Validierung. Später erweitern wir auch das Suchformular und veranschaulichen anhand dessen zusätzliche Möglichkeiten (Abbildung 9-1).

Abbildung 9-1: Validierung beim Suchfilter für Flüge

FormsModule einbinden

Angular ist sehr modular aufgebaut. Das geht sogar so weit, dass die Funktionalität für template-getriebene Formulare in einem eigenen Modul zu finden ist. Dieses nennt sich *FormsModule* und befindet sich (wie die meisten in diesem Kapitel besprochenen Framework-Bestandteile) im Namensraum *@angular/forms*. Dieses Modul müssen Sie in jedes eigene Modul einbinden, das template-getriebene Formulare benötigt (Listing 9-1):

Listing 9-1: Das »FormsModule« referenzieren

```
import {FormsModule} from "@angular/forms";
[…]
@NgModule({
  imports: [BrowserModule, HttpModule, FormsModule, […] ],
  […]
})
export class AppModule { }
```

Bei den meisten Seed-Projekten ist dies von Anfang an der Fall. Auch das hier verwendete Seed-Projekt sowie von der CLI generierte Projekte binden dieses Modul von Anfang an ins Root-Module ein.

Eingaben validieren

Steht das *FormsModule* erst einmal zur Verfügung, können Templates einzelne Eingabesteuerelemente mittels *ngModel* und *Two Way Data Binding* an die jeweiligen Eigenschaften binden:

```
<input [(ngModel)]="from" name="from" class="form-control">
```

Die Klasse *form-control* kommt, wie die meisten anderen Klassen in diesem Buch auch, vom Framework *Twitter Bootstrap* und hilft mit ihren Formatierungen dabei, die Anwendung ein wenig zu verschönern. Angular erzwingt dabei, dass das Eingabefeld einen Namen bekommt.

Zusätzlich besteht die Möglichkeit, Validierungsregeln über Attribute anzugeben. Das folgende Beispiel zeichnet auf diese Weise das Eingabefeld als Pflichtfeld mit mindestens drei Zeichen aus:

```
<input [(ngModel)]="from" name="from" class="form-control"
          required minlength="3">
```

Tabelle 9-1 gibt Ihnen einen Überblick über die Validierungsregeln von Angular. Wenn Sie damit nicht auskommen, können Sie auch – wie im Abschnitt *Eigene Validierungsdirektiven* beschrieben – eigene Validierungsregeln implementieren.

Tabelle 9-1: Built-in-Validatoren

Klasse	Zustand
required	Pflichtfeld
minlength	Minimale String-Länge
maxlength	Maximale String-Länge
pattern	Prüfung gegen regulären Ausdruck

Zugriff auf den Zustand des Formulars

Für template-getriebene Formulare erzeugt Angular im Hintergrund einen Objektgraphen, der seinen Zustand beschreibt (Abbildung 9-2). An der Spitze dieses baumförmigen Graphen finden Sie ein Objekt vom Typ *NgForm*. Diese Direktive steht für das gesamte Formular und zeigt unter anderem an, ob es korrekt validiert (*valid*) oder verändert (*dirty*) wurde. Nur wenn sämtliche Felder des Formulars korrekt validiert wurden, sieht Angular das Formular als valide an. Wurde auch nur ein Feld verändert, sieht Angular das Formular hingegen als verändert an.

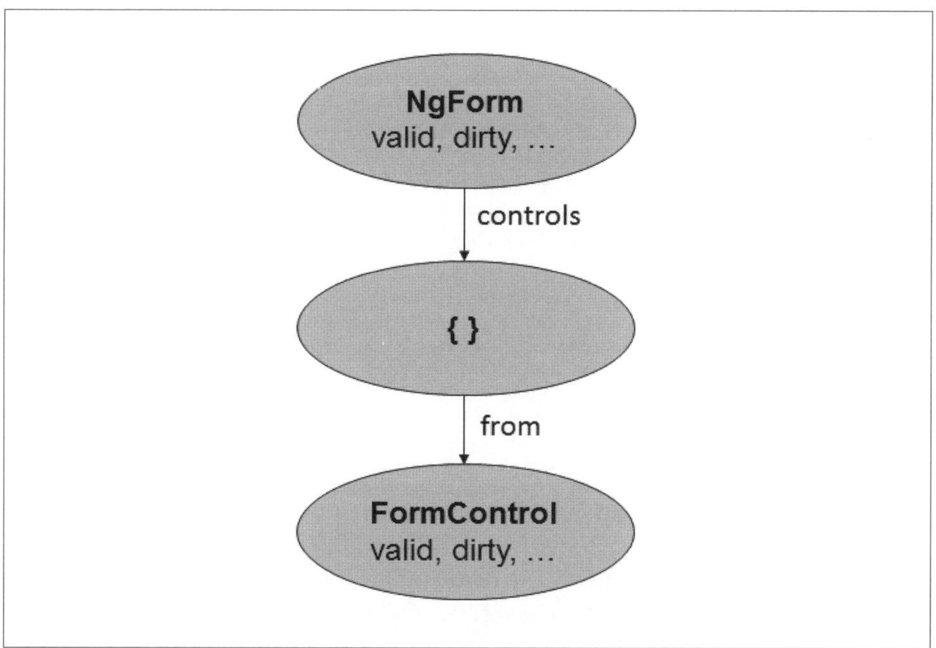

Abbildung 9-2: Objektgraph zur Beschreibung eines Formulars

Der Objektgraph enthält pro Eingabefeld ebenfalls ein Objekt. Diese Objekte lassen sich über die Auflistung *controls* von *NgForm* erreichen. Sie spiegeln den Zustand der einzelnen Eingabefelder wider und geben ebenfalls Auskunft über den Ausgang der Validierung (*valid*) sowie darüber, ob das Feld eine Änderung erfahren hat (*dirty*).

Um eine Referenz auf diese Objekte zu erhalten, führt der Entwickler ein sogenanntes Handle für das Formular ein. Dabei handelt es sich um eine Templatevariable, die auf eine Direktive oder Komponente verweist, die hinter diesem Element steht. Ein Beispiel dafür findet sich in Listing 9-2. Es deklariert für das *form*-Element ein Handle *f*. Im Zuge der Deklaration ist dem Handle eine Raute (#) voranzustellen.

Listing 9-2: Handle für »NgForm«

```
<form #f="ngForm">

  <div class="form-group">
    <label>Von:</label>
    <input
          name="from"
      [(ngModel)]="from"
      class="form-control"
      required minlength="3" />

    <div *ngIf="!f?.controls['from']?.valid">
      Es liegen Validierungsfehler für diese Eingabe vor.
    </div>
    <div *ngIf="f?.controls['from'].hasError('required')">
      Dieses Feld ist ein Pflichtfeld.
    </div>
    <div *ngIf="f?.controls['from'].hasError('minlength')">
      Erfassen Sie bitte min. 3 Zeichen.
    </div>
  </div>

  [...]

  <div>
    <input type="button" [disabled]="!f.valid" (click)="search()"
              class="btn" value="Suchen" />
  </div>

</form>
```

Da hinter einem HTML-Element eine Komponente sowie mehrere Direktiven stehen können, weist das betrachtete Beispiel dem Handle *#f* den Wert *ngForm* zu. Damit referenziert es die *NgForm*-Direktive. Dies funktioniert, da das Angular-Team *NgForm* unter diesem Namen veröffentlicht.

Das erste *input*-Element bindet das Beispiel an die Eigenschaft *from*, die sich in der Komponente befindet, und weist die Validierungsattribute *required* und *minlength* auf. Eine wichtige Eigenschaft kommt hier dem *name*-Attribut zu: Es legt den Namen des Control-Objekts im Objektgraphen fest.

Auf dieses Control-Objekt greift der Entwickler über *f.controls.from* zu. Da Angular template-basierte Formulare erst parsen muss, bevor es diesen Objektgraph aufbauen kann, steht er nicht von Anfang an, sondern mit einer kleinen Verzögerung zur Verfügung. Diese wird wohl vom Benutzer kaum bemerkt, führt jedoch dazu, dass für einen kurzen Augenblick *null*-Werte vorliegen. Deswegen nutzt dieses Beispiel zusätzlich den Safe-Access-Operator (Elvis-Operator), der durch die Kombination von einem Fragezeichen und einem Punkt gebildet wird: *f?.controls['von']*. Das vorangestellte Fragezeichen bewirkt, dass Angular den gesamten Ausdruck als null auswertet, wenn der Teil links davon null ist. Auf diese Weise verhindert es die Navigation über null hinweg, was das Framework im Gegensatz zu seinem Vorgänger AngularJS 1.x mit einer entsprechenden Exception abmahnt.

Das Beispiel prüft mittels **ngIf* und der Eigenschaft *valid*, ob für *from* mindestens ein Validierungsfehler vorliegt. In diesem Fall gibt es eine Fehlermeldung aus. Zusätzlich prüft es, welcher Validierungsfehler vorliegt. Dazu kommt die Methode *hasError* zum Einsatz. Auf diese Weise gibt das Beispiel eine zusätzliche Information aus, die zu den aufgetretenen Fehlern passt.

Am Ende des Beispiels befindet sich auch eine Schaltfläche. Die Bindung an das Attribut *disabled* bewirkt, dass Angular sie beim Vorliegen von Validierungsfehlern deaktiviert.

Die Klassen *NgForm* sowie *FormControl* weisen eine Vielzahl interessanter Eigenschaften und Methoden auf. Eine vollständige Auflistung dazu finden Sie in der API-Dokumentation von Angular unter *www.angular.io*.

Auch für Eingabeelemente lassen sich Handles einführen. Dies verkürzt die Länge der einzelnen Ausdrücke:

```
<input #from="ngModel"
  class="form-control"
  [(ngModel)]="from"
  required minlength="3"
  name="from" />

<div *ngIf="from?.valid">
  Validierungsfehler!
</div>
```

Bedingte Formatierung von Eingabefeldern

Abhängig vom aktuellen Zustand weist Angular den Eingabefeldern unterschiedliche Klassen zu. Diese kann eine Anwendung für bedingte Formatierungen nutzen, indem sie für diese Klassen Formatierungen mittels CSS bereitstellt. Listing 9-3 bietet einen Überblick hierzu.

Listing 9-3: Klassen für Formularfelder

Klasse	Zustand
ng-invalid	Das Feld wurde nicht korrekt validiert.
ng-valid	Für das Feld liegt kein Validierungsfehler vor.
ng-dirty	Das Feld wurde vom Benutzer verändert.

Listing 9-3: Klassen für Formularfelder (Fortsetzung)

Klasse	Zustand
ng-pristine	Das Feld wurde vom Benutzer nicht verändert.
ng-pending	Die Validierung ist noch nicht abgeschlossen (vgl. Abschnitt *Asynchrone Validatoren* weiter unten).

Um nun Eingabefeldern mit fehlerhaften Eingaben einen roten Rand und Eingabefeldern mit korrekten Eingaben einen grünen Rand zu verpassen, kann die Anwendung das Stylesheet aus Listing 9-4 verwenden:

Listing 9-4: Styles für die bedingte Formatierung

```
input.ng-invalid {
    border-left-color: red;
    border-left-style: solid;
    border-left-width: 5px;
}

input.ng-valid {
    border-left-color: green;
    border-left-style: solid;
    border-left-width: 5px;
}
```

Um dieses Stylesheet zu referenzieren, bietet sich die Eigenschaft *styles* im *Component*-Dekorator an (Listing 9-5):

Listing 9-5: Die Komponente referenziert ein Stylesheet.

```
@Component({
    selector: 'flight-search',
    template: ./flight-search.component.html',
    styles: ['./flight-search.component.css']
})
export class FlightSearchComponent {
    [...]
}
```

Das Besondere an dieser Lösung ist, dass Angular diese Styles auf die aktuelle Komponente isoliert. Somit läuft die Anwendung nicht Gefahr, dass sich Styles unterschiedlicher Komponenten in die Quere kommen. Zur Realisierung nutzt Angular die mit Web Components assoziierte Browsertechnologie *Shadow DOM*. Für Browser, die Shadow DOM noch nicht unterstützen, emuliert das Framework dessen Verhalten.

Eigene Validierungsdirektiven

Eigene Validierungsregeln kann die Anwendung über Direktiven bereitstellen. Diese ergänzen, wie zum Beispiel *ngModel*, Elemente der Anwendung um ein zusätzliches Verhalten. Zur Demonstration soll die hier präsentierte Demo-Anwendung eine solche Validierungsdirektive nutzen, die die erfassten Orte (*from* und *to*) validiert. Diese soll in Form eines Attributs *flightCity* beim jeweiligen *input*-Element hinterlegt werden können. Das Präfix *flight* stellt hier unter Berücksichtigung von Best Practices ein projektspezifisches Kürzel dar:

```
<input class="form-control"
  [(ngModel)]="from"
  required minlength="3" maxlength="30"
  flightCity
  name="from" />

<div *ngIf="f?.controls['from']?.hasError('flightCity')">
  Dieser Flughafen existiert nicht
</div>
```

Bei Direktiven handelt es sich um Klassen, die mit *Directive* dekoriert werden. Für Validierungsdirektiven stellt Angular zusätzlich das Interface *Validator* mit der Methode *validate* zur Verfügung (Listing 9-6):

Listing 9-6: Eigene Validierungsdirektive

```
import { Directive, Attribute, forwardRef } from '@angular/core';
import { Validator, AbstractControl, NG_VALIDATORS } from '@angular/forms';

@Directive({
    selector: 'input[flightCity]',
    providers: [
        {
            provide: NG_VALIDATORS,
            useExisting: forwardRef(() => CityValidatorDirective),
            multi: true
        }
    ]
})
export class CityValidatorDirective implements Validator{

    public validate(c: AbstractControl): any {

        if (c.value == 'Graz'
            || c.value == 'Hamburg'
            || c.value == 'Frankfurt'
            || c.value == 'Wien'
            || c.value == 'Mallorca') {

            return {};
        }

        return {
            flightCity: true
        }
    }
}
```

Die Methode *validate* nimmt ein *AbstractControl* entgegen, das das zu validierende Steuerelement repräsentiert. Die betrachtete Implementierung prüft, ob es sich bei seinem Wert um einen bekannten Ort handelt. Wurde der Wert korrekt validiert, liefert sie ein leeres Fehlerbeschreibungsobjekt. Ansonsten gibt sie ein Fehlerbeschreibungsobjekt zurück, das mit der Property *city* auf die fehlgeschlagene Validierung hinweist. Die Anwendung kann später prüfen, ob ein durch solch einen Namen ausgedrückter Fehler vorliegt. Die Werte solcher Eigenschaften sind für Angular unerheblich. Allerdings kann die Anwendung sie nutzen, um eine entsprechende Fehlerausgabe herzustellen.

Der Dekorator *Directive* legt, wie Komponenten auch, einen CSS-Selektor fest. Dieser verweist auf die Elemente, für die sie aktiv wird. Demnach ist die Direktive auf alle *input*-Elemente mit einem Attribut *flightCity* anzuwenden. Um Angular mitzuteilen, dass diese Direktive eine Validierungsdirektive für das aktuelle Feld ist, muss die Anwendung diese Direktive an das Token *NG_VALIDATORS* binden. Dazu kommt ein Provider-Eintrag mit *useExisting* zum Einsatz. Da es für ein Feld mehrere Validierungsdirektiven geben kann, ist die Eigenschaft *multi* auf *true* zu setzen. Zur Laufzeit besorgt sich Angular pro Feld sämtliche Validatoren, die mit diesem Token verbunden sind, und führt sie zur Prüfung der Eingaben aus.

Bei Betrachtung der Provider-Einstellung fällt auch auf, dass der Dekorator *Directive* auf eine Klasse verweist, die der Quellcode erst einige Zeilen weiter unten deklariert. Deswegen steht hier eine Forward Reference (*forwardRef*) mit einem Lambda-Ausdruck, der auf die Direktive verweist. Diesen führt Angular erst aus, wenn die Klasse bereits existiert.

Als Alternative zur Nutzung eines Providers, der *NG_VALIDATORS* an eine Klasse mit einer *validate*-Methode bindet, könnte die Anwendung auch Gebrauch von einem Provider machen, der *NG_VALIDATORS* direkt an die Validierungsfunktion bindet:

```
@Directive({
  selector: 'input[flightCity]',
  providers: [provide(NG_VALIDATORS,
    { useValue: CityValidator.someStaticValidateFunction, multi: true })]
})
```

Damit Angular eine Direktive zur Laufzeit berücksichtigt, müssen Sie sie bei einem Modul registrieren. Sie müssen sie dazu unter *declarations* eintragen, wie Sie es auch bei Komponenten tun (Listing 9-7):

Listing 9-7: Eine Direktive registrieren

```
@NgModule({
imports: [
        BrowserModule,
        HttpModule,
        FormsModule
    ],
    declarations: [
        CityValidatorDirective,
    [...]
    ]
})
export class SharedModule {
}
```

Dieses Modul müssen Sie nun in alle anderen Module importieren, die die Direktive nutzen wollen.

Parametrisierbare Validierungsregeln

Die Validierungsdirektive, die wir im letzten Abschnitt betrachtet haben, prüft gegen hartcodierte Werte. Die Lösung wäre flexibler, wenn sie gegen eine Liste frei definierbarer Einträge validieren würde:

```
<input
        [(ngModel)]="from"
        name="from"
        class="form-control"
        required
        flightCity="Graz,München,Hamburg,Frankfurt,Zürich,Wien"
        minlength="3"
        maxlength="30">
```

Um Parameter an die Direktive zu binden, erhält sie eine Eigenschaft mit dem Namen des gewünschten Attributs. Zusätzlich müssen Sie die Eigenschaft mit *Input* dekorieren (Listing 9-8):

Listing 9-8: Parametrisierbare Direktive

```
import { Directive, Input, forwardRef } from '@angular/core';
import { Validator, AbstractControl, NG_VALIDATORS } from '@angular/forms';

@Directive({
    selector: 'input[flightCity]',
    providers: [
        {
            provide: NG_VALIDATORS,
            useExisting: forwardRef(() => CityValidatorDirective),
            multi: true
        }
    ]
})
export class CityValidatorDirective implements Validator{

    @Input() flightCity: string;

    public validate(c: AbstractControl): any {

        var cities = this.flightCity.split(',');

        if (cities.indexOf(c.value) > -1) {
            return {};
        }

        return {
            ort: true
        }

    }

}
```

Der Dekorator *Input* veranlasst Angular, einen Attributwert über die Datenbindung entgegenzunehmen. Diesen nutzen wir im betrachteten Beispiel, um ein Array mit den erlaubten Orten zu erzeugen.

Asynchrone Validatoren

In einigen Fällen kann ein Validator nicht sofort feststellen, ob der Wert des übergebenen Feldes korrekt ist. Dies ist zum Beispiel dann der Fall, wenn er dazu eine serverseitige Routine anstoßen muss. Für solche Fälle sieht Angular asynchrone Validatoren vor. Diese antworten zunächst nur mit einem Promise oder einem Observable, das das Fehlerbeschreibungsobjekt später nachreicht. Ein Beispiel dafür sehen Sie in Listing 9-9:

Listing 9-9: Direktive mit asynchronem Validator

```
import { Directive, Attribute, forwardRef } from '@angular/core';
import { Validator, AbstractControl, NG_ASYNC_VALIDATORS} from '@angular/forms';

@Directive({
    selector: 'input[flightCityAsync]',
    providers: [
        {
            provide: NG_ASYNC_VALIDATORS,
            useExisting: forwardRef(() => OrtAsyncValidatorDirective),
            multi: true
        }
    ]
})
export class CityAsyncValidatorDirective {

    public validate(c): Promise<any> {

        return new Promise<any>((resolve) => {
            // Kommunikation mit Server simulieren
            setTimeout(() => {

                if (c.value == 'Graz'
                    || c.value == 'Hamburg') {
                    resolve({});
                }

                resolve({ flightCityAsync: true });
            }, 2000);
        });

    }

}
```

Per Definition führt das zurückgelieferte Promise den übergebenen Lambda-Ausdruck sofort aus. Dieser stößt zur Veranschaulichung ein Timeout an, das stellvertretend für alle möglichen asynchronen Vorgänge steht. Wenn das Timeout eintritt, reicht er über die Methode *resolve* des Promise das benötigte Fehlerbeschreibungsobjekt zurück.

Damit Angular diese Direktive als asynchrone Validierungsdirektive erkennt, müssen Sie bei der Provider-Einstellung anstelle von *NG_VALIDATORS* das Token *NG_ASYNC_VALIDATORS* nutzen. Nach dem Registrieren gestaltet sich der Einsatz im Markup wie gewohnt (Listing 9-10):

Listing 9-10: Einsatz einer asynchronen Validierungsregel

```
<input
    [(ngModel)]="from"
        name="from"
        class="form-control"
        required
        flightCity="Graz,München,Hamburg,Frankfurt,Zürich,Wien"
        flightCityAsync
        minlength="3"
        maxlength="30">

[...]

<div *ngIf="f?.controls['from']?.hasError('flightCityAsync')">
  Derzeit gibt es keine Flüge für diesen Flughafen!
</div>
```

Zusätzlich pflegt Angular für asynchrone Validatoren eine Eigenschaft *pending*, die darüber Auskunft gibt, ob eine asynchrone Validierung noch im Gange ist:

```
<div *ngIf="f?.controls['from'].pending">
    Validierung wird ausgeführt!
</div>
```

Solange Angular auf Validatoren wartet, betrachtet es die Validierung als nicht erfolgreich. Die Eigenschaft *valid* hat somit den Wert *false*. Deswegen bietet es sich an, *valid* gemeinsam mit *pending* zu nutzen:

```
<div *ngIf="!f?.controls['from'].pending && !f?.controls['from'].valid">
Es liegen Fehler vor
</div>
```

Die Komponente zum Präsentieren von Validierungsfehlern

Um nicht pro Eingabefeld immer und immer wieder auf dieselbe Weise die Validierungsfehler abfragen zu müssen, bietet sich der Einsatz einer zentralen Komponente an. Diese kann die Eigenschaft *errors* des validierten *FormControls* entgegennehmen. Sie stellt die Vereinigungsmenge der Fehlerobjekte sämtlicher für das Feld eingerichteter Validatoren dar. Der Ausdruck

```
f?.controls['from'].errors
```

liefert zum Beispiel das nachfolgende Objekt, wenn sowohl der Validator *min length* als auch der selbst geschriebene *flightCity*-Validator fehlschlägt:

```
{
  "minlength": {
    "requiredLength": 3,
    "actualLength": 1
  },
  "flightCity": true
}
```

Wie dieses Beispiel zeigt, kommt hier pro Validierungsfehler eine Eigenschaft vor. Ihre Werte können eine detailliertere Auskunft über den Fehler geben und dem Parametrisieren der Fehlermeldungen dienen.

Eine Komponente, die dieses Fehlerobjekt über ein Property-Binding entgegennimmt und basierend darauf Fehler ausgibt, sehen Sie in Listing 9-11:

Listing 9-11: Komponente zum Präsentieren von Validierungsfehlern

```
import { Component, Input } from '@angular/core';
@Component({
    selector: 'flight-validation-errors',
    template: `
        <div *ngIf="errors && errors.required">
            This field is required
        </div>
        <div *ngIf="errors && errors.minlength">
            Please enter at least {{ errors.minlength.requiredLength }} characters
        </div>
        <div *ngIf="errors && errors.city">
            This city is now allowed
        </div>
    `
})
export class ValidationErrorsComponent {
    @Input() errors: any;
}
```

Nachdem Sie die Komponente bei einem Modul registriert haben, können Sie mit ihr die Fehler in einem Feld präsentieren (Listing 9-12).

Listing 9-12: Einsatz der Komponente zum Anzeigen von Validierungsfehlern

```
<div class="form-group">
    <label>Nach</label>
    <input class="form-control" [(ngModel)]="to" name="to" required minlength="3"
flightCity="Graz,Hamburg">

    <flight-validation-errors [errors]="f?.controls['to']?.errors">
    </flight-validation-errors>
</div>
```

Die Standardsteuerelemente von HTML nutzen

Bis jetzt haben die Beispiele lediglich Formulare mit Textboxen verwendet. Die Direktive *ngModel* kann sich allerdings ab Werk auch an alle anderen durch HTML definierten Standardsteuerelemente binden. Um diese Möglichkeiten zu demonstrieren, kommt hier eine erweiterte Version des verwendeten Suchformulars zum Einsatz (Abbildung 9-3):

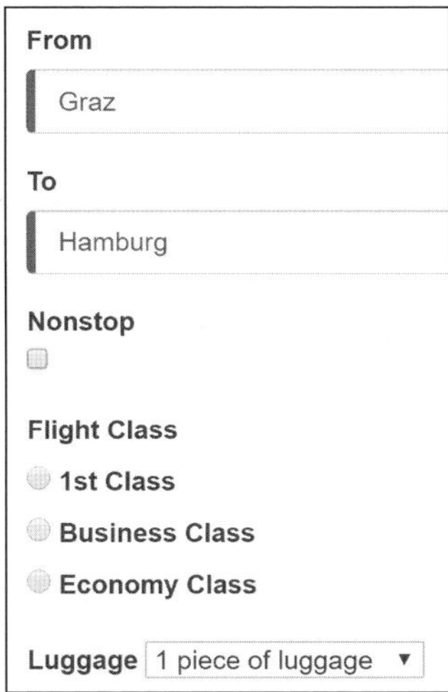

Abbildung 9-3: Nutzung von Standardsteuerelementen

Checkboxes

Der Einsatz von Checkboxes gestaltet sich sehr geradlinig: Sie lassen sich mit *ngModel* direkt an Booleans binden. Um das zu demonstrieren, erweitern wir die *FlightSearchComponent* um die boolesche Eigenschaft *nonstop*:

```
nonstop: boolean;
```

Anschließend kann diese Eigenschaft an ein *input*-Feld mit dem Typ *checkbox* gebunden werden:

```
<input
        type="checkbox"
        class="checkbox"
        name="nonstop"
        [(ngModel)]="nonstop">
```

Radio-Buttons

Um den Einsatz von Radio-Buttons zu demonstrieren, kommt hier das Interface *FlightClass* zum Einsatz:

```
export interface FlightClass {
   id: number;
   name: string;
}
```

Daneben erhält die *FlightSearchComponent* ein Array dieses Interfaces, das die mögliche Auswahl an Flug-Klassen repräsentiert:

```
this.flightClasses: FlightClass[]  = [
    { id: 1, name: '1st Class' },
    { id: 2, name: 'Business Class' },
    { id: 3, name: 'Economy Class' }
];
```

Zum Repräsentieren der ausgewählten Flug-Klasse verwendet die *FlightSearch Component* ein entsprechendes Feld:

```
flightClass: FlightClass;
```

Um nun einen Radio-Button für sämtliche Flug-Klassen zu präsentieren, iteriert das Template über das Array mit den Vorschlagswerten. Pro Array-Eintrag erzeugt es ein *input*-Feld mit dem Typ *radio*. An dessen Eigenschaft *value* bindet es den jeweiligen Vorschlagswert, und mit *ngModel* bindet es das Feld *flightClass*, das den ausgewählten Wert widerspiegelt:

```
<div *ngFor="let c of flightClasses">
    <label>
        <input
                type="radio"
                name="flightClass"
                [(ngModel)]="flightClass"
                [value]="c">
        {{c.name}}
    </label>
</div>
```

Dropdown-Felder

Die Vorgehensweise beim Binden von Dropdown-Feldern ist zunächst ähnlich wie bei Radio-Buttons. Für die einzelnen Optionen erhält die Anwendung zunächst ein Interface *LuggageOption*:

```
export interface LuggageOption {
    id: number;
    name: string;
}
```

Ein Array von diesem Typ spiegelt in der Komponente die möglichen Vorschlagswerte wider:

```
this.luggageOptions: LuggageOption[] = [
    { id: 0, name: 'No luggage' },
    { id: 1, name: '1 piece of luggage' },
    { id: 2, name: '2 pieces of luggage' }
];
```

Daneben erhält die *FlightSearchComponent* ein Feld *luggage*, das auf die ausgewählte Option verweist:

```
luggage: LuggageOption;
```

Um das Dropdown-Feld aufzubauen, erzeugt das Template ein *select*-Element. Darin platziert es pro Option ein *option*-Element:

```
<select [(ngModel)]="luggage" name="luggage">
    <option *ngFor="let l of luggageOptions" [ngValue]="l">{{l.name}}</option>
</select>
```

Die Direktive *ngValue* bindet den zuzuweisenden Wert an dieses Element. Der Einsatz dieser Direktive ist notwendig, da das DOM-Attribut *value* lediglich *string* aufnehmen kann, hier jedoch eine *LuggageOption* zum Einsatz kommt. Daneben bindet *ngModel* die Eigenschaft *luggage*, die das ausgewählte Objekt erhalten soll, an das *select*-Element.

Geschachtelte Formulare

Um zusammengehörige Formularfelder im generierten Objektgraphen zusammenzufassen, bietet Angular das Konzept der *FormGroup*. Ihre Auflistung *controls* gewährt Zugriff auf *FormControl*-Objekte, die die gruppierten Steuerelemente widerspiegeln (Abbildung 9-4). Jedes *FormControl* verweist über die Eigenschaft *parent* zurück auf seine *FormGroup*.

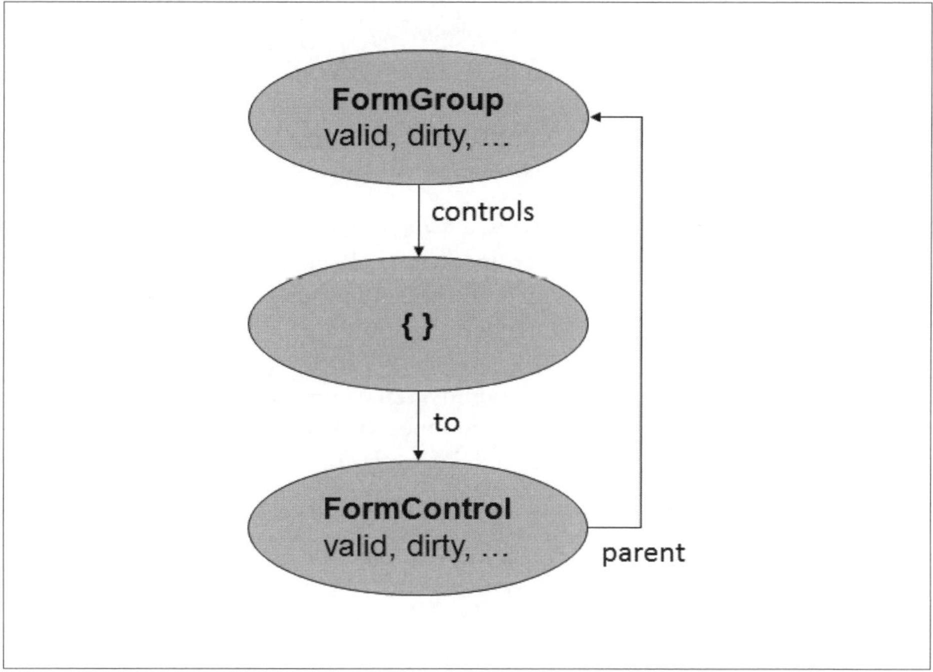

Abbildung 9-4: Eine »FormGroup« gruppiert mehrere »FormControls«.

Dabei fällt auf, dass *FormGroups* ähnliche Eigenschaften wie *FormControls* aufweisen. Das ist auch kein Zufall, zumal beide die abstrakte Klasse *AbstractControl* implementieren.

Beim Einsatz von template-getriebenen Formularen erzeugt Angular für das gesamte Formular eine *FormGroup*. Das erinnert an die bis jetzt des Öfteren verwendete *NgForm*-Direktive, die ebenfalls über ihre Eigenschaft *controls* sämtliche Steuerelemente zugänglich macht. Genau genommen ist *NgForm* jedoch nur ein als Handle abrufbarer Einsprungpunkt in diesen Objektgraphen. So verweist beispielsweise *NgForm* über seine Eigenschaft *form* auf die für das Formular eingerichtete *FormGroup* (Abbildung 9-5).

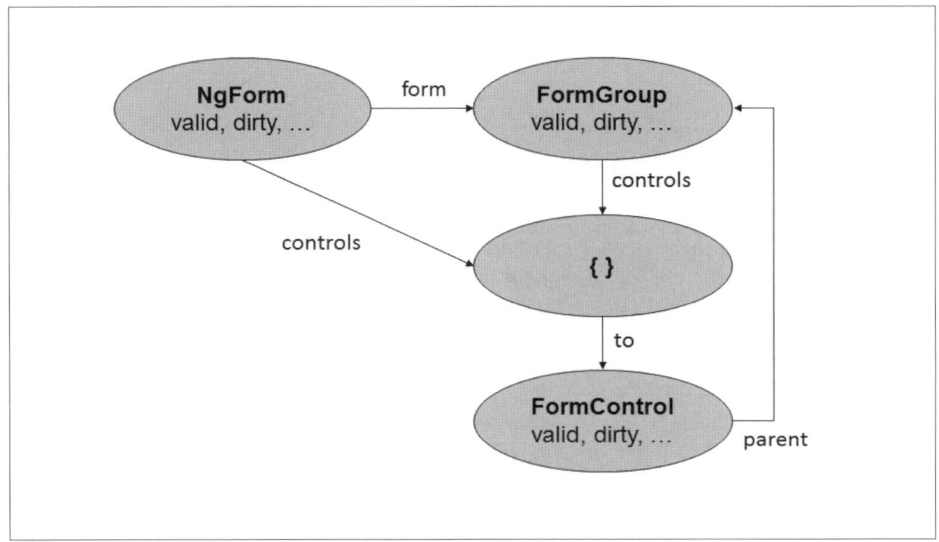

Abbildung 9-5: »NgForm« als Wrapper für »FormGroup«

Da *NgForm* mit seinen Eigenschaften wie *valid*, *dirty* oder *controls* an diese *Form Group* delegiert, ist die Nutzung von *form* in der Regel nicht notwendig. Spätestens dann, wenn die Anwendung mehrere Felder zu weiteren *FormGroups* zusammenfasst, muss sie damit direkt interagieren. Um dies zu veranschaulichen, fasst das nächste Beispiel die Felder *from* und *to* zu einer eigenen Gruppe mit dem Namen *route* zusammen. Die restlichen im letzten Abschnitt eingeführten Felder, also *nonstop*, *flightClass* und *luggage*, kommen in keine eigene Gruppe. Daraus resultiert der in Abbildung 9-6 gezeigte Objektgraph.

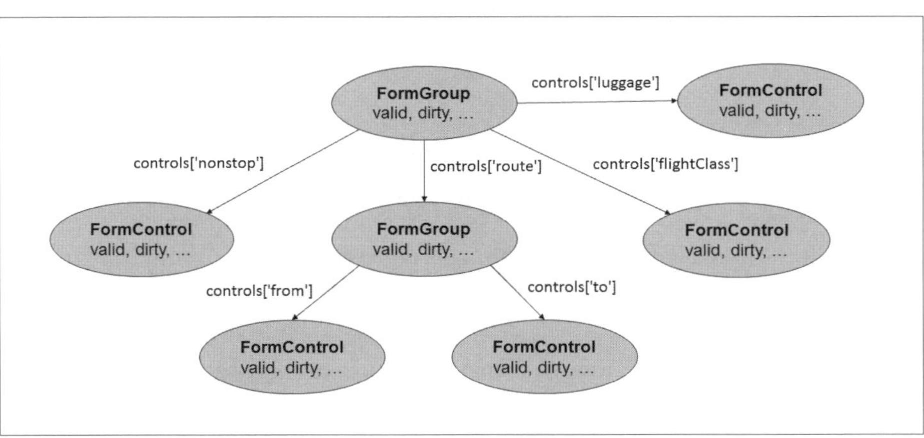

Abbildung 9-6: Gruppierung von »from« und »to«

Diese Gruppierung bringt zwei Vorteile mit sich: Zum einen kann die Anwendung auf der Ebene der neuen *FormGroup* prüfen, ob ein Fehler vorliegt, und eine entsprechende Meldung ausgeben. Zum anderen kann ein Multi-Field-Validator (siehe den folgenden Abschnitt) die gesamte Gruppe validieren.

Um diese Gruppierung einzuführen, kommen die beiden Felder in ein gemeinsames HTML-Element, das mit dem Attribut *ngModelGroup* versehen wird. Diesem Attribut wirde der Name der neuen Gruppe übergeben (Listing 9-13).

Listing 9-13: Konfigurieren der Bibliothek

```
<form #f="ngForm">

<div ngModelGroup="route">

    <div *ngIf="!f?.controls['route']?.valid">
        Error in route
    </div>

    <div class="form-group">
        <label>From</label>
        <input class="form-control" type="text" name="from" [(ngModel)]="from"
required>
        <div *ngIf="!f?.controls['route']?.controls['from']?.valid">
            Required
        </div>

    </div>

    <div class="form-group">
        <label>To</label>
        <input class="form-control" name="to" [(ngModel)]="to" required>
    </div>

</div>

<div class="form-group">
    <label>Nonstop</label>
    <input
            type="checkbox"
            class="checkbox"
            name="nonstop"
            [(ngModel)]="nonstop">

</div>

[…]
</form>
```

Um den Validierungszustand zu ermitteln, ruft der Code aus Listing 9-13 zunächst das Control *route* ab. Dahinter verbirgt sich die gesamte *FormGroup*. Danach prüft er die *valid*-Eigenschaft der *FormGroup*.

Multi-Field-Validatoren

In einigen Fällen müssen Sie mehrere Felder in die Validierung einbeziehen. Hierbei spielt die Gruppierung der einzelnen *FormControl*-Objekte durch *FormGroups* eine zentrale Rolle. Beispielsweise könnte ein herkömmlicher Validator vom zu validierenden *FormControl* zu seiner *FormGroup* navigieren und ausgehend von dieser Stelle im Objektgraph andere *FormControls* besuchen.

Alternativ dazu kann die Anwendung auch einen Validator für eine gesamte *Form Group* bereitstellen. Die Struktur eines solchen *Validators* gleicht jener Struktur, die wir bis dato betrachtet haben. Allerdings bekommt er die gesamte *FormGroup* übergeben. Listing 9-14 demonstriert dies anhand eines Validators, der Rundflüge verbietet, indem er unterschiedliche Werte für *from* und *to* verlangt. Da die Methode *validate* dem Interface *Validator* folgend ein *AbstractControl* erhält, ist dieses auf den Typ *FormGroup* zu casten. Über dessen Eigenschaft *controls* erhält der Validator Zugriff auf die einzelnen Einträge der Gruppe.

Listing 9-14: Multifield-Validator

```
import { Directive } from '@angular/core';
import { FormGroup, Validator, AbstractControl, NG_VALIDATORS } from '@angular/forms';

@Directive({
    selector: '[flightRoundTrip]',
    providers: [{provide: NG_VALIDATORS, useExisting: RoundTripDirective, multi:
true}]
})
export class RoundTripDirective implements Validator {

    validate(control: AbstractControl): any {

        let formGroup = <FormGroup> control;
        let fromCtrl = formGroup.controls['from'];
        let toCtrl = formGroup.controls['to'];

        if (!fromCtrl || !toCtrl) {
            return {};
        }

        let from = fromCtrl.value;
        let to = toCtrl.value;

        if (from === to) {
            return {
                'round-trip': {
                    city: from
                }
            };
        }
        return {};

    }

}
```

Bei der Verrichtung seiner Aufgabe prüft der Validator, ob die gewünschten Controls vorhanden sind. Da Angular für die Erzeugung des Objektgraphen bei template-getriebenen Formularen ein paar Augenblicke benötigt, stehen diese Controls nicht von Anfang an zur Verfügung.

Haben beide Felder denselben Wert, liefert der Validator ein Fehlerbeschreibungsobjekt mit dem Schlüssel *round-trip* zurück. Dieser verweist auf ein Objekt mit dem betroffenen Stadtnamen.

Nachdem Sie den Validator bei Ihrem Modul der Wahl registriert haben, müssen Sie ihn auf das Element anwenden, das die *FormGroup* mit den gewünschten Controls repräsentiert (Listing 9-15):

Listing 9-15: Multi-Field-Validator gemeinsam mit »ngModelGroup« einsetzen

```
<div ngModelGroup="route" flightRoundTrip>

    <div *ngIf="!f?.controls['route']?.valid">
        Error in route
    </div>

    <div class="form-group">
        <label>From</label>
        <input class="form-control" type="text" name="from"
              [(ngModel)]="from" required>
        <div *ngIf="!f?.controls['route']?.controls['from']?.valid">
            Required
        </div>

    </div>

    <div class="form-group">
        <label>To</label>
        <input class="form-control" name="to" [(ngModel)]="to" required>
    </div>

</div>
```

Wurde keine eigene *FormGroup* geschaffen, kann er auch auf dem *form*-Element platziert werden, zumal Angular auf dieser Ebene immer eine *FormGroup* einrichtet (Listing 9-16):

Listing 9-16: Multi-Field-Validator gemeinsam mit »form«-Element einsetzen

```
<form #f="ngForm" flightRoundTrip>
    <div class="form-group">
        <label>Von</label>
        <input class="form-control"[(ngModel)]="from" name="from">
    </div>
    <div class="form-group">
        <label>Nach</label>
        <input class="form-control" [(ngModel)]="to" name="to">
    </div>
</form>
```

Reaktive Formulare

Bisher haben wir template-getriebene Formulare betrachtet; in diesem Abschnitt gehen wir auf ihre reaktiven Gegenstücke ein. Zum Vergleich demonstrieren wir auch hier zunächst die Implementierung des eingangs gezeigten Formulars zum Suchen nach Flügen. Danach erweiteren wir es, um eine zusätzliche Möglichkeit des reaktiven Objektmodells zu zeigen.

Modul einbinden

Um reaktive Formulare nutzen zu können, müssen Sie das Angular-Modul *ReactiveFormsModule* in die gewünschten Anwendungsmodule aufnehmen (Listing 9-17):

Listing 9-17: Einbinden des »ReactiveFormsModule«

```
import { ReactiveFormsModule } from '@angular/forms';
[...]
@NgModule({
    imports: [
        CommonModule,
        ReactiveFormsModule,
        [...]
    ],
    [...]
})
export class FlightBookingModule {
}
```

Das Formular mit einem Objektgraphen beschreiben

Wenn Sie reaktive Formulare nutzen, ist die Komponente für das Erstellen des Objektgraphen zum Beschreiben des Formulars verantwortlich. Tabelle 9-2 zeigt die Klassen, die Ihnen dafür zur Verfügung stehen. Sie sind Ihnen zum Großteil auch schon aus dem Abschnitt zu template-getriebenen Formularen bekannt.

Tabelle 9-2: Klassen für den Objektgraphen

Klasse	Beschreibung
AbstractControl	Abstrakte Klasse, von der die nachfolgenden Klassen ableiten
FormControl	Einzelnes Feld
FormGroup	Gruppierung von *AbstractControl*. Beschreibt ein gesamtes Formular oder zumindest einen Abschnitt eines Formulars.
FormArray	Array mit *AbstractControls*

Die in Tabelle 9-2 dargestellten Klassen weisen eine Vielzahl interessanter Eigenschaften und Methoden auf. Eine vollständige Auflistung dazu finden Sie in der API-Dokumentation von Angular unter *www.angular.io*.

Um ein Formular mit zwei Feldern zu beschreiben, könnte der Controller eine *FormGroup* instanziieren und ihr zwei *FormControls* mit entsprechenden Werten zuweisen. Als etwas einfachere und weniger wortreiche Alternative dazu bietet sich der Einsatz der Klasse *FormBuilder* an, die Komfortmethoden für solche Aufgaben bietet. Die Komponente in Listing 9-18 demonstriert dies. Sie fordert per Dependency Injection einen *FormBuilder* an und erstellt mit dessen Methode *group* eine *FormGroup*, die das gesamte Formular widerspiegelt.

Listing 9-18: Beschreibung eines Formulars mit dem »FormsBuilder«

```
import { Component } from '@angular/core';
import { Flight } from '../../entities/flight';
import { FlightService } from '../services/flight.service';
import { FormGroup, FormBuilder, Validators } from '@angular/forms';

export class FlightSearchReactiveComponent {

    public flights: Array<Flight> = [];
    public selectedFlight: Flight;

    public filter: FormGroup;

    constructor(private flightService: FlightService,
                private fb: FormBuilder) {

        this.filter = fb.group({
            'from': [
                'Graz',
                [
                    Validators.required,
                    Validators.minLength(3),
                ]
            ],
            'to': ['Hamburg']
        });
    }

    [...]
}
```

Die Namen der Eigenschaften des an *group* übergebenen Objekts stehen für die Namen der Steuerelemente, die Sie einrichten wollen. Das dahinter stehende Array beschreibt das jeweilige Feld näher. Per Definition stellt der erste Array-Eintrag den Standardwert des Feldes dar.

Der zweite Eintrag kann einen Validator beinhalten, der den Feldinhalt prüft. Möchte der Entwickler mehrere Validatoren nutzen, muss er diese – in einem Array verpackt – hier angeben. Alternativ dazu kann er mit der Hilfsmethode *Vali date.compose* mehrere Validatoren zu einem einzigen Validator zusammenfassen. Auf diese Weise nutzt das hier gezeigte Beispiel neben dem Validator *required* auch *minlength*. Diese Validatoren befinden sich neben den anderen von Angular standardmäßig gebotenen Validatoren *maxlength* und *pattern* in der Klasse *Vali dators*. Sämtliche Array-Einträge sind optional: Es müssen weder Standardwerte noch Validatoren hinterlegt werden.

Um sich über Änderungen am Formular oder an einzelnen Feldern auf dem Laufenden zu halten, kann der Controller von den erzeugten Objekten Observables abrufen:

```
this.filter.valueChanges.subscribe((e) => {
    // console.debug('Formular geändert', e);
});

this.filter.controls['from'].valueChanges.subscribe((e) => {
    // console.debug('Feld from geändert', e);
});
```

Diese Observables, die sich als Teil der *Reactive Extensions for JavaScript* (RxJS) verstehen, sind namensgebend für den Begriff *reaktive Formulare*. Um die aktuellen Feldinhalte zu ermitteln, könnte der Controller auf die mittlerweile gewohnte Art und Weise durch den Objektgraphen navigieren und die Eigenschaft *value* der gewünschten *FormControls* auslesen:

```
let from = this.filter.controls['from'].value;
```

Es geht aber auch etwas einfacher: Die Eigenschaft *value* der *FormGroup* zeigt auf ein Objekt, das die Namen der Controls auf deren aktuelle Werte abbildet. Auf diese Weise ermittelt Listing 9-19 ein dynamisches Objekt, das die beiden Suchoptionen widerspiegelt:

Listing 9-19: Abrufen der erfassten Werte

```
public search(): void {

    let value = this.filter.value;

    let from = value.from;
    let to = value.to;

    [...]
}
```

Einen Objektgraphen an ein Formular binden

Da bereits der Controller die meisten Informationen für reaktive Formulare definiert, gestaltet sich das Markup entsprechend schlanker. Im hier betrachteten Fallbeispiel muss das Template lediglich mit der Direktive *formGroup* das genutzte *form*-Element mit der *FormGroup* verknüpfen. Die Verknüpfung mit den Eingabefeldern erfolgt mit der Direktive *formControlName*, die lediglich den Namen des gewünschten *FormControl*-Objekts erhält. Um das gewünschte Objekt zu finden, durchforstet sie mit diesem Namen die umgebende *FormGroup* (Listing 9-20).

Um an *formControlName* einen fixen String zu binden, kann anstatt der Schreibweise

```
[formControlName]="'from'"
```

auch die etwas kürzere Form

```
formControlName="from"
```

verwendet werden.

Listing 9-20: Einen Objektgraphen an ein Formular binden

```
<form [formGroup]="filter">

    <div class="form-group">
        <label>From</label>
        <input class="form-control" formControlName="from">

        <div *ngIf="!filter.controls['from'].valid
                        && !filter.controle['from'].pending ">
            Validierungsfehler. Bitte prüfen Sie Ihre Eingaben.
        </div>

        <div *ngIf="filter.controls['from'].hasError('minlength')">
            Zu kurz
        </div>

        <div *ngIf="filter.controls['from'].hasError('required')">
            Dieses Feld ist ein Pflichtfeld
        </div>
    </div>

    <div class="form-group">
        <label>To</label>
        <input class="form-control" formControlName="to" name="to">
    </div>
    <div class="form-group">
        <button
            class="btn btn-primary"
            name="btnSearch"
            [disabled]="!filter.valid"
            (click)="search()">Search
        </button>
    </div>
</form>
```

Im Folgenden nutzt das betrachtete Template die Eigenschaften der *FormGroup* sowie der *FormControls*, um sich über Validierungsfehler zu informieren (Listing 9-20). Da der Objektgraph nun im Gegensatz zum template-getriebenen Ansatz von Anfang an zur Verfügung steht, ist der Einsatz des Safe-Access-Operators nicht notwendig.

Validatoren

Die letzten Abschnitte haben bereits die vordefinierten Validatoren *required* und *minlength* genutzt. Dabei handelt es sich lediglich um Funktionen, die ein Control entgegennehmen und ein Fehlerbeschreibungsobjekt zurückliefern. Wie von den template-getriebenen Formularen bekannt, beinhaltet dieses Objekt pro Fehler eine Eigenschaft. Konnte der Validator keinen Fehler entdecken, liefert er einfach ein leeres Objekt.

Listing 9-21 zeigt ein Beispiel für einen benutzerdefinierten Validator, der sich gemeinsam mit reaktiven Formularen einsetzen lässt. Die statische Methode *vali date* nimmt ein *AbstractControl* entgegen und prüft, ob es sich bei seinem Wert um einen bekannten Ort handelt. Wurde der Wert korrekt validiert, liefert *vali date* ein leeres Fehlerbeschreibungsobjekt. Ansonsten gibt es ein Fehlerbeschreibungsobjekt zurück, das mit der Property *city* auf die fehlgeschlagene Validierung hinweist. Die Anwendung kann später prüfen, ob ein durch solch einen Namen ausgedrückter Fehler vorliegt.

Listing 9-21: Eigener Validator für reaktive Formulare

```
export class CityValidator {

    static validate(control: AbstractControl): any  {

        if (control.value == 'Graz'
            || control.value == 'Hamburg'
            || control.value == 'Frankfurt'
            || control.value == 'Berlin'
            || control.value == 'Wien') {

            return {};

        }

        return {
            city: true
        };

    }
}
```

Auch für die asynchronen Validatoren, die Sie von den template-getriebenen Formularen her kennen, gibt es eine Entsprechung in der Welt der reaktiven Formulare. Dabei handelt es sich um Funktionen, die ein *Promise* oder ein Observable zurückliefern und über diese Mechanismen das Validierungsergebnis nachliefern.

Der Validator in Listing 9-22 veranschaulicht dies. Er liefert gleich zu Beginn ein Promise zurück. Dieses Promise erhält einen Lambda-Ausdruck, der per Definition augenblicklich ausgeführt wird. Um das asynchrone Kontaktieren eines Service zu simulieren, kommt hier ein Timeout von drei Sekunden zum Einsatz. Nach Ablauf dieser Zeitspanne prüft der Validator den Wert des Controls und löst daraufhin das Promise mit der *resolve*-Funktion auf. Dabei übergibt der Validator das entsprechende Fehlerbeschreibungsobjekt.

Listing 9-22: Asynchroner Validator für reaktive Formulare

```
export class CityAsyncValidator {

    static validate(control: Control): Promise<any>  {

        return new Promise((resolve) => {

            setTimeout(
                () => {
                    if (control.value == 'Graz'
                        || control.value == 'Hamburg'
                        || control.value == 'Frankfurt'
                        || control.value == 'Wien') {

                        resolve({});
                    }
                    resolve({
                        'cityAsync': true
                    });

                },
                3000
            );
        });
    }
}
```

Um die eigenen Validatoren zu nutzen, müssen Sie sie in den jeweiligen *FormControl*-Objekten hinterlegen. Das Beispiel in Listing 9-23 demonstriert dies unter Verwendung des oben besprochenen *FormBuilder*. Es hinterlegt die gewünschten Validator-Funktionen im zweiten Array-Eintrag. Ähnlich geht es mit dem asynchronen Validator vor. Allerdings nutzt es für ihn den dafür vorgesehenen dritten Array-Eintrag.

Listing 9-23: Registrieren eigener Validatoren

```
import { Component } from '@angular/core';
import { Flight } from '../../entities/flight';
import { FlightService } from '../services/flight.service';
import { FormGroup, FormBuilder, Validators } from '@angular/forms';

@Component({ … })
export class FlightSearchReactiveComponent {

    public flights: Array<Flight> = [];
    public selectedFlight: Flight;

    public filter: FormGroup;

    constructor(private flightService: FlightService,
                private fb: FormBuilder) {
```

```
        this.filter = fb.group({
            'from': [
                'Graz',
                [
                    Validators.required,
                    Validators.minLength(3),
                    CityValidator.validate
                ],
                [
                    CityAsyncValidator.validate
                ]
            ],
            'to': ['Hamburg']
        });
    }

    [...]
}
```

Um herauszufinden, ob einer der benutzerdefinierten Validatoren einen Fehler entdeckt hat, können Sie die besprochene Funktion *hasError* nutzen. Ihr übergeben Sie den Schlüssel, über den das Fehlerbeschreibungsobjekt auf den jeweiligen Fehler hinweist:

```
<div *ngIf="form.controls['from'].hasError('city')">
    Ort wird nicht angeflogen!
</div>
<div *ngIf="form.controls['from'].hasError('cityAsync)">
    Derzeit keine freien Flüge für diesen Ort!
</div>
```

Außerdem informiert auch hier die Eigenschaft *pending* (die wir bereits im Kontext von template-getriebenen Formularen besprochen haben) darüber, ob sämtliche asynchronen Validatoren bereits fertig sind:

```
<div *ngIf="form.controls['from'].pending">
        Validierung findet im Hintergrund statt.
</div>
```

Dabei ist zu beachten, dass Angular aus Performancegründen asynchrone Validatoren erst dann anstößt, wenn keiner der synchronen Validatoren einen Fehler gefunden hat.

Wiederholgruppen mit FormArray

Der Objektgraph, den wir zum Beschreiben reaktiver Formulare verwenden, kann neben *FormControls* und *FormGroups* auch sogenannte *FormArrays* beinhalten. Damit lassen sich Wiederholgruppen abbilden. Um den Einsatz dieses Konstrukts zu demonstrieren, erweitern wir in diesem Abschnitt das in diesem Kapitel verwendete Suchformular um die Möglichkeit, beliebig viele Zwischenstopps hinzuzufügen (Abbildung 9-7).

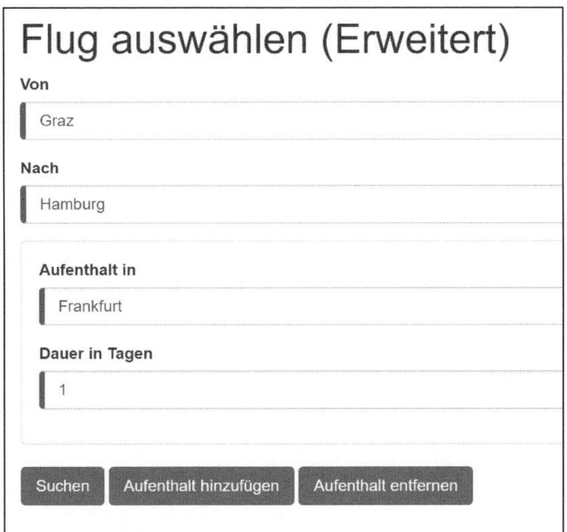

Abbildung 9-7: Nach Flügen mit Zwischenstopps suchen

Auch hier kommt der *FormsBuilder* zum Erzeugen des Objektgraphen zum Einsatz. Seine Methode *group* erzeugt eine *FormGroup* mit den Feldern *from*, *to* und *stopovers*. Letzteres repräsentiert die Zwischenstopps und bekommt ein vom *FormsBuilder* erzeugtes *FormArray* zugewiesen (Listing 9-24).

Listing 9-24: »FormGroup« mit »FormArray« zum Darstellen einer Wiederholgruppe

```
import { Component } from '@angular/core';
import { Flight } from '../../entities/flight';
import { FlightService } from '../services/flight.service';
import { FormGroup, FormBuilder, Validators, FormArray, ValidatorFn }
                                             from '@angular/forms';

@Component({ … })
export class FlightSearchMultistopComponent {

    public flights: Array<Flight> = [];
    public selectedFlight: Flight;

    public filter: FormGroup;
    public validators: Array<ValidatorFn> = [];

    constructor(private flightService: FlightService,
                private fb: FormBuilder) {

        this.validators = [
            Validators.required,
            Validators.minLength(3)
        ];

        this.filter = fb.group({
            'from': ['Graz', this.validators],
            'to': ['Hamburg', this.validators],
```

```
            'stopovers': fb.array([])
        });

    }
    [...]
}
```

Da hier sowohl *from* als auch *to* sowie sämtliche hinzugefügte Zwischenstopps dieselben Validatoren benötigen, richtet die Komponente dafür das Array *validators* ein. Dieses Array ist mit dem vom Angular angebotenen Typ *ValidationFn* typisiert, der die Signatur von Validierungsfunktionen beschreibt.

Zum Hinzufügen eines Zwischenstopps ruft *addStopover* das Steuerelement *stopovers* ab und wandelt es in ein *FormArray* um (Listing 9-25):

Listing 9-25: »FormGroup« zu »FormArray« hinzufügen

```
public addStopover(): void {
    let stopovers = this.filter.controls['stopovers'] as FormArray;
    stopovers.push(this.fb.group({
        'city': ['', this.validators],
        'duration': ['1']
    }));
}
```

Zum so erhaltenen *FormArray* fügt die Methode eine mit dem *FormBuilder* generierte *FormGroup* hinzu. Ähnlich gestaltet sich die Vorgehensweise beim Entfernen eines Eintrags aus dem Array. Die Methode *removeStopover* greift auch hierzu auf das Steuerelement *stopovers* zu und wandelt es in ein *FormArray* um (Listing 9-26):

Listing 9-26: »FormGroup« aus »FormArray« entfernen

```
public removeStopover(): void {
    let stopovers = this.filter['stopovers'] as FormArray;
    stopovers.removeAt(stopovers.length - 1);
}
```

Danach kommt *removeAt* zum Entfernen des letzten Eintrags zum Einsatz.

Um die Wiederholgruppe darzustellen, iteriert das Template die Auflistung *controls* des Steuerelements *stopovers*. Für jeden Eintrag in der Wiederholgruppe rendert es ein *div*-Element mit der Direktive *formGroupName* (Listing 9-27).

Listing 9-27: Template zum Darstellen der Wiederholgruppe

```
<div formArrayName="stopovers">
    <div *ngFor="let stopover of filter.get('stopovers').controls; let i = index">

        <div [formGroupName]="i" class="panel panel-default" >
            <div class="panel-body">

                <div class="form-group">
                    <label>Aufenthalt in</label>
                    <input class="form-control" formControlName="city">
```

```
            </div>

            <div class="form-group">
                <label>Dauer in Tagen</label>
                <input class="form-control" formControlName="duration">
            </div>
        </div>
    </div>
  </div>
</div>
```

Da Angular die einzelnen Einträge im *FormArray* beginnend bei null durchnummeriert, weist das Template zu *formGroupName* den aktuellen Schleifenindex zu. Somit beziehen sich alle im *div* verwendeten Namen auf den jeweiligen Eintrag im Array. Auf diese Weise bindet das Template mit *formControlName* die Einträge *city* und *duration* an Eingabefelder.

Um auf die Werte zuzugreifen, die Sie in den Wiederholgruppen vom Benutzer erfasst haben, kann der Controller über sämtliche Einträge im Objektgraphen iterieren. Alternativ dazu bietet die Eigenschaft *value* der äußeren *FormGroup* ein Objekt, das sämtliche Formularinhalte beschreibt:

```
let value = this.filter.value;
```

Das Objekt in Listing 9-28 spiegelt den hier verwendeten Formularinhalt wider:

Listing 9-28: Objekt mit Formularinhalten

```
{
  "from": "Graz",
  "to": "Hamburg",
  "stopovers": [
    {
      "city": "Frankfurt",
      "duration": "1"
    }
  ]
}
```

Wiederholgruppen validieren

Mit *FormArray* dargestellte Wiederholgruppen lassen sich analog zu *FormGroups* und *FormControls* mit einer Validierungsfunktion überprüfen. Diese nimmt das zu validierende *FormsArray* entgegen und liefert ein Fehlerbeschreibungsobjekt zurück.

Die Validierungsfunktion in Listing 9-29 demonstriert das, indem sie verhindert, dass sich zwei aufeinanderfolgende Array-Einträge auf dieselbe Stadt beziehen. In diesem Fall liefert sie ein Fehlerbeschreibungsobjekt zurück, das auf den Fehler *multistop* hinweist. Ansonsten kommt als Rückgabewert ein leeres Objekt zum Einsatz, das keine Validierungsfehler anzeigt.

Listing 9-29: Validator für »FormGroup«

```
import { FormArray } from '@angular/forms';

export class MultistopValidator {

    static validate(formArray: FormArray): any {

        if (formArray.length < 2) {
            return {};
        }

        for (let i = 1; i < formArray.length; i++) {
            let lastValue = formArray.at(i - 1).get('city').value;
            let thisValue = formArray.at(i).get('city').value;

            if (lastValue === thisValue) {
                return {
                    multistop: true
                };
            }
        }

        return {};

    }
}
```

Das *FormArray* nimmt über seine Eigenschaft *validators* eine solche Validierungsfunktion entgegen. Wenn Sie mehrere solcher Funktionen zuweisen wollen, müssen Sie diese mit *Validators.compose* zu einer übergeordneten Validierungsfunktion zusammenfassen (Listing 9-30):

Listing 9-30: Validator registrieren

```
@Component({ … })
export class FlightSearchMultistopComponent {

    public flights: Array<Flight> = [];
    public selectedFlight: Flight;

    public filter: FormGroup;
    public validators: Array<ValidatorFn> = [];

    constructor(private flightService: FlightService,
                private fb: FormBuilder) {

        […]

        this.filter.get('stopovers').validator = MultistopValidator.validate;
    }
    […]
}
```

Das Template kann im Folgenden auf die gewohnte Weise – zum Beispiel über *valid* oder *hasError* – prüfen, ob die Validierungsfunktion einen Fehler gemeldet hat (Listing 9-31):

Listing 9-31: Validierungsfehler ausgeben

```
<div *ngIf="!filter.controls['stopovers'].valid">
    Es sind Fehler aufgetreten.
</div>

<div *ngIf="filter.controls['stopovers'].hasError('multistop')">
    Rundflüge sind nicht erlaubt.
</div>
```

Dynamische Formulare

Reaktive Formulare eignen sich auch als Basis für Formulargeneratoren. Diese benötigen neben dem Objektgraphen weitere Metainformationen. Ein Beispiel dafür sehen Sie in Listing 9-32: Es definiert ein Array *formDesc*, dessen Einträge die Namen der Steuerelemente auf eine Beschriftung abbilden.

Listing 9-32: Zusätzliche Metadaten für ein dynamisches Formular

```
public formDesc = [
    {
        label: 'Von',
        name: 'from'
    },
    {
        label: 'Nach',
        name: 'to'
    }
];
```

Um das dynamische Formular zu rendern, iteriert das Template alle Einträge dieses Arrays und erzeugt dafür ein *input*-Element samt Beschriftungsfeld. Zur Datenbindung bekommt das Eingabefeld den Steuerelementnamen an die Direktive *formControlName* zugewiesen (Listing 9-33):

Listing 9-33: Dynamisches Formular aufbauen

```
<form [formGroup]="filter">

    <h2>Dynamisches Formular</h2>
    <div *ngFor="let item of formDesc">
        <label>{{item.label}}</label>
        <input [formControlName]="item.name" class="form-control">
    </div>

    [...]
</form>
```

In die Datenbindung mit Value-Accessoren eingreifen

Sowohl beim Einsatz von template-getriebenen Formularen als auch bei ihren reaktiven Gegenstücken muss Angular wissen, wie die jeweiligen Werte an die gewünschten Steuerelemente zu binden sind. Bei Textfeldern ist zum Beispiel die Eigenschaft *value* zu setzen, bei Checkboxen hingegen *checked* und bei Radio-Buttons sowie Dropdown-Feldern ist der betroffene Eintrag auszuwählen. Für diese Aufgabe nutzt das Framework sogenannte Value-Accessoren. Für die von HTML standardmäßig angebotenen Steuerelemente besitzt Angular entsprechende Value-Accessor-Implementierungen, und für darüber hinaus gehende Anforderungen kann eine Anwendung auch eigene Implementierungen bereitstellen.

Auf diese Weise lassen sich eigene Steuerelemente gemeinsam mit Angular-Formularen nutzen. Daneben kann die Anwendung damit das Datenbindungsverhalten von Angular anpassen, um zum Beispiel Werte im Zuge der Datenbindung zu formatieren. Dieser Abschnitt demonstriert beide Möglichkeiten anhand von Beispielen.

Ausgaben formatieren und Eingaben parsen

Für die Umsetzung von Value-Accessoren stellt Angular das Interface *ControlValueAccessor* zur Verfügung. Es definiert die Methoden *registerOnChange* sowie *registerOnTouched*, die von Angular Callbacks übergeben bekommen. Damit sendet der Value-Accessor geänderte Daten zur Komponente zurück. Diese Methoden sind nach Änderungen im jeweiligen Steuerelement oder beim Verlassen des Steuerelements anzustoßen. Daneben gibt das Interface die Methode *writeValue* vor. Sie erhält jene Werte aus dem Model, die in das Steuerelement geschrieben werden müssen.

Das folgende Beispiel demonstriert, wie eine Anwendung damit die gebundenen Daten im Rahmen der Datenbindung modifizieren kann. Dazu wandeln wir ein Datum, das im Model als ISO-String vorliegt, in ein deutsches Datum um und schreiben Modifikationen in Form eines ISO-Strings ins Model zurück (Abbildung 9-8).

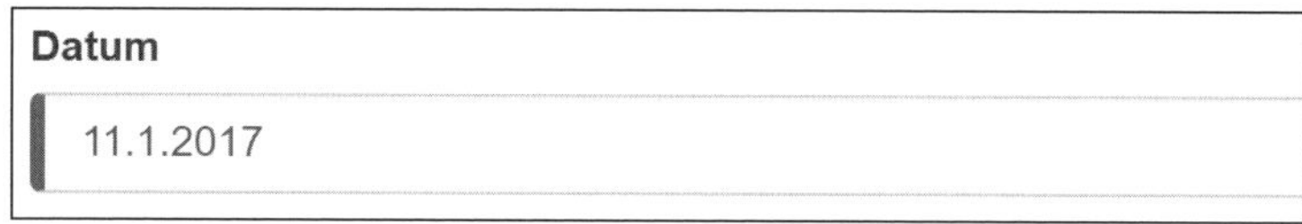

Abbildung 9-8: Ein Value-Accessor übernimmt das Formatieren des Datums.

- Um das Zurückschreiben ins Model zu beeinflussen, richten wir im betrachteten Beispiel Event-Handler für das *input-* und das *blur-*Event des Host-Steuerelements ein. Beim Host-Steuerelement handelt es sich beispielsweise um ein Eingabefeld oder eine Textarea. Der Event-Handler für *input* modifiziert die Eingaben durch Aufruf des zuvor besprochenen Callbacks *onChange* (Listing 9-34):

Listing 9-34 : Value-Accessor zum Aufbereiten von Datumswerten

```
import { Directive, Renderer, ElementRef, forwardRef } from '@angular/core';
import { NG_VALUE_ACCESSOR, ControlValueAccessor } from '@angular/forms';

@Directive({
    selector: '[flightDate]',
    providers: [{
        provide: NG_VALUE_ACCESSOR,
        useExisting: forwardRef(() => DateValueAccessorDirective), // tslint:disable-
line
        multi: true}]
})
export class DateValueAccessorDirective implements ControlValueAccessor {

    onChange = (_: any) => {};
    onTouched = () => {};

    constructor(private _renderer: Renderer, private _elementRef: ElementRef) {}

    registerOnChange(fn: (_: any) => void): void { this.onChange = fn; }
    registerOnTouched(fn: () => void): void { this.onTouched = fn; }


    blur() {
        this.onTouched();
    }

    // Parser: View --> Ctrl
    input(value) {

        // Write back to model
        if (value) {
            value = value.split(/\./);
            value = value[2] + '-' + value[1] + '-' + value[0];
        }

        this.onChange(value);
    }

    // Formatter: Ctrl --> View
    writeValue(value: any): void {

        // Write to view
        if (value) {
            let date = new Date(value);

            value =
                date.getDate() + '.'
                + (date.getMonth() + 1) + '.'
                + date.getFullYear();
        }

        let normalizedValue = (value) ? value : '';
        this._renderer.setElementProperty(this._elementRef.nativeElement,
                                            'value', normalizedValue);

    }

}
```

Die Methode *writeValue* kümmert sich um die Formatierung und schreibt den formatierten Wert anschließend über den Renderer in das Host-Element.

Über ihren Selektor gibt die Implementierung bekannt, für welche Elemente sie zu nutzen ist. Der Wert *input[flightDate]* adressiert dabei *input*-Elemente mit einem *flightDate*-Attribut, beispielsweise so:

```
<input flightDate [(ng-model)]="datum">
```

Damit Angular die Direktive tatsächlich als *ValueAccessor* nutzt, müssen Sie sie mit einem Provider an das Token *NG_VALUE_ACCESSOR* binden. Zur Laufzeit ruft Angular sämtliche Elemente ab, die an dieses Token gebunden wurden, und nutzt sie zur Datenbindung beim jeweiligen Element. Die beim Definieren des Providers hinterlegte Angabe *multi: true* sagt aus, dass mehrere Elemente an *NG_VALUE_ACCESSOR* gebunden sein dürfen. Die Indirektion über *forwardRef* löst das Henne-Ei-Problem, das durch die gegenseitige Referenzierung zwischen dem Provider und dem *ValueAccessor* entsteht.

Eigene Formular-Steuerelemente

Auch eigene Steuerelemente müssen *ControlValueAccessor* implementieren, damit sie mit template-getriebenen und reaktiven Formularen zusammenspielen. Um dies zu demonstrieren, verwenden wir in diesem Abschnitt ein einfaches Datum-Steuerelement (Abbildung 9-9).

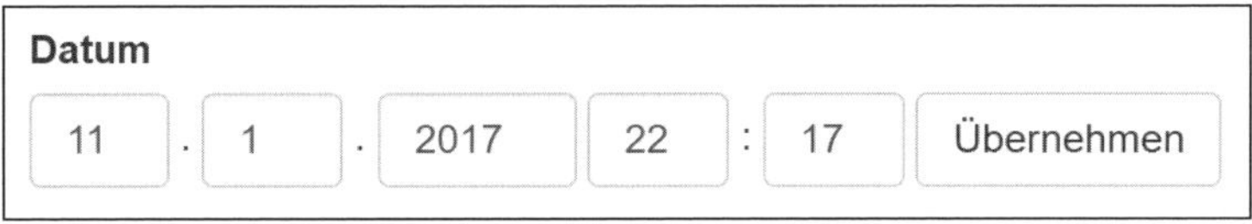

Abbildung 9-9: Eigenes Formular-Steuerelement

An dieses Steuerelement werden per *ngModel* Daten gebunden:

```
<!-- Deklaratives (template-driven) Forms-Handling
<flight-date-control [(ngModel)]="date"></date-control>
```

Alternativ dazu kann sich solch eine Komponente jedoch auch über reaktive Formulare an ein vordefiniertes *FormControl*-Objekt binden:

```
<form [formGroup]="filter">
    <date-control formControlName="date"></date-control>
    [...]
</form>
```

Die Implementierung des Steuerelements sehen Sie in Listing 9-35:

Listing 9-35: Eigenes Formular-Steuerelement

```
@Component({
    selector: 'flight-date-control',
    templateUrl: './date.control.html'
})
export class DateControlComponent
                implements ControlValueAccessor {

    day: number;
    month: number;
    year: number;
    hour: number;
    minute: number;

    constructor(private c: NgControl) {
        c.valueAccessor = this;
    }

    writeValue(value: any) {
        this.splitDate(value);
    }

    onChange = (_) => {};
    onTouched = () => {};

    registerOnChange(fn): void { this.onChange = fn; }
    registerOnTouched(fn): void { this.onTouched = fn; }


    splitDate(dateString) {
        let date = new Date(dateString);

        this.day = date.getDate();
        this.month = date.getMonth() + 1;
        this.year = date.getFullYear();
        this.hour = date.getHours();
        this.minute = date.getMinutes();
    }

    apply() {

        let date = new Date(this.year, this.month - 1,
                            this.day, this.hour, this.minute);

        this.onChange(date.toISOString());
        this.onTouched();
    }

}
```

Die Methode *splitDate* nimmt ein Datum entgegen und zerlegt es in seine Bestandteile, die sie anschließend im (hier nicht abgebildeten) Template zum Editieren anbietet. Den umgekehrten Weg beschreitet die Methode *apply*, indem sie diese einzelnen Bestandteile wieder zu einem Datum zusammenfügt.

Damit diese Komponente mit dem Forms-Handling von Angular zusammenspielen kann, implementiert sie das Interface *ControlValueAccessor*. Zusätzlich lässt sie sich die aktuelle Instanz von *NgControl* injizieren. Diese Instanz repräsentiert die Komponente in dem Objektgraphen, den Angular für ein Formular erzeugt. Über die Eigenschaft *valueAccessor* gibt die Komponente bekannt, dass sie selbst als *ValueAccessor* für dieses Steuerelement fungiert.

Die Implementierung von *writeValue* nimmt einen neuen Wert vom Framework entgegen und delegiert ihn an *splitDate*. Die Implementierungen von *registerOn Change* und *registerOnTouched* nehmen hingegen den von Angular übergebenen Callback entgegen und hinterlegen diese in den Eigenschaften *onChange* und *onTouched*.

Nach dem Bearbeiten des Datums ruft das Template die Methode *apply* auf. Sie fügt die einzelnen Bestandteile des Datums zu einem Datum zusammen und übergibt es durch einen Aufruf von *onChange* an Angular. Zusätzlich bringt es der Vollständigkeit halber die Methode *onTouched* zur Ausführung.

Zusammenfassung

Angular nutzt einen Objektgraphen, der die verwalteten Formulare beschreibt. Die Formulare geben Auskunft über die aktuellen Werte der Felder oder das Ergebnis der Validierung. Nutzt eine Anwendung template-getriebene Formulare, generiert Angular diesen Objektgraphen aus dem Template. Bei reaktiven Formularen ist es hingegen die Aufgabe des Entwicklers, diese Objekte bereitzustellen. Daraus ergeben sich auch die Vor- und Nachteile dieser beiden Ansätze: Während template-getriebene Formulare einfach zu nutzen sind, bieten reaktive Formulare mehr Freiheiten. Außerdem gestalten sich die Templates bei reaktiven Formularen schlanker. Um unabhängig von diesen beiden Modellen das Forms-Handling zu beeinflussen, können Entwickler zu Value-Accessoren greifen. Damit lassen sich eigene Formularkomponenten schreiben, aber auch bestehende Formularkomponenten beeinflussen. Letzteres ist nützlich, um Formatierungen anzupassen.

KAPITEL 10
Internationalisierung

Internationalisierung bezeichnet das Ziel, Anwendungen für verschiedene Kulturen, Sprachen und Regionen einfach anpassen zu können. Die häufig verwendeten Begriffe *I18n* oder *L10n* nennen dabei keinen Standard, sondern sind lediglich eine Abkürzung für die Worte *Internationalization* und *Localization*. Die Ziffer steht für die Anzahl der Buchstaben zwischen dem ersten und letzten Buchstaben der Begriffe.

In diesem Kapitel zeigen wir Ihnen, wie die I18n-Lösung von Angular funktioniert. Durch die Nutzung von Compiler-Tools unterscheidet sich der Ansatz deutlich von den meisten Frameworks. Das führt auch, neben den Vorteilen, zu Einschränkungen, die wir noch näher beschreiben werden. Als Alternative gehen wir im zweiten Abschnitt auf *ngx-translate*, vormals *ng2-translate*, ein – eine externe Library, die bereits große Verbreitung zeigt und mehr dem Ansatz der üblichen Werkzeuge in diesem Segment entspricht.

Übersetzungen mit Angular

Bei der Konzeption und Umsetzung von Angular lag der Fokus stets auf der Performance. Auch im Bereich Internationalisierung hat dieser Vorsatz seine Spuren hinterlassen. So nutzt Angular den hauseigenen Compiler, um Übersetzungen für die Anwendung bereitzustellen.

Wenn Sie das Kommandozeilen-Tool *ng-xi18n*, das über das Modul *@angular/compiler-cli* verfügbar ist, aufrufen oder über die Angular CLI den Befehl *ng xi18n* nutzen, wird im vorhandenen HTML nach markierten Stellen gesucht, die übersetzt werden sollen. Die daraus generierte XML-Datei integriert der Angular-Compiler, nachdem die Übersetzung erfolgt ist, wieder in die Applikation.

Beim Dateiformat können Sie zwischen *XLIFF* (XML Localisation Interchange File Format) oder dem *XMB (XML Message Bundle)* wählen. Beide XML-Formate sind standardisiert. Dies hat den Vorteil, dass es Tools gibt, die zur Übersetzung eingesetzt werden können. Außerdem ist es möglich, die Dateien direkt an Unternehmen weiterzugeben, die sich mit Internationalisierung beschäftigen. Im weiteren Verlauf nutzen wir das Dateiformat *XLIFF(1.2)*, kurz *xlf*.

Auf der Wikipedia-Seite *https://en.wikipedia.org/wiki/XLIFF* finden Sie weitere Informationen zum Thema *XLIFF*. Dort ist auch eine Auswahl von verfügbaren Tools zum Editieren aufgelistet.

Angular orientiert sich bei der Internationalisierung am *Unicode-CLDR* (*http://cldr.unicode.org/*) sowie am *International Components for Unicode*-Projekt (*http://site.icu-project.org/*).

Der Ablauf für eine Internationalisierung mit Angular sieht wie folgt aus:

- Markieren Sie die Texte in den Komponenten-Templates, die übersetzt werden sollen.
- Extrahieren Sie die markierten Texte mit einem Angular-Kommandozeilen-Tool.
- Übersetzen Sie die generierte XML-Datei.
- Integrieren Sie die übersetzte Datei in die Applikation.

ng-xi18n ohne die Angular CLI einrichten

Damit Sie das erwähnte Tool *ng-xi18n* ohne Angular CLI zur Übersetzung nutzen können, müssen Sie zuerst zwei *npm*-Pakete im Projekt installieren (Listing 10-1):

Listing 10-1: Installation des Kommandozeilen-Tools »ng-xi18n«

```
npm install @angular/compiler-cli @angular/platform-server --save
```

Da *ng-xi18n* intern den Angular-Compiler nutzt, um markierte Texte zu extrahieren, wird das Projekt zuerst vom Complier gebaut. Danach wird die Übersetzungsdatei erstellt. Es wird also TypeScript in JavaScript transpiliert. Bei der Nutzung von *ng-xi18n* greift das Tool standardmäßig auf die im Projekt vorhandene Datei *tsconfig.json* zu. Das kann je nach Projekt in Ordnung sein oder dazu führen, dass der Prozess fehlschlägt.

Die im Seed-Beispielprojekt vorhandene *tsconfig.json* ist dafür nicht gut geeignet. Deshalb nutzen wir an ihrer Stelle die Konfigurationsdatei *src/tsconfig.app.json*.

Listing 10-2 zeigt die minimal notwendige TypeScript-Konfiguration. Der Compiler benötigt die Parameter *target*, *module*, *moduleResolution*, *experimentalDecorators*, *emitDecoratorMetadata* und *lib*, um das Projekt für diesen Zweck bauen zu können. Über die *angularCompilerOptions* können Sie den Parameter *genDir* angeben, was in diesem Fall dem Pfad der zu generierenden Übersetzungsdatei *messages.xlf* entspricht.

Listing 10-2: TypeScript-Konfiguration für »ng-xi18n«

```
{
    "compilerOptions": {
        "target": "es5",
        "module": "es2015",
        "moduleResolution": "node",
```

```
        "experimentalDecorators": true,
        "emitDecoratorMetadata": true,
        "lib": ["es2016", "dom"]
    },
    "angularCompilerOptions": {
        "genDir": "src/"
    }
}
```

Nachdem die Voraussetzungen geschaffen sind, gibt es nun zwei Arten, das Tool über die Konsole zu starten. Entweder starten Sie es direkt mit dem Befehl aus (Listing 10-3):

Listing 10-3: »ng-xi18n« direkt starten

```
"./node_modules/.bin/ng-xi18n" -p src/tsconfig.app.json
```

Oder als Alternative kann die *package.json* um ein Skript erweitert werden, wie in Listing 10-4 gezeigt. Der Vorteil ist hier, dass die Datei *tsconfig.app.json* als Parameter immer mitgeliefert wird.

Listing 10-4: »npm«-Skript in »package.json« zum Starten von »ng-xi18n«

```
{
    "scripts": {
        "translate": "ng-xi18n -p src/tsconfig.app.json"
    }
}
```

So ist es möglich, *ng-xi18n* über die Konsole zu starten, und zwar mit dem Befehl aus Listing 10-5. Das Ausführen beider Befehle muss auf der Ebene der *package.json* erfolgen.

Listing 10-5: Mit diesem Befehl starten Sie »ng-xi18n« über ein »npm«-Skript.

```
npm run translate
```

Außer der TypeScript-Konfigurationsdatei können Sie noch den Parameter *--i18nFormat=xmb* angeben, um das Ausgabeformat von XLIFF auf XMB zu ändern, sowie *--locale*, um die Quellsprache im Ausgabeformat zu bestimmen. Ab Version 4.1 von Angular ist es auch möglich, die XLIFF-Formatversion 2.0 zu nutzen (*i18nFormat=xlf2*).

Die entsprechenden Parameter der Angular CLI können Sie in der Dokumentation unter *https://cli.angular.io* einsehen.

Texte markieren

Nachdem Sie entweder über die Angular CLI *ng xi18n* oder direkt das Tool *ng-xi18n* gestartet haben und es fehlerfrei durchgelaufen ist, erscheint im Projekt unter *src* die Datei *messages.xlf* aus Listing 10-6. Da noch keine Texte zur Übersetzung markiert wurden, ist der Inhalt noch überschaubar. Sie sehen aber schon den grundsätzlichen Aufbau der Datei und das genutzte Format XLIFF.

Listing 10-6: Generierte XML-Datei »messages.xlf«

```
<?xml version="1.0" encoding="UTF-8" ?>
<xliff version="1.2" xmlns="urn:oasis:names:tc:xliff:document:1.2">
  <file source-language="en" datatype="plaintext" original="ng2.template">
    <body>
    </body>
  </file>
</xliff>
```

Um die verschiedenen Möglichkeiten zur Markierung von Texten mit Angular aufzuzeigen, lassen wir in der Beispielanwendung die Tabelle im Bereich *Ihre Buchungen* übersetzen. Sie wird durch die Komponente *BookingDetailsComponent* repräsentiert. Abbildung 10-1 zeigt die Seite auf Englisch. Diese Seite muss nun vorbereitet werden, damit eine Datei generiert werden kann, die zur späteren Übersetzung ins Deutsche bereitsteht.

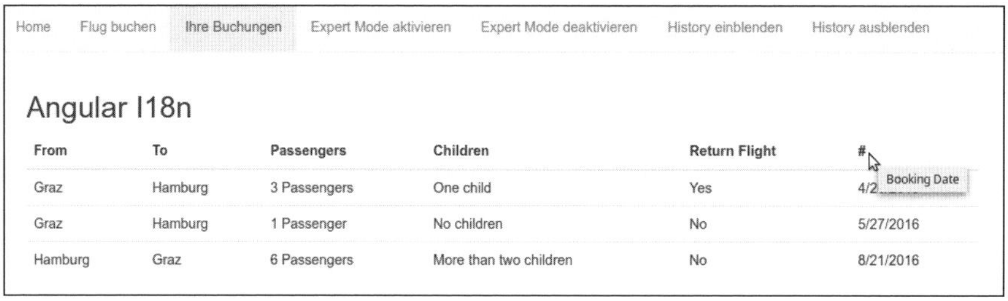

Abbildung 10-1: Der Bereich »Ihre Buchungen« auf Englisch

Zu diesem Zweck wird das Attribut *i18n* verwendet. Angehängt an ein HTML-Tag, zeigt es dem Tool *ng-xi18n* bzw. der Angular CLI, dass es hier etwas zu übersetzen gibt. Es handelt sich jedoch um keine Angular-Direktive. In Listing 10-7 haben wir die Texte des Tabellenkopfes entsprechend markiert. Tabelle 10-1 zeigt die verschiedenen Arten auf, wie Sie Texte markieren können.

Tabelle 10-1: Markierungsarten mit »i18n«

Markierung	Beschreibung
<th i18n>Text</th> <th i18n="Beschreibung">Text</th> <th i18n="Bedeutung|Beschreibung">Text</th> <th i18n="@@ID">Text</th> <th i18n="Bedeutung|Beschreibung@@ID">Text</th>	Dem Attribut *i18n* kann eine Beschreibung und, durch eine Pipe getrennt, auch eine Bedeutung als Zusatzinformation mitgegeben werden. Ab Version 4 von Angular ist es auch möglich, eine ID mithilfe von @@ anzugeben. Diese Informationen erscheinen zur Orientierung in der Übersetzungsdatei, haben aber sonst keinen Einfluss.
<ng-container i18n>Text</ng-container> *i18n="Bedeutung|Beschreibung@@ID"*	Um Texte auch ohne ein eigenes HTML-Tag zu markieren, können Sie *ng-container* einsetzen.
<!--i18n: Bedeutung|Beschreibung@@ID --> Text <!--/i18n-->	Als Alternative zu *ng-container* ist auch die Nutzung eines HTML-Kommentars möglich.
<th i18n-title title="Text">#</th> *i18n-x="Bedeutung|Beschreibung@@ID"*	Um HTML-Attribute zu markieren, reicht es, das gewollte Attribut per Bindestrich an *i18n* anzuhängen. Auch hier ist es möglich, eine Beschreibung, Bedeutung und ID mitzugeben.

Hier zeigt sich bereits ein entscheidender Unterschied zu Libraries wie *ngx-translate*. Während für diese abstrakte Referenzen als Platzhalter vergeben werden, die die Library später durch den eigentlichen Inhalt ersetzt, bleibt mit der Angular-Methode der ursprüngliche Text erhalten. Die Nutzung eines Parsers wie ng-xi18n macht dies erst möglich. Der Vorteil besteht darin, dass diese Texte auch nach der Markierung angezeigt werden, selbst wenn keine Übersetzung im Sinne einer übersetzten XML-Datei vorhanden ist. Deshalb muss für das Beispielprojekt keine eigene Übersetzungsdatei in Englisch erstellt werden. Durch die Möglichkeit, über den Attributwert eine Beschreibung, Bedeutung und ID anzugeben, kann dem Übersetzer später die Orientierung wesentlich erleichtert werden.

Listing 10-7: Aufbereitung des Tabellenkopfes

```
<table class="table table-striped">
    <thead>
    <tr>
        <th i18n>From</th>
        <th i18n="Beschreibung des Feldes">To</th>
        <th i18n="Spezielle Bedeutung|Beschreibung des Feldes">Passengers</th>
        <th>
            <ng-container i18n="@@eigene.id">Children</ng-container>
        </th>
        <th>
            <!--i18n: Spezielle Bedeutung|Beschreibung des Feldes -->
            Return Flight
            <!--/i18n-->
        </th>
        <th i18n-title title="Booking Date">#</th>
    </tr>
    </thead>
[...]
</table>
```

Nach Fertigstellung der Markierung kann *ng-xi18n* oder die CLI mit dem Befehl *ng xi18n* gestartet werden. Der Inhalt der Datei *messages.xlf* erweitert sich nun, wie Listing 10-8 zeigt. Jede Markierung erhält einen eigenen Bereich im XML. Das Tag *<source>* beinhaltet die ursprüngliche Fassung. Über *<target>* kann diese übersetzt werden. Mit *<note>* werden die Angaben der Beschreibung und Bedeutung wiedergegeben. Angaben mit @@ im HTML werden im XML an die Stelle der ID gesetzt (*<trans-unit id="eigene.id" datatype="html">*).

Ein Nachteil automatisch generierter Übersetzungsdateien ist die Tatsache, dass eine bereits vorhandene Übersetzung nicht direkt erweitert wird, sondern bei Änderungen mit der generierten Datei verglichen und gegebenenfalls angepasst werden muss.

Erschwert wird dies durch ein weiteres Problem der gezeigten Methode. Da Angular eine Verbindung zwischen XML-Eintrag und HTML-Element erstellen muss, um später an der richtigen Stelle den Text zu ändern, benötigt es auch hier eine Art Referenz. In XML ist diese über die ID (*<trans-unit id="referenz" ...>*) zu sehen. Wenn im HTML durch @@ keine vergeben wurde, generiert das Tool diese Referenz aus dem markierten Tag selbst. Das hat zur Folge, dass Änderungen im Template an markierten Bereichen auch die ID dieser Bereiche ändert. Wenn Sie die Änderungen in Ihre eigene Übersetzung migrieren, müssen Sie also auch gesondert darauf achten.

Aus diesen Gründen ist eine solide Angabe einer Beschreibung und Bedeutung im Attribut sehr wichtig, wenn nicht mit selbst definierten IDs gearbeitet wird.

Die Position im Template selbst hat keine Auswirkungen. Sollten identisch markierte Tags mit gleichem Inhalt existieren, werden diese im XML zusammengeführt. Hier erscheint dann nur ein Eintrag (Listing 10-8):

Listing 10-8: Generierte XML-Datei »messages.xlf« mit markierten Einträgen

```
<?xml version="1.0" encoding="UTF-8" ?>
<xliff version="1.2" xmlns="urn:oasis:names:tc:xliff:document:1.2">
  <file source-language="en" datatype="plaintext" original="ng2.template">
    <body>

      <trans-unit id="d5e0dbc9fd4651759df915cdc6ba26fe3f17475f" datatype="html">
        <source>From</source>
        <target/>
      </trans-unit>

      <trans-unit id="63c9c3aa536dbd11120ae8feab62186c47838028" datatype="html">
        <source>To</source>
        <target/>
        <note priority="1" from="description">Beschreibung des Feldes</note>
      </trans-unit>

      <trans-unit id="67b19d1fe5d146b03b0b23cdd6fe54e35eec6e31" datatype="html">
        <source>Passengers</source>
        <target/>
        <note priority="1" from="description">Beschreibung des Feldes</note>
```

```
      <note priority="1" from="meaning">Spezielle Bedeutung</note>
    </trans-unit>

    <trans-unit id="eigene.id" datatype="html">
      <source>Children</source>
      <target/>
    </trans-unit>

    <trans-unit id="a82c8a41d9c47205f1193a6cbadc43b9091e5094" datatype="html">
      <source>
          Return Flight
          </source>
      <target/>
      <note priority="1" from="description">Beschreibung des Feldes</note>
      <note priority="1" from="meaning">Spezielle Bedeutung</note>
    </trans-unit>

    <trans-unit id="11ae7eba671845e9da64e9c1b8033d0d7cad4863" datatype="html">
      <source>Booking Date</source>
      <target/>
    </trans-unit>
  </body>
 </file>
</xliff>
```

Die Einträge können jetzt bereits übersetzt werden. Dazu wird die Datei kopiert und im Projekt abgelegt. Im Beispielprojekt findet sich die übersetzte Variante unter *src/locale/messages.de.xlf*. Da es sich um XML handelt, ist es auch möglich, mit *<![CDATA[]]>* HTML-Elemente in die Übersetzung einzubringen, wie Listing 10-9 zeigt.

Listing 10-9: Übersetzung mit HTML-Elementen

```
<trans-unit id="a82c8a41d9c47205f1193a6cbadc43b9091e5094" datatype="html">
  <source>Return Flight</source>
  <target><![CDATA[<i>Rückflug</i>]]></target>
  <note priority="1" from="description">Beschreibung des Feldes</note>
  <note priority="1" from="meaning">Spezielle Bedeutung</note>
</trans-unit>
```

Dynamische Übersetzungen

Im letzten Abschnitt wurde statischer Inhalt zur Übersetzung markiert. In Fällen, in denen die Übersetzung von einer dynamischen Anzahl oder dem Wert des Inhalts abhängt, kann mit spezieller Syntax gearbeitet werden.

Der Inhalt der Tabelle aus Abbildung 10-1 zeigt drei Buchungseinträge. Jeder Eintrag enthält Informationen über die Anzahl der Passagiere und gibt an, wie viele davon Kinder sind. Je nach Buchung kann es sich also um eine Person oder mehrere handeln. Dies gilt auch für die Kinder. Es werden also verschiedene Übersetzungen benötigt.

Die Syntax dazu ist in Listing 10-10 zu sehen. Sobald ein Tag mit *i18n* markiert ist, kann diese genutzt werden, um verschiedene Formen für Einzahl bzw. Mehrzahl zu definieren. Der erste Parameter gibt die Anzahl an. Hier wird tatsächlich eine Zahl als Wert erwartet. Der zweite gibt die gewünschte Methode *plural* an. Sie vergleicht den Wert des ersten Parameters aus *booking.children* mit den Konfigurationen des letzten Parameters und gibt die entsprechende Übersetzung zurück. Der letzte Parameter definiert die einzelnen Stadien. Diese Liste kann der Entwickler beliebig fortsetzen *=x*. Alle nicht extra definierten Werte können mit *other* abgefangen werden. So kommen nun anhand der Anzahl der Kinder verschiedene Übersetzungen zurück.

Listing 10-10: Definition von Einzahl und Mehrzahl

```
{booking.children, plural, =0 {No children} =1 {One child} =2 {Two children} other
{More than two children}}
```

Listing 10-11 zeigt die Übersetzung in der generierten Datei. Die Syntax bleibt identisch, lediglich der Text wird ausgetauscht.

Listing 10-11: Übersetzung von Einzahl und Mehrzahl im XML

```
<trans-unit id="ce78c2334a8324384adb155b4c30e65cfd6978a2" datatype="html">
    <target>
{booking.children, plural, =0 {Keine Kinder} =1 {Ein Kind} =2 {Zwei Kinder} other
{Mehr als zwei Kinder}}
    </target>
</trans-unit>
```

Die zweite Möglichkeit dynamischer Übersetzung nutzt die Methode *select*. Sie findet in der Spalte *Rückflug* Verwendung. Die Syntax bleibt hier gleich, jedoch nutzt man anstelle einer Zahl einen String, der in Listing 10-12 von *booking.returnFlight* kommt:

Listing 10-12: Definition von Textalternativen

```
{booking.returnFlight, select, yes {Yes} no {No}}
```

Auf dessen Basis ist es nun möglich, eine Alternative anzubieten, wie in Listing 10-13 zu sehen ist:

Listing 10-13: Übersetzung von Textalternativen im XML

```
<target>{booking.returnFlight, select, yes {Ja} no {Nein}}</target>
```

Auch regionale Eigenheiten wie ein Datumsformat können leicht übersetzt werden. Die letzte Spalte der Tabelle beinhaltet einen Ausdruck, der über eine Angular-Date-Pipe das Datum der Buchung anzeigt. Ausdrücke erscheinen in der generierten Datei nicht. Sie werden durch ein XML-Tag ersetzt, wie Listing 10-14 zeigt. Jedoch kann im *<target>* der Ausdruck normal genutzt und angepasst werden. Hier zeigt sich ein Vorteil gegenüber anderen Techniken der Internationalisierung:

Da Angular das Template vor dem Rendering anpasst, werden Ausdrücke normal ausgewertet. Eine globale Formateinstellung ist derzeit nicht möglich.

Listing 10-14: Regionale Einstellung des Datums auf Deutsch

```
<trans-unit id="98809efef76c1281d8bc58db0461ba47f88dd239" datatype="html">
    <source><x id="INTERPOLATION"/></source>
    <target>{{booking.date | date: 'd.M.y'}}</target>
    <note priority="1" from="description">booking.date</note>
</trans-unit>
```

Durch die gezeigten Methoden zur Übersetzung kann nun der Tabelleninhalt in Listing 10-15 markiert werden und die generierte Datei, die durch die erneute Ausführung des entsprechenden Tools zustande kommt, mit der bereits vorhandenen Übersetzung aus der Datei *src/locale/messages.de.xlf* verbunden werden, die wir im vorigen Abschnitt besprochen haben.

Listing 10-15: Tabelleninhalt, vorbereitet für Angular-I18n

```
<table class="table table-striped">
[...]
    <tbody>
    <tr *ngFor="let booking of bookings">
        <td>{{booking.from}}</td>
        <td>{{booking.to}}</td>
        <td i18n="booking.passengers">{{booking.passengers}} {booking.passengers,
plural, =1 {Passenger} other {Passengers}}</td>
        <td i18n="booking.children">{booking.children, plural, =0 {No children} =1
{One child} =2 {Two children} other {More than two children}}</td>
        <td i18n="booking.returnFlight">{booking.returnFlight, select, yes {Yes} no
{No}}</td>
        <td i18n="booking.date">{{booking.date | date: 'M/d/y'}}</td>
    </tr>
    </tbody>
</table>
```

Integration in die Applikation

Damit die erstellte Übersetzung nun auch den Weg in die Applikation findet, muss die Datei integriert werden. Das bedeutet, sie wird ein Teil der Applikation. Das Nachladen von Übersetzungen, zum Beispiel über ein Backend, ist deshalb nicht möglich, während die Anwendung läuft. Dies geschieht entweder mit der Just-in-Time- oder Ahead-of-Time-Kompilierungsmethode (siehe Kapitel 18). Die Beispielapplikation nutzt die Just-in-Time-Methode, wenn Sie über den Befehl *npm start* bzw. *ng serve* die Anwendung starten.

Angular selbst wird vor der eigentlichen Ausführung immer extra kompiliert bzw. für die Nutzung optimiert. Bei Just-in-Time (JiT) passiert dies im Browser, während die Anwendung startet.

Mit der Ahead-of-Time-(AoT-)Methode übernimmt der Build-Prozess diesen Vorgang, schon bevor die Anwendung überhaupt ausgeliefert wurde. Im Browser entfällt nun dieser Teil, wodurch die Applikation schneller läuft.

JiT wird normalerweise während der Entwicklung der Anwendung genutzt, da Änderungen im Code schneller am Browser ankommen. Erst bei der fertigen Auslieferung sollte auf AoT umgestellt werden.

Weitere Informationen zum Thema enthält das Kapitel 18.

Um während der Entwicklung eine andere Sprache über die Angular CLI zu erhalten, sind die Parameter aus Listing 10-16 notwendig. Beachten Sie, dass hier der AoT-Modus über den Parameter *--aot* aktiviert werden muss, wodurch es bei Änderungen zu einer längeren Kompilierungsphase kommt. Ein Build der Applikation kann auf die gleiche Art erfolgen. Hier muss lediglich *ng serve* durch *ng build* ersetzt werden.

Listing 10-16: Angular CLI mit Übersetzung starten

```
ng serve --aot --i18n-file src/locale/messages.de.xlf --locale de --i18n-format xlf
```

Integration ohne Angular CLI

Ohne die Nutzung der Angular CLI kann auch die JiT-Methode eine andere Sprache zur Verfügung stellen. Um das zu bewerkstelligen, müssen Sie dem Bootstrap der Anwendung drei Provider mitgeben. Dazu erweitern Sie die *main.ts* im Seed-Beispielprojekt wie in Listing 10-17. Die Provider werden nicht wie sonst üblich im *AppModule*, sondern als eigener Parameter der Methode *bootstrapModule* übergeben. Angular kann so vor dem Start die Templates übersetzen. Der Provider *TRANSLATIONS* hält den Inhalt der Übersetzungsdatei als String. Hier kann kein externer Pfad angegeben werden. Das gezeigte Beispiel funktioniert, da der Befehl *require* Webpack anweist, den angegebenen Pfad durch die dahinterliegende Datei zu ersetzen. Mit *TRANSLATIONS_FORMAT* wird das Dateiformat definiert. Zum Schluss wird noch die *LOCALE_ID* benötigt, um den Inhalt von *TRANSLA TIONS* einer Region zuzuweisen.

Listing 10-17: Eine Übersetzung einrichten (JiT)

```
const options: any = {
    providers: [
        {provide: TRANSLATIONS, useValue: require('./locale/messages.de.xlf')},
        {provide: TRANSLATIONS_FORMAT, useValue: 'xlf'},
        {provide: LOCALE_ID, useValue: 'de'}
    ]
};
platformBrowserDynamic().bootstrapModule(AppModule, options);
```

Um die AoT-Methode zu nutzen, müssen Sie den Angular-Compiler selbst in den Build-Prozess integrieren. Dies kann je nach Projektaufbau sehr unterschiedlich aussehen. In Kapitel 18 ist die Konfiguration dazu näher beschrieben. Direkt kann der Compiler über den Befehl aufgerufen werden, der in Listing 10-18 zu sehen ist:

Listing 10-18: Eine Übersetzung mit dem Angular-Compiler einrichten (AoT)

```
"./node_modules/.bin/ngc" --i18nFile=./src/locale/messages.de.xlf --locale=de --
i18nFormat=xlf
```

Ergebnis

Abbildung 10-2 zeigt das Ergebnis der Integration. Eventuell werden Sie die Option vermissen, mehrere Sprachen auswählen bzw. im Bootstrap angeben zu können. Aufgrund des Aufbaus ist dies im Angular-Kontext jedoch nicht machbar. Mit der JiT-Methode könnte dem Provider *TRANSLATIONS* vor dem Start der Anwendung im Browser ein String mit der Übersetzung zugewiesen werden. Dazu müsste mit JavaScript eine entsprechende Funktionalität integriert werden, die dem gezeigten Beispiel mit *require* entspricht. Über AoT hat man nur die Option, pro Sprache eine eigene Applikation zu bauen und auszuliefern.

Egal welche Methode genutzt wird, ein Sprachwechsel hat immer zur Folge, dass die gesamte Anwendung neu geladen werden muss.

Home Flug buchen Ihre Buchungen Expert Mode aktivieren Expert Mode deaktivieren History einblenden History ausblenden

Angular I18n

Von	Nach	Passagiere	Davon Kinder	*Rückflug*	#
Graz	Hamburg	3 Passagiere	Ein Kind	Ja	26. Tag der Buchung
Graz	Hamburg	1 Passagier	Keine Kinder	Nein	27.5.2016
Hamburg	Graz	6 Passagiere	Mehr als zwei Kinder	Nein	21.8.2016

Abbildung 10-2: Der Bereich »Ihre Buchungen« auf Deutsch

Die Alternative ngx-translate

Im letzten Abschnitt haben wir gezeigt, wie Angular die Thematik der Internationalisierung mit allen Vor- und Nachteilen angeht. Als Alternative dazu hat sich *ngx-translate* gemausert. Auch externe Frameworks wie *Ionic*, die Angular als Motor nutzen, bieten Unterstützung mit dieser Library an.

Obwohl das Ziel dasselbe ist, unterscheidet sich der Ansatz deutlich. Mit *ngx-translate* werden Übersetzungen zur Laufzeit durchgeführt. Dafür liefert die Library eine Direktive sowie eine Pipe und einen Service mit. Durch den flexibleren Aufbau können Übersetzungen gewechselt werden, ohne die Applikation neu starten zu müssen. Als Format ist JSON im Einsatz. Externe Datenquellen sind ebenfalls möglich und werden in der Standardkonfiguration genutzt. Dafür benötigt *ngx-translate* auch mehr Leistung, während die Anwendung läuft, sowie mehr

Platz im JavaScript. Das kann je nach Anwendung überhaupt keine Auswirkung bzw. Relevanz haben, ist jedoch ein entscheidender Unterschied zu Angular selbst. Ein weiterer Unterschied besteht darin, dass in den Templates die ursprünglichen Texte nicht erhalten bleiben. An ihrer Stelle kommen selbst definierte Referenzen als Platzhalter zum Einsatz, weshalb auch zwei Sprachdateien notwendig sind, um das im letzten Abschnitt gezeigte Beispiel zu wiederholen.

Die Library einrichten

Bevor Sie mit der Übersetzung beginnen können, müssen Sie die Library in das Projekt integrieren. Über das *npm*-Paket aus Listing 10-19 installieren Sie *ngx-translate*:

Listing 10-19: Installation von »ngx-translate«

```
npm install @ngx-translate/core --save
```

Im *AppModule* bzw. dem Root-Module der Applikation richten Sie das *Translate Module* über den Bereich *imports* so ein, wie Listing 10-20 zeigt. Über die Methode *forRoot* können Sie erweiterte Konfigurationen vornehmen, zum Beispiel die Datenquelle bestimmen.

Listing 10-20: »TranslateModule« in »AppModule« einrichten

```
import { TranslateModule } from '@ngx-translate/core';

@NgModule({
[...]
    imports: [
        TranslateModule.forRoot(),
    ],
[...]
})
export class AppModule {
}
```

Damit Direktiven und Pipes, die von *ngx-translate* kommen, im Template einer Komponente verfügbar sind, müssen Sie das *TranslateModule* in das jeweilige Feature-Modul importieren, das die Internationalisierung nutzen möchte. Damit Sie diese Aufgabe nicht ständig wiederholen müssen, kann – wie wir es auch in der Beispielapplikation tun – das *SharedModule* (Listing 10-21) das *TranslateModule* exportieren. Damit steht allen Modulen, die das *SharedModule* importieren, ebenfalls das *TranslateModule* zur Verfügung.

Listing 10-21: Das »SharedModule« um das »TranslateModule« erweitern

```
import { TranslateModule } from '@ngx-translate/core';

@NgModule({
[...]
```

```
    exports: [
        TranslateModule
    ]
})
export class SharedModule {
}
```

Zum Abschluss müssen Sie zur initialen Konfiguration das Service *TranslateSer vice* per Dependency Injection in die *AppComponent* bzw. die Komponente holen, die im Bereich *bootstrap* des Root-Modul angegeben wurde, um die Spracheinstellungen festzulegen. Wie Listing 10-22 zeigt, sind drei Parameter einzustellen.

Wie der Name der Methode *setDefaultLang* erahnen lässt, legt sie die Standardsprache fest. Dabei sollten Sie jene Sprache wählen, die eine vollständige Übersetzung aufweist. Wenn in der genutzten Sprache, die über die Methode *use* gesetzt wird, ein Wert fehlt, sucht die Library stattdessen in der Standardsprache. Sollte auch hier keine Übersetzung vorliegen, wird die vom Entwickler definierte Referenz zurückgeliefert.

Da die Beispielapplikation über zwei Sprachdateien *en.json* und *de.json* unter *src/ locale/* verfügt, werden alle weiteren Sprachen als Array über die Methode *addLangs* angegeben. Die übergebenen Werte entsprechen dabei nicht tatsächlich einem regionalen Key, sondern sind, wie auch die Dateinamen selbst, frei wählbar. Es macht jedoch Sinn, einen entsprechenden Key zu nutzen. Die Sprach-IDs aus *setDefaultLang* und dem Array von *addLangs* werden später über einen Loader genutzt, um die Datenquelle zu bestimmen.

Listing 10-22: Initiale Konfiguration von »ngx-translate«

```
import { TranslateService } from '@ngx-translate/core';

@Component({
    selector: 'flight-app',
    templateUrl: './app.component.html'
})
export class AppComponent {
    constructor(private translate: TranslateService) {

        translate.setDefaultLang('de');
        translate.use('de');
        translate.addLangs(['en']);

    }
}
```

Datenquelle bestimmen

Damit die Library anhand der Sprach-ID auch Sprachdateien laden kann, bezieht sie die Übersetzungsdaten über einen *TranslateLoader*. Diesen müssen Sie innerhalb der Methode *forRoot* konfigurieren, die wir in Listing 10-20 mit dem *Trans lateModule* eingerichtet haben. Standardmäßig wird dafür der HTTP-Loader von *ngx-translate* genutzt. Sie müssen ihn so installieren, wie Listing 10-23 zeigt:

Listing 10-23: Installation von »ngx-translate/http-loader«

```
npm install @ngx-translate/http-loader --save
```

In Listing 10-24 ist zu sehen, dass der Provider *TranslateLoader* eine eigene Factory erhält. Sie liefert den Loader *TranslateHttpLoader* über die Methode *createTranslate Loader* zurück. Hier können nun der Pfad sowie die Endung bestimmt werden – oder anders gesagt: ein Suffix und Präfix für die zuvor definierte Sprach-ID. Auch der Service, der den Aufruf tätigt, kann angepasst werden. Eine Anpassung kann notwendig sein, wenn zum Beispiel ein eigener Wrapper-Service für *Http* existiert.

Im Beispielprojekt wird so beim Aufruf der Anwendung im Hintergrund über die URL *http://localhost:4200/locale/de.json* die deutsche Übersetzung geladen.

Listing 10-24: Konfiguration einer Factory für »TranslateLoader«

```
import { Http } from '@angular/http';
import { TranslateModule, TranslateLoader } from '@ngx-translate/core';
import { TranslateHttpLoader } from '@ngx-translate/http-loader';

export function createTranslateLoader(http: Http) {
    return new TranslateHttpLoader(http, './locale/', '.json');
}
@NgModule({
    imports: [
        TranslateModule.forRoot({
            loader: {
                provide: TranslateLoader,
                useFactory: (createTranslateLoader),
                deps: [Http]
            }
        })
    ]
})
export class AppModule {}
```

Es ist jedoch auch vorstellbar, dass ein ganz anderer Ansatz erwünscht ist. Ein Beispiel wäre die Integration der Übersetzung, so wie es Angular selbst vormacht, also das Ausliefern der Übersetzung mit dem JavaScript selbst. Sollte also der *Trans lateHttpLoader* nicht ausreichen, wie es bei einer fixen Integration der Sprachen der Fall ist, besteht noch die Möglichkeit, eine eigene Klasse zu definieren. Listing 10-25 zeigt den selbst erstellten Loader *IntegrationLoader*, der über den Parameter *useClass* angegeben wird. Der Loader selbst enthält die Methode *getTranslation*, die über die abstrakte Klasse *TranslateLoader* implementiert wurde.

Über die Funktion *require* holt sich Webpack die beiden JSON-Dateien und integriert diese in den Code. Damit ist kein externer Aufruf mehr notwendig. Als Rückgabewert wird ein Observable erwartet, weshalb hier *Observable.of* zum Einsatz kommt. Auch das Umstellen der Sprache ist kein Problem, da *getTranslation* die definierte Sprach-ID erhält.

Die Klasse *TranslateHttpLoader* baut sich im Hintergrund gleich auf und könnte theoretisch auch über *useClass* angegeben werden. Da die Klasse jedoch im Konstruktor diverse Parameter erwartet, wie der Aufruf von *new TranslateHttp Loader(…)* aus Listing 10-24 gezeigt hat, führt dies zu einem JavaScript-Fehler. Im Umkehrschluss kann aber auch ein Konstruktor in der Klasse *IntegrationLoader* eingesetzt werden, um initiale Parameter wie mit *TranslateHttpLoader* zu nutzen. So können Sie das Beispiel auch erweitern, um eine Standardsprache zu integrieren und weitere Sprachen per *Http*-Service nachzuladen.

Listing 10-25: Eine eigene Loader-Klasse erstellen und konfigurieren

```
export class IntegrationLoader implements TranslateLoader {
    getTranslation(langId: string): Observable<any> {
        const langs = {};
        langs['de'] = require('../locale/de.json');
        langs['en'] = require('../locale/en.json');
        return Observable.of(langs[langId]);
    }
}
[…]
@NgModule({
    imports: [
        TranslateModule.forRoot({
            loader: {
                provide: TranslateLoader,
                useClass: IntegrationLoader
            }
        })
    ]
})
export class AppModule {}
```

Internationalisierung mit Direktiven und Pipes

Die Library ist nun einsatzbereit, und die Dateien *en.json* und *de.json* sind als Datenquellen eingerichtet. Somit können Sie mit der Internationalisierung beginnen. Als Beispiel dafür nutzen wir erneut die Seite *Ihre Buchungen*. Hinzu kommt noch die Möglichkeit, die Sprache zu wechseln, wie Abbildung 10-3 durch die Buttons *DE* und *EN* aufzeigt.

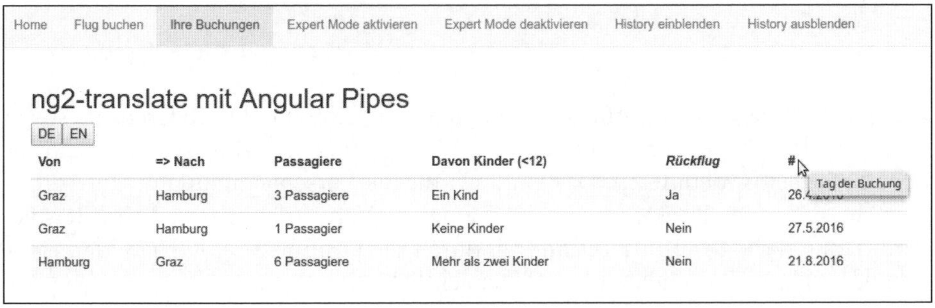

Home Flug buchen Ihre Buchungen Expert Mode aktivieren Expert Mode deaktivieren History einblenden History ausblenden

ng2-translate mit Angular Pipes

DE EN

Von	=> Nach	Passagiere	Davon Kinder (<12)	*Rückflug*	#
Graz	Hamburg	3 Passagiere	Ein Kind	Ja	26.4.2016
Graz	Hamburg	1 Passagier	Keine Kinder	Nein	27.5.2016
Hamburg	Graz	6 Passagiere	Mehr als zwei Kinder	Nein	21.8.2016

Tag der Buchung

Abbildung 10-3: Der Bereich »Ihre Buchungen« auf Deutsch mit Sprachwechsel

Als Erstes wird der Tabellenkopf so bearbeitet, wie in Listing 10-26 zu sehen ist. Dazu definieren wir Referenzen, die von der Direktive *translate* oder der gleichnamigen Pipe von *ngx-translate* benötigt werden, um eine Verbindung zur Übersetzungsdatei zu schaffen. Tabelle 10-2 zeigt die verschiedenen Arten auf, wie Sie die Direktive und Pipe nutzen können.

Tabelle 10-2: Diverse Möglichkeiten, um mit »ngx-translate« Referenzen zu ersetzen

Nutzung	Beschreibung
<th translate>REF</th> <th translate [translateParams]="params">REF</th>	Die Direktive *translate* nutzt den Inhalt des HTML-Tags, um die Referenz *REF* durch den Inhalt der JSON-Datei zu ersetzen. Mit *translateParams* können Parameter übergeben werden.
{{'REF' | translate}} {{'REF' | translate:params}}	Als Alternative zur Direktive erzielen Sie mit der Pipe *translate* den gleichen Effekt. Durch den Ausdruck benötigen Sie so kein eigenes Tag.
<th [innerHTML]="'REF' | translate"></th>	Damit Sie HTML in der JSON-Datei nutzen können, ist es möglich, die Pipe *translate* an *innerHTML* zu übergeben.
<th [title]="'REF' | translate">#</th>	Die Pipe *translate* kann auch genutzt werden, um Attribute zu übersetzen.

In Listing 10-26 sehen Sie nun auch den Unterschied zur Angular-Methode: Es wird kein Text zur Übersetzung markiert, sondern Funktionalität integriert, um selbst definierte Referenzen (zum Beispiel *BOOKINGS.from*) beim Aufruf der Komponente zu ersetzen.

Listing 10-26: Übersetzung des Tabellenkopfes mit »ngx-translate«

```
<table class="table table-striped">
    <thead>
    <tr>
        <th translate>BOOKINGS.from</th>
        <th translate [translateParams]="params">BOOKINGS.to</th>
        <th>{{'BOOKINGS.passengers' | translate}}</th>
        <th>{{'BOOKINGS.children' | translate:params}}</th>
        <th [innerHTML]="'BOOKINGS.returnFlight' | translate"></th>
        <th [title]="'BOOKINGS.bookingDate' | translate">#</th>
    </tr>
    </thead>
[...]
</table>
```

Die JSON-Datei (Listing 10-27) beinhaltet den Aufbau der Referenzen sowie deren Inhalt. Die Referenzen kommen in Listing 10-26 zum Einsatz. Die Struktur können Sie selbst definieren. Das gilt auch für die Verschachtelung in Untergruppen, die dann per Punktnotation im Template Verwendung findet. Im Beispiel wird dadurch die Seite *Ihre Buchungen* durch die Gruppe *BOOKINGS* klar abgetrennt. Das kann entscheidend zur Übersichtlichkeit beitragen.

Listing 10-27: Die JSON-Datei »de.json« mit der Übersetzung des Tabellenkopfs

```
{
    "BOOKINGS": {
        "from": "Von",
        "to": "{{direction}} Nach",
        "passengers": "Passagiere",
        "children": "Davon Kinder ({{age}})",
        "returnFlight": "<i>Rückflug</i>",
        "bookingDate": "Tag der Buchung",
[...]
    }
}
```

Was noch fehlt, ist das Objekt *params*, das *BOOKINGS.to* und *BOOKINGS.children* nutzt. Dieses Objekt kommt aus der Komponente *BookingDetailsComponent* (Listing 10-28) und enthält die Werte *direction* und *age*. In Listing 10-27 sehen Sie, wie Sie die übergebenen Parameter nutzen können. So werden die Daten als Ausdruck in der Übersetzung angehängt und – wie in Abbildung 10-3 zu sehen ist – im Tabellenkopf angezeigt.

Listing 10-28: Das Objekt »params« in der »BookingDetailsComponent«

```
@Component({
    templateUrl: './booking-details.component.html'
})
export class BookingDetailsComponent {
[...]
    params = {
        direction: '=>',
        age: '<12'
    };
}
```

Dynamische Übersetzungen mit Angular-Pipes

Angular bietet über die Pipes *i18nPlural* und *i18nSelect* die gleiche Funktionalität an, die wir im Abschnitt *Dynamische Übersetzungen* geschildert haben. Auch die Syntax bleibt identisch. Um die Pipes mit *ngx-translate* verbinden zu können, müssen Sie zuerst die Komponente *BookingDetailsComponent* erweitern, damit Sie den Pipes die benötigte Syntax übergeben können.

Der Service *TranslateService*, den wir im letzten Abschnitt benutzt haben, um Sprachen einzurichten, verfügt auch über die Möglichkeit, Übersetzungen zu laden. So kann der definierte JSON-Bereich *BOOKINGS* über die Methode *get* geladen und an das Attribut *bookingTranslation* (Listing 10-29) gehängt werden. Sie können über diese Methode auch tiefere Verschachtelungen abfragen, zum Beispiel *BOOKINGS.from*.

Listing 10-29: Den übersetzten Bereich »BOOKINGS« mit »TranslateService« laden

```
@Component({
    templateUrl: './booking-details.component.html'
})
export class BookingDetailsComponent implements OnInit {
[...]
    bookingTranslation;

    constructor(private translate: TranslateService) {
    }

    ngOnInit() {
      this.translate.get('BOOKINGS')
         .subscribe(res => this.bookingTranslation = res);
    }
}
```

Wie wir zu Beginn erwähnt haben, nutzen die beiden Pipes die gleiche Syntax, die auch schon im Abschnitt *Dynamische Übersetzungen* zum Einsatz gekommen ist. Somit können Sie die JSON-Datei wie folgt erweitern (Listing 10-30):

Listing 10-30: Übersetzung für die Tabelle in »de.json«

```
{
    "BOOKINGS": {
[...]
        "passengerPlural": {
            "=1": "Passagier",
            "other": "Passagiere"
        },
        "childrenPlural": {
            "=0": "Keine Kinder",
            "=1": "Ein Kind",
            "=2": "Zwei Kinder",
            "other": "Mehr als zwei Kinder"
        },
        "returnFlightSelect": {
            "yes": "Ja",
            "no": "Nein"
        },
        "dateFormat": "d.M.y"
    }
}
```

Die vorbereiteten Daten können Sie nun im Template nutzen, indem Sie sie an die Pipes *i18nPlural* und *i18nSelect* anfügen, wie Listing 10-31 zeigt. Dabei kommt das zuvor in der Komponente befüllte Attribut *bookingTranslation* zum Einsatz. Es ist ebenfalls möglich, einen Formatstring an die Pipe *date* zu übergeben.

Listing 10-31: Dynamische Übersetzung mit »i18nPlural« und »i18nSelect«

```
<table class="table table-striped">
    <tbody *ngIf="bookingTranslation">
    <tr *ngFor="let booking of bookings">
        <td>{{booking.from}}</td>
        <td>{{booking.to}}</td>
        <td>{{'BOOKINGS.passengers' | translate:booking}} {{ booking.passengers |
i18nPlural:bookingTranslation.passengerPlural }}</td>
        <td>{{booking.children | i18nPlural:bookingTranslation.childrenPlural}}</td>
        <td>{{booking.returnFlight |
i18nSelect:bookingTranslation.returnFlightSelect}}</td>
        <td>{{booking.date | date:bookingTranslation.dateFormat}}</td>
    </tr>
    </tbody>
</table>
```

Sprachwechsel mit TranslateService

Wir haben nun die erste Sprache bzw. Region erfolgreich in eine JSON-Datei ausgelagert und dazu genutzt, um die Seite *Ihre Buchungen* zu übersetzen. Mit der Datei *en.json* existiert jedoch eine weitere Übersetzung. Damit man von der Standardsprache Deutsch zu Englisch wechseln kann, erhält das Template die Option für einen Sprachwechsel durch zwei Buttons, wie in Listing 10-32 zu sehen ist:

Listing 10-32: Buttons für den Sprachwechsel

```
<button (click)="selectLang('de')">DE</button>
<button (click)="selectLang('en')">EN</button>
<table class="table table-striped">
[...]
</table>
```

Diese Buttons rufen bei Betätigung die Methode *selectLang* in der Komponente aus Listing 10-33 auf. Die Methode beinhaltet lediglich einen Aufruf der Methode *use* des *TranslateService*. Die Übergabe der gewünschten Sprach-ID reicht aus, um die Sprache umzustellen. Die Übersetzungen im Tabellenkopf würden jetzt bereits korrekt angezeigt. Anders sieht es dort aus, wo das Attribut *bookingTranslation* genutzt wird. Dieses hat von dem Wechsel nichts mitbekommen. Dagegen kann jedoch der EventEmitter *onLangChange* helfen, der *TranslateService* bereitstellt. Über das Observable erhält der Entwickler somit die Möglichkeit, weitere Schritte durchzuführen, sobald die Sprache wechselt. Somit kann auch *bookingTranslation* erneuert werden.

Listing 10-33: Erweiterung der »BookingDetailsComponent« für Spachwechsel

```
@Component({
    templateUrl: './booking-details.component.html'
})
export class BookingDetailsComponent implements OnInit {
[...]
    selectLang(lang) {
        this.translate.use(lang);
```

```
    }

    ngOnInit() {
        this.translate.get('BOOKINGS').subscribe(res => this.bookingTranslation = res);

        this.translate.onLangChange.subscribe((event: LangChangeEvent) => {
            this.translate.get('BOOKINGS').subscribe(res => this.bookingTranslation = res);
        });
    }
}
```

Der Service stellt noch weitere nützlich Attribute, Methoden und Events zur Verfügung. Diese sind in Tabelle 10-3 aufgelistet.

Tabelle 10-3: Attribute und Methoden von »TranslateService«

TranslateService	Beschreibung
`currentLang`	Die aktuell verwendete Sprach-ID
`currentLoader`	Die Instanz des genutzten Loaders

`onLangChange`	EventEmitter für Sprachwechsel
	
	Beispiel:
	`onLangChange.subscribe((event: LangChangeEvent) => {`
	`});`

`onTranslationChange`	EventEmitter für Übersetzungen
	
	Beispiel:
	`onTranslationChange.subscribe((event: TranslationChangeEvent) => {`
	`});`

`onDefaultLangChange`	EventEmitter für das Wechseln der Standardsprache
	
	Beispiel:
	`onDefaultLangChange.subscribe((event: DefaultLangChangeEvent) => {`
	`});`

`setDefaultLang(lang: string)`	Setzen der Standard-Sprach-ID
`getDefaultLang(): string`	Holen der Standard-Sprach-ID
`use(lang: string): Observable<any>`	Wechsel der Sprache über die Sprach-ID
`getTranslation(lang: string): Observable<any>`	Holen der gesamten Übersetzung einer Sprache über die Sprach-ID
`setTranslation(lang: string, translations: Object, shouldMerge: boolean = false)`	Manuell eine Sprache setzen. Über den Parameter *shouldMerge* kann gesteuert werden, ob eine bereits vorhandene Sprache ersetzt oder erweitert wird.
`addLangs(langs: Array<string>)`	Hinzufügen von Sprachen
`getLangs(): Array<string>`	Holen aller verfügbaren Sprach-IDs
`get(key: string|Array<string>, interpolateParams?: Object): Observable<string|Object>`	Holen einer Übersetzung anhand der Referenz (*key*)

Tabelle 10-3: Attribute und Methoden von »TranslateService« (Fortsetzung)

TranslateService	Beschreibung
`set(key: string, value: string, lang?: string)`	Setzt einen Wert für eine Referenz (*key*) manuell
`reloadLang(lang: string): Observable<string|Object>`	Lädt die Übersetzung der übergebenen Sprach-ID erneut
`resetLang(lang: string)`	Löscht die Übersetzung der übergebenen Sprach-ID
`getBrowserLang(): string | undefined`	Liefert die aktuelle Browsersprache, falls es möglich ist.
`getBrowserCultureLang():string | undefined`	Liefert die aktuelle Browserregion (de-DE, de-AT, ...), falls es möglich ist.

Zusammenfassung

Im ersten Teil haben wir gezeigt, welchen Weg Angular beim Thema Internationalisierung geht. Die Performance der Applikation steht dabei an erster Stelle. Deswegen nimmt der Angular-Compiler Ihnen hier viel Arbeit ab, noch bevor die Anwendung läuft. Mit dem HTML-Attribut *i18n* markierte Elemente können über das Tool *ng-xi18n* in eine XML-Datei extrahiert und übersetzt werden. Diese Datei wird später wieder als Teil der Applikation integriert.

Als Alternative zur ersten Methode zeigt *ngx-translate* den klassischen Weg: Über selbst definierte Referenzen kann eine Übersetzung im JSON-Format aufgebaut werden. Durch eine mitgelieferte Pipe sowie eine Direktive und einen Service erhält der Entwickler auch die notwendigen Werkzeuge dafür. Ein Sprachwechsel zur Laufzeit ist ebenso möglich wie das Nutzen verschiedener Datenquellen. Angular selbst bietet für diese Art der Übersetzung Pipes wie *i18nPlural* und *i18nSelect* an.

Beide Ansätze haben ihre Berechtigung und sind somit nicht als „besser“ oder „schlechter“ zu bewerten: Es kommt in erster Linie auf das Ziel der Anwendung an.

KAPITEL 11

RxJS und Angular

Da eine JavaScript-Anwendung standardmäßig nur einen einzigen Thread zur Verfügung hat, kann sie sich zu einem Zeitpunkt auch nur um eine einzige Aufgabe kümmern. Da zur selben Zeit jedoch mehrere Aufgaben anstehen können (z. B. das Abarbeiten eines Click-Handlers und das Reagieren auf ein Timeout), verwaltet JavaScript diese Aufgaben in einer Warteschlage, die sich *Event-Queue* nennt. Eine sogenannte *Event-Loop* holt nach und nach die Aufgaben aus der Event-Queue und führt sie aus.

Aufgrund dieser Architektur wäre es problematisch, wenn die von der Event-Loop angestoßenen Aufgaben den einzigen Thread blockieren würden, der der Anwendung zur Verfügung steht. Deswegen ist es üblich, dass Laufzeitumgebungen (wie Browser) Operationen, die länger dauern, asynchron abarbeiten. Diese asynchronen Operationen blockieren nicht, sondern hinterlegen bei der Laufzeitumgebung lediglich eine Anforderung. Danach beenden sie sich, sodass die Event-Loop mit der nächsten Aufgabe fortfahren kann.

Ein populäres Beispiel für solche asynchronen Operationen sind jene, die JavaScript-Interpreter zum Nachladen von Daten via HTTP bieten. Da man verhindern möchte, dass der Browser einfriert, bis die angeforderten Daten vorliegen, hat es sich eingebürgert, diese Aufgabe asynchron auszuführen.

Um sich über die Abarbeitung informieren zu lassen, übergibt der Entwickler im Zuge asynchroner Aufrufe sogenannte Callback-Funktionen, kurz Callbacks. Diese führt die Laufzeitumgebung zu bestimmten Zeitpunkten aus, zum Beispiel nach dem Abschluss des HTTP-Aufrufs oder beim Auftreten von Fehlern.

Eine rudimentäre Möglichkeit, damit umzugehen, sind Promises, die wir in Kapitel 2 vorgestellt haben. Daneben nutzt Angular jedoch hauptsächlich die Library *Reactive Extensions for JavaScript*, kurz RxJS. Als Schnittstelle zur nativen Ebene bietet sie durch ihre Architektur zusätzliche Features über Observables an, um damit einen guten Weg zur Verwaltung dieser oft schwer verständlichen Thematik bereitzustellen.

In diesem Kapitel zeigen wir Ihnen die Grundlagen der Library sowie den Umgang mit ihr in Kombination mit Angular.

Reactive Extensions für JavaScript

RxJS leitet sich von der API *ReactiveX* (*http://reactivex.io/*) ab. Aus ihr wird eine Implementierung für einzelne Programmiersprachen wie JavaScript erstellt. Neben JavaScript gibt es viele weitere Umsetzungen, wie RxJava oder RxPHP. Diese sind gesammelt unter *http://reactivex.io/languages.html* aufgelistet.

Beachten Sie jedoch, dass nicht alle Implementierungen gleich aufgebaut sind bzw. die gleiche Funktionalität aufweisen. Das ist vor allem dann relevant und kann verwirren, wenn Sie im Internet nach Beispielen suchen, die nicht im Angular-Kontext aufgebaut wurden. Hier ist es wichtig zu wissen, dass Angular die neue JavaScript-Implementierung mit Version 5 (*http://reactivex.io/rxjs*) nutzt.

Da zwischen Version 4 und 5 signifikante Unterschiede bestehen, sind Beispiele in Version 4 selten mit Angular einsetzbar. Unter *https://github.com/ReactiveX/rxjs/blob/master/MIGRATION.md* finden Sie eine Migrationsanleitung. Damit können Sie Beispiele, die mit Version 4 erstellt wurden, für Version 5 adaptieren. Achten Sie also generell darauf, mit welcher Version Beispiele und Anleitungen umgesetzt wurden.

Die API *ReactiveX* gilt als architektonisches Grundgerüst, das das Observer-Pattern, das Iterator-Pattern sowie Collections aus der funktionalen Programmierung vereint.

Asynchrone Prozesse in RxJS werden somit über eine Observable-Sequenz eventbasiert als Stream abgearbeitet. Das bedeutet: Zu Beginn eines Prozesses steht ein Event, zum Beispiel ein Button *Klick*, wie in Listing 11-1 zu sehen ist. Auch HTTP-Anfragen oder Werte eines Arrays können als Event genutzt und so über RxJS behandelt werden.

Durch einen Klick auf den Button wird die eigentliche Sequenz gestartet. Eine Reihe möglicher Funktionen, sogenannte Operatoren, die an das Observable gehängt werden, können das Ergebnis beeinflussen. Operatoren können auch als Hilfsfunktionen gleich denen eines Arrays (*.filter*, *.map* etc.) betrachtet werden, die den Umgang mit Observables vereinfachen bzw. deren Funktionalität erweitern.

Um das Ergebnis der Sequenz zu erhalten, müssen Sie einen Observer über die Methode *subscribe* am Observable registrieren. Ähnlich wie ein Promise kann der Observer aus drei Callback-Funktionen *next, error* und *complete* bestehen. Je nach Status des asynchronen Prozesses werden diese Callbacks aufgerufen. Der Observer kann als Objekt übergeben werden, wie in Tabelle 11-1 und Listing 11-2 gezeigt. Es ist aber auch möglich, die Funktionen wie in Listing 11-1 einzeln als Parameter der Methode *subscribe* anzugeben. Die Reihenfolge ist hier wiederum *next*, *error* und *complete*.

Listing 11-1: Beispiel für eine Observable-Sequenz durch Klick-Events

```
//HTML
<button id="buttonElement">Klick</button>

// Dem Observable werden Klick-Events eines Buttons
// mit dem Operator .fromEvent bereitgestellt
const buttonElement = document.getElementById('buttonElement')
Observable.fromEvent(buttonElement, 'click')
    // Button-Klicks zusammenzählen mit Operator .scan
    .scan((count: number) => count + 1, 0)
    // Mit .subscribe einen Observer registrieren
    .subscribe(
        // Die Callback-Funktion next wird bei jedem Klick
        // nach Durchlauf der Sequenz aufgerufen
        count => {
            console.log('Button Klicks: ' + count);
        }
    );
```

Den gesamten Prozess bezeichnet man auch als *Stream*. Dieser Begriff kommt dann zum Tragen, wenn mehrere Events die Observable-Sequenz durchlaufen. Im Falle eines Arrays (Listing 11-2) mit mehreren Werten würde jeder Wert den Durchlauf einer Sequenz darstellen. Somit wird für jedes Array-Objekt *next* im Observer aufgerufen. Wenn alle Werte des Arrays abgearbeitet sind, ist der Stream in seiner Gesamtheit abgeschlossen. Im registrierten Observer wird die Callback-Funktion *complete* aufgerufen.

Listing 11-2: Beispiel für eine Observable-Sequenz durch ein Array

```
// Dem Observable wird ein Array mit dem Operator .from bereitgestellt
Observable.from(['Claudia', 'Fritz', 'Peter'])
    // Mit dem Operator .map wird der Wert verändert
    .map(person => person.toUpperCase())
    .subscribe({
        // Jeder Array-Wert wird nach dem Durchlauf der Sequenz
        // der Callback-Funktion next übergeben
        next: (person) => {
            console.log('Person in Großbuchstaben: ' + person);
        },
        // Wenn alle Personen durchlaufen sind, ist der Stream
        // beendet und wird complete aufgerufen
        complete: () => {
            console.log('Alle Personen durchlaufen');
        }
    });
```

Der Programmcode aus Listing 11-2 würde in der Konsole somit zu dem Ergebnis aus Listing 11-3 führen:

Listing 11-3: Ergebnis des Event-Streams in der Konsolenausgabe

```
Person in Großbuchstaben: CLAUDIA
Person in Großbuchstaben: FRITZ
```

```
Person in Großbuchstaben: PETER
Alle Personen durchlaufen
```

Bei Observables, die UI-Events verarbeiten oder ein ständiges Intervall durchlaufen, wird der Callback *complete* nie aufgerufen, da neue Events nachkommen bzw. nachkommen können und somit der Stream niemals beendet ist.

Tabelle 11-1: Grundbegriffe im Umgang mit RxJS

Begriff	Beschreibung
Observable *const obs = Observable.create()* *const obs = Observable.from()* ...	Die Basis eines asynchronen Prozesses mit RxJS. Über statische Operatoren enthält ein Observable zu Beginn eine Sammlung von Werten oder Events, die weiterverarbeitet werden, sobald sie verfügbar sind.
Operator *obs.map(),obs.filter(),obs.concat()*	Instanz-Operatoren sind Funktionen, die Sie an das Observable hängen können, um Werte oder Events zu verarbeiten oder zur Verfügung zu stellen. Der Rückgabewert ist immer ein neues Observable.
Observer *const observer = {* *next: (response) => {...},* *error: (error) => {...},* *complete: () => {...}* *}*	Der Observer besteht aus den drei Callback-Funktionen *next*, *error* und *complete*. Ähnlich wie das *then*, *catch* und *finally* eines Promise erhalten diese das Ergebnis der Observable-Sequenz bzw. des gesamten Streams.
Subscription *const subscription = obs.subscribe(observer)* *subscription.unsubscribe()*	Mit der Funktion *subscribe* wird am Observable ein Observer registriert. Dadurch wird das Observable aktiv. Der Rückgabewert ist ein Objekt vom Typ *Subscription*. Das Subscription-Objekt stellt die Methode *unsubscribe* zur Verfügung. Mit dieser Methode lässt sich das Observable abbrechen bzw. entsorgen.

Als Grundbaustein von Angular wird RxJS immer benötigt. Somit muss die Library in Kombination mit Angular bereitgestellt werden. In der *package.json* der Angular-Module wie *@angular/core* ist die Library jedoch nicht unter *dependencies*, sondern im Bereich *peerDependencies* eingetragen. Das bedeutet: Sie wird nicht mit dem Angular-Paket heruntergeladen, sondern muss extra in der eigenen Projektdatei *package.json* eingetragen bzw. installiert werden, wie Listing 11-4 zeigt. Bei Nutzung der Angular CLI ist das Paket bereits eingetragen.

Listing 11-4: Installation von RxJS

```
npm install rxjs --save
```

Observables mit Angular

Damit Sie den Umgang mit RxJS sowohl generell als auch in Verbindung mit Angular besser verstehen, erweitern wir in der Beispielapplikation den Bereich *Passagier auswählen* unter *Flug buchen*. Im Konstruktor der Komponente *PassengerSearch Component* ist auch das vorangegangene Beispiel aus Listing 11-2 zu finden.

Wie der Name des Bereichs erahnen lässt, soll es möglich sein, für einen Flug einen Passagier auszuwählen. Dafür werden über den *Http*-Service Passagierdaten geladen, die über ein Textfeld gefiltert werden können. Außerdem soll es möglich sein, Passagiere anzuzeigen, die Flugverbot haben. Am Ende der Seite soll dem Benutzer die aktuelle Zeit angezeigt werden. Diese aktualisiert sich im Sekundentakt.

Observable erstellen und mit einem Observer arbeiten

Als Erstes soll die Flugverbotsliste angezeigt werden. Die Passagierdaten bestehen dabei aus einer statischen Liste mit den Namen *Claudia*, *Fritz* und *Peter* (Abbildung 11-1). Diese werden mit einer ID versehen und über *ngFor* am Template ausgegeben.

Abbildung 11-1: Liste von Passagieren mit Flugverbot

Listing 11-5 zeigt den Aufbau der Komponente *PassengerSearchComponent*, die die Passagiere für das Template aufbereitet. Zu Beginn werden die nötigen Module importiert.

RxJS-Module können Sie auf zwei Arten importieren: Entweder importieren Sie das gesamte Observable inklusive aller Operatoren:

```
import { Observable } from 'rxjs';
```

Oder Sie laden nur die Basis. In diesem Fall müssen Sie spezielle Operatoren nachladen, die Sie benutzen möchten:

```
import { Observable } from 'rxjs/Observable';
import 'rxjs/add/observable/interval';
import 'rxjs/add/operator/do';
```

Je nach verwendetem Modul-Loader kann diese Methode die Größe der fertigen JavaScript-Datei verringern. Besonders zu beachten ist dies jedoch, wenn Sie mit Services wie dem *Http*-Service von Angular arbeiten. Auch hier müssen Sie Operatoren, die Sie eventuell zusätzlich nutzen möchten, extra importieren. Ansonsten führt dies zu einem JavaScript-Fehler.

In der Lifecycle-Hook-Methode *ngOnInit* wird als Erstes der Observer über die Konstante *observer* erstellt. Wie wir im letzten Abschnitt gezeigt haben, können Sie die Callback-Methoden auch direkt der Methode *subscribe* übergeben. Um Ihnen die Arbeitsweise des Observers zu verdeutlichen, geschieht dies hier jedoch getrennt über ein Objekt.

Die für *next* angegebene Methode weist das Ergebnis der Observable-Sequenz dem Attribut *blackList* zu. Die Methoden für *error* und *complete* geben lediglich ein Konsolen-Log aus, sollte ein Fehler auftreten oder der Stream beendet sein. Somit ist das Verarbeiten der Ergebnisse über den Observer bereits fertig konfiguriert und für die Übergabe an das Observable bereit.

Listing 11-5: Einen Observer erstellen

```
import { Component, OnInit } from '@angular/core';
import { Observable } from 'rxjs/Observable';
import 'rxjs/add/operator/do';

@Component({
    templateUrl: './passenger-search.component.html'
})
export class PassengerSearchComponent implements OnInit {
    blackList;

    ngOnInit() {

        const observer = {
            next: resp => this.blackList = resp,
            error: err => console.error('Observer erhält einen Fehler: ' + err),
            complete: () => console.log('Abarbeitung der Flugverbotsliste ist
                                         abgeschlossen'),
        };
    }
}
```

Im vorigen Abschnitt (Listing 11-2) haben wir den statischen Operator *from* benutzt, um die Liste der drei Passagiere anzugeben. Aus Entwicklersicht hat dieser Vorgang nicht wirklich asynchronen Charakter. Es scheint so, als würden alle Passagiere synchron wie bei der Nutzung eines Arrays abgearbeitet und ausgegeben.

Es existieren sowohl statische Operatoren (wie *create*, *from* oder *of*) als auch Instanzoperatoren (wie *do*, *map* oder *filter*). Statische Operatoren existieren direkt auf der Klasse *Observable* und werden hauptsächlich eingesetzt, um Observables zu erstellen oder sie zu verbinden. Die daraus entstehenden Observable-Instanzen enthalten dann die Methoden der Instanzoperatoren.

Durch die Nutzung des Operators *create* in Listing 11-6 wird jedoch der asynchrone Prozess deutlich. Mit *create* können Sie die Events eines Observables komplett selbst bestimmen. Dies stellt somit die nativste Stufe eines Observables dar. Der Methode wird dabei der zuvor erstellte Observer als Parameter übergeben, der über *subscribe* registriert ist. Nun wird die Methode *next* zweimal mit jeweils einem Namen aufgerufen. Für jeden Aufruf wird also die Zeile *resp => this.blackList = resp* aus Listing 11-5 ausgeführt. Als Letztes sehen Sie einen asynchronen Prozess durch *setTimeout*. Dieser beinhaltet den letzten Namen sowie den Aufruf der Methode *complete*, womit der Stream abgeschlossen ist. Somit laufen zwei Events sofort ab, und der letzte Event läuft um eine Sekunde verzögert ab.

Listing 11-6: Nutzung von Observern in »Observable.create«

```
export class PassengerSearchComponent implements OnInit {
    blackList;

    ngOnInit() {
[…]
        Observable.create(observer => {
            observer.next('Claudia');
            observer.next('Fritz');
            setTimeout(() => {
                observer.next('Peter');
                observer.complete();
            }, 1000);
        }).subscribe(observer);
    }
}
```

Vielleicht ist Ihnen aufgefallen, dass hier etwas fehlt. Durch den gezeigten Code erhält das Attribut *blackList* der Komponente zuerst den Wert *Claudia*, danach den Wert *Fritz* und zum Schluss den Wert *Peter*. Würde *blackList* im Template ausgegeben, würde man kurz den Namen *Fritz* sehen und nach einer Sekunde Verzögerung nur *Peter*. Um alle Namen zu erhalten und diese mit *ngFor* auszugeben, könnte der Entwickler *blackList* als Array definieren und im Observer dann die Namen per *push* zusammenzufügen. Richtiger ist jedoch, hier Operatoren von RxJS zu nutzen.

In Listing 11-7 sind dafür mehrere Operatoren im Einsatz, die dem Observer zum Schluss ein Array mit den Passagieren übergeben. Um zu sehen, dass wirklich eine Sekunde vergeht, bevor der letzte Passagier die Observable-Sequenz durchläuft, kommt der Operator *do* zum Einsatz: Hier wird ein Konsolen-Log ausgegeben, das die aktuelle Sekunde inklusive des aktuellen Namens ausgibt. Dieser Operator kann gut für solche Zwecke eingesetzt werden; er verändert das Observable in keiner Weise.

Als Nächstes wird der am häufigsten eingesetzte Operator *map* genutzt, um den ursprünglichen Wert durch ein Objekt zu ersetzen. Das Objekt enthält den Namen sowie eine ID durch den *index*, der als zweiter Parameter von *map* kommt. Zum Schluss werden alle Objekte mit *toArray* in einem Array zusammengefasst und wie zuvor durch *subscribe* dem Observer übergeben.

Listing 11-7: Einsatz von Operatoren zur Erstellung einer Passagierliste

```
Observable.create(…)
    .do(res => console.log(new Date().getSeconds(), res))
    .map((resp, index) => {
        return {
            id: index,
            name: resp
        };
    })
    .toArray()
    .subscribe(observer);
```

Die Passagiere werden dann über das Template der Komponente ausgegeben (Listing 11-8):

Listing 11-8: Template zur Ausgabe der Passagiere

```
<h2>Flugverbot</h2>
<p>Aktuell haben folgende Passagiere Flugverbot:</p>
<p *ngFor="let person of blackList">({{person.id}}) {{person.name}}</p>
```

Durch Aufruf der Seite im Browser werden nun außer der in Abbildung 11-1 gezeigten Darstellung zusätzlich die Meldungen in der Browserkonsole ausgegeben, und zwar durch den Operator *do* sowie durch die *complete*-Funktion des Observers. Beachten Sie die zeitliche Verzögerung von einer Sekunde, die Sie in Abbildung 11-2 an den Ziffern vor den Namen erkennen.

```
4 "Claudia"                                          passenger-search.component.ts
4 "Fritz"                                            passenger-search.component.ts
5 "Peter"                                            passenger-search.component.ts
Abarbeitung der Flugverbotsliste ist abgeschlossen   passenger-search.component.ts
> |
```

Abbildung 11-2: Konsolenausgabe der zeitlichen Verzögerung durch setTimeout im Observable

Der Aufruf von *next* sowie von *complete* des Observers im Operator *create* kommt nun nicht mehr direkt am selbst erstellten Observer an. Zuvor werden alle anderen Operatoren durchlaufen. Diese geben jeweils wieder ein neues Observable zurück bzw. an den nächsten Operator weiter. So startet *subscribe* zwar den Stream insgesamt, hängt aber nicht mehr am ersten Observable, sondern an *toArray*. Die Methode *next* des selbst definierten Observers wird also nicht wie zuvor dreimal aufgerufen, sondern einmal, da *toArray* nur einen gesammelten Wert liefert.

Die Methode *subscribe* ist kein Operator und liefert daher auch kein Observable, sondern ein Objekt vom Typ *Subscription*. Daher ist es nach *subscribe* nicht möglich, weitere Operatoren zu nutzen.

Die Async-Pipe

Im vorigen Abschnitt haben wir Ihnen das Zusammenspiel zwischen Observable und Observer gezeigt. Als Nächstes erstellen wir die zuvor erwähnte Uhr (Abbildung 11-3). Sie soll später am Ende der Seite immer die aktuelle Zeit im Sekundentakt anzeigen.

Diesmal wird das Observable in Listing 11-9 mit dem statischen Operator *interval* eingeleitet und an das Komponentenattribut *timeObservable* übergeben. Der Parameter im Aufruf von *interval* steht für tausend Millisekunden Wartezeit zwischen den Events. Als Nächstes wird über *startWith* angegeben, dass beim ersten Mal keine Sekunde vergehen soll. Das heißt, dass das Intervall also mit 0 beginnt und erst beim zweiten Durchlauf den Wert *1000* nutzt. Ohne diesen Operator würde eine Sekunde verstreichen, bevor die Zeit auf der Seite erscheint.

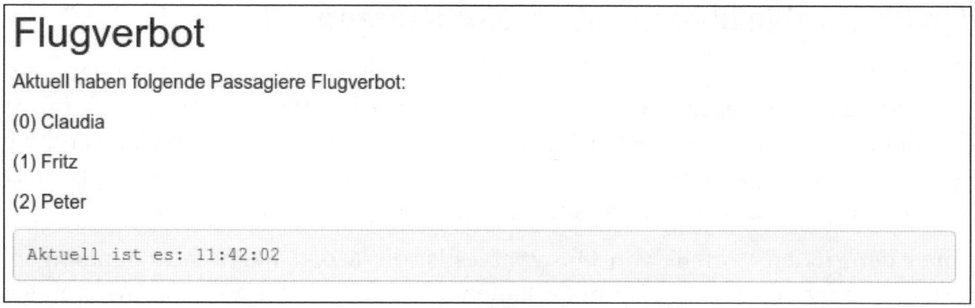

Flugverbot

Aktuell haben folgende Passagiere Flugverbot:

(0) Claudia

(1) Fritz

(2) Peter

Aktuell ist es: 11:42:02

Abbildung 11-3: Die aktuelle Zeit wird im Sekundentakt aktualisiert.

Mit dem bereits bekannten Operator *map* wird der eigentliche Rückgabewert von *interval* durch ein Datum ersetzt. Der ursprüngliche Wert ist die Anzahl der bisher durchlaufenen Sequenzen, ausgelöst durch *interval*. Mit *do* soll zusätzlich in der Log-Ausgabe die aktuelle Millisekunde angegeben werden.

Damit ist das Observable erstellt. Da kein Observer über *subscribe* registriert ist, kommt es auch zu keiner Aktion, also auch zu keiner Log-Ausgabe über den Operator *do*. Somit ist es inaktiv. Observables können so auch in Services ausgelagert und an verschiedenen Stellen der Anwendung benutzt werden.

Listing 11-9: Observable über »interval«

```
@Component({
    templateUrl: './passenger-search.component.html'
})
export class PassengerSearchComponent implements OnInit {
    timeObservable: Observable<any>;

    ngOnInit() {
        [...]
        this.timeObservable = Observable.interval(1000)
            .startWith(0)
            .map(resp => new Date())
            .do(resp => console.log('Observable mit interval in Millisekunde: ' +
              resp.getMilliseconds()));
    }
}
```

Als Nächstes wäre nun der logische Weg, einen Observer über *subscribe* anzuhängen und den Wert aus *next* einer Variablen zuzuweisen, die im Template ausgewertet wird. Das ist jedoch nicht notwendig, da Angular dafür die Pipe *async* bereitstellt. In Listing 11-10 sehen Sie, wie *async* benutzt wird: Im Hintergrund registriert die Pipe einen Observer, der von *next* das Datum erhält und dieses wieder zurückliefert. Das Ergebnis wird an die Pipe *date* weitergegeben, um das Datum als Zeit zu formatieren. Somit sieht man nun bei einem Aufruf der Seite im Intervall von einer Sekunde die aktuelle Zeit.

Listing 11-10: Ausgabe der Zeit über »async« und »date Pipe«

```
<pre>Aktuell ist es: {{timeObservable | async | date:'HH:mm:ss'}}</pre>
```

Ein Observable über unsubscribe entsorgen

Die Zeit wird nun angezeigt, und in der Konsole des Browsers erscheint jede Sekunde die Log-Ausgabe *Observable mit interval in Millisekunde*, die wir zuvor mit dem Operator *do* definiert haben. Wenn Sie innerhalb der Beispielanwendung auf eine andere Seite springen, sehen Sie, dass die Konsolenausgabe stoppt. Der unendliche Event-Stream durch *interval* wurde also abgebrochen.

Eines der großen Vorteile von Observables ist die Möglichkeit, sie zu entsorgen. Dabei werden normalerweise noch laufende Prozesse oder Verbindungen abgebrochen. In diesem Fall ist die Async-Pipe verantwortlich, die im Hintergrund ein *unsubscribe* ausführt.

Um dies zu verdeutlichen, hängen wir in Listing 11-11 dem Observable zusätzlich ein *subscribe* an. Somit existieren nun zwei unabhängige Observables: eines über die Async-Pipe und ein weiteres über die Subscription *timeSubscription.*

Über die Lifecycle-Hook-Methode *ngOnDestroy* wird mittels *unsubscribe* die Observable-Instanz wieder entsorgt, wenn die Seite verlassen und somit die Komponente *ngOnDestroy* aufgerufen wird. Ohne den Aufruf von *unsubscribe* würde bei einem Seitenwechsel die Log-Ausgabe von *timeSubscription* weiterlaufen. Durch wiederholtes Hin-und-her-Wechseln kommt es also zu einer Überflutung der Log-Ausgabe, da das Intervall ständig neu startet, jedoch nicht beendet wird.

Listing 11-11: Nutzung von »unsubscribe« in »ngOnDestroy«

```
export class PassengerSearchComponent implements OnInit, OnDestroy {
    timeSubscription: Subscription;
    timeObservable: Observable<any>;

    ngOnInit() {
        [...]
        this.timeSubscription = this.timeObservable.subscribe(resp => {
            console.log('Observer erhält ein Datum in Millisekunde: ' +
              resp.getMilliseconds() + '\n--');
        });

    }

    ngOnDestroy() {
        this.timeSubscription.unsubscribe();
    }

}
```

Das Observable der Async-Pipe bleibt hier unberührt. Es wird durch die Pipe selbst entsorgt. In Abbildung 11-4 ist zu sehen, dass zweimal das Intervall über den Operator *do* ausgeben wird: einmal für den Observer der Async-Pipe und einmal für den selbst erstellten Observer durch *subscribe*. Beachten Sie, dass diese als Wert unterschiedliche Millisekunden aufweisen. Das zeigt, dass sie tatsächlich getrennt voneinander agieren. Die Log-Ausgabe *timeSubscription* hat hingegen immer den gleichen Wert des dazugehörigen Observable.

```
Observable mit interval in Millisekunde: 528        passenger-search.component.ts:90
Observable mit interval in Millisekunde: 524        passenger-search.component.ts:90
Observer erhält ein Datum in Millisekunde: 524      passenger-search.component.ts:93
--
Observable mit interval in Millisekunde: 527        passenger-search.component.ts:90
Observable mit interval in Millisekunde: 524        passenger-search.component.ts:90
Observer erhält ein Datum in Millisekunde: 524      passenger-search.component.ts:93
```

Abbildung 11-4: Log-Ausgabe der Observables

Cold vs. Hot Observables

Das Async-Pipe-Beispiel im letzten Abschnitt zeigt die Nutzung eines sogenannten *Cold Observable* (Unicast): Jeder Aufruf mit *subscribe* führt zu einem eigenen Ergebnis, da die Quelle (auch *Producer* genannt) durch das Observable erzeugt wird. Das Gleiche gilt auch beim Aufruf des *Http*-Service von Angular. Im Gegenzug wird der Producer eines *Hot Observable* (Multicast) referenziert. Er existiert unabhängig. Das Event eines Mausklicks ist so ein Beispiel. Ein Observable erzeugt hier nicht den Producer, sondern hängt sich an dessen Event-Stream. Alle Subscriptions liefern hier das gleiche Event.

Das Beispiel aus Listing 11-12 verdeutlicht den Unterschied. Es existiert eine Klasse *Producer*. Eine Instanz davon kann Listener über *addListener* registrieren. Die registrierten Listener erhalten danach eine fortlaufende Zahl im Sekundentakt über *setInterval* im Konstruktor der Producer-Klasse.

Im Falle des Cold Observables wird das Instanziieren des Producers sowie das Registrieren der Listener im Observable durchgeführt. Jeder Aufruf von *subscribe* führt auch zu einer neuen Instanz des Producers und zu einem unabhängigen Zähler. Das Cold Observable kümmert sich normalerweise auch um das Aufräumen beim Aufruf von *unsubscribe* – im Beispiel tut es das durch *clearInterval(producer.interval)*.

Das Hot Observable registriert sich hingegen auf die Producer-Instanz, die durch *producer = new Producer('Hot-Observable');* in der Klasse von *PassengerSearchComponent* erstellt wurde. Jeder Aufruf von *subscribe* referenziert hier auf dieselbe Producer-Instanz, weshalb hier auch ein mehrmaliger Aufruf immer den Wert der Producer-Instanz der Klasse zurückliefern würde.

Listing 11-12: Unterschied zwischen Cold und Hot Observables

```
class Producer {
    interval: any;
    private listener = [];
    addListener = fn => this.listener.push(fn);

    constructor(id) {
        let count = 0;
        this.interval = setInterval(() => {
            count++;
            console.log('Producer ' + id + ': ' + count);
            this.listener.forEach(fn => fn(count));
```

```
        }, 1000);
    }
}

@Component({
    templateUrl: './passenger-search.component.html'
})
export class PassengerSearchComponent {

    producer = new Producer('Hot-Observable');

    ngOnInit() {

        setTimeout(() => {
            // Cold Observable
            const coldObservable = Observable.create(obsrv => {
                const producer = new Producer('Cold-Observable');
                producer.addListener(value => obsrv.next(value));
                return () => clearInterval(producer.interval);
            });
            coldObservable.subscribe(
              resp => console.log('Zähler Cold-Observable: ' + resp)
            );

            // Hot Observable
            const hotObservable = Observable.create(obsrv => {
                this.producer.addListener(value => obsrv.next(value));
            });
            hotObservable.subscribe(
              resp => console.log('Zähler Hot-Observable: ' + resp)
            );

        }, 4000);

    }

}
```

Abbildung 11-5 zeigt die Log-Ausgabe aus Listing 11-12. In den vier Sekunden, bevor die Observables durch *setTimeout* erzeugt werden, läuft bereits die Instanz des Producers über *producer = new Producer()*. Das Hot Observable gibt danach diesen Wert wieder. Das Cold Observable erzeugt sich den Producer selbst.

```
Producer Hot-Observable: 1          passenger-search.component.ts:29
Producer Hot-Observable: 2          passenger-search.component.ts:29
Producer Hot-Observable: 3          passenger-search.component.ts:29
Producer Hot-Observable: 4          passenger-search.component.ts:29
Producer Hot-Observable: 5          passenger-search.component.ts:29
Zähler Hot-Observable: 5           passenger-search.component.ts:126
Producer Cold-Observable: 1         passenger-search.component.ts:29
Zähler Cold-Observable: 1          passenger-search.component.ts:121
```

Abbildung 11-5: Unterschied zwischen Cold und Hot Observables

Ein Cold Observable kann auch durch diverse Techniken in ein Hot Observable umgewandelt werden. Im Zuge des Async-Pipe-Beispiels genügt es, den Operator *share* anzuhängen (Listing 11-13). Die Quelle der Async-Pipe sowie der Aufruf von *subscribe* in *timeSubscription* ist damit identisch, und somit reduziert sich die Log-Ausgabe (*Observable mit interval in Millisekunde...*) aus Abbildung 11-4 auf einen Eintrag pro Intervall. Über diese Methode kann auch ein Observable des HTTP-Service umgewandelt werden, damit nicht jeder Aufruf von *subscribe* – egal ob selbst erstellt oder über die Nutzung von Async-Pipes generiert – eine erneute HTTP-Anfrage erzeugt.

Listing 11-13: Umwandlung in ein Hot Observable durch »share«

```
this.timeObservable = Observable.interval(1000)
    .startWith(0)
    .map(resp => new Date())
    .do(resp => console.log('Observable mit interval in Millisekunde: ' +
      resp.getMilliseconds()))
    .share();
```

Type-Ahead-Suche mit Subject

Abbildung 11-6 zeigt die noch fehlende Suche bzw. Filterung der Passagiere. Über den *Http*-Service von Angular, der ebenfalls ein Observable liefert, werden die Daten geladen und verarbeitet. Als Ausgangspunkt dienen die Events, die durch eine Eingabe im Textfeld ausgelöst werden.

Passagier suchen

Name

Id	Passagier	
4123	Daniela Konheim	Auswählen
4245	Christa Maisano	Auswählen
5479	Andreas Lang	Auswählen
5290	Max Muster	Auswählen
1229	Klara Spinrad	Auswählen
6647	Stefan Frias	Auswählen

Abbildung 11-6: Passagiersuche

Dafür wird als Erstes der *HTTP*-Service von Angular per Dependency Injection, geholt, um die Passagierdaten aus der Datei *passengers.json* zu laden. Einen Auszug der Daten zeigt Listing 11-14. Der eingeloggte Benutzer ist durch den Service *AuthService* über das Attribut *name* verfügbar und kommt später als initialer Wert der Suche zum Einsatz.

Listing 11-14: Auszug der Passagierdaten aus »passengers.json«

```
[
    {
        "name": "Daniela",
        "lastName": "Konheim",
        "id" : 4123
    },
    {
        "name": "Christa",
        "lastName": "Maisano",
        "id" : 4245
    },
    [...]
]
```

Das Beispiel in Listing 11-15 zeigt die Funktion *passengersHttp*, welche als Rückgabewert ein Observable liefert, das um einige Operatoren erweitert wurde.

Die Methode *get* des *HTTP*-Service liefert dabei, so wie alle Methoden des Service, ein Observable als Antwort und sorgt im Hintergrund für den eigentlichen asynchronen Aufruf. Somit kann der Entwickler auch an diese Methode Operatoren anhängen.

Mit *catch* zeigt sich in Listing 11-15 eine Möglichkeit, um mit Fehlern eines Observable umzugehen. Da der Pfad */wrong/* im Parameter von *get* nicht existiert, führt dies zu einem Fehler. Unbehandelt würde das im später registrierten Observer die für *error* definierte Callback-Methode aufrufen. Der Operator *catch* fängt diesen Fehler jedoch ab und ersetzt das Error-Objekt durch ein Observable, das die korrekte Response liefern kann.

Als Parameter der Funktion *passengersHttp* wird später ein Suchbegriff mitgegeben. Ein Backend könnte diesen Parameter nutzen, um damit im Hintergrund eine Liste von Passagieren zu filtern. Da in der Beispielanwendung jedoch kein Backend vorhanden ist, simuliert das Observable dies durch den Operator *delay*, der für zwei Sekunden Verzögerung sorgt, und den Operator *map*, in dem die Response aller Passagiere durch den Suchbegriff gefiltert wird.

Um das Beispiel auf das Wesentliche zu reduzieren, wurde der Parameter *name* hier direkt an den Pfad angehängt. Generell sollten die Request-Parameter jedoch über die *RequestOptionsArgs* als zweiter Parameter der Methode *get* übergeben werden. Siehe dazu:

https://angular.io/docs/ts/latest/api/http/index/Http-class.html

Listing 11-15: Erstellung einer Funktion, um Passagiere zu laden

```
export class PassengerSearchComponent implements OnInit, OnDestroy {
    constructor(authService: AuthService, private http: Http) {
        this.name = authService.userName;
        [...]
    }

    ngOnInit() {
        [...]
        const passengersHttp = (searchTerm) => {
            return this.http.get('/wrong/passengers.json?name=' + searchTerm)
                .catch(err => this.http.get('/assets/passengers.json?name=' +
                  searchTerm))
                // Simulation eines Backends
                .delay(2000)
                .map(resp => {
                    return resp.json().filter(passenger => {
                        const search = passenger.name.toLowerCase() +
                          passenger.lastName.toLowerCase();
                        return search.indexOf(searchTerm.toLowerCase()) !== -1;
                    });
                });
                // ---
        };
    }
}
```

Durch Aufruf von

```
passengersHttp('dan').subscribe(resp => console.log(resp));
```

erhält man nun eine Request-Abfolge, wie sie in Abbildung 11-7 zu sehen ist: Zuerst erfolgt der fehlerhafte Aufruf, der gleich darauf durch den korrekten ersetzt wird. Somit wurde der Fehler erfolgreich abgefangen.

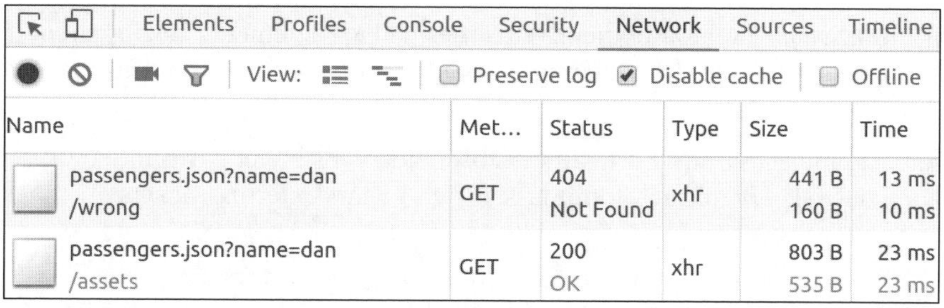

Elements Profiles Console Security Network Sources Timeline

View: Preserve log Disable cache Offline

Name	Met...	Status	Type	Size	Time
passengers.json?name=dan /wrong	GET	404 Not Found	xhr	441 B 160 B	13 ms 10 ms
passengers.json?name=dan /assets	GET	200 OK	xhr	803 B 535 B	23 ms 23 ms

Abbildung 11-7: Aufrufe durch die Funktion »passengersHttp«

Abbildung 11-8 zeigt das Ergebnis der Konsolenausgabe. Da der Suchbegriff *dan* verwendet wurde, erscheint als Antwort nur noch ein Passagier, auf den die Anfrage passt.

```
▼Array[1]                                                passenger-search.component.ts
  ▼0: Object
      id: 4123
      lastName: "Konheim"
      name: "Daniela"
    ▶__proto__: Object
    length: 1
  ▶__proto__: Array[0]
```

Abbildung 11-8: Ergebnis durch die Funktion »passengersHttp«

Da es bei Observables im Gegensatz zu Promises möglich ist, über die Subscription Prozesse abzubrechen, kann auch ein laufender Request über den *HTTP*-Service von Angular mit der Methode *unsubscribe* abgebrochen werden. Das kann beispielsweise bei einem Seitenwechsel verhindern, dass ein Aufruf unnötig weiterläuft.

```
this.httpCallSubscription = this.http.get('/path/').subscribe();
ngOnDestroy() {
    this.httpCallSubscription.unsubscribe();
}
```

Subject zur Event-Steuerung nutzen

Da nun ein Observable existiert, das gefilterte Passagiere anhand eines Suchbegriffs liefern kann, besteht unsere nächste Aufgabe darin, dieses Observable mit den Eingaben des Benutzers über ein Eingabefeld zu kombinieren. Eingaben sollen dabei erst nach einer definierten Zeit zu einer neuen Filterung führen, und während der Request läuft, muss eine Ladeanzeige erscheinen. Da für jeden Aufruf eine Verzögerung von zwei Sekunden über den Operator *delay* definiert ist, würde sonst der Benutzer irritiert, da er keine Rückmeldung zu seiner Eingabe erhält.

Wie wir zu Beginn dieses Kapitels gezeigt haben, wäre es möglich, über den Operator *fromEvent* direkt auf die Events des HTML-Elements zuzugreifen. Eine andere Möglichkeit ist die Nutzung von *Subject* in Kombination mit dem Event-Binding von Angular.

Subject ist eine erweiterte Form eines Observables. Es bietet sowohl den Observer als auch das Observable an. Somit lassen sich Events extern auslösen.

Subject beherrscht auch Multicast. Das bedeutet, es können mehrere Observer über *subscribe* verwendet werden. Weitere Informationen zum Thema *Subject* finden Sie auf folgender Seite:

http://reactivex.io/rxjs/manual/overview.html#subject

In Listing 11-16 sehen Sie die Nutzung des Observers aus *inputSubject* (Listing 11-18): Das Eingabefeld ruft per Event-Binding (*input*) die Methode *next* auf, sobald eine Eingabe in das Feld erfolgt. Als Parameter erhält die Methode das Objekt *$event*. Es beinhaltet die Daten des ausgelösten Events. Das schließt auch den eingegebenen Wert ein, der als Suchbegriff für die Funktion *passengersHttp* fungieren soll. Das Event-Binding über *ngModel* hat hier keinen Einfluss. Es dient lediglich dazu, den eingeloggten Benutzer als initialen Wert der Suche anzuzeigen.

Listing 11-16: So nutzen Sie »inputSubject« im Template.

```
<h2>Passagier suchen</h2>
<div class="form-group">
    <label>Name</label>
    <input [(ngModel)]="name" (input)="inputSubject.next($event)" class="form-
control">
</div>
```

Es gibt mehrere Varianten vom Typ *Subject*. Das eingesetzte *BehaviorSubject* namens *inputSubject* aus Listing 11-17 erwartet einen initialen Wert. Als Wert wird ein Objekt definiert, das den benötigten Teil des Objekts *$event* simuliert. Um dem Wert des Eingabefeldes zu entsprechen, wird hier das Attribut *name* übergeben:

Listing 11-17: Instanziierung eines »BehaviorSubject«

```
this.inputSubject = new BehaviorSubject({target: {value: this.name}});
```

Somit wird schon beim Aufruf der Seite eine Suche ausgelöst, die den eingeloggten Benutzer als Antwort zeigt (Abbildung 11-9).

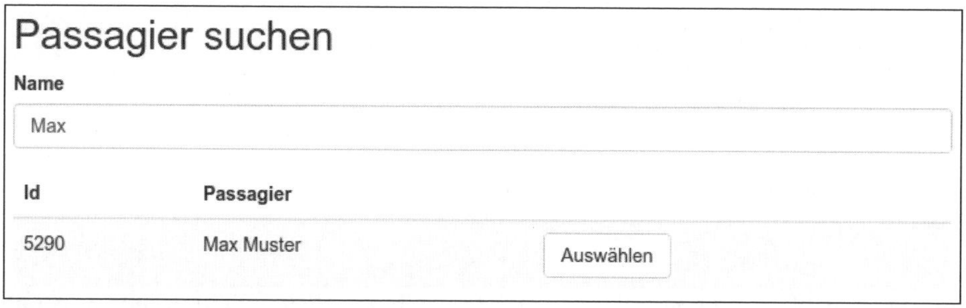

Abbildung 11-9: Initiale Suche über »BehaviorSubject«

Der Aufruf der Seite sowie eine Eingabe in das Eingabefeld startet also die definierte Observable-Sequenz in Listing 11-18 von *listObservable*, wodurch *$event* weiterverarbeitet wird.

Während der Observer direkt am Subject verfügbar ist, erhält man das Observable durch die Methode *asObservable*. Das Attribut *listObservable* erhält somit über *asObservable* das Observable des Subjects. Über dieses können nun alle weiteren Aktionen bestimmt werden.

Durch den ersten Operator (*debounceTime*) können mehrere Buchstaben schnell eingegeben werden. Nachdem 300 Millisekunden ohne Eingabe vergangen sind, wird so nur der letzte Event weitergegeben. Mit *map* wird der Wert des Eingabefeldes aus *$event* geholt. So erhält der nächste Operator (*distinctUntilChanged*) nicht mehr das gesamte Event, sondern nur noch den Suchbegriff. Dieser vergleicht den Wert des letzten Durchlaufs mit dem aktuellen. Nur wenn die Werte unterschiedlich sind, geht es weiter. So ist nun durch ein paar Operatoren sichergestellt, dass nur wirklich sinnvolle Eingaben zu einer Suche über den *HTTP*-Service führen.

Ab jetzt soll eine Ladeanzeige auf der Seite erscheinen. Dafür wird über *do* das Boolean *loading* auf *true* gesetzt.

Jetzt startet der eigentliche Aufruf der Funktion *passengersHttp*. Über *switchMap* wird das Observable aus *passengersHttp* ausgewertet und die Sucheingabe durch das Ergebnis der Suche ersetzt. So erhält das Observable die gefilterte Liste.

Da die Suche abgeschlossen ist, kann über *do* das Boolean *loading* wieder auf *false* gesetzt werden.

Listing 11-18: Erstellung von Subject

```
export class PassengerSearchComponent implements OnInit, OnDestroy {
    inputSubject: BehaviorSubject<any>;
    listObservable: Observable<any>;
    loading: Boolean = true;

    ngOnInit() {
        [...]
        this.inputSubject = new BehaviorSubject({target: {value: this.name}});
        this.listObservable = this.inputSubject
            .asObservable()
            .debounceTime(300)
            .map(event => event.target.value)
            .distinctUntilChanged()
            .do(() => this.loading = true)
            .switchMap(searchTerm => passengersHttp(searchTerm))
            .do(() => this.loading = false);
    }
}
```

Das Observable *listObservable*, das wir durch *inputSubject* erhalten haben, sowie das Attribut *loading* werden nun im Template zur Anzeige genutzt (Listing 11-19). Über *ngIf* zu Beginn wird das Boolean *loading* ausgewertet. Das Ergebnis des *list Observable* wird über *ngFor* und eine Async-Pipe als Tabelle aufgelistet.

Listing 11-19: Einbinden von »listObservable« und »loading« im Template

```
<h3 *ngIf="loading" style="color:red">Lade Passagiere...</h3>
<table class="table table-striped">
    <thead>
    <tr>
        <th>Id</th>
        <th>Passagier</th>
        <th></th>
    </tr>
    </thead>
    <tbody>
```

```
    <tr *ngFor="let passenger of listObservable | async">
        <td>{{passenger.id}}</td>
        <td>{{passenger.name}} {{passenger.lastName}}</td>
        <td><button class="btn btn-default">Auswählen</button></td>
    </tr>
    </tbody>
</table>
```

In Abbildung 11-10 ist zu sehen, wie durch die Eingabe von *ri* eine Suche ausgelöst wird. Das Attribut *loading* sorgt hier für eine Ladeanzeige.

Abbildung 11-10: Ladehinweis durch das Attribut »loading«, wenn das Observable läuft

Nach der Suche verschwindet die Anzeige *Lade Passagiere…* wieder, und das aktuelle Ergebnis ist zu sehen (Abbildung 11-11).

Abbildung 11-11: Ergebnis einer Suche

Marble-Diagramme verstehen

Die Beschreibungen vieler Operatoren sind nur schwer zu verstehen. Deshalb werden im ReactiveX-Umfeld oft Marble-Diagramme eingesetzt. Sie helfen dabei, die Vorgänge zu visualisieren.

Um einen spezifischen Operator zu finden, bietet das Manual von RxJS ein sehr nützliches Hilfsmittel. Unter *http://reactivex.io/rxjs/manual/overview.html#choose-an-operator* können Sie die gewünschte Anforderung angeben, indem Sie auf vordefinierte Satzteile klicken. Als Ergebnis erhalten Sie den passenden Operator, ähnlich wie bei einer Outlook-Regel-Definition.

Beispielsweise erhalten Sie mithilfe der Satzteile

- I have no Observables yet, and ...
- I want to create a new Observable ...
- that iterates ...
- over the values in an array.

den Operator *fromArray* vorgeschlagen.

Abbildung 11-12 zeigt ein solches Diagramm. Der dort als Rechteck gezeigte Operator *sum* hat die Aufgabe, die einzelnen Werte eines Observable-Streams zu addieren. Der obere Zeitpfeil zeigt den Ablauf ohne Operator. Die Werte *1*, *4* und *3* werden der Callback-Funktion *next* des Observers übergeben. Das Ende des Streams wird durch eine senkrechte Linie angezeigt. An dieser Stelle wird auch *complete* im Observer aufgerufen.

Der untere Zeitpfeil zeigt nun das Ergebnis durch die Nutzung von *sum*. An dieser Grafik erkennen Sie, dass durch den Einsatz des Operators alle Werte der Sequenzen zusammengezählt werden. Am Ende steht der Aufruf von *next* und *complete* an, die gleichzeitig stattfinden.

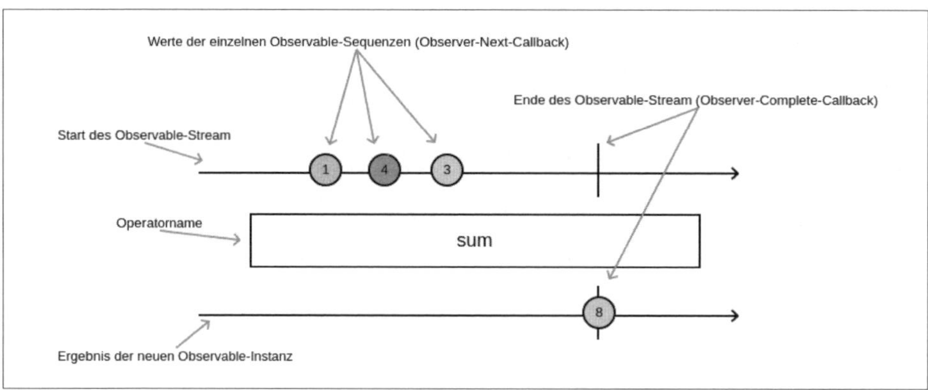

Abbildung 11-12: Marble-Diagramm

Das zweite Diagramm (Abbildung 11-13) zeigt wieder den Operator. Hier bekommt *sum* jedoch in der zweiten Iteration keine Zahl, sondern den Buchstaben *b* als Wert. Da Zahlen mit Buchstaben nicht addiert werden können, führt dies zu einem Fehler, der mit einem X markiert ist. Der Error-Callback des Observers wird aufgerufen.

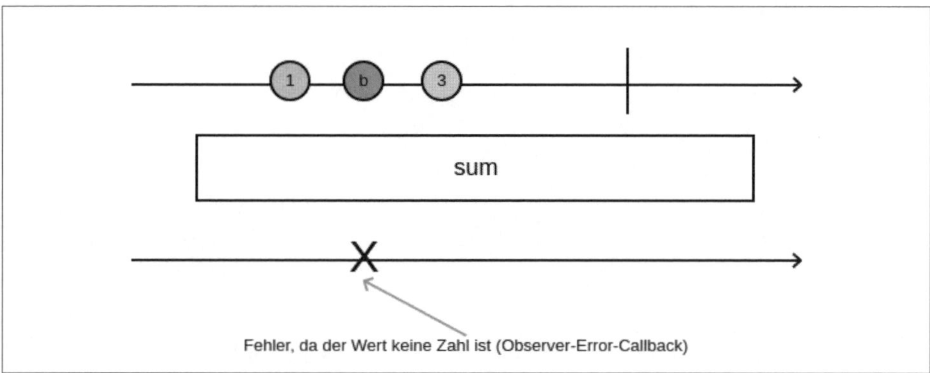

Abbildung 11-13: Darstellung eines Fehlers

Zusammenfassung

Mit RxJS wird Ihnen eine Library zur Verfügung gestellt, die es möglich macht, asynchrone Prozesse event-basiert über Observables, Observer und Operatoren abzubilden. Angular selbst arbeitet im Hintergrund stark mit RxJS und bietet deswegen auch in vielen Bereichen Observables an, z. B. beim *HTTP*-Service. Über Subjects, die eine Erweiterung zu Observables darstellen, können Sie auch komplexere Abläufe realisieren. Mit Marble-Diagrammen werden die funktionalen Eigenschaften der Operatoren, die oft schwierig zu beschreiben sind, grafisch dargestellt. So können Sie sie leichter verstehen.

KAPITEL 12

Performanceoptimierung mit OnPush, Immutables und Observables

Die ohnehin gute Performance von Angular lässt sich durch den Einsatz von Immutables und Observables noch drastisch verbessern. Benchmarks zufolge bietet Angular dank seiner Optimierungsmöglichkeiten für diese Datenstrukturen selbst bei über 50.000 gebundenen Daten noch eine atemberaubende Performance.

In diesem Kapitel zeigen wir Ihnen anhand eines Beispiels, wie und warum sich Angular-Anwendungen mit Immutables und Observables optimieren lassen.

Performanceoptimierung mit Immutables

Der Name lässt es schon vermuten: Immutables sind Datenstrukturen, die nicht veränderbar sind. Ändern sich die damit beschriebenen Objekte, müssen Sie das gesamte Immutable durch ein neues austauschen. Um Änderungen zu entdecken, müssen Frameworks somit nur prüfen, ob das Immutable als Ganzes getauscht wurde, anstatt sich über dessen einzelnen Eigenschaften auf dem Laufenden zu halten. Oder um es etwas technischer auszudrücken: Das Framework muss nur prüfen, ob sich die Objektreferenz geändert hat.

Arbeiten mit Immutables

Die Methode *delay* in Listing 12-1 veranschaulicht den Umgang mit Immutables. Ihre Aufgabe ist es, für den ersten Flug eines Arrays eine Verspätung von 15 Minuten zu vermerken. Um das Beispiel schlank zu halten, kommen hier keine Bibliotheken zum Einsatz, die die Semantik von Immutables erzwingen. Stattdessen nutzt das Beispiel herkömmliche JavaScript-Objekte und verzichtet darauf, sie zu verändern.

Eingangs definiert *delay* Variablen, die auf das gesamte Array sowie auf den betroffenen Flug verweisen. Diese nennen wir im Beispiel *oldFlights* und *oldFlight*. Darüber hinaus richten wir ein Date-Objekt *oldFlightDate* ein, das das Datum des Fluges repräsentiert.

Anschließend erzeugen wir drei Objekte, die die neuen Zustände widerspiegeln. Das Objekt *newFlightDate* verweist auf das geänderte Datum. Dieses übernimmt das Objekt *newFlight* gemeinsam mit den restlichen Werten von *oldFlight*. Zusätzlich verweist *newFlights* auf ein neues Array, das sich aus dem neuen Flug und den restlichen nicht geänderten Flügen zusammensetzt. Um an diese Flüge zu kommen, nutzt *delay* die Array-Methode *slice*. Da *slice* ein Array mit den ausgewählten Einträgen zurückliefert, kommt an dieser Stelle der aus drei Punkten bestehende Spread-Operator von ECMAScript 2015 zum Einsatz. Er fügt an dieser Stelle den Inhalt aus dem von *slice* gelieferten Array direkt in das übergeordnete Array ein und vermeidet somit ein Array im Array. Dies veranschaulicht auch, dass Routinen nicht geänderte Teilbäume aus alten Immutables unverändert übernehmen können.

Danach verstauen wir das neue Array in der Ausgangsvariablen *this.flights* und ändern somit seine Objektreferenz. Die Debug-Ausgaben am Ende veranschaulichen, dass eine Anwendung nun Änderungen am Array oder an den einzelnen Flügen sehr einfach entdecken kann: Ein einziger Vergleich reicht hierzu.

Listing 12-1: Einsatz von Immutables

```
delay() {

    const ONE_MINUTE = 1000 * 60;

    let oldFlights = this.flights;
    let oldFlight = oldFlights[0];
    let oldFlightDate = new Date(oldFlight.date);

    let newFlightDate = new Date(oldFlightDate.getTime() + ONE_MINUTE * 15);

    let newFlight = {
            id: oldFlight.id,
            from: oldFlight.from,
            to: oldFlight.to,
            date: newFlightDate.toISOString()
    };

    let newFlights = [
        newFlight,
        ...oldFlights.slice(1, this.fluege.length-1)
    ];

    this.flights = newFlights;

    console.debug("Array: " + (oldFlights == newFlights)); // false
    console.debug("#0: " + (oldFlights[0] == newFlights[0])); // false
    console.debug("#1: " + (oldFlights[1] == newFlights[1])); // true

}
```

Sprachkonstrukte für Immutables in TypeScript

Als Ergänzung zu dem Spread-Operator für Arrays, den wir im letzten Abschnitt betrachtet haben, hat TypeScript in der letzten Zeit zwei Spracherweiterungen bekommen, die die Arbeit mit Immutables vereinfachen. Bei der einen handelt es sich um den Access-Modifier *readonly*:

```
export class Flight {
    readonly id: number;
    readonly from: string;
    readonly to: string;
    readonly date: string;
}
```

Die damit markierten Eigenschaften lassen sich nur im Konstruktor sowie beim Erzeugen eines Objekts über ein Objektliteral setzen:

```
let flight: Flight = { id: 7, from: 'Graz', to: 'Hamburg', date:'2018-12-
24T17:00:00.000+01:00' };
// flight.id = 8; // Fehler, weil readonly
```

Ein späteres Aktualisieren solcher Eigenschaften mahnt der Compiler mit einem Fehler ab.

Ein weiteres Sprachmerkmal, das seit TypeScript 2.1 zur Verfügung steht, ist der Spreadoperator für Objekte. Statt

```
let newFlight = {
    id: oldFlight.id,
    from: oldFlight.from,
    to: oldFlight.to,
    date: newFlightDate.toISOString()
};
```

können Sie damit

```
let newFlight = {
    ...oldFlight,
    date: newFlightDate.toISOString()
};
```

schreiben, um zum einen alle Eigenschaften aus *oldFlight* zu übernehmen und zum anderen ein neues Datum zu vergeben.

Immutables und Datenbindung

Wie wir in Kapitel 4 beschrieben haben, traversiert Angular standardmäßig nach dem Ausführen von Events den gesamten Komponentenbaum. Dabei aktualisiert das Framework alle geänderten Property-Bindings. Kommen Immutables zum Einsatz, kann Angular jedoch die vielen Teilbäume erkennen, die nicht von Änderungen betroffen sind, und diese zur Steigerung der Leistung außen vor lassen.

Abbildung 12-1 veranschaulicht dies. Gehen Sie hierbei davon aus, dass die eingangs beschriebene Methode (Listing 12-1) das Array *flights* sowie einen Flug darin aktualisiert hat. Dank Immutables kann Angular ohne Aufwand prüfen, ob die über Property-Bindings weitergereichten Daten geändert wurden. Wie oben beschrieben, ist hierzu pro Objekt lediglich ein einziger Vergleich notwendig. Im betrachteten Fall erkennt Angular, dass sich lediglich einer der weitergereichten Flüge geändert hat, und betrachtet nur den davon betroffenen Teilbaum. Alle anderen Teilbäume ignoriert es. Da das SPA-Framework bei diesem Vorgehen im besten Fall lediglich einem einzigen Pfad durch den Baum folgenden muss, hat dieses Vorgehen bei größeren Komponentenbäumen ein enormes Potenzial.

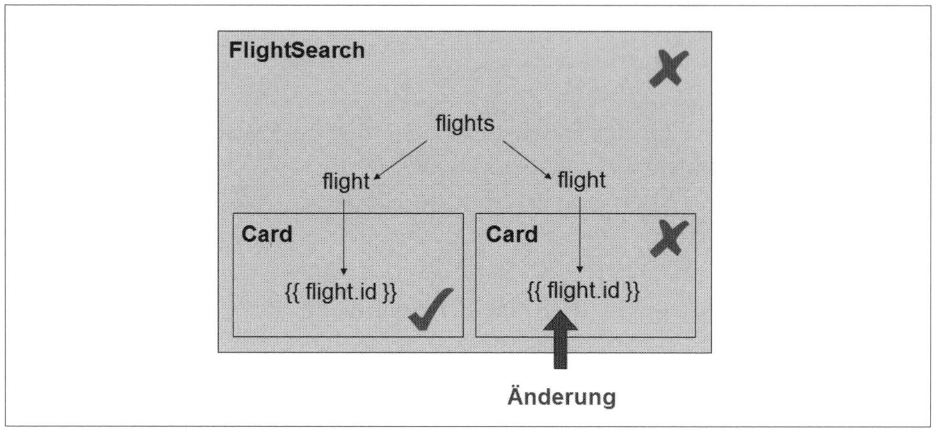

Abbildung 12-1: Dank Immutables kann Angular die geänderten Komponenten einfach entdecken: Angular aktualisiert nur die mit einem x markierten Komponenten.

Damit eine Komponente in den Genuss dieses Verfahrens kommt, konfiguriert die Komponente für ihren Change-Detector über den *Component*-Dekorator die Change-Detection-Strategie *OnPush* (Listing 12-2):

Listing 12-2: Aktivierung von »OnPush«

```
import { Flug } from '../entities/flug';
import { Input, Component, ChangeDetectionStrategy } from '@angular/core';

@Component({
    selector: 'flug-card',
    template: require('./flug-card.component.html'),
    changeDetection: ChangeDetectionStrategy.OnPush
})
export class FlugCard {
    @Input() item: Flug;
}
```

Dies führt dazu, dass Angular davon ausgeht, dass hinter allen eingehenden Property-Bindings Immutables stehen. Stellt Angular durch Vergleich der Objektreferenzen beim Property-Binding fest, dass die zuletzt ausgeführten Events diese Objekte nicht verändert haben, schließt es den gesamten Teilbaum von der weiteren Betrachtung aus.

Zum Erforschen der Funktionsweise von *OnPush* bietet es sich an, kurzzeitig in der Methode *delay* die Zeile

```
this.flights = newFlights;
```

durch das folgende Gegenstück zu ersetzen:

```
this.flights[0].date = newFlightDate.toISOString();
```

Diese Modifikation ändert das betroffene Flug-Objekt direkt, ohne dass sich die Objektreferenz hinter dem Array und jene hinter dem Flug ändert. Deswegen erkennt Angular beim Einsatz von *OnPush* auch die Modifikation nicht und die GUI bleibt unverändert. Ohne Nutzung von *OnPush* erkennt Angular auch diese direkte Änderung, da es in diesem Fall den gesamten Komponentenbaum traversiert.

Performanceoptimierung mit Observables

Neben Immutables unterstützt Angular auch Observables zur Optimierung der Performance. Diese Objekte können Angular benachrichtigen, wenn es eine neue Version eines gebundenen Objekts gibt. Komponenten können somit von der Änderungsverfolgung ausgenommen werden, bis sie eine solche Nachricht erhalten.

Observables und Datenbindung

Abbildung 12-2 veranschaulicht dieses Vorgehen. In ihr sind die einzelnen Flüge durch Observables repräsentiert. Um diesen Umstand hervorzuheben, hat sich die Nutzung eines Dollarzeichens ($) als Suffix eingebürgert. Die beiden Karten-Komponenten *Card* nutzen nach wie vor die Strategie *OnPush*. Da sich die Referenz auf die übergebenen Observables nicht ändert, schließt Angular sie von der Änderungsverfolgung aus. Allerdings kann die Anwendung Angular anweisen, beim Empfang einer neuen Version des Fluges die Datenbindung zu aktualisieren. Ähnlich wie beim Einsatz von Immutables prüft Angular in diesem Fall auch sämtliche übergeordneten Komponenten auf Änderungen, zumal die Daten ja per Definition von oben nach unten fließen und somit auch schon weiter oben zum Einsatz kommen können.

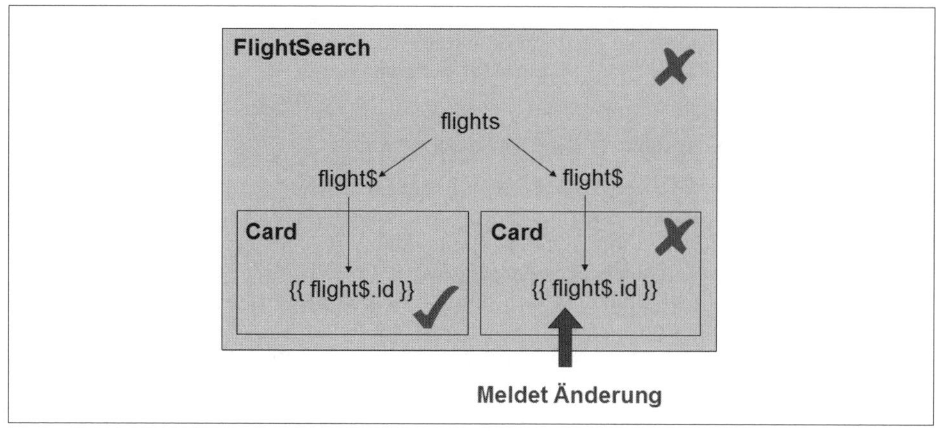

Abbildung 12-2: Observables können Angular über Änderungen informieren: Angular aktualisiert nur die mit einem x markierten Komponenten.

Ein ähnliches Gedankenexperiment hierzu veranschaulicht Abbildung 12-3. In ihr wird das Array mit den Flügen durch ein Observable repräsentiert. Nutzt nun zusätzlich die *FlightSearch*-Komponente die Strategie *OnPush*, schließt Angular auch sie zunächst von der Änderungsverfolgung aus. Meldet das Observable eine neue Version des Arrays, gleicht Angular den Zustand von *FlightSearch* mit der GUI ab. Dasselbe gilt auch hier für sämtliche übergeordnete Komponenten, die in dieser Abbildung nicht zu sehen sind. Wie mit den untergeordneten *Card*-Komponenten zu verfahren ist, hängt von deren Change-Detection-Strategie ab. Kommen hier *Immutables* mit *OnPush* zum Einsatz, betrachtet Angular – wie oben beschrieben – nur den Teilbaum mit Änderungen. Ansonsten iteriert es sämtliche untergeordneten Teilbäume.

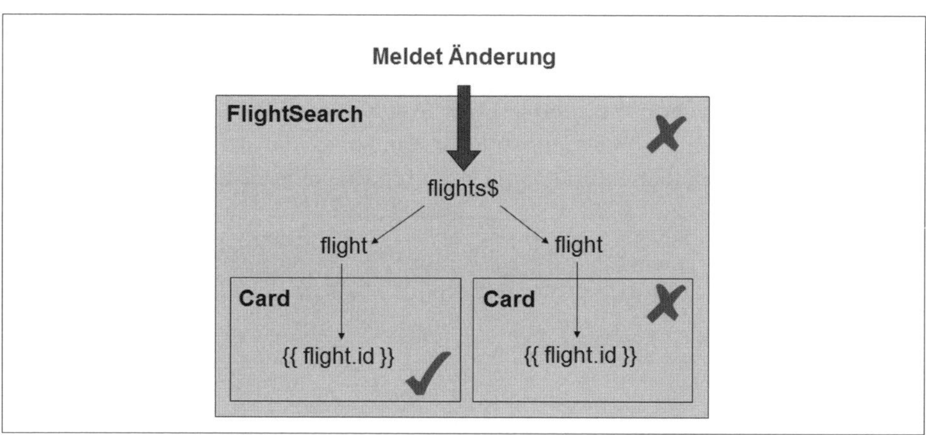

Abbildung 12-3: Kind-Komponenten von Observables können Immutables und »OnPush« nutzen: Angular aktualisiert nur die mit einem x markierten Komponenten.

Datenbindung mit Observables

Um das zuletzt beschriebene Vorgehen zu veranschaulichen, verwaltet das hier beschriebene Beispiel die abgerufenen Flüge mit einem *ReplaySubject*:

```
import { ReplaySubject } from 'rxjs/ReplaySubject'
[...]
public flights$ = new ReplaySubject<Flight[]>(1);
```

Dabei handelt es sich um ein Observable, das die zu versendenden Daten direkt über Methoden entgegennimmt und an einen oder mehrere Interessenten weiterleitet. Darüber hinaus puffert das *ReplaySubject* die zuletzt versendeten Objekte, sodass ein neuer Interessent diese sofort empfangen kann. Die Größe des Puffers ist über den Konstruktor konfigurierbar.

Neue Versionen des Flug-Arrays versendet das Beispiel mit der Methode *next*:

```
this.flights$.next(newFlights);
```

Mit der Pipe *async* lässt sich das Observable in Datenbindungsausdrücken nutzen. Dazu trägt sie sich als Interessent beim Observable ein und kümmert sich beim Eintreffen neuer Daten um die Aktualisierung der GUI:

```
<div *ngFor="let flight of flights$ | async">
    <flight-card [item]="flight" […]></flight-card>
</div>
```

Zusammenfassung

Das in der Welt von React populär gewordene Muster *Redux* hilft dabei, komplexe UIs beherrschbar zu machen. Dazu verwaltet es den gesamten Anwendungszustand in einem zentralen Speicher, der sich Store nennt.

Die Anwendung erhält in Form von Observables lesenden Zugriff auf den Store. Diese benachrichtigen die betroffenen Komponenten über Datenänderungen. Um zu verhindern, dass die Zugriffe, die von verschiedenen Komponenten durchgeführt werden, Inkonsistenzen hervorrufen, senden die Komponenten lediglich Aktionen zum Store, um den Zustand zu verändern. Der Store leitet diese Aktionen an die registrierten *Reducer* weiter, die die gewünschten Änderungen am Zustand vornehmen.

Der Einsatz von Aktionen hilft auch dabei herauszufinden, wie es zu einem bestimmten Anwendungszustand gekommen ist, zumal sich der aktuelle Anwendungszustand aus dem Initialzustand und den versendeten Aktionen ergibt. Dieser Umstand erleichtert die Fehlersuche.

KAPITEL 13

Details zu Komponenten und Direktiven

Angular ist durch und durch komponentenorientiert. Sogar die gesamte Anwendung ist eine Komponente, die aus Komponenten besteht, die wiederum aus Komponenten bestehen. Aus diesem Grund kommen im vorliegenden Werk Komponenten seit dem ersten Angular-Beispiel immer wieder vor. In diesem Kapitel knüpfen wir daran an und präsentieren einige weiterführende Aspekte, die vor allem bei der Schaffung von wiederverwendbaren und anpassbaren Steuerelementen nützlich sind. Zusätzlich werfen wir einen genaueren Blick auf das Konzept der Direktiven, das mit jenem der Komponenten verwandt ist. Wie die kommenden Abschnitte zeigen werden, handelt es sich genau genommen bei Komponenten lediglich um eine spezielle Ausprägung von Direktiven.

Weiterführende Aspekte von Komponenten

Um weiterführende Aspekte von Komponenten zu veranschaulichen, kommt in diesem Kapitel ein einfaches Registerblatt-Steuerelement zum Einsatz (Abbildung 13-1).

Abbildung 13-1: Registerblatt als Fallbeispiel für dieses Kapitel

Die Links im oberen Bereich ermöglichen es, zwischen den einzelnen Registerblättern umzuschalten. Das gesamte Registerblatt-Steuerelement repräsentiert die Implementierung durch eine Komponente, die im Folgenden als *TabbedPane* bezeichnet wird, und für die einzelnen Registerblätter kommt jeweils eine *Tab-*

Komponente zum Einsatz. Um einzelne Entwicklungsstufen abzugrenzen, verwenden wir in diesem Kapitel zusätzlich Prä- und Suffixe. So verwenden wir im nächsten Abschnitt beispielsweise für eine frühe Entwicklungsstufe der Komponente den Klassennamen *TabPrototype* mit dem Selector *flight-tab-prototype*.

Content Projection

Bei der *Tab*-Komponente, die ein einzelnes Registerblatt repräsentiert, handelt es sich zunächst um eine einfache Komponente, die einen Titel sowie den Inhalt entgegennimmt, der dargestellt werden soll (Listing 13-1):

Listing 13-1: Nutzung eines Registerblattes

```
<flight-tab-prototype title="Open">

    <table class="table">
        <tr *ngFor="let invoice of invoicesOpen">
            <td>{{invoice.invoiceId}}</td>
            <td>{{invoice.from}}</td>
            <td>{{invoice.to}}</td>
            <td>{{invoice.date | date:'dd.MM.yyyy'}}</td>
            <td>? {{invoice.price}}</td>
        </tr>
    </table>

</flight-tab-prototype>
```

Den Titel nimmt die Komponente über ein Property-Binding entgegen. Dazu bietet sie eine mit *Input* dekorierte Eigenschaft *title* an (Listing 13-2):

Listing 13-2: Erste Entwicklungsstufe eines einzelnen Registerblattes

```
@Component({
    selector: 'flight-tab-prototype',
    template: `
        <div>
            <h2>{{title}}</h2>
            <ng-content></ng-content>
        </div>
    `
})
export class TabPrototypeComponent {
    @Input() public title: string;
}
```

Etwas spannender gestaltet sich die Platzierung des übergebenen Inhalts: Um festzulegen, wo dieser innerhalb des Registerblattes einzublenden ist, markiert die Komponente die gewünschte Stelle mit dem Element *ng-content*. Dabei ist es wichtig zu verstehen, dass die Datenbindung im Kontext des Aufrufs stattfindet und Angular danach das erhaltene Ergebnis in das *ng-content*-Element projiziert. Dementsprechend ist auch von *Content Projection* die Rede

Eine Komponente kann auch mehrere Platzhalter mit *ng-content* definieren. In diesem Fall erhält jedes *ng-content* einen CSS-Selektor, der die anzuzeigenden Teile des übergebenen Markups adressiert. Im folgenden Beispiel verweisen die Selektoren zum Beispiel auf die Elemente mit den Klassen *header* und *content*:

```
<ng-content select=".header"></ng-content>
<ng-content select=".content"></ng-content>
```

Beim Aufruf der Komponente sind dann entsprechende Elemente zu übergeben:

```
<flight-tab title="Paid">
    <div class="header">
        Header
    </div>
    <div class="content">
        Content
    </div>
</flight-tab>
```

Zum Testen des Registerblatts kommt die folgende Komponente zum Einsatz (Listing 13-3):

Listing 13-3: Komponente zum Testen der Registerblätter

```
@Component({
    templateUrl: 'invoices-search-first-steps-partial.component.html',
    providers: [InvoicesService]
})
export class InvoicesSearchFirstStepsPartialComponent
                                          implements OnInit {

    invoicesOpen: Array<Invoice> = [];
    invoicesPaid: Array<Invoice> = [];

    constructor(private invoicesService: InvoicesService) {
    }

    ngOnInit() {
        this.invoicesOpen = this.invoicesService.findOpen();
        this.invoicesPaid = this.invoicesService.findClosed();
    }
}
```

Diese Komponente lädt lediglich über einen *InvoicesService* einige Rechnungen für gebuchte Flüge. Diese gliedert sie in zwei Mengen, die offene sowie bezahlte Rechnungen widerspiegeln. Das Template rendert für jede dieser beiden Mengen jeweils ein Registerblatt, das die Einträge tabellarisch auflistet (Listing 13-4):

Listing 13-4: Template zum Testen der Registerblätter

```
<flight-tab-prototype title="Open">

    <table class="table">
        <tr *ngFor="let invoice of invoicesOpen">
```

```
            <td>{{invoice.invoiceId}}</td>
            <td>{{invoice.from}}</td>
            <td>{{invoice.to}}</td>
            <td>{{invoice.date | date:'dd.MM.yyyy'}}</td>
            <td>? {{invoice.price}}</td>
        </tr>
    </table>

</flight-tab-prototype>

<flight-tab-prototype title="Paid">

    <table class="table">
        <tr *ngFor="let invoice of invoicesPaid">
            <td>{{invoice.invoiceId}}</td>
            <td>{{invoice.from}}</td>
            <td>{{invoice.to}}</td>
            <td>{{invoice.date | date:'dd.MM.yyyy'}}</td>
            <td>? {{invoice.price}}</td>
        </tr>
    </table>
</flight-tab-prototype>
```

Das Ergebnis zeigt einfach beide Registerblätter untereinander an (Abbildung 13-2).

Open

2	Graz	Hamburg	27.12.2016	€ 350
4	Graz	Frankfurt	27.12.2016	€ 450

Paid

1	Graz	Frankfurt	27.12.2016	€ 300
3	Graz	Zürich	27.12.2016	€ 290

Abbildung 13-2: Registerblätter

Damit jeweils nur das aktive Registerblatt angezeigt wird, führen wir im nächsten Abschnitt eine *TabbedPaneComponent* ein, die sämtliche Registerblätter gruppiert und immer nur das aktive Registerblatt einblendet.

Parent-Komponenten referenzieren

Um mehrere Registerblätter zusammenzufassen, nutzt die nächste Ausbaustufe des hier betrachteten Beispiels eine *TabbedPaneComponent* (Listing 13-5):

Listing 13-5: Gruppieren von Registerblättern

```
<flight-tabbed-pane>

    <flight-tab title="Open">
```

```
        <table class="table">
            <tr *ngFor="let invoice of invoicesOpen">
                <td>{{invoice.invoiceId}}</td>
                <td>{{invoice.from}}</td>
                <td>{{invoice.to}}</td>
                <td>{{invoice.date | date:'dd.MM.yyyy'}}</td>
                <td>? {{invoice.price}}</td>
            </tr>
        </table>

    </flight-tab>

    <flight-tab title="Paid">

        <table class="table">
            <tr *ngFor="let invoice of invoicesPaid">
                <td>{{invoice.invoiceId}}</td>
                <td>{{invoice.from}}</td>
                <td>{{invoice.to}}</td>
                <td>{{invoice.date | date:'dd.MM.yyyy'}}</td>
                <td>? {{invoice.price}}</td>
            </tr>
        </table>
    </flight-tab>

</flight-tabbed-pane>
```

Diese Komponente verwaltet ihre Registerblätter mit einer Eigenschaft *tabs*. Dabei handelt es sich um ein Array mit *TabComponent*-Objekten. Zum Registrieren einer *TabComponent* verwenden wir die Methode *register* (Listing 13-6):

Listing 13-6: Die »TabbedPane« verwaltet die einzelnen Tabs.

```
@Component({
    selector: 'flight-tabbed-pane',
    styles: […],
    template: `[…]`
})
export class TabbedPaneComponent implements AfterContentInit {

    tabs: Array<TabComponent> = [];
    currentPage: number = 0;

    public register(tab: TabComponent) {
        this.tabs.push(tab);
    }

    // Liefert die aktuelle Anzahl an TabComponents
    get tabsCount() {
        if (!this.tabs) {
            return 0;
        }
        return this.tabs.length;
    }

    // Aktiviert die übergebene Komponente und deaktiviert
    // alle anderen
```

```
    public activate(active: TabComponent) {
        for (let tab of this.tabs) {
            tab.visible = (tab === active);
        }
        this.currentPage = this.tabs.indexOf(active);
    }

    // Aktiviert die Komponente an der Stelle pageNumber
    // im Array tabs
    public activatePage(pageNumber: number) {
        this.activate(this.tabs[pageNumber]);
    }

    // Aktiviert das erste Registerblatt nach dem Initialisieren
    // des Contents, der sämtliche Registerblätter enthält
    ngAfterContentInit() {
        if (this.tabs.length === 0) {
            return;
        }
        this.activate(this.tabs[0]);
    }
}
```

Wie die Methode *activate* zeigt, hat nun auch jedes Registerblatt eine Eigenschaft *visible*. Diese gibt darüber Auskunft, ob sich das Registerblatt anzeigen soll. Daneben nutzt die Komponente den Lifecycle-Hook *ngAfterContentInit*, den der Typ *AfterContentInit* vorgibt. Angular ruft diesen Lifecycle-Hook auf, wenn der Inhalt der Komponente initialisiert wurde. Dabei handelt es sich um das Markup, das das Template beim Aufruf der Komponente übergibt. Im hier betrachteten Fall beinhaltet das Markup die einzelnen Registerblätter in Form von *flight-tab*-Elementen. Zu diesem Zeitpunkt kann die Anwendung davon ausgehen, dass die davon repräsentierten Komponenten initialisiert sind. Zusätzlich geht die hier betrachtete Implementierung davon aus, dass sich diese Komponenten beim Initialisieren mit *register* anmelden. Auf diesem Wege landen sie im Array *tabs*.

Das Template der *TabbedPaneComponent* iteriert sämtliche registrierten Registerblätter und rendert für jedes Registerblatt einen Link, den es durch Aufruf der zuvor betrachteten *activate*-Methode aktiviert (Listing 13-7):

Listing 13-7: Template der »TabbedPane«-Komponente

```
<div class="tabbed-pane">
    <span *ngFor="let tab of tabs" style="padding-right:20px;">
        <a (click)="activate(tab)">{{tab.title}}</a>
    </span>

    <ng-content></ng-content>

    <flight-pager
        [currentPage]="currentPage"
        (currentPageChange)="activatePage($event)"
        [pageCount]="tabsCount">
    </flight-pager>
</div>
```

Um die gruppierten Registerblätter einzublenden, nutzt das Template *ng-content*. Durch Content Projection platziert Angular somit sämtliche Registerblätter in diesem Element. Durch die oben beschriebenen Mechanismen, allen voran jener in der Methode *activate*, zeigt sich jedoch zu jedem beliebigen Zeitpunkt nur eines dieser Registerblätter. Daneben nutzt die Komponente einen hier nicht näher beschriebenen Pager, der Sie beim Blättern zwischen einzelnen Seiten unterstützt.

Die erweiterte *TabComponent* weist nun auch eine Eigenschaft *visible* mit dem initialen Wert *false* auf. Darüber hinaus bezieht sie die übergeordnete *TabbedPaneCom ponent* per Dependency Injection. Das zeigt, dass der DI-Mechanismus von Angular neben Services auch übergeordnete Komponenten bereitstellt (Listing 13-8).

Listing 13-8: Erweiterte »TabComponent«

```
@Component({
    selector: 'flight-tab',
    template: `
        <div *ngIf="visible">
            <h2>{{title}}</h2>
            <ng-content></ng-content>
        </div>
    `
})
export class TabComponent implements OnInit {

    public visible: boolean = false;
    @Input() public title: string;

    constructor(public tabs: TabbedPaneComponent) {
    }

    ngOnInit() {
        this.tabs.register(this);
    }
}
```

Außerdem implementiert die *TabComponent* den Lifecycle-Hook *ngOnInit*, den Angular nach dem Initialisieren der Komponenten und somit auch nach der initialen Datenbindung anstößt. Damit registriert sich die *TabComponent* bei der *TabbedPaneComponent*.

Wollte man sicherstellen, dass die *TabComponent* auch ohne übergeordnete *TabbedPaneComponent* funktioniert, könnte der Konstruktor das Argument mit *Optional* dekorieren:

```
constructor(@Optional() public tabs: TabbedPaneComponent) {
}
```

Kann Angular in diesem Fall für das Argument keine Implementierung finden, übergibt es lediglich *null*.

Die hier beschriebene Möglichkeit der Kommunikation zwischen Komponenten sieht eine äußerst starke Kopplung vor. Im hier betrachteten Fall müssen sich beispielsweise die *TabbedPaneCom ponent* und die *TabComponent* direkt kennen und sind somit voneinander abhängig. Im betrachteten Fall mag das tolerierbar sein, zumal beide Komponenten ein großes Ganzes bilden.

Durch Schaffung von Abstraktionen könnte die gegenseitige Kopplung gelockert werden. Hierfür bietet TypeScript (abstrakte) Basis-Klassen und Interfaces an.

Handles

In manchen Fällen benötigt ein Template eine direkte Objekt-Referenz auf eine eingebundene Komponente. Dazu muss sich das Template auf ein Kürzel beziehen, das die Komponente über den Component-Dekorator beschreibt. Für diese Aufgabe bietet der Dekorator die Eigenschaft *exportAs* an (Listing 13-9):

Listing 13-9: Definieren eines Kürzels mit »exportAs«

```
@Component({
    selector: 'flight-tabbed-pane',
    exportAs: 'flightTabbedPane',
    [...]
})
export class TabbedPaneComponent {
}
```

Ist diese Voraussetzung gegeben, kann das Template bei dem Element, das die Komponente definiert, ein sogenanntes Handle einführen. Dabei handelt es sich um eine Variable, die Sie als Attribut beim Element deklarieren müssen und die von Angular eine Referenz auf die Komponenteninstanz zugewiesen bekommt. Bei der Deklaration müssen Sie als Präfix eine Raute verwenden, und der Attributwert erhält das definierte Kürzel (Listing 13-10):

Listing 13-10: Einführen eines Handles

```
<flight-tabbed-pane #tp="flightTabbedPane">
    [...]
</flight-tabbed-pane>
```

Das Kürzel hilft Missverständnisse zu vermeiden, da Angular für ein Element neben einer Komponente beliebig viele Direktiven erzeugen kann. Deswegen zeigt dieses Kürzel an, ob die Komponente oder eine der Direktiven zum Handle zuzuweisen sind. Wird es weggelassen, zieht Angular die aktuelle Komponenteninstanz heran. Bei Standard-HTML-Elementen kommt in diesem Fall das entsprechende DOM-Element zum Einsatz.

Danach kann das Template das Handle, ohne Rautenpräfix, zum direkten Zugriff auf die Komponente einsetzen. Das folgende Beispiel verwendet beispielsweise zwei Schaltflächen, die zwischen den ersten beiden Registerblättern umschalten.

Dazu rufen sie die *activatePage*-Methode der *TabbedPaneComponent* auf (Listing 13-11):

Listing 13-11: Ein Handle nutzen

```
<div>
    <h2>Using Handle</h2>
    <p>
        Current Tab: {{ tp.currentPage + 1 }}
    </p>
    <p>
        <button
                [disabled]="tp.currentPage === 0"
                class="btn btn-default"
                (click)="tp.activatePage(0)">
            Show Open Invoices
        </button>
        <button
                [disabled]="tp.currentPage === 1"
                class="btn btn-default"
                (click)="tp.activatePage(1)">
            Show Paid Invoices
        </button>

    </p>
</div>
```

View vs. Content

Jede Komponente kann neben einer View auch einen sogenannten Content aufweisen. Da die Unterscheidung dieser beiden Konzepte nicht ganz einfach ist, zeigt Abbildung 13-3 den Unterschied anhand der zuvor betrachteten *TabComponent*:

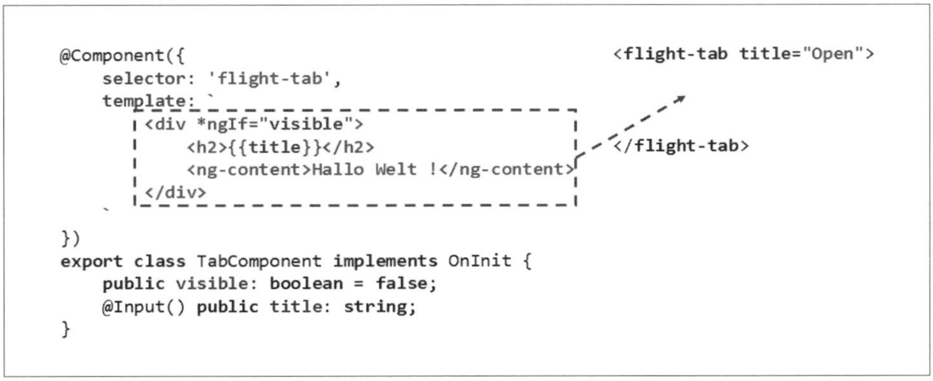

```
@Component({                                          <flight-tab title="Open">
    selector: 'flight-tab',
    template: `
        <div *ngIf="visible">
            <h2>{{title}}</h2>                          </flight-tab>
            <ng-content>Hallo Welt !</ng-content>
        </div>
    `
})
export class TabComponent implements OnInit {
    public visible: boolean = false;
    @Input() public title: string;
}
```

Abbildung 13-3: Unterschied zwischen View und Content

Während die View durch das Template definiert wird und somit die Präsentation der Komponente zur Laufzeit bestimmt, handelt es sich beim Content um das Markup, das beim Aufruf der Komponente übergeben wird. Wie wir weiter oben schon erwähnt haben, platziert Angular mittels Content Projection dieses Markup im *ng-content*-Element des Templates.

Eine Komponente kann direkt auf ihre View und ihren Content zugreifen und einzelne darin platzierte Komponenten abfragen. Um das zu veranschaulichen, kommen im Folgenden alternative Varianten der zuvor betrachteten *TabbedPaneComponent* und *TabComponent* zum Einsatz (Listing 13-12):

Listing 13-12: Nutzung der alternativen Implementierung

```
<flight-tabbed-pane-alt>
    <flight-tab-alt title="Open">
        [...]
    </flight-tab-alt>
    <flight-tab-alt title="Paid">
        [...]
    </flight-tab-alt>
</flight-tabbed-pane-alt>
```

Die Implementierung dieser Komponente ist auf den ersten Blick der ursprünglichen sehr ähnlich. Das Template unterscheidet sich lediglich dadurch, dass ein Handle für den Pager vorhanden ist. Durch Angabe dieses Handles kann die *AlternativeTabbedPaneComponent* eine Referenz auf diese Pager-Komponente abrufen (Listing 13-13):

Listing 13-13: Die »AlternativeTabbedPaneComponent«

```
@Component({
    selector: 'flight-tabbed-pane-alt',
    styles: [...],
    template: `
        <div class="tabbed-pane">
            <span *ngFor="let tab of tabs.toArray()">
                <a (click)="activate(tab)">{{tab.title}}</a>
            </span>

            <ng-content></ng-content>

            <flight-pager
                #pager
                (currentPageChange)="activatePage($event)"
                [pageCount]="tabsArray.length">
            </flight-pager>

        </div>
    `
})
export class AlternativeTabbedPaneComponent
    implements AfterViewInit, AfterContentInit {

    [...]
}
```

Zum direkten Zugriff auf den Content und die darin positionierten Registerblätter definiert die Komponente eine Eigenschaft *tabs* vom Typ *QueryList*. Da die hier betrachtete alternative Implementierung Registerblätter durch *AlternativeTab Component*-Instanzen repräsentiert, ist die *QueryList* damit zu typisieren. Der Dekorator *ContentChildren* gibt an, dass die *QueryList* mit den einzelnen *Alterna tiveTabComponent*-Objekten aus dem Content zu bestücken ist. Da die *QueryList* nicht direkt als Array verwendet werden kann, bietet die Komponente einen Getter namens *tabsArray* an. Er liefert die *QueryList* als Array zurück.

Analog geht die Komponente zum Abfragen des Pagers aus der View vor. Sie nutzt dazu eine Eigenschaft *pager* vom Typ der *PagerComponent*. Die Eigenschaft dekoriert sie mit *ViewChild*, die ein Suchkriterium für die abzufragende Komponente entgegennimmt. Da es sich hierbei um einen String handelt, begibt sich Angular auf die Suche nach einem Element mit einem Handle, dessen Name dem Inhalt des Strings entspricht (Listing 13-14):

Listing 13-14: Implementierung der alternativen »TabbedPaneComponent«

```
export class AlternativeTabbedPaneComponent
    implements AfterViewInit, AfterContentInit {

    @ContentChildren(AlternativeTabComponent)
    tabs: QueryList<AlternativeTabComponent>;

    @ViewChild('pager')
    pager: PagerComponent;

    currentPage: number = 0;

    // Getter, der die QueryList als Array anbietet
    get tabsArray(): AlternativeTabComponent[] {
        return this.tabs.toArray();
    }

    get tabsCount() {
        if (!this.tabs) {
            return 0;
        }

        let array: Array<AlternativeTabComponent> = this.tabs.toArray();

        if (!array) {
            return 0;
        }

        return array.length;
    }

    public activate(active: AlternativeTabComponent) {
        for (let tab of this.tabsArray) {
            tab.visible = (tab === active);
        }

        this.currentPage = this.tabsArray.indexOf(active);
```

```
        this.pager.currentPage = this.currentPage;
    }

    public activatePage(pageNumber: number) {
        this.currentPage = pageNumber;
        this.activate(this.tabsArray[pageNumber]);
    }
}
```

Neben *QueryContentChildren* bietet Angular auch einen Dekorator *QueryContentChild* zum Abfragen einer einzigen Komponente. Diese wird wie *QueryViewChild* mit einer Property vom Typ der abzufragenden Komponente verwendet.

Genauso steht auch ein Dekorator *QueryViewChildren* bereit. Er dient zum Abfragen mehrerer Komponenten aus der View. Damit kann, wie bei Nutzung von *QueryContentChildren*, eine *QueryList* dekoriert werden.

Alle vier Dekoratoren nehmen entweder den Typ der gesuchten Komponente(n) oder einen String mit dem Namen des abzufragenden Handles entgegen.

Um die mit *ContentChildren* und *ViewChild* abgefragten Komponenten zu initialisieren, kommen die Lifecycle-Hooks *ngAfterContentInit* und *ngAfterViewInit* zum Einsatz. Angular stößt sie unmittelbar nach dem Abfragen der Komponenten an. *ngAfterContentInit* aktiviert das erste Registerblatt, und *ngAfterViewInit* informiert den Pager darüber, dass am Anfang das erste Registerblatt aktiv ist (Listing 13-15):

Listing 13-15: Lifecycle-Hooks der »AlternativeTabbedPaneComponent«

```
ngAfterContentInit() {
    if (this.tabsArray.length === 0) {
        return;
    }
    this.activate(this.tabsArray[0]);
}

ngAfterViewInit() {
    this.pager.currentPage = 0;
}
```

Da die *AlternativeTabbedPaneComponent* nun die gesamte Steuerung übernimmt, fällt die *AlternativeTabComponent* sehr schlank aus (Listing 13-16):

Listing 13-16: Registerblatt für die alternative Implementierung

```
@Component({
    selector: 'flight-tab-alt',
    template: `
        <div *ngIf="visible">
            <h2>{{title}}</h2>
            <ng-content></ng-content>
        </div>
```

```
})
export class AlternativeTabComponent {
    @Input() public visible: boolean = false;
    @Input() public title: string;
}
```

Kommunikation über Services

Die in den letzten Abschnitten besprochenen Möglichkeiten zur Kommunikation zwischen Komponenten brachten eine äußerst starke Kopplung zwischen den Komponenten mit sich: Beide Komponenten mussten einander kennen und waren auch mehr oder weniger voneinander abhängig. Wenngleich dies bei Komponenten, die gemeinsam ein größeres Ganzes bilden, vertretbar ist, ist es für die Schaffung erweiterbarer Komponenten eher ungeeignet.

Daher gehen wir in diesem Abschnitt auf eine weitere Möglichkeit zum Kurzschließen von Komponenten ein, die eben diese Erweiterbarkeit erlaubt. Dazu nutzen wir eine erweiterte Variante der zuvor betrachteten *TabbedPane*. Die Idee dahinter ist, eine datengetriebene *TabbedPane* bereitzustellen, die auf generische Weise eine Datenmenge präsentiert (Abbildung 13-4).

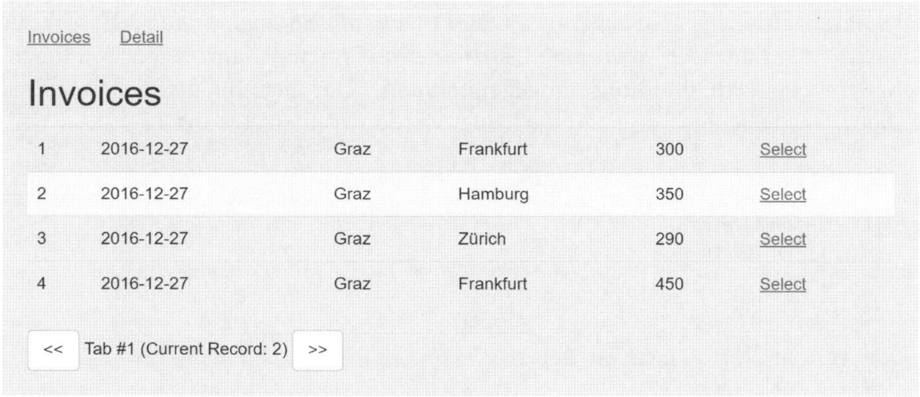
Invoices
Detail
Invoices
1 2016-12-27 Graz Frankfurt 300 Select
2 2016-12-27 Graz Hamburg 350 Select
3 2016-12-27 Graz Zürich 290 Select
4 2016-12-27 Graz Frankfurt 450 Select
<<
Tab #1 (Current Record: 2)
>>

Abbildung 13-4: Generische Auflistung von Daten

Darüber hinaus soll eine weitere generische Ansicht eine Detailansicht für den ausgewählten Eintrag präsentieren (Abbildung 13-5). Aus Gründen der Vereinfachung erfolgt die Ausgabe lediglich in der Form von JSON. Informationen zum dynamischen Einblenden von Feldern sowie über dynamische Formulare finden Sie in Kapitel 9.

Invoices Detail

Detail

```
{
  "invoiceId": 2,
  "date": "2016-12-27",
  "price": 350,
  "from": "Graz",
  "to": "Hamburg",
  "paid": false
}
```

<< Tab #2 (Current Record: 2) >>

Abbildung 13-5: Generische Detailansicht

Neben der Generik ist das Besondere daran, dass die *TabbedPane* um weitere spezialisierte Tabs erweitert werden können soll. Diese spezialisierten Tabs müssen nun mit den anderen Tabs kommunizieren, ohne sie direkt zu kennen. Beispielsweise müssen sie sich über den aktuellen Eintrag oder über die gesamte Datenmenge informieren können.

Die datengetriebene *TabbedPane* (*DataDrivenTabbedPaneComponent*) soll die Liste mit den Einträgen sowie eine Liste mit den Namen der anzuzeigenden Eigenschaften per Datenbindung entgegennehmen. Darüber hinaus sollen dieser *TabbedPane* beliebige Tabs untergeordnet werden können (Listing 13-17).

Listing 13-17: Nutzung der datengetriebenen »TabbedPane«

```
<flight-dd-tabbed-pane
    [items]="invoices"
    [displayProperties]="['invoiceId', 'date', 'from', 'to', 'price']">
    <flight-dd-list-tab title="Invoices">
    </flight-dd-list-tab>
    <flight-dd-detail-tab title="Detail">
    </flight-dd-detail-tab>
</flight-dd-tabbed-pane>
```

Das Kürzel *dd* steht hierbei für *data driven*, also *datengetrieben*. Die einzelnen Tabs, die quasi wie Plug-ins hinzugefügt werden können, erhalten die nötigen Informationen über eine Instanz eines Service, der sich *AdvancedTabbedPaneService* nennt. Diesen definiert die *DataDrivenTabbedPaneComponent* im Rahmen ihrer eigenen Provider. Somit gilt der Service für die *TabbedPane* und für alle untergeordneten Komponenten, allen voran die *TabComponents* (Listing 13-18):

Listing 13-18: Die »DataDrivenTabbedPaneComponent« definiert einen Service für sich und ihre Kind-Komponenten.

```
@Component({
    selector: 'flight-dd-tabbed-pane',
    providers: [AdvancedTabbedPaneService],
    [...]
})
export class DataDrivenTabbedPaneComponent
              implements OnInit, AfterContentInit {
    [...]
}
```

Der registrierte *AdvancedTabbedPaneService* gestaltet sich sehr einfach. Er weist lediglich Eigenschaften auf, deren Werte er als Singleton bereitstellt. Aufgrund des generischen Charakters kommt für die darzustellende Datenmenge in *items* ganz bewusst ein *any*-Array zum Einsatz (Listing 13-19):

Listing 13-19: Service mit zu teilenden Informationen

```
@Injectable()
export class AdvancedTabbedPaneService {

    // Darzustellende Einträge
    items: any[];

    // Namen der Eigenschaften, die auszugeben sind
    displayProperties: string[];

    // Ausgewählter Eintrag
    currentItem: any;

    // Beschriftung für den ausgewählten Eintrag
    currentLabel: string = 'no selection';
}
```

Die *TabComponent*, die sich um das Auflisten der Einträge kümmert, lässt sich die *TabbedPane* sowie den *AdvancedTabbedPaneService* injizieren. Wie im ursprünglich betrachteten Beispiel registriert sie sich bei der *TabbedPane* (Listing 13-20):

Listing 13-20: »TabbedPane« zum Anzeigen von Einträgen

```
@Component({
    selector: 'flight-dd-list-tab',
    styles: [`...`],
    template: `[...]`
})
export class DataDrivenListTabComponent implements OnInit {

    public visible: boolean = false;
    @Input() public title: string;

    constructor(
        public tabs: DataDrivenTabbedPaneComponent,
        public tabbedPaneService: AdvancedTabbedPaneService) {
    }
```

```
    ngOnInit() {
        this.tabs.register(this);
    }

    get items(): any[] {
        return this.tabbedPaneService.items;
    }

    get displayProperties(): string[] {
        return this.tabbedPaneService.displayProperties;
    }

    get currentItem(): any {
        return this.tabbedPaneService.currentItem;
    }

    select(item: any): void {
        this.tabbedPaneService.currentItem = item;
        this.tabbedPaneService.currentLabel = item[this.displayProperties[0]];
    }

}
```

Für ihr Template definiert die *DataDrivenListTabComponent* Getter, die an die Eigenschaften delegieren, die der Service benötigt. Die *select*-Methode aktualisiert hingegen Eigenschaften des Service, sodass sich auch andere Tabs über den ausgewählten Eintrag informieren können.

Das Template iteriert alle Einträge des *any*-Arrays *items* und zusätzlich alle Einträge des Arrays *displayProperties*, das die Namen der anzuzeigenden Eigenschaften beherbergt. Für jede Eigenschaft und für jeden Eintrag führt es einen dynamischen Zugriff in der Form *item[p]* durch, wobei *p* für den Namen der Eigenschaft steht (Listing 13-21):

Listing 13-21: Template der »TabbedPane« zum Anzeigen von Einträgen

```
<div *ngIf="visible">
    <h2>{{title}}</h2>

    <table class="table">
        <tr *ngFor="let item of items" [class.active]="item == currentItem">
            <td *ngFor="let p of displayProperties">{{item[p]}}</td>
            <td><a (click)="select(item)">Select</a></td>
        </tr>
    </table>
</div>
```

Die *TabbedPaneComponent* nimmt die Einträge sowie die Namen der Eigenschaften über Property-Bindings entgegen und verstaut innerhalb von *ngOnInit* diese Daten im Service, um sie für alle anderen Komponenten bereitzustellen. Der Rest der Komponente gestaltet sich wie in den Beispielen der vorausgegangenen Abschnitte (Listing 13-22):

Listing 13-22: Implementierung der »DataDrivenTabbedPaneComponent«

```
export class DataDrivenTabbedPaneComponent
                implements OnInit, AfterContentInit {

    tabs: Array<any> = [];
              // any kommt hier nur vorübergehend zum Einsatz

    currentPage: number = 0;

    @Input() items: any[] = [];
    @Input() displayProperties: string[] = [];

    constructor(private tabbedPaneService: AdvancedTabbedPaneService) {
    }

    ngOnInit() {
        this.tabbedPaneService.items = this.items;
        this.tabbedPaneService.displayProperties = this.displayProperties;
    }

    public register(tab: DataDrivenTabComponent) {
        this.tabs.push(tab);
    }

    [...]
}
```

View-Provider

Das Beispiel im letzten Abschnitt basiert auf der Tatsache, dass sämtliche direkten und indirekten Kind-Komponenten, die sich sowohl in der View als auch im Content befinden, Zugriff auf registrierte Services haben. In diesem Beispiel war das in Hinblick auf Erweiterbarkeit so gewollt. In anderen Fällen könnte der Autor der Komponente dies jedoch verhindern wollen und den Service nur seiner View und nicht dem Content anbieten, den er nicht unter Kontrolle hat.

Für diese Fälle sieht Angular das Konzept der View-Provider vor. Um solche Provider einzurichten, nutzt eine Komponente anstatt der Eigenschaft *providers* die Eigenschaft *viewProviders*. Das folgende Gedankenexperiment demonstriert dies (Listing 13-23):

Listing 13-23: Nutzung von View-Providern

```
@Component({
    selector: 'flight-dd-tabbed-pane',
    viewProviders: [AdvancedTabbedPaneService],
    [...]
})
export class DataDrivenTabbedPaneComponent
                implements OnInit, AfterContentInit {
    [...]
}
```

Der auf diese Weise registrierte Service steht somit den *TabComponents* im Content nicht mehr zur Verfügung. Deswegen würde sich im betrachteten Fall zur Laufzeit ein Fehler ergeben.

Komponentenvererbung

Ursprünglich galt die Vererbung als eine der Säulen der Objektorientierung. Als Mittel zur Wiederverwendung wurde sie in ihren ersten Tagen häufig angepriesen. Mittlerweile ist man sich darüber einig, dass Vererbung sich gerade dafür nur eingeschränkt eignet: Zu komplex und undurchsichtig gestalten sich Vererbungshierarchien, die eine Anwendung zu diesem Zweck aufweisen muss.

Heutzutage wird Vererbung deswegen in erster Linie zur Bildung von Abstraktionen verwendet. Gerade für die im letzten Abschnitt präsentierte *ListTabComponent* bietet sich eine solche Abstraktion an. Der Grund dafür ist, dass ihre Eigenschaften, ihr Konstruktor sowie ihr Lifecycle-Hook auch von anderen *TabComponents*-Implementierungen benötigt werden, z. B. von der *DetailTabComponent*.

Die *DataDrivenTabComponent* stellt eine solche Abstraktion dar (Listing 13-24):

Listing 13-24: Abstraktion für »TabComponent«-Implementierungen

```
@Component({
    selector: 'flight-dd-tab',
    template: `
        <div *ngIf="visible">
            <h2>{{title}}</h2>
            <ng-content></ng-content>
        </div>
    `
})
export class DataDrivenTabComponent implements OnInit {
    public visible: boolean = false;
    @Input() public title: string;

    constructor(
        public tabs: DataDrivenTabbedPaneComponent,
        public tabbedPaneService: AdvancedTabbedPaneService) {
    }

    ngOnInit() {
        this.tabs.register(this);
    }
}
```

Jede einzelne *TabComponent*-Implementierung, wie die *DataDrivenInheritance ListTabComponent*, kann anschließend von der Abstraktion erben (Listing 13-25):

Listing 13-25: Eine »TabComponent«-Implementierung, die von der Abstraktion erbt

```
@Component({
    selector: 'flight-dd-inheritance-list-tab',
    styles: […],
    template: `…`}
)
export class DataDrivenInheritanceListTabComponent
                            extends DataDrivenTabComponent {

    get items(): any[] {
        return this.tabbedPaneService.items;
    }

    get displayProperties(): string[] {
        return this.tabbedPaneService.displayProperties;
    }

    get currentItem(): any {
        return this.tabbedPaneService.currentItem;
    }

    select(item: any): void {
        this.tabbedPaneService.currentItem = item;
        this.tabbedPaneService.currentLabel = item[this.displayProperties[0]];
    }

}
```

Auch wenn dieses Beispiel auf den ersten Blick wenig aufregend wirkt, ist es keine Selbstverständlichkeit, dass es funktioniert. Der Grund dafür ist, dass TypeScript die über Dekoratoren bereitgestellten Metadaten nicht vererbt. Darum muss sich Angular selbst kümmern, und dies ist glücklicherweise auch seit Version 2.3 der Fall. Ganz bewusst übernimmt das Framework jedoch weder den Selektor noch das Template oder die Styles der beerbten Komponente – diese Details muss jede Implementierung selbst festlegen. Interessant ist hier auch die Tatsache, dass TypeScript selbst den Konstruktor vererbt – ein Verhalten, das man von anderen weit verbreiteten objektorientierten Sprachen nicht gewohnt ist.

Attribut-Direktiven

Bei den in Angular omnipräsenten Komponenten handelt es sich genau genommen lediglich um eine konkrete Ausprägung eines allgemeineren Konzepts, das sich *Direktive* nennt. Eine solche Direktive ergänzt bestimmte Elemente der Seite um zusätzliches Verhalten. Ein Beispiel dafür ist *ngModel*, das Datenbindungsverhalten hinzufügt, oder *ngStyle*, das Verhalten in Hinblick auf das dynamische Festlegen von Formatierungen definiert. Die zu adressierenden Elemente definiert eine Direktive über ihren Selektor. Eine Komponente macht dasselbe, fügt jedoch auch eine View zu den adressierten Elementen hinzu. Diese Elemente definiert die Komponente bekannterweise über ihr Template. Somit könnte man sagen, dass eine Komponente lediglich eine Direktive mit einer View ist.

In diesem Abschnitt betrachten wir die einfachste Form von Direktiven, die sogenannten Attribut-Direktiven. Der Name spiegelt die Tatsache wider, dass ihre Selektoren in der Regel Elemente mit bestimmten Attributen adressieren. Allerdings ist dies keine Vorschrift, sondern lediglich eine gelebte Konvention.

Um dieses Konzept zu demonstrieren, stellen wir eine Alternative zum klassischen *click*-Ereignis bereit, die für kritische Aktionen gedacht ist. Sie gibt zunächst nur eine Warnmeldung aus und stößt den hinterlegten Event-Handler nur dann an, wenn diese Warnung bestätigt wurde (Abbildung 13-6).

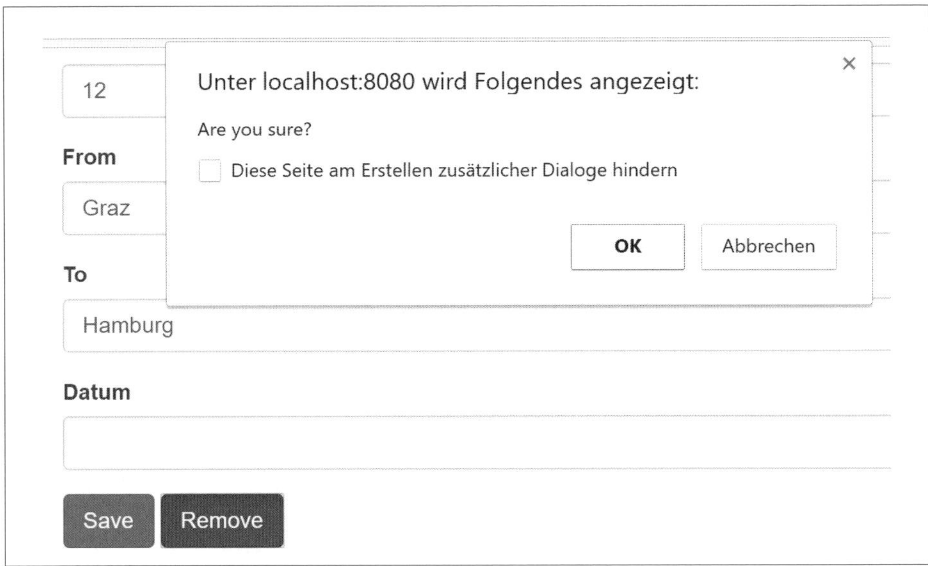

Abbildung 13-6: »click«-Ereignis-Ersatz für kritische Aktionen

Direktiven definieren

Eine Direktive definieren Sie ähnlich wie eine Komponente: Es handelt sich dabei um eine Klasse, die Bindings aufweisen kann. Metadaten sind über den Dekorator *Directive* bereitzustellen. Dieser hat fast alle Eigenschaften, die Sie auch von *Com ponent* kennen – lediglich template-bezogene Eigenschaften fehlen, zumal Direktiven eben keine Templates haben. Zu diesen Eigenschaften, die man vergeblich suchen wird, zählen *template* bzw. *templateUrl*, *styles* bzw. *styleUrls* und *viewPro viders*.

Die hier betrachtete Direktive verwendet einen Selektor, der sämtliche Elemente mit dem Attribut *flightClickWithWarning* adressiert. Die Verwendung der CamelCase-Schreibweise ist hier ebenso üblich wie der Einsatz eines projektspezifischen Präfixes. Für Letzteres fällt hier die Wahl abermals auf *flight* (Listing 13-26).

Listing 13-26: Beispiel für eine Attribut-Direktive

```
@Directive({
    selector: '[flightClickWithWarning]'
})
export class FlightClickWithWarningDirective implements OnInit {

    // Darzustellende Warnung
    @Input() warning: string = 'Are you sure?';

    // Event-Handler, der nach Bestätigung der Warnung
    // auszuführen ist
    @Output() flightClickWithWarning = new EventEmitter();

    constructor(
        private elementRef: ElementRef,
        private renderer: Renderer2) {

            // elementRef: Verweis auf aktuelles Element
            // renderer: Services zum Verändern von Elementen

    }

    ngOnInit() {
        // Warnung: Direkter DOM-Zugriff!
        // this.elementRef.nativeElement.setAttribute('class', 'btn btn-danger');

        // Indirekter DOM-Zugriff über Renderer
        this.renderer.setAttribute(this.elementRef.nativeElement,
                                   'class', 'btn btn-danger');
    }

    [...]
}
```

Der Name *flightClickWithWarning* wird hier nicht nur für den Selektor herangezogen, sondern auch für das Event, das nach einer eventuellen Bestätigung aufzurufen ist. Eine solche Vorgehensweise ist üblich, zumal sie es erlaubt, im selben Atemzug sowohl die Direktive auf eine Komponente anzuwenden als auch eine erste Bindung festzulegen (Listing 13-27):

Listing 13-27: Nutzung der Direktive

```
<button
    (flightClickWithWarning)="remove()"
    [warning]="...">Remove</button>
```

Die Direktive lässt sich die aktuelle *ElementRef* injizieren. Dabei handelt es sich um ein Objekt, das das aktuelle Element referenziert. Das ist jenes Element, auf das die Direktive angewandt wurde. Im Falle des letzten Beispiels handelt es sich dabei um das *button*-Element.

Zum Verändern des Buttons lässt sie sich auch den aktuellen Renderer injizieren. Dessen Nutzung demonstriert der Lifecycle-Hook *ngOnInit*. Seine Aufgabe besteht darin, die Klassen *btn* und *btn-danger* zum Button hinzuzufügen. Diese lassen den Button in einem warnenden Rot erstrahlen. Wie der Kommentar zeigt, könnte diese Aufgabe eine Direktive ohne Renderer bewerkstelligen, zumal eine *ElementRef* über ihre Eigenschaft *nativeElement* direktiven Zugriff auf das zugrunde liegende DOM-Element gewährt. Diese Vorgehensweise ist jedoch nur dann erfolgreich, wenn Angular auf klassische Weise im Hauptthread des Browsers ausgeführt wird. Kommt Angular zum Beispiel serverseitig, in einer nativen Anwendung oder in einem *Web Worker* zur Ausführung, steht das DOM-Element nicht zur Verfügung.

Um dem gerecht zu werden, sieht Angular vor, dass jede Plattform ihren eigenen Renderer definiert. Dieser kümmert sich um das korrekte Modifizieren von Elementen, wie im betrachteten Fall das Hinzufügen von Klassen.

Das Angular-Team hat für Version 4 das Renderer-Konzept überarbeitet. Deswegen lautet der Name der aktuellen und hier verwendeten Implementierung *Renderer2*.

Auf Ereignisse mit HostListener reagieren

Neben dem Verändern der adressierten Elemente müssen Direktiven häufig auch deren Ereignisse behandeln. Im hier verwendeten Fallbeispiel hat die *FlightClick WithWarningDirective* beispielsweise die Aufgabe, auf das *click*-Ereignis zu reagieren. Hierfür kommen *HostListener* zum Einsatz, die ein Ereignis mit einer Methode verknüpfen (Listing 13-28):

Listing 13-28: »HostListener« für das »click«-Ereignis

```
@HostListener('click', ['$event'])
handleClick($event): void {
    if (confirm(this.warning)) {
        this.flightClickWithWarning.emit();
    }
}
```

Der hier betrachtete *HostListener* bringt bei jedem *click*-Ereignis des adressierten Elements die Methode *handleClick* zur Ausführung. Diese gibt einen Warndialog aus und stößt – sofern er bestätigt wird – das Ereignis *flightClickWithWarning* an.

Neben dem Namen des gewünschten Ereignisses nimmt der *HostListener*-Dekorator auch ein Array mit Objekten entgegen, die an den dekorierten Handler weiterzureichen sind. Im betrachteten Fall wurde lediglich das aktuelle Event-Objekt angefordert. Alternativ dazu könnte der *HostListener* auch andere verfügbare Objekte oder eine Projektion des Event-Objekts referenzieren. Der *HostListener* aus Listing 13-29 lässt sich auf diese Weise die Eigenschaft *shiftKey* als zweites Argument übergeben. Mit dieser durch das DOM definierten Eigenschaft kann der Handler prüfen, ob der Benutzer beim Klicken die [⇧]-Taste gedrückt hatte.

Listing 13-29: Übergabe weiterer Parameter an den Handler

```
@HostListener('click', ['$event', '$event.shiftKey'])
handleClick($event, shiftKey): void {
    console.log('handleClick', $event);
    if (shiftKey || confirm(this.warning)) {
        this.flightClickWithWarning.emit();
    }
}
```

Sie müssen Direktiven (wie Komponenten) über ein Modul deklarieren und bei Bedarf auch über *exports* anderen Modulen zur Verfügung stellen (Listing 13-30):

Listing 13-30: Direktive bei einem Modul deklarieren

```
@NgModule({
    imports: [
        CommonModule
    ],
    declarations: [
        [...]
        FlightClickWithWarningDirective
    ],
    exports: [
        [...]
        FlightClickWithWarningDirective
    ]
})
export class SharedModule {
}
```

Strukturelle Direktiven

Im Gegensatz zu attributbasierten Direktiven verändern strukturelle Direktiven den Inhalt der Elemente, auf den sie angewandt wurden – oder anders ausgedrückt: ihre Struktur. Dazu nutzen sie in der Regel Templates, die sie bei Bedarf beliebig häufig rendern. Bekannte Vertreter, die direkt mit Angular ausgeliefert werden, sind *ngIf* oder *ngFor*.

In diesem Abschnitt erklären wir zunächst die zugrunde liegende Funktionsweise anhand von zwei einfachen Beispielen, mit denen wir einen Teil der Funktionalität von *ngIf* und *ngFor* nachstellen. Die erklärten Konzepte setzen wir anschließend für ein paar praxisrelevante Erweiterungen zur hier betrachteten Anwendung ein.

Templates und Container

Um Ihnen einen Überblick über die Funktionsweise struktureller Direktiven zu geben, stellen wir hier die Funktionsweise von *ngIf* nach. Im Gegensatz zu *ngIf* rendert diese *unless*-Direktive ihren Inhalt nur, wenn das übergebene Kriterium auf *false* ausgewertet werden kann. Insofern verfolgt sie eine Semantik im Sinne von „if not“.

Per Dependency Injection nimmt sie die aktuelle *TemplateRef* sowie die aktuelle *ViewContainerRef* entgegen. Erstere referenziert den Inhalt des Elements, auf den die strukturelle Direktive angewandt wird. Dieser wird, wie von *ngIf* oder *ngFor* bekannt, als Template genutzt. Das bedeutet, dass er nicht sofort gerendert wird, sondern erst, wenn die Direktive es für richtig befindet. Die *ViewContainerRef* referenziert hingegen das betroffene Element und erlaubt das Einfügen von Templates (Listing 13-31):

Listing 13-31: Eine erste strukturelle Direktive

```
@Directive({
    selector: '[flightUnless]'
})
export class UnlessDirective {

    constructor(
        private templateRef: TemplateRef<any>,
        private viewContainer: ViewContainerRef
    ) {
    }

    @Input() set flightUnless(condition: boolean) {
        if (!condition) {
            this.viewContainer.createEmbeddedView(this.templateRef);
        } else {
            this.viewContainer.clear();
        }
    }
}
```

Der Selektor adressiert sämtliche Elemente mit dem Attribut *flightUnless*. Es existiert auch ein Input-Binding mit demselben Namen. Somit kann durch Angabe dieses Namens sowohl die Direktive auf ein Element angewandt als auch eine Datenbindung durchgeführt werden. Diese Datenbindung nimmt das auszuwertende Kriterium entgegen. Ist es *false*, rendert der Setter das Template im View-Container. Ansonsten wird der View-Container mit *clear* geleert, was zur Folge hat, dass Angular keinen Inhalt anzeigt.

Um die strukturelle Direktive zu nutzen, ist sie streng genommen auf ein Template-Element anzuwenden. Wie wir schon angemerkt haben, rendert Angular ein Template nicht sofort, sondern überlässt diese Aufgabe den einzelnen Direktiven (Listing 13-32):

Listing 13-32: Nutzung einer strukturellen Komponente mit einem Template

```
<template [flightUnless]="tabsArray.length === 0">
    <div>
        Please choose for a tab.
    </div>
</template>
```

Der Einsatz von Templates geht zwar mit dem WebComponent-Standard konform, bringt jedoch auch wortreiche Codestrecken mit sich. Aus diesem Grund bietet Angular hierfür ein wenig syntaktischen Zucker. Er erlaubt es, das Template in einem Attribut zu definieren (Listing 13-33):

Listing 13-33: Syntaktischer Zucker

```
<div template="flightUnless: tabsArray.length === 0">
    Please choose for a tab.
</div>
```

Aber auch diese Schreibweise ist noch länger als nötig, und deswegen erlaubt Angular hierfür auch die von *ngIf* und *ngFor* bekannte Schreibweise, die mit einem Stern eingeleitet wird (Listing 13-34):

Listing 13-34: Noch mehr syntaktischer Zucker

```
<div *flightUnless="tabsArray.length === 0">
    Please choose for a tab.
</div>
```

Beim Parsen des Templates übersetzt Angular die verkürzten Schreibweisen in die offizielle lange, um dem WebComponent-Standard zu entsprechen.

Microsyntax

Die im letzten Abschnitt vorgestellte Direktive hat ihr Template entweder einmal oder keinmal gerendert. Eine strukturelle Direktive kann ein Template jedoch auch mehrfach rendern. Darüber hinaus kann sie über eine sogenannte Microsyntax zusätzliche Bindings definieren. Dieser Abschnitt demonstriert dies anhand einer Direktive, die das Verhalten von *ngFor* teilweise nachahmt. Dabei sei explizit darauf hingewiesen, dass dieses Beispiel lediglich der Veranschaulichung der genannten Konzepte sowie dem Nachvollziehen der prinzipiellen Funktionsweise von *ngFor* dient.

Die hier betrachtete *RepeateDirective* lässt sich abermals die aktuelle *TemplateRef* sowie die aktuelle *ViewContainerRef* injizieren (Listing 13-35):

Listing 13-35: Die »RepeateDirective« rendert ihr Template mehrfach.

```
@Directive({
    selector: '[flightRepeate]'
})
export class RepeateDirective {

    constructor(
        private templateRef: TemplateRef<any>,
        private viewContainer: ViewContainerRef
    ) { }

    @Input() set flightRepeateOf(items: any[]) {
        this.viewContainer.clear();
```

```
        let i = 0;
        for (let item of items) {
            i++;
            let context = {
                $implicit: item,
                index: i - 1
            };
            this.viewContainer
                .createEmbeddedView(
                    this.templateRef,
                    context);
        }
    }

}
```

Interessant wird es im Setter, der die zu iterierenden Elemente entgegennimmt. Anders als beim Beispiel aus dem letzten Abschnitt weist er nicht den Namen des vom Selektor verwendeten HTML-Attributs auf. Vielmehr ergänzt er diesen Namen um das Suffix *Of* (*flightRepeaterOf*). Diese von Angular vorgesehene Konvention erlaubt später die Nutzung eines *of*-Operators im Template.

Immer wenn per Datenbindung neue Elemente ankommen, löscht der Setter den aktuellen View-Container und rendert das Template für jedes Element. Dabei übergibt der Settler dem View-Container ein Kontext-Objekt mit Informationen, die innerhalb des Templates ausgewertet werden können. Dieser Kontext ist per Definition dynamisch und kann somit beliebige Eigenschaften ins Template transportieren. Eine besondere Bedeutung kommt der Eigenschaft *$implicit* zu. Wie wir Ihnen in wenigen Zeilen zeigen, lässt sich diese Eigenschaft ohne Angabe ihres Namens nutzen.

Falls Sie die explizite Schreibweise für den Einsatz der Direktive nutzen, müssen Sie abermals ein Template einrichten. Damit Angular die Direktive darauf anwendet, müssen Sie das Template mit dem im Selektor erwähnten Attribut *flightRe peate* versehen. Die zu iterierenden Items bindet der Aufruf an *flightRepeateOf* (Listing 13-36):

Listing 13-36: Template für die »RepeateDirective«

```
<template flightRepeate [flightRepeateOf]="tabsArray" let-i="index" let-tab>
    <span style="padding-right:20px;">
        <a (click)="activate(tab)">{{tab.title}} ({{i + 1}})</a>
    </span>
</template>
```

Die restlichen Attribute mit dem Präfix *let* führen Variablen ein, die Angular mit Werten aus dem zuvor besprochenen Kontext-Objekt bestückt. Die so definierte Variable *i* erhält auf diese Weise den Wert der Kontext-Eigenschaft *index*. Da im Gegensatz zur Variablen *i* die Variable *tab* auf keine Eigenschaft aus dem Kontext-

Objekt verweist, erhält sie den Inhalt der Eigenschaft *$implicit*. Innerhalb des Templates kommen die beiden Variablen zum Einsatz.

Auch hier können Sie mit dem von Angular angebotenen syntaktischen Zucker das Template als Attribut definieren (Listing 13-37):

Listing 13-37: Template für die »RepeateDirective« unter Verwendung von syntaktischem Zucker

```
<span template="flightRepeate: let tab of tabsArray; let i=index" style="padding-
right:20px;">
   <a (click)="activate(tab)">{{tab.title}} ({{i + 1}})</a>
</span>
```

Um die einzelnen Informationen für die Direktive zu hinterlegen, nutzen wir hier eine sogenannte Microsyntax von Angular. Im betrachteten Fall definieren wir zunächst die Variable, die den Wert der Eigenschaft *$implicit* aus dem Kontext erhält. Danach folgen das Schlüsselwort *of* und der Ausdruck, den wir an *flight RepeaterOf* zuweisen wollen. Anschließend definieren wir die Variable *i* und weisen ihr die Eigenschaft *index* aus dem Kontext zu.

So wie wir hier den Operator *of* durch Einrichten eines Setters mit dem Namen *flightRepeateOf* definiert haben, können Sie auch weitere Operatoren einführen. Dazu müssen Sie lediglich Input-Bindings für Setter oder Eigenschaften festlegen, deren Namen dem Selektor der Direktive entsprechen und die den gewünschten Operator als Suffix nutzen. Die Reihenfolge, in der die Operatoren mit ihren Argumenten in der Microsyntax verwendet werden, können Sie frei wählen.

Eine weitere Vereinfachung ist hier noch mit der Stern-Grammatik möglich, die Sie bereits von *ngFor* kennen (Listing 13-38):

Listing 13-38: Template für die »RepeateDirective« unter Verwendung der Kurzschreibweise

```
<span *flightRepeate="let tab of tabsArray; let i=index"
     style="padding-right:20px;">
   <a (click)="activate(tab)">{{tab.title}} ({{i + 1}})</a>
</span>
```

Templates zur Laufzeit auswählen

Nachdem wir bis jetzt die Grundlagen der strukturellen Direktiven und Templates erläutert haben, widmen wir uns in diesem Abschnitt einem weiterführenden Beispiel. Es greift die Idee der datengetriebenen *TabbedPane* von weiter oben auf und erweitert sie um die Möglichkeiten, die Darstellung der einzelnen Eigenschaften über Templates zu steuern. Auf diese Weise könnte angegeben werden, dass das Datum als deutsches Datum zu formatieren ist (Abbildung 13-7).

Invoices Detail

Invoices

1	01.01.2017	Graz	Frankfurt	300	Select
2	01.01.2017	Graz	Hamburg	350	Select
3	01.01.2017	Graz	Zürich	290	Select
4	01.01.2017	Graz	Frankfurt	450	Select

<< Tab #1 (Current Record: no selection) >>

Abbildung 13-7: Datengetriebenes Registerblatt mit einem Template, das die Formatierung des Datums steuert

Um das Template festzulegen, bringen wir eine strukturelle Direktive mithilfe von *flightDynamicField* im Registerblatt unter (Listing 13-39):

Listing 13-39: Registerblatt mit struktuereller Direktive zum Formatieren eines Feldes

```
<flight-ext-dd-list-tab title="Invoices">
    <span *flightDynamicField="let value of 'date'">
      {{value | date:'dd.MM.yyyy'}}
    </span>
</flight-ext-dd-list-tab>
```

Über ihre Microsyntax legt diese Direktive fest, dass sie die Darstellung der Eigenschaft *date* steuert und dass das jeweils darzustellende Datum über die Variable *value* bereitzustellen ist. Diese Variable gibt die Direktive mit einer Pipe aus. Das Besondere an dieser Implementierung ist, dass die *ListTabComponent* pro Eigenschaft das Template einer ihr untergeordneten strukturellen Direktive rendern muss. Existiert kein Template, gibt die *ListTabComponent* den jeweiligen Wert einfach direkt aus.

Die Implementierung der *DynamicFieldDirective* bezieht über Dependency Injection ihr *TemplateRef*-Objekt und stellt dieses über eine öffentliche Eigenschaft zur Verfügung. Auf demselben Weg bezieht sie eine Referenz auf Ihre im DOM übergeordnete *ListTabComponent*, bei der sie sich innerhalb von *ngOnInit* registriert (Listing 13-40):

Listing 13-40: Direktive zum Bereitstellen eines dynamischen Feldes

```
@Directive({
    selector: '[flightDynamicField]'
})
export class DynamicFieldDirective implements OnInit {

    // tslint:disable-next-line
    @Input('flightDynamicFieldOf') propertyName: string;
```

```
    constructor(public templateRef: TemplateRef<any>,
                private parent: ExtendedDataDrivenListTabComponent) {
    }

    ngOnInit() {
        this.parent.registerDynamicField(this);
    }
}
```

Den Namen der betroffenen Eigenschaft nimmt die Direktive über ihre Eigenschaft *propertyName* entgegen. Der an Input übergebene Parameter legt fest, dass diese Eigenschaft im Rahmen des Property-Bindings die Bezeichnung *flightDyna micFieldOf* erhält. Dies macht, analog zu den weiter oben beschriebenen Beispielen, die Nutzung des *of*-Operators im Rahmen der Microsyntax möglich (vgl. auch Listing 13-39).

Angular erlaubt es Ihnen zwar, wie hier gezeigt, mit *@Input* und *@Output* alternative Bezeichnungen festzulegen, der Style Guide von Angular spricht sich jedoch gegen die Verwendung dieser Möglichkeit aus. Als Grund wird angeführt, dass diese Indirektion eine Quelle von Missverständnissen sein kann. Gerade in Fällen wie diesem, wo eine Eigenschaft aus technischen Gründen denselben Namen wie das vom Selektor verwendete Attribut aufweisen muss, erscheint diese Indirektion jedoch sinnvoll. Im gezeigten Fall ist beispielsweise der Eigenschaftsname *propertyName* selbsterklärender als *flightDynamicFieldOf*. Deswegen nehmen wir uns an dieser Stelle auch die Freiheit, vom Style Guide abzuweichen. Um zu verhindern, dass die in Kapitel 18 beschriebene statische Quellcodeanalyse diesen Umstand anprangert, kommt der Kommentar *tslint:disable-next-line* zum Einsatz.

Beachten Sie im gezeigten Beispiel auch, dass die Direktive keine *ViewContainer Ref* bezieht. Der Grund dafür ist, dass sie ihr Template nicht selbst rendert, sondern lediglich der übergeordneten *ListTabComponent* zur Verfügung stellt.

Die erweiterte Version der *ListTabComponent* nimmt über *registerDynamicField* die einzelnen *DynamicFieldDirective* entgegen und verstaut sie in ihrer Eigenschaft *dynamicFields*. Diese wird als Auflistung genutzt, die die Namen der Eigenschaften auf die registrierten *DynamicFieldDirective*-Objekte abbildet (Listing 13-41):

Listing 13-41: »ListTabComponent«, die dynamische Felder verwaltet

```
export class ExtendedDataDrivenListTabComponent
                extends ExtendedDataDrivenTabComponent {

    private dynamicFields: { [key:string]: DynamicFieldDirective } = {};

    registerDynamicField(field: DynamicFieldDirective ) {
        this.dynamicFields[field.propertyName] = field;
    }

    [...]
}
```

Die auf den ersten Blick etwas eigenartige Typdeklaration *{ [key:string]: DynamicFieldDirective }* legt fest, dass diese Auflistung *strings* auf *DynamicFieldDirective* Instanzen abbildet.

Das Template der erweiterten *ListTabComponent* prüft pro Eigenschaft mit *ngIf*, ob dafür eine *DynamicFieldDirective* existiert. Ist dem so, rendert es mit einer in *flightPlaceholder* festgelegten Direktive das dynamische Feld. Dazu bekommt die Eigenschaft *flightPlaceholder* die *TemplateRef* und die Eigenschaft *value* den darzustellenden Wert per Datenbindung übergeben (Listing 13-42):

Listing 13-42: Nutzung der dynamischen Felder

```
<table class="table">
    <tr *ngFor="let item of items" [class.active]="item == currentItem">
        <td *ngFor="let p of displayProperties">

            <span *ngIf="dynamicFields[p]">
                <span [flightPlaceholder]="dynamicFields[p].templateRef"
[value]="item[p]"></span>
            </span>

            <span *ngIf="!dynamicFields[p]">
                {{item[p]}}
            </span>

        </td>
        <td><a (click)="select(item)">Select</a></td>
    </tr>
</table>
```

Kann das Template für eine Eigenschaft keine *DynamicFieldDirective* finden, gibt es den betroffenen Wert direkt aus.

Die *PlaceholderDirective*, die hinter dem Attribut *flightPlaceholder* steht, lässt sich ihre *ViewContainerRef* injizieren und rendert innerhalb der Methode *ngOnInit* das gebundene Template (Listing 13-43):

Listing 13-43: Rendern eines dynamischen Feldes

```
@Directive({
    selector: '[flightPlaceholder]'
})
export class PlaceholderDirective implements OnInit {
    @Input() flightPlaceholder: TemplateRef<any>;
    @Input() value: any;

    constructor(private viewContainer: ViewContainerRef) {
    }

    ngOnInit() {
        let context = { $implicit: this.value };
        this.viewContainer.createEmbeddedView(this.flightPlaceholder, context);
    }
}
```

Beim Rendern kommt ein Kontext zum Einsatz, der über die Eigenschaft *$implicit* den darzustellenden Wert anbietet. Wie wir bereits weiter oben beschrieben haben, führt dies dazu, dass dieser Wert auf die gewünschte Weise gemäß der Microsyntax bezogen werden kann.

Templates referenzieren

Wie der letzte Abschnitt gezeigt hat, kann eine Direktive auch ein andernorts definiertes Template rendern. Ein solches Template kann, wie jedes andere von Angular verwaltete Element auch, über ein Handle referenziert werden. Dies gibt einer Direktive die Möglichkeit, die zu nutzenden Templates per Datenbindung entgegenzunehmen.

Um diese Möglichkeit zu demonstrieren, kommt hier eine einfache *TooltipDirective* zum Einsatz, die beim Mouseover für ein Element einen Hinweistext einblendet (Abbildung 13-8).

Abbildung 13-8: Die »TooltipDirective« blendet dynamisch Hinweistexte ein.

Um diese Direktive zu nutzen, versehen wir das jeweilige Element einfach mit einem Attribut *flightTooltip*, das auch das Handle eines Templates referenziert (Listing 13-44):

Listing 13-44: Referenzierung des Templates

```
<button [flightTooltip]="tooltip">Remove</button>
<template #tooltip>
    <div>
        This action is irreversible.
    </div>
</template>
```

Um eine konsistente Formatierung für solche Hinweistexte zu bieten, kommt zusätzlich im Template eine über *flight-tooltip* adressierte Komponente zum Einsatz (Listing 13-45):

Listing 13-45: Diese Komponente stellt die konsistente Darstellung von Hinweistexten sicher.

```
<button [flightTooltip]="tooltip">Remove</button>
<template #tooltip>
    <flight-tooltip>
        This action is irreversible.
    </flight-tooltip>
</template>
```

Verwechseln Sie diese *TooltipComponent* nicht mit der *TooltipDirective* aus dem folgenden Absatz, die sich um das Einblenden des Hinweises kümmert. Sie stellt lediglich per Content Projection den als Markup übergebenen Text dar. Hierzu besteht sie aus nur einem Selektor, einem Template und einem Style (Listing 13-46):

Listing 13-46: Komponente zum Darstellen eines Hinweistextes

```
@Component({
    selector: 'flight-tooltip',
    template: `
        <div class="tooltip-bg">
            <b>Tipp:</b>
            <ng-content></ng-content>
        </div>
    `,
    styles: [`
        .tooltip-bg {
            background-color: yellow;
            border: solid 2px darkkhaki
        }
    `]

})
export class TooltipComponent {
}
```

Die eigentliche Arbeit übernimmt die *TooltipDirective*, die per Datenbindung das Template entgegennimmt und mit *HostListener* Verhalten für die Ereignisse *mouseover* und *mouseout* festlegt (Listing 13-47):

Listing 13-47: Die »TooltipDirective« kümmert sich um das Ein- und Ausblenden des Hinweistextes.

```
@Directive({
    selector: '[flightTooltip]'
})
export class TooltipDirective {

    // tslint:disable-next-line
    @Input('flightTooltip') template: TemplateRef<any>;

    private embeddedViewRef: EmbeddedViewRef<any>;

    constructor(private viewContainer: ViewContainerRef, private renderer: Renderer2)
{
    }

    @HostListener('mouseover', ['$event'])
    handleMouseover($event) {
        [...]
    }

    @HostListener('mouseout')
    handleMouseout() {
        [...]
    }
}
```

Der *HostListener* für das *mouseover*-Ereignis blendet zunächst mit dem bekannten Einzeiler das Template im aktuellen View-Container ein (Listing 13-48):

Listing 13-48: Hinweistext einblenden und positionieren

```
@HostListener('mouseover', ['$event'])
handleMouseover($event) {
    this.embeddedViewRef = this.viewContainer.createEmbeddedView(this.template);

    // Erstes vom Template eingefügtes Element (nodeType === 1) suchen
    // Beispiele für andere nodeTypes sind zum Beispiel Text-Knoten
    let nativeElement = this.embeddedViewRef.rootNodes.find(n => n.nodeType === 1);
    if (!nativeElement) {
        return;
    }

    // Koordinaten „berechnen", an denen der Hinweistext zu platzieren ist
    let left = $event.target.offsetLeft + 'px';
    let top = ($event.target.offsetTop + $event.target.offsetHeight + 5) + 'px';

    // Koordinaten sowie Abmessungen setzen
    this.renderer.setStyle(nativeElement, 'position', 'absolute');
    this.renderer.setStyle(nativeElement, 'left', left);
    this.renderer.setStyle(nativeElement, 'top', top);
    this.renderer.setStyle(nativeElement, 'width', '200px');
}
```

Dazu ermittelt er zunächst das erste Element, das sich aus dem Template ergeben hat. Hierzu ermittelt er das erste Element mit dem Knotentyp (*nodeType*) 1. Das ist notwendig, weil das Template bedingt durch Leerzeichen und Zeilenschaltungen auch vorgelagerte Textknoten (*nodeType* === 3) aufweisen könnte, die hier nicht von Relevanz sind. Danach berechnet der Listener die Koordinaten des Hinweistexts relativ zum betroffenen Element. Anschließend nutzt er den Renderer, um die Koordinaten zusammen mit weiteren Styles festzulegen. Eine äußerst einfache Aufgabe kommt dem Listener für *mouseout* zu. Er muss das eingefügte Template lediglich entfernen (Listing 13-49):

Listing 13-49: Eingefügtes Template entfernen

```
@HostListener('mouseout')
handleMouseout() {
    this.embeddedViewRef.destroy();
}
```

Dynamisch Komponenten erzeugen

Die *TooltipDirective* im letzten Abschnitt hat dynamisch ein Template mit einem Hinweistext eingeblendet. Stattdessen könnte man diese Direktive auch anweisen, eine Komponente zu erzeugen und in der Seite zu positionieren. Dieser Abschnitt betrachtet diese Alternative, um den dynamischen Umgang mit Komponenten zu veranschaulichen.

Die dazu verwendete alternative Implementierung hört auf den Namen *Tooltip2 Directive* und nimmt per Datenbindung die darzustellende Nachricht entgegen (Listing 13-50):

Listing 13-50: Alternative »TooltipComponent«

```
@Directive({
    selector: '[flightTooltip2]'
})
export class Tooltip2Directive {

    // tslint:disable-next-line
    @Input('flightTooltip2') message: string;

    private componentRef: ComponentRef<any>;

    constructor(
        private viewContainer: ViewContainerRef,
        private renderer: Renderer2,
        private injector: Injector,
        private componentFactoryResolver: ComponentFactoryResolver
    ) {
    }
    [...]
}
```

Das dynamische Erzeugen der Komponente übernimmt auch hier der *HostListener* für *mouseover*. Er ruft zunächst eine Factory für die Komponente ab und erzeugt dann einen Textknoten für den Hinweistext. Diesen Textknoten übergibt der Listener beim Erzeugen der Komponente per Content Projection (Listing 13-51):

Listing 13-51: »HostListener« zum Einblenden des Hinweistextes

```
@HostListener('mouseover', ['$event'])
handleMouseover($event) {

    // Factory für Komponente abrufen
    let compFactory = this.componentFactoryResolver.resolveComponentFactory(
                        TooltipComponent);

    // Neuen Textknoten für Content Projection erzeugen
    let textNode = this.renderer.createText(this.message);

    // Im ViewContainer Komponente erzeugen. Dazu den Textknoten für Content
    // Projection übergeben
    this.componentRef = this.viewContainer.createComponent(
                        compFactory, null, this.injector, [[textNode]]);

    // Position berechnen und setzen
    let nativeElement = this.componentRef.location.nativeElement

    let left = $event.target.offsetLeft + 'px';
    let top = ($event.target.offsetTop + $event.target.offsetHeight + 5) + 'px';

    this.renderer.setStyle(nativeElement, 'position', 'absolute');
```

```
    this.renderer.setStyle(nativeElement, 'left', left);
    this.renderer.setStyle(nativeElement, 'top', top);
    this.renderer.setStyle(nativeElement, 'width', '200px');
}
```

Zum Erzeugen der Komponente nutzt der Listener die Methode *createComponent* des View-Containers. Diese nimmt die Factory für die Komponente, den aktuellen Injector und die zu projizierenden Knoten entgegen. Der Rest der Implementierung berechnet lediglich, wie auch schon im letzten Abschnitt, die Position für den Hinweistext und setzt diese Position entsprechend.

Die Factory erzeugt Angular beim Kompilieren der Komponente, was entweder beim Programmstart oder bereits im Zuge des Build-Prozesses erfolgt. Hintergründe dazu finden Sie in Kapitel 18. Damit der Compiler Kenntnis von der hier verwendeten *TooltipComponent* hat und sie somit kompilieren kann, nüssen Sie sie im Modul Ihrer Wahl unter *entryComponents* eintragen (Listing 13-52):

Listing 13-52: So hinterlegen Sie die dynamische Komponente im Modul.

```
@NgModule({
    imports: [
        FormsModule,
        CommonModule
    ],
    declarations: [
        [...]
    ],
    exports: [
        [...]
    ],
    entryComponents: [
        TooltipComponent
    ]
})
export class SharedModule {
}
```

Zusammenfassung

Angular bietet einige Konzepte für Komponenten. Beispielsweise kann eine Komponente über Content Projection Markup entgegennehmen. Außerdem bieten Komponenten mehrere Möglichkeiten, um miteinander zu kommunizieren, darunter Handles, Services oder die Referenzierung von Parent-Komponenten. Darüber hinaus können Komponenten auch Kind-Komponenten abrufen.

In Fällen, in denen Sie nur zusätzliche Logik ohne Ausgabe benötigen, bieten sich Direktiven an. Neben den einfachen attributbasierten Direktiven können Sie in Angular auch die sogenannten strukturellen Direktiven verwenden. Beispiele dafür sind *ngIf* und *ngFor*, die das Framework ab Werk bietet. Indem Sie eigene strukturelle Direktiven bereitstellen, können Sie dynamische Inhalte rendern und Templates referenzieren.

KAPITEL 14

Animationen

Mit heutigen Endgeräten und modernen Browsern ist es möglich, erstaunliche Animationen und Effekte darzustellen. Noch vor nicht allzu langer Zeit wäre dies nur mithilfe von Plug-ins wie Flash möglich gewesen. Inzwischen gibt es jedoch viele Animationstechniken im Web, z. B. CSS3, Canvas, WebGL oder SMIL, die ohne zusätzliches Browser-Plug-in auskommen.

Die neueste Variante nennt sich *Web Animations* (*https://w3c.github.io/web-animations/*). Angular nutzt Web Animations für Animationen in Komponenten. Dieser neue Standard verbindet hardwaregestützte CSS-Animationen und Transitions mit der Dynamik von JavaScript und ermöglicht damit ein breites Einsatzspektrum. Die native Unterstützung der Browser wächst stetig, und für ältere Versionen können Polyfills eingesetzt werden, um die Technologie nutzbar zu machen.

Die Beispiele in diesem Kapitel zeigen schrittweise die Nutzung der *Web Animations API* in Verbindung mit Angular. Wir beginnen mit einfachen Animationen und erweitern sie um komplexere Szenarien. Dabei geben wir Tipps zum Umgang mit *ngIf* und zur Nutzung von *Animation Callbacks*. Der Einsatz von *HammerJS* für Touch-Gesten bildet den Abschluss.

Grundlagen

Um Animationen nutzen zu können, müssen Sie zuerst das entsprechende Paket von Angular installieren (Listing 14-1):

Listing 14-1: Installation von Angular-Animationen

```
npm install @angular/animations --save
```

Im zweiten Schritt registrieren Sie das Modul *BrowserAnimationsModule* im *Root*-Modul der Applikation über *imports* (Listing 14-2). Damit stehen Animationen applikationsweit zur Verfügung.

Listing 14-2: Import des »BrowserAnimationsModule«

```
import { BrowserAnimationsModule } from '@angular/platform-browser/animations';
@NgModule({
    imports: [
        BrowserAnimationsModule
    ],
    [...]
})
export class AppModule {
}
```

Die ersten beiden Schritte dieses Abschnitts sind erst ab Version 4 von Angular notwendig.

Animationen werden in Angular durch das Attribut *animations* in den Metadaten der Komponenten definiert. Als Schnittstelle zwischen Konfiguration und Klasse dient das Template. Somit gelingt eine klare Trennung zwischen Animationslogik und der eigentlichen Anwendung. Kleine Animationen können direkt in den Metadaten angegeben werden. Größere sollten Sie generell in eine eigene Datei auslagern. Listing 14-3 und Listing 14-4 zeigen, wie Sie Animationen definieren und auslagern.

Listing 14-3: Definition von Animationen in Komponenten

```
import { ANIMATIONS } from './flight-card.animations';
@Component({
    selector: 'flight-card',
    // animations: []
    animations: ANIMATIONS
})
export class FlightCardComponent {}
```

Wie Listing 14-4 zeigt, erwartet das Attribut *animations* ein Array, das sich durch Aufruf bestimmter Funktionen aufbaut. Angular übernimmt die Einrichtung der Web Animations API durch die Informationen des Arrays im Hintergrund. Dadurch bauen sich die gesamten Animationen über die Funktionen auf, die Sie in Tabelle 14-1 sehen. So können Sie schnell auch komplexere Abläufe erstellen, ohne sich dabei um das Zusammenspiel zwischen Angular und der Web Animations API kümmern zu müssen. Sie importieren diese Funktionen über das Modul *@angular/animations*.

Mit Version 4 von Angular wurden Animationen in ein eigenes Modul *@angular/animations* verschoben. In Version 2 müssen Sie sie noch über *@angular/core* importieren.

Listing 14-4: Ausgelagerte Animationskonfiguration

```
// flight-card.animations.ts
import { trigger, style, state } from '@angular/animations';
export const ANIMATIONS: Array<any> = [
    trigger('select', [
        state('yes', style({
            'background-color': 'orange'
        })),
        state('no', style({
            'background-color': 'lightsteelblue'
        }))
    ])
];
```

Da alle Animationen über diese Funktionen definiert werden, ist es nicht notwendig, direkt das DOM zu manipulieren oder mit CSS-*class*-Attributen zu arbeiten. Die Bindung an das HTML geschieht lediglich über ein Attribut, das auf demjenigen Element im Template der Komponente gesetzt wird, das Sie animieren wollen. Durch den Wechsel des Attributwertes werden die dafür definierten Animationen gestartet:

```
<div [@select]="yes">…</div>
```

In den weiteren Abschnitten zeigen wir Ihnen Schritt für Schritt, wie diese Funktionen genutzt werden können.

Tabelle 14-1: Funktionen zum Aufbau der Animationskonfiguration

Funktion	Beschreibung
trigger	Verknüpfung zwischen Animationskonfiguration und HTML-Element; Beispiel: *<p [@...]></p>*
state	Endzustand einer Animation, der über *trigger* im HTML definiert ist; Beispiel: *<p [@...]="state"></p>*
style	CSS-Definition. Kann in *state*, *transition* und *animate* genutzt werden.
transition	Konfiguration einer Animation zwischen *state*-Definitionen
animate	Konfiguration der gewünschten Effekte einer *transition*
sequence	Definition von Animationen, die nacheinander starten
group	Definition von Animationen, die parallel starten
keyframes	Definition mehrerer *style*-Funktionen als Animationsschritte in *animate*

Konfiguration der Polyfills

Browser wie Chrome oder Firefox beherrschen die Web Animations API bereits ausreichend, um die folgenden Beispiele ohne Polyfills anzeigen zu können.

Polyfill nennt man JavaScript-Code, der es älteren Browsern ermöglicht, neuere Funktionen mithilfe von Workarounds zu unterstützen.

Die Seite *http://caniuse.com/#feat=web-animation* gibt Auskunft über den aktuellen Stand der nativen Browserunterstützung.

Für Browser mit fehlender Funktionalität können Sie das *npm*-Paket *web-animations-js* installieren (Listing 14-5):

Listing 14-5: Installation der Web-Animations-API-Polyfills

```
npm install web-animations-js --save
```

In diesem Paket befindet sich die Datei *web-animations.min.js*, die Sie in das Projekt integrieren müssen. Im Zuge der Applikation *Flug suchen* wird das Skript über die Datei *polyfills.ts* eingebunden (Listing 14-6). Es reicht hier, das NodeJS-Modul anzugeben, da die Dateiangabe selbst bereits in der *package.json* des Pakets *web-animations-js* über den Parameter *main* konfiguriert ist.

Listing 14-6: Integration der Polyfill-Datei in »polyfills.ts«

```
import 'web-animations-js';
```

Animationen mit Trigger, State und Transition

In Abbildung 14-1 sehen Sie, dass Flüge von Hamburg nach Graz gesucht wurden. Drei Flüge wurden gefunden. Der Erste ist ausgewählt.

Um dies erkennbar zu machen, soll sich die Hintergrundfarbe des ausgewählten Fluges ändern. Die restlichen Flüge ändern ihre Farbe ebenfalls, um die Aktion der Auswahl nochmals zu verdeutlichen. Dies soll nicht ruckartig passieren, sondern einem gleichmäßigen Farbverlauf folgen.

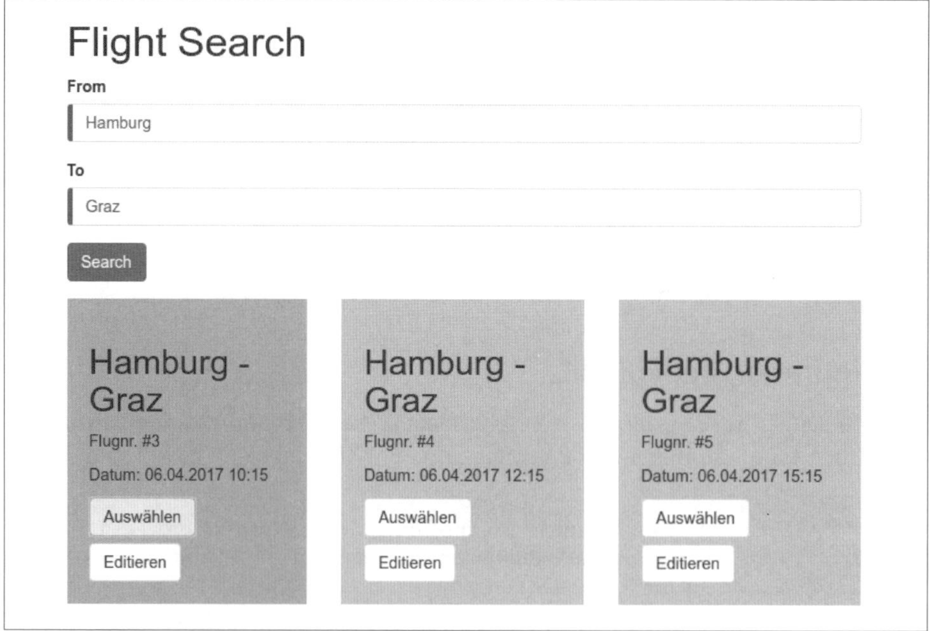

Abbildung 14-1: Anzeige gefundener Flüge

Dafür erweitern wir die Komponente *FlightCardComponent* aus Listing 14-7 im Laufe der kommenden Beispiele. Sie wird auf der Seite *Flug buchen* der Beispielapplikation verwendet, um die einzelnen Flüge anzuzeigen und eine Auswahlfunktion zu bieten.

Listing 14-7: Die »FlightCardComponent«

```
@Component({
    selector: 'flight-card',
    templateUrl: './flight-card.component.html'
})
export class FlightCardComponent {

    @Input() item: Flight;
    @Input() selectedItem: Flight;
    @Output() selectedItemChange = new EventEmitter<Flight>();

    select() {
        this.selectedItemChange.emit(this.item);
    }
}
```

Über das Template der Komponente *FlightSearchComponent* (Listing 14-8) werden mittels *ngFor*-Iteration die Flüge darstellt, die bei der Suche gefunden wurden. Die Flugdaten bekommt die *FlightCardComponent* über das HTML-Attribut *item*.

Listing 14-8: Iteration der »FlightCardComponent« im Template »flight-search.component.html«

```
<div class="row">
    <div *ngFor="let f of flights" class="col-sm-6 col-md-4 col-lg-3 ">
        <flight-card [item]="f"
                     [(selectedItem)]="selectedFlight">

            <a class="btn btn-default"
               [routerLink]="['../flight-edit', f.id]">Editieren</a>

        </flight-card>
    </div>
</div>
```

Durch Klick auf den Button *Auswählen* (Listing 14-9) im Template der *FlightCard Component* wird die Methode *select* aufgerufen, wodurch das Attribut *selectedItem* die Referenz des ausgewählten Fluges erhält. Es ist somit möglich, die Attribute *item* und *selectedItem* zu vergleichen, um herauszufinden, welches Element aktuell ausgewählt ist.

Listing 14-9: Das »FlightCardComponent«-Template

```
<div>
    [...]
    <div style="height:40px">
        <p>
            <input type="button"
                   value="Auswählen"
```

```
                         class="btn btn-default"
                         (click)="select()"/>
        </p>
    </div>
    [...]
</div>
```

trigger und state nutzen

Um auf Basis des Vergleichs zwischen *item* und *selectedItem* eine Animation starten zu können, müssen Sie zuerst das Metadaten-Objekt der Komponente so um den Parameter *animations* erweitern, wie wir es im Abschnitt »*Grundlagen*« in diesem Kapitel gezeigt haben. Zusätzlich erhält die Klasse noch eine Methode *isSelected*, die die beiden Attribute vergleicht und einen String zurückliefert (*yes* oder *no*). Sollte das Attribut *selectedItem* noch keinen Wert besitzen bzw. noch keine Auswahl vorhanden sein, wird nichts zurückgegeben. Dies ist für die weiteren Beispiele noch relevant.

Im *animations*-Array müssen Sie als Erstes die Funktion *trigger* definieren. Sie bekommt als Parameter einen frei wählbaren Namen. Er wird später als Referenz im HTML der Komponente verwendet. Der zweite Parameter definiert die Animationslogik selbst und kann Funktionen vom Typ *state* und *transition* beinhalten.

Im Beispiel aus Listing 14-10 sind über *trigger* zwei *state*-Funktionen definiert. Jede repräsentiert einen Endzustand, den eine Animation einnehmen kann, bzw. definiert das gewünschte Ergebnis.

Der erste Parameter setzt den Namen des Zustandes (States). Dieser ist bis auf den Wert *void* und * ebenfalls frei wählbar. Das HTML-Element kann darüber den gewünschten Zustand definieren. Der zweite Parameter erwartet die Funktion *style*, die wiederum das zu setzende CSS beinhaltet.

Der Wert *void* kann nicht als eigener State genutzt werden. Angular reserviert diesen Namen für Elemente, die dem DOM hinzugefügt oder von diesem entfernt werden. Der Wert * dient als Fallback für nicht definierte States. Beide werden im Zuge der kommenden Beispiele noch genutzt.

Listing 14-10: »FlightCardComponent« mit »animations«

```
@Component({
    selector: 'flight-card',
    templateUrl: './flight-card.component.html',
    animations: [
        trigger('select', [
            state('yes', style({
                'background-color': 'orange'
            })),
            state('no', style({
                'background-color': 'lightsteelblue'
            }))
        ])
    ]
})
```

```
export class FlightCardComponent {
    [...]
    isSelected() {
        if (this.selectedItem) {
            return this.selectedItem === this.item ? 'yes' : 'no';
        }
    }
}
```

Um die States mit ihren verschiedenen Hintergrundfarben nutzen zu können, ist ein neues Attribut im HTML des *FlightCardComponent*-Templates erforderlich. Listing 14-11 zeigt am ersten *div* dieses Attribut in gewohnter Angular-Syntax. Das Attribut steht in eckigen Klammern, um auf einen Input hinzuweisen, und wird über das @-Symbol als Animation deklariert.

Dadurch weiß Angular, dass es einen *trigger* mit dem Namen *select* geben muss. Es sucht diesen *trigger* in der *animations*-Konfiguration und verbindet beide miteinander. Die Nutzung der Methode *isSelected* als Wert teilt der Animation mit, welcher Zustand (State) eingenommen werden soll:

Listing 14-11: Animationsattribut im Template

```
<div [@select]="isSelected()">
    [...]
</div>
```

Bereits jetzt funktioniert das Wechseln der Farben. Durch Auswahl eines Fluges wird in allen Instanzen das Attribut *selectedItem* gesetzt. Das führt dazu, dass die Methode *isSelected* pro Flug-Item aufgerufen wird und je nach Ergebnis *yes* oder *no* zurückliefert. Angular erkennt, dass ein Zustandswechsel stattfinden soll, und sucht daraufhin in der Konfiguration des Triggers nach einem State, der dem Rückgabewert der Methode *isSelected* entspricht. Sobald dieser gefunden ist, wird das darin definierte CSS am *div* gesetzt.

Alle anderen States, die keine eigene Konfiguration aufweisen, können mit dem *-Selektor abgefangen werden (Listing 14-12). Da *isSelected* nur einen Wert liefert, wenn *selectedItem* gesetzt ist, haben Sie so die Möglichkeit, gefundenen Flügen eine Hintergrundfarbe zu geben, auch wenn noch kein Flug ausgewählt wurde.

Es wäre auch möglich, für diesen Zustand in der Methode *isSelected* einen eigenen Wert zurückzuliefern. Das ist jedoch nicht unbedingt notwendig. Um einen leeren Trigger eindeutig abzufragen, können Sie auch den Wert *null* als String für den State-Namen angeben.

Listing 14-12: Stern-Selektor für nicht definierte States

```
trigger('select', [
    [...]
    state('*', style({
        'background-color': 'lightgrey'
    }))
])
```

Zustandswechsel mit Transition

Da wir keinen Übergang mit der Funktion *transition* definiert haben, springt die Hintergrundfarbe bei Auswahl eines Fluges einfach von *lightgrey* nach *orange* oder *lightsteelblue* – je nachdem, ob es der selektiere Flug ist oder nicht, bzw. je nachdem, ob die Methode *isSelected* den String *yes* oder *no* zurückgibt.

Um also einen sanften Übergang zu ermöglichen, erweitern wir das Array des Triggers um Funktionen vom Typ *transition*. Im ersten Parameter geben wir an, von und zu welchem State der Übergang geschehen soll. Im zweiten Parameter definieren wir die eigentliche Animation. Hier können wir entweder die Funktion *ani mate* oder ein Array von Animationsschritten übergeben.

Im Beispiel aus Listing 14-13 sind zwei *transition*-Funktionen definiert: eine für den Übergang von State *no* zu State *yes* und eine für die entgegengesetzte Variante. Beide nutzen die Funktion *animate*, um Angular mitzuteilen, dass für den Farbverlauf der Hintergrundfarbe 500 Millisekunden vergehen sollen.

Listing 14-13: Hinzufügen einer Übergangsdefinition mit »transition«

```
trigger('select', [
    [...]
    transition('no => yes', animate(500)),
    transition('yes => no', animate(500))
])
```

Sollte bereits ein Flug ausgewählt sein, funktioniert der Verlauf jetzt wie gewünscht. Bei der ersten Auswahl springt die Farbe jedoch wie zuvor. Das passiert, weil vor der Auswahl des ersten Fluges der Trigger am *div* noch keinen der beiden States wiedergibt. Somit startet der Übergang von einem nicht bekannten State aus. Um dieses Problem zu lösen, müssen Sie die Transitions anpassen. Listing 14-14 nutzt dafür den Wildcard-Selektor *. Damit wird angegeben, dass der Wechsel von einem beliebigen State zu *yes* oder zu *no* den definierten Effekt auslösen soll. Das schließt auch den Wechsel zwischen den beiden States untereinander ein, womit die vorherigen Transitions nicht mehr nötig sind. Die Möglichkeit, bestimme Varianten auszunehmen, gibt es hier nicht.

Listing 14-14: Wildcard-Auswahl

```
trigger('select', [
    [...]
    transition('* => yes', animate(500)),
    transition('* => no', animate(500))
])
```

Fast alle Farbübergänge laufen jetzt sanft ab. Einer fehlt jedoch. Sobald die Flug-Komponente im DOM mittels *ngFor* hinzugefügt worden ist, erscheinen die gefundenen Flüge in der Hintergrundfarbe *lightgrey*. Das ist zwar richtig, passiert aber sofort. Damit Sie auch hier einen Effekt definieren können, existiert der reservierte State-Name *void*. Er kommt zum Zuge, sobald das Element dem DOM hinzugefügt oder von diesem wieder entfernt werden soll.

Der Zustand *void* existiert nur für den Zeitraum einer möglichen Animation und wechselt sofort zum eigentlichen Wert des Triggers. Deshalb setzt Listing 14-15 den State *void* mit der Hintergrundfarbe *white* sowie eine Transition, die bei einem Übergang von *void* zu jedem anderen State wirksam wird. Somit ist auch das erste Auftauchen der Flüge im DOM durch einen weichen Übergang von *white* zu *lightgrey* animiert.

Listing 14-15: Animation von nachträglich hinzugefügten DOM-Elementen mit »void«

```
trigger('select', [
    [...]
    state('void', style({
        'background-color': 'white'
    })),
    [...]
    transition('void => *', animate(500))
])
```

Da alle drei Transitions den gleichen Effekt über *animate* konfigurieren, ist hier eine Optimierung möglich. Listing 14-16 nutzt dafür die Wildcard * auf beiden Seiten. So wird mitgeteilt, dass jeder Statewechsel diese Transition durchläuft. Tabelle 14-2 listet die bisher gezeigten sowie weitere Übergangsdefinitionen auf.

Tabelle 14-2: Funktionen zum Aufbau der Animationskonfiguration

Übergangsdefinition	Beschreibung
stateA => stateB	Wechsel von *stateA* zu *stateB*
stateA <=> stateB	Wechsel von *stateA* zu *stateB* oder umgekehrt
* => stateA	Von einem beliebigen State zu *stateA*
stateA => *	Von *stateA* zu einem beliebigen State
void => * oder :enter	Vom Hinzufügen des HTML-Elements zu einem beliebigen State
* => void oder :leave	Von einem beliebigen State zum Entfernen des HTML-Elements
* => *	Jeder State-Wechsel innerhalb eines *trigger*
:enter, :leave, ...	Mehrere Übergangsdefinitionen kommagetrennt zusammengefügt
0 => 1	*false* zu *true*. Wenn der State-Name über einen Boolean definiert ist.

Das gesamte Beispiel dieses Abschnitts ist in Listing 14-16 noch einmal zu sehen:

Listing 14-16: Fertige Animationskonfiguration

```
trigger('select', [
    state('yes', style({
        'background-color': 'orange'
    })),
    state('no', style({
        'background-color': 'lightsteelblue'
    })),
```

```
    state('*', style({
        'background-color': 'lightgrey'
    })),
    state('void', style({
        'background-color': 'white'
    })),
    transition('* => *', animate(500))
])
```

Einfache Effekte definieren

Im letzten Abschnitt haben wir Ihnen gezeigt, wie Sie Animationen konfigurieren können. In diesen Beispielen haben wir die einfachste Art der Animation genutzt: eine Zeitdefinition zwischen den States mit der Funktion *animate*. Natürlich ist noch viel mehr möglich.

Um dies zu zeigen, soll sich ein Flug nun immer dann hervorheben, sobald sich der Mauszeiger über dem Flug-Item befindet. Dies geschieht, indem das Element nach unten verlängert wird und der Button *Auswählen* erscheint (Abbildung 14-2).

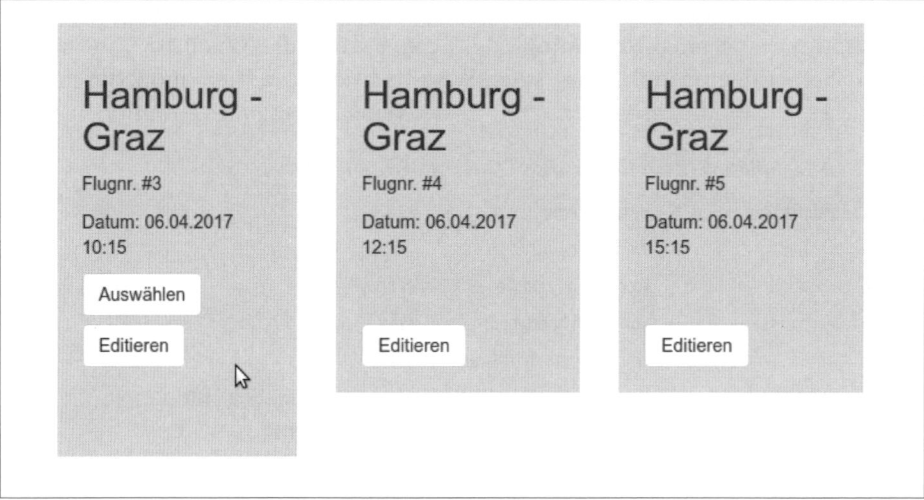

Abbildung 14-2: Hervorheben eines Fluges per Mouseover

Vorbereitung

Da die Konfiguration der Animationen in der *FlightCardComponent* jetzt noch weiter wächst, verschieben wir die Konfiguration in eine separate Datei *flight card.animations.ts* und importieren sie aus dieser Datei in die Komponente. Das sorgt für bessere Übersicht.

Damit das Template die Information, ob die Maus über dem Komponentenelement liegt, weitergeben kann, erweitern wir die Klasse um ein Boolean *hoverState* und eine Methode *toggleHover* (Listing 14-17):

Listing 14-17: »FlightCardComponent« mit »animations«

```
import { ANIMATIONS } from './flight-card.animations';
@Component({
    selector: 'flight-card',
    templateUrl: './flight-card.component.html',
    animations: ANIMATIONS
})
export class FlightCardComponent {
    [...]
    hoverState = false;
    toggleHover() {
        this.hoverState = !this.hoverState;
    }
}
```

Im Template selbst müssen wir als Erstes ein Animationsattribut mit dem Namen *hover* sowie ein *mouseenter-* und ein *mouseleave*-Event dem ersten *div* hinzufügen. Dadurch erhält der Trigger *hover* den Wert des Boolean *hoverState*. Dieser wird durch das Auslösen der definierten Maus-Events verändert.

An den Button *Auswählen* hängen wir ein *ngIf* mit dem gleichen Boolean an. Somit ist er am DOM entfernt oder hinzugefügt, je nach Mausposition. Zum Schluss erhält der Button noch ein weiteres Animationsattribut: *button* (Listing 14-18). Hier fällt auf, dass es keinen Wert zugewiesen bekommt. Im Abschnitt *Animationen mit ngIf* wird darauf noch weiter eingegangen.

Listing 14-18: Das »FlightCardComponent«-Template

```
<div [@select]="isSelected()"

     [@hover]="hoverState"
     (mouseenter)="toggleHover()"
     (mouseleave)="toggleHover()"
>
    [...]
    <div style="height:40px">
        <p>
            <input *ngIf="hoverState"
                   @button

                   type="button"
                   value="Auswählen"
                   class="btn btn-default"
                   (click)="select()"/>
        </p>
    </div>
    [...]
</div>
```

In der zuvor importierten Datei *flight-card.animations.ts* fügen wir jetzt neben dem Trigger *select*, den wir im letzten Abschnitt genutzt haben, noch *hover* und *button* hinzu (Listing 14-19):

Listing 14-19: Definition der Trigger »hover« und »button«

```
export const ANIMATIONS: Array<any> = [

    trigger('select', [
        [...]
    ]),

    trigger('hover', []),
    trigger('button', [])
];
```

Die Grundvoraussetzungen sind geschaffen. Sobald die Maus über einem Flug liegt, wird der Button mit *ngIf* eingeblendet. Die Trigger *hover* und *button* werden ausgelöst. Da in den Arrays jedoch nichts definiert ist, hat dies auch noch keine Auswirkungen.

Berechnete CSS-Werte und Easing

Mit dem Trigger *hover* soll erreicht werden, dass sich das *div* nach unten verlängert, sobald die Maus darüber liegt. Zusätzlich möchten wir erreichen, dass die Animation nicht linear verläuft.

In Listing 14-20 existieren dafür zwei States, die die Höhe konfigurieren. Hier fallen bereits einige Besonderheiten auf. Da dem Trigger der State-Name über den Wert von *hoverState* übermittelt wird, bekommt dieser einen Boolean anstatt wie üblich einen String. Die Funktion *state* erwartet jedoch immer einen String. Es ist aber trotzdem möglich, ein Boolean zu nutzen. Dafür wird der Wert *1* für *true* oder *0* für *false* als String im State-Namen angegeben. Das Gleiche gilt für die Transition.

In Version 2 von Angular müssen Sie statt *1* oder *0* im State-Namen das Wort *true* oder *false* als String im State-Namen angeben. Die Transition bleibt unverändert.

Die zweite Besonderheit ist die Höhenangabe für den State *false*. Hier wird kein Wert, sondern das Stern-Symbol angegeben. Die Höhe des *div*-Elements setzt sich aus dessen Inhalt zusammen und ist somit nicht bekannt. Durch das Stern-Symbol errechnet Angular den Ausgangswert und kann somit die Originalhöhe setzen. Dies funktioniert natürlich auch mit anderen CSS-Parametern.

Nicht alle CSS-Attribute können animiert werden. Eine Liste der möglichen Attribute finden Sie unter:

https://www.w3.org/TR/css3-transitions/#animatable-properties

Die Funktion *animate* erhält für das Timing im Vergleich zu den anfänglichen Beispielen nun weitere Angaben im ersten Parameter. Diese werden als String und durch Leerzeichen getrennt angegeben. Dadurch ist es möglich, die Übergangszeit sowie eine Verzögerung zu definieren. Im Beispiel aus Listing 14-20 wird dies verwendet, um bei einem Mouseover 150 Millisekunden zu warten, bevor die Animation beginnt.

Listing 14-20: Berechnete Werte und Easing nutzen

```
trigger('hover', [
    state('0', style({
        'height': '*'
    })),
    state('1', style({
        'height': '340px'
    })),
    transition('1 => 0', animate('0.5s ease-in-out')),
    transition('0 => 1', animate('0.5s 150ms cubic-bezier(0.07, 0.82, 0.16, 1)'))
])
```

Die dritte mögliche Angabe ist ein Bewegungsverlauf oder auch *Easing*. Die aus der Welt der CSS3-Transitions stammende Funktion *cubic-bezier* ermöglicht es, bei konstanter Zeit die Bewegung über eine Kurve anders zu verteilen. Standardmäßig ist diese Bewegung linear, also eine gerade Linie.

Für die Transition von *true* auf *false*, bzw. den Zeitpunkt, wenn der Mauszeiger das Flug-Item wieder verlässt, ist der Wert *ease-in-out* gesetzt. Dieser Wert steht für eine von fünf vordefinierten Verlaufskurven (Tabelle 14-3) und benötigt somit keine Angabe der Funktion *cubic-bezier*. So beginnt die Animation etwas verlangsamt und beschleunigt dann, um zum Schluss wieder abzubremsen.

Die Transition bei Mausover nutzt *cubic-bezier*, um einer selbst definierten Kurve zu folgen.

Um Kurven zu definieren und zu testen, können Sie Seiten wie *http://cubic-bezier.com/#.07,.82,.16,.27* nutzen, die individuelle Verläufe visuell anzeigen. An den Link haben wir die im Beispiel genutzte Verlaufskurve angehängt. Die Seite *http://easings.net/de* zeigt fertige Kurven und deren Werte.

Tabelle 14-3: Mögliche Timing-Angaben mit »animate«

Aufruf	Beschreibung
animate(500) animate('500ms') animate('0.5s')	Die Dauer der Animation als Number oder String in Millisekunden oder Sekunden
animate('0.5s 150ms') animate('0.5s 0.1s')	Verzögerung der Animation in Millisekunden oder Sekunden
animate('0.5s ease') animate('0.5s 150ms ease-in-out')	Vordefinierter Bewegungsverlauf. Mögliche Werte sind *linear*, *ease*, *ease-in*, *ease-out* und *ease-in-out*.
animate('0.5s cubic-bezier(0.075, 0.82, 0.165, 1)'	Selbst definierte Verlaufskurve mit *cubic-bezier*

Animationen mit ngIf

Im letzten Abschnitt haben wir es über berechnete CSS-Werte geschafft, das Flug-Item zu verlängern, sobald sich der Mauszeiger auf diesem Item befindet, ohne dabei den Originalwert der Höhe zu verlieren. Dabei läuft die Animation dank Verzögerung und Easing für das Auf- und Zuziehen individuell ab. Was nun noch fehlt, ist ein eleganteres Einblenden des Buttons *Auswählen*. Dieser wird momentan über das gesetzte *ngIf* (Listing 14-18) einfach an das DOM gehängt und somit eingeblendet.

Um dies zu ändern erhält, wie in Listing 14-21 zu sehen ist, der Trigger *button* zwei Transitions. Eine Neuerung im Vergleich zu den bisherigen Beispielen ist, dass die State-Definitionen fehlen. Auch in Listing 14-18 ist zu sehen, dass am HTML-Element des Buttons kein State übergeben wird.

Der Grund ist, dass durch die Nutzung von *ngIf* bereits dem Trigger ein Wechsel von *void* zu *null* bzw. zu einem nicht definierten State und umgekehrt mitgegeben wird. Somit können Sie mit *void => * (:enter)* und ** => void (:leave)* eine Transition erstellen. Außerdem sind sowohl *transition* als auch *animate* in der Lage, die Funktion *style* zu nutzen.

Jedoch müssen Sie hier bedenken, dass die Style-Definitionen nur während der Animation gültig sind. Sobald die Animation durchlaufen wurde, erhält das Element entweder seine ursprünglichen Styles oder die eines eventuell vorhandenen States zurück.

Wie funktioniert nun die Abfolge in Listing 14-21? Ein Benutzer fährt mit der Maus über ein Flug-Item. Das dabei ausgelöste Event wird über das Template und die Komponentenklasse verarbeitet. Dadurch setzt sich der Boolean *hoverState* auf *true*. Die Direktive *ngIf* hängt den Button nun an das DOM. Wenn das Element erscheint, löst der Trigger *button* eine Transition *void => * (:enter)* aus, die in der Animationskonfiguration vorhanden ist. Diese enthält als zweiten Parameter eine *Sequence* (erkennbar am Array), die *style* und *animate* umschließt.

Die Funktion *sequence* definiert eine Abfolge von Animationen, die nacheinander starten. Animate nutzt standardmäßig *sequence* als zweiten Parameter, weshalb die Angabe eines Arrays reicht, um die Funktion zu nutzen.

Zu Beginn wird der Sequence ein initialer Style mit *opacity:0* übergeben. Damit ist der Button zwar schon im DOM vorhanden, aber nicht sichtbar. Der zweite Schritt definiert eine *animate*-Funktion, die innerhalb von 500 Millisekunden das Element über die Angabe *opacity:1* erscheinen lässt.

Die Animation ist damit beendet, und der Button nimmt seinen ursprünglichen Style an. Das ist jedoch nicht erkennbar, da das Ende der Animation diesen Style bereits widerspiegelt. Wäre in *animate* der Style mit *opacity:0.5* definiert, würde der sanfte Übergang bis zur halben Transparenz führen und danach abrupt auf volle Sichtbarkeit springen.

Sobald die Maus wieder vom Element verschwindet, beginnt der Auslöser erneut. Diesmal wird eine Transition ** => void (:leave)* angestoßen. Da das Element bereits sichtbar ist, muss nicht erneut ein initialer Style gesetzt werden. Es genügt die Funktion *animate* ohne Angabe einer Sequence, was Sie daran erkennen, dass das umschließende Array im Vergleich zur Transition *:enter* fehlt.

Nach Beendigung der Animation würde das Element wieder schlagartig auftauchen, da es zum ursprünglichen Style zurückkehrt. Dies passiert jedoch nicht, da hier *ngIf* das Element bereits vom DOM entfernt hat.

Listing 14-21: Transition mit »ngIf«

```
trigger('button', [
    transition(':enter', [
        style({'opacity': 0}),
        animate(500,
            style({
                'opacity': 1
            })
        )
    ]),
    transition(':leave',
        animate(500,
            style({
                'opacity': 0
            })
        )
    )
])
```

Komplexe Animationen abbilden

Die Flüge werden jetzt bereits durch diverse Animationen gestützt. Im Rahmen der gezeigten Funktionen ist schon einiges möglich. Für Animationen, die ein einfaches Easing nicht mehr abbilden kann oder die eine längere Abfolge verschiedener Effekte erfordern, stellt Angular die Funktionen *keyframes*, *group* und *sequence* zur Verfügung. Um dies zu demonstrieren, erstellen wir beim Anzeigen der Flüge einen speziellen Animationsablauf und stoßen die Animation an. Dazu hängen wir an das erste *div* des *FlightCardComponent*-Templates ein weiteres *Animation*-Attribut an: *specialAnimation* (Listing 14-22).

Listing 14-22: Hinzufügen des »Animation«-Attribut »specialAnimation«

```
<div [@select]="isSelected()"

     [@hover]="hoverState"
     (mouseenter)="toggleHover()"
     (mouseleave)="toggleHover()"

     @specialAnimation
>
   [...]
</div>
```

Der Trigger erhält, wie in Listing 14-23 zu sehen ist, eine Transition *:enter*. Diese beinhaltet wiederum eine Reihe von Animationsschritten. Wie wir im vorherigen Abschnitt gezeigt haben, bekommt dazu die Funktion *transition* ein Array als zweiten Parameter, das Angular im Hintergrund der Funktion *sequence* übergibt. Darin können *style*, *animate* und *group* frei verwendet werden, um komplexe Animationsabläufe zu erstellen.

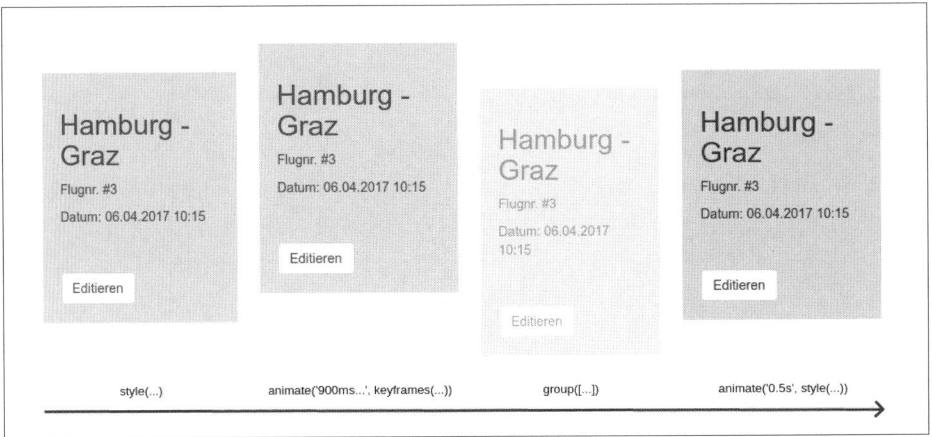

Abbildung 14-3: Definierter Animationsablauf

Wie Abbildung 14-3 zeigt, wird im Beispiel zuerst mit *style* eine Transparenz gesetzt und danach über *animate* das Flug-Item bewegt. Sobald diese Animation abgeschlossen ist, kommt *group* zum Einsatz, um *margin-top* und *margin-left* sowie die Transparenz weiter zu verändern. Zum Schluss wird das Element wieder an seine ursprüngliche Position geschoben. Jeder Schritt wird dabei erst ausgeführt, sobald der vorherige beendet ist. So lassen sich durch eine Transition längere Animationen realisieren. Die folgenden Abschnitte gehen nun auf *keyframes* und *group* genauer ein.

Listing 14-23: Komplexer Animationsablauf mit »style«, »animate« und »group«

```
trigger('specialAnimation', [

    transition(':enter',
        [
            style({'opacity': 0.9, 'margin-top': '0px', 'margin-left': '0px'}),
            animate('900ms cubic-bezier(0.215, 0.610, 0.355, 1.000)', keyframes([…])),
            group([…]),
            animate('0.5s', style({
                'margin-top': '0px',
                'margin-left': '0px'
            }))
        ]
    )

])
```

Erweiterte Effekte mit Keyframes

Der erste *animate*-Aufruf aus Listing 14-23 nutzt als zweiten Parameter *keyframes*. Listing 14-24 zeigt, wie diese Funktion eine Abfolge von Styles definiert, um damit Effekte zu erzeugen, die mit der Angabe einer einfachen Verlaufskurve nicht mehr möglich sind. Mit dem Parameter *offset* in der Funktion *style* können Sie die Verteilung der einzelnen Schritte bestimmen. Falls Sie *offset* nicht angeben, verläuft die Verteilung gleichmäßig ab. Im Beispiel ist zu sehen, dass die Funktion *key frames* auch mit einer Verlaufskurve im ersten Parameter kombiniert werden kann. Die erste Angabe von *style* sorgt hier noch für den korrekten Startpunkt von *trans form* zu Beginn der Animation.

Listing 14-24: »Animate.css«-Bounce-Effekt mit Angular

```
animate('900ms cubic-bezier(0.215, 0.610, 0.355, 1.000)', keyframes([
        style({transform: 'translate3d(0,0,0)', offset: 0}),
        style({transform: 'translate3d(0,0,0)', offset: 0.2}),
        style({transform: 'translate3d(0,-30px,0)', offset: 0.4}),
        style({transform: 'translate3d(0,-30px,0)', offset: 0.43}),
        style({transform: 'translate3d(0,0,0)', offset: 0.53}),
        style({transform: 'translate3d(0,-15px,0)', offset: 0.7}),
        style({transform: 'translate3d(0,0,0)', offset: 0.8}),
        style({transform: 'translate3d(0,-15px,0)', offset: 0.9}),
        style({transform: 'translate3d(0,0,0)', offset: 1})
    ])
)
```

Das Ergebnis dieser Konfiguration stellt den Bounce-Effekt der Library *Ani mate.css* nach. Die Seite *https://web-animations.github.io* demonstriert Animationen mit der Web Animations API. Darunter befinden sich auch die Effekte der Library *Animate.css*. Da Angular die Web Animations API nutzt, können diese und andere Effekte adaptiert werden. So wird aus der Bounce-Funktion in Listing 14-25 die gezeigte Animation mit *animate* und *keyframes*.

Listing 14-25: »Animate.css«-Bounce-Effekt mit der »Web Animations API«

```
function bounce(elem, iterations) {
    var keyframes = [
        {transform: 'translate3d(0,0,0)', offset: 0},
        {transform: 'translate3d(0,0,0)', offset: 0.2},
        {transform: 'translate3d(0,-30px,0)', offset: 0.4},
        {transform: 'translate3d(0,-30px,0)', offset: 0.43},
        {transform: 'translate3d(0,0,0)', offset: 0.53},
        {transform: 'translate3d(0,-15px,0)', offset: 0.7},
        {transform: 'translate3d(0,0,0)', offset: 0.8},
        {transform: 'translate3d(0,-15px,0)', offset: 0.9},
        {transform: 'translate3d(0,0,0)', offset: 1}];
    var timing = {duration: 900, iterations: iterations, easing: 'cubic-bezier(0.215,
0.610, 0.355, 1.000)'};
    return elem.animate(keyframes, timing);
}
```

Gleichzeitige Animationen mit Group

Nach der Konfiguration eines Bounce-Effekts ist in Listing 14-23 noch die Funktion *group* definiert. Sie ist das Gegenstück zu *sequence*. Darin enthaltene Animationen werden gleichzeitig gestartet. Wie in Listing 14-26 zu sehen ist, wird das Flug-Item mithilfe von *margin-left* und *margin-top* verschoben. Jeder CSS-Wert erhält sein eigenes Timing und Easing. Beide starten aber zur gleichen Zeit. Eine weitere Möglichkeit ist die Verschachtelung von *group* und *sequence*. Im Beispiel wird damit gleichzeitig eine Veränderung der Transparenz gestartet. Jedoch laufen die Animationen innerhalb von *sequence* wieder nacheinander ab. Diese Verschachtelung kann beliebig fortgeführt werden.

Listing 14-26: Verschachtelung mit »group« und »sequence«

```
group([
    animate('0.5s ease-out', style({
        'margin-top': '10px'
    })),
    animate('0.3s 0.2s ease-in', style({
        'margin-left': '10px'
    })),
    sequence([
        animate('1s', style({
            'opacity': '0.2'
        })),
        animate('1s', style({
            'opacity': '1'
        }))
        // Weitere Verschachtelung
        // group([
        //
        // ])
    ])
])
```

Animation-Callbacks

Die im letzten Abschnitt hinzugefügten Animationen beim Erscheinen der Flug-Items nach einer Suche dauern nun doch einige Sekunden. So kann es passieren, dass der Benutzer eventuell verleitet ist, die Suche noch mal zu betätigen, bevor die mühsam erarbeitete Animation fertig durchgelaufen ist. Um dies zu verhindern, können Sie Animation-Callbacks nutzen.

Dafür geben Sie dem Flug-Item *div* zwei weitere Parameter. Diesmal handelt es sich jedoch um keine Trigger-Definitionen, sondern um Events, die beim Start und am Ende der Animation ausgelöst werden. Der Button *Search* soll deaktiviert sein, während die Animation *specialAnimation* läuft. Dazu müssen Sie für diesen Trigger Animation-Callbacks definieren. In Listing 14-27 geschieht das durch *(@spe cialAnimation.start)* und *(@specialAnimation.done)*.

Wie auch bei anderen Events wird der Wert des Parameters dazu genutzt, um eine Methode der Klasse aufzurufen. Mitgeliefert wird das Event-Objekt *$event* vom Typ *AnimationEvent*. Es beinhaltet die Informationen *element, fromState, phase Name, toState, totalTime* und *triggerName*.

Die Attribute *element* und *triggerName* sind erst mit Version 4 von Angular verfügbar. Zudem wurde auch der Name des Interface *AnimationTransitionEvent* in *AnimationEvent* umbenannt.

Listing 14-27: Abfrage der »specialAnimation«-Callback-Funktionen

```
<div [@select]="isSelected()"

     [@hover]="hoverState"
     (mouseenter)="toggleHover()"
     (mouseleave)="toggleHover()"

     @specialAnimation
     (@specialAnimation.start)="setStatus($event)"
     (@specialAnimation.done)="setStatus($event)"
>
    [...]
</div>
```

Sobald nun die Animation *specialAnimation* startet oder diese beendet ist, wird ein Event ausgelöst. Es ruft die Methode *setStatus* in der Klasse *FlightCardComponent* auf. Wie in Listing 14-28 zu sehen ist, leitet diese Methode über das *@Ouput*-Decorator-Attribut *specialAnimationStatus* das Event an den Parent *FlightSearch Component* weiter.

Listing 14-28: Weiterleitung der Animation-Callback-Events über den »@Output«-Decorator

```
import { AnimationEvent } from '@angular/animations';
[...]
@Component({
    selector: 'flight-card',
    templateUrl: './flight-card.component.html',
    animations: ANIMATIONS
})
export class FlightCardComponent {
    [...]
    @Output() specialAnimationStatus = new EventEmitter<AnimationEvent>();
    setStatus(event) {
        this.specialAnimationStatus.emit(event);
    }
}
```

Wenn das Event im Template der Parent-Komponente *FlightSearchComponent* angekommen ist (Listing 14-29), bekommt die Methode *disableButton* das Event-Objekt über den Parameter *specialAnimationStatus*:

Listing 14-29: Aufruf von »disableButton« über »specialAnimationStatus«

```
<form #f="ngForm" novalidate round-trip>
[...]
    <div class="form-group">
        <button
            class="btn btn-primary"
            name="btnSearch"
            [disabled]="!f.valid || animationInProgress"
            (click)="search()">Search
        </button>
    </div>
</form>
<div class="row">
    <div *ngFor="let f of flights" class="col-sm-6 col-md-4 col-lg-3 ">
        <flight-card [item]="f"
                    [(selectedItem)]="selectedFlight"
                    (specialAnimationStatus)="disableButton($event)">

            ***
            <a class="btn btn-default"
               [routerLink]="['../flight-edit', f.id]">Editieren</a>

        </flight-card>
    </div>
</div>
```

In der Klasse selbst (Listing 14-30) nutzt *disableButton* nun das Event, um je nach Phase herauszufinden, ob die Animation gerade läuft oder nicht. Somit wird das Attribut *animationInProgess* auf *true* oder *false* gesetzt. Im Parameter *disabled* des HTML-Buttons *Search* wird der Ausdruck, der zuvor den Button bei Validierungsproblemen deaktiviert hat, um das Attribut *animationInProgess* erweitert.

Sobald nun eine Animation läuft, die über den Trigger *specialAnimation* konfiguriert ist, erfährt dies die *FlightSearchComponent* und deaktiviert den Button *Search*, bis die Animation beendet ist.

Listing 14-30: Methode, um den Button »Search« zu deaktivieren

```
@Component({
    selector: 'flight-search',
    templateUrl: './flight-search.component.html',
    styleUrls: ['./flight-search.component.css']
})
export class FlightSearchComponent {
    public animationInProgress = false;
    public disableButton(event: AnimationEvent): void {
        this.animationInProgress = event.phaseName === 'start';
        console.log(event);
    }
}
```

Abbildung 14-4 zeigt eine Log-Ausgabe der Events. Hier ist auch zu erkennen, dass die Animation eine Gesamtlänge von 3400 Millisekunden hat. Solche Log-Ausgaben über Animation-Callbacks können auch sehr nützlich sein, um Transitions zu definieren, da durch *fromState* und *toState* klar ersichtlich ist, was Angular im Trigger erwartet.

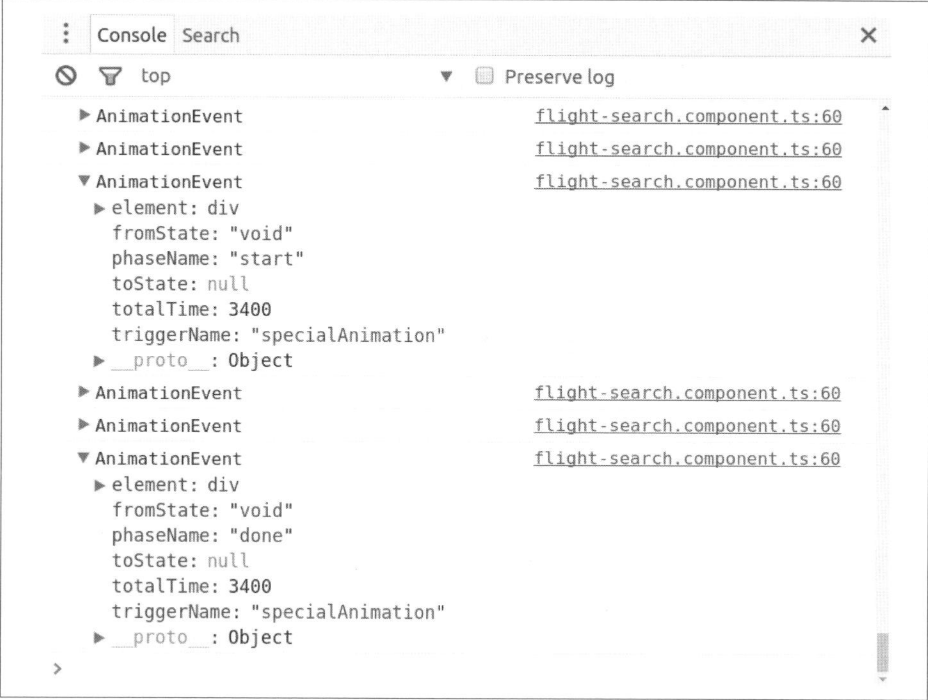

Abbildung 14-4: Log-Ausgabe des »AnimationEvent«

Touch-Gestensteuerung mit HammerJS

Die Touch-Gestensteuerung überlässt Angular der Library *HammerJS* (*http://hammerjs.github.io/*). Diese ist bereits über das Angular-Modul *BrowserModule* vorkonfiguriert und muss nur noch mit der Applikation mitgeliefert werden. Dafür installiern Sie im Projekt ein neues *npm*-Paket (Listing 14-31):

Listing 14-31: Installation von HammerJS zur Gestensteuerung

```
npm install hammerjs --save
```

In diesem Paket befindet sich die Datei *hammer.js*, die Sie integrieren müssen. Im Zuge der Beispielapplikation ohne Angular CLI wird die Library über die Datei *vendor.ts* eingebunden, wie Listing 14-32 zeigt:

Listing 14-32: Integration der HammerJS-Library in die Datei »vendor.ts«

```
import 'hammerjs';
```

Die Integration über die Angular CLI erfolgt in der Konfigurationsdatei *.angular-cli.json* (Listing 14-33):

Listing 14-33: Integration der HammerJS-Library über ».angular-cli.json«

```
{
[…]
    "apps": [
        {
            "scripts": [
                "../node_modules/hammerjs/hammer.js"
            ]
        }
    ]
}
```

Bereits jetzt sind die Touch-Gesten im Template verfügbar, ebenso wie auch *click* oder *mouseenter*.

Das Beispiel-Listing 14-34 zeigt die Nutzung der Geste *swipeleft*. Da der Button *Auswählen* des Flug-Items nur angezeigt wird, wenn die Maus über dem Item liegt, stellt die Ansicht ein Problem für die Nutzung mit reiner Touch-Bedienung dar. Um dieses Problem zu umgehen, wird der Geste *swipeleft* die Funktion *select* übergeben – so wie auch dem Button *Auswählen* selbst. Somit wird bei einer Wischbewegung von rechts nach links der Flug ausgewählt.

Listing 14-34: »swipeleft« zum Auswählen des Fluges nutzen

```
<div [@select]="isSelected()"

     [@hover]="hoverState"
     (mouseenter)="toggleHover()"
     (mouseleave)="toggleHover()"

     @specialAnimation
     (@specialAnimation.start)="setStatus($event)"
     (@specialAnimation.done)="setStatus($event)"

     (swipeleft)="select()"
>
    […]
    <div style="height:40px">
        <p>
            <input *ngIf="hoverState"
                   @button

                   type="button"
                   value="Auswählen"
                   class="btn btn-default"
                   (click)="select()"/>
        </p>
    </div>
    […]
</div>
```

Auch hier besteht die Möglichkeit, der Methode *select* das Event-Objekt *$event* zu übergeben. Damit können detaillierte Informationen über die Wischbewegung weiter genutzt werden.

Weitere Events wie *pan, pinch, press, rotate, swipe, tap* und deren Untergruppen finden Sie in der HammerJS-Dokumentation unter *http://hammerjs.github.io/getting-started/* in der Rubrik RECOGNIZERS.

Zusammenfassung

Die Web Animations API ist ein performantes Werkzeug, mit dem Sie Animationen verwirklichen können. Angular übernimmt dabei viel Konfigurationsarbeit. So können Sie sich auf das Wesentliche konzentrieren. Die Bindung zwischen Komponente und Animation über das Template lässt eine saubere Trennung der Logik zu. Dabei ist sowohl die Syntax im Template als auch die Syntax der Animationskonfiguration intuitiv und leicht verständlich. Mit Funktionen wie *state*, *transition* und *animate* lassen sich schnell Effekte aufbauen. Mit *sequence* und *group* sind auch komplexere Animationsabläufe realisierbar. Das Auslösen und Beenden dieser Animationen kann über Animation-Callbacks abgefragt und deren Event-Informationen können weiterverarbeitet werden. Mit der bereits vorkonfigurierten Library *HammerJS* ist es auch möglich, Touch-Gesten wie gewöhnliche Maus-Events zu nutzen.

KAPITEL 15

Authentifizierung und Autorisierung

Die wenigsten Geschäftsanwendungen kommen ohne Authentifizierung aus. Häufig müssen bestehende Identity-Lösungen wie Active Directory oder LDAP-Systeme integriert werden, um Single-Sign-on zu ermöglichen. In modernen Web-Anwendungen muss der Client auch das Recht erhalten, im Namen des angemeldeten Benutzers auf Services zuzugreifen. All diese Anforderungen lassen sich elegant mit Security-Tokens lösen.

In diesem Kapitel zeigen wir Ihnen, wie token-basierte Sicherheit in einer Angular-Anwendung genutzt werden kann. Dazu kommen die populären Standards *OAuth 2* und *OpenID Connect* zum Einsatz, um die in diesem Buch verwendete Demo-Anwendung in Hinblick auf Authentifizierung und Autorisierung zu erweitern.

OAuth 2 und OpenID Connect

Wer sich heutzutage mit token-basierter Sicherheit beschäftigt, kommt wohl kaum an den beiden populären Standards OAuth 2 (*https://oauth.net/2/*) und OpenID Connect (*http://openid.net/connect/*) vorbei. Sie beschreiben unter anderem, wie sich ein Benutzer bei einem verteilten System anmelden kann und wie ein Client das Recht erhält, im Namen des Benutzers Services zu konsumieren. Dazu kommt, dass diese Standards direkt auf HTTPS aufsetzen und sich somit wunderbar für leichtgewichtige Web APIs eignen.

Sowohl OAuth 2 als auch OpenID Connect müssen über HTTPS verwendet werden, um sicher zu sein. In der hier verwendeten Demo-Anwendung nehmen wir jedoch aus Gründen der Vereinfachung davon Abstand.

OAuth 2

Die erste Version von OAuth wurde 2006 von Twitter und Ma.gnolia entwickelt. Das Ziel war es, Benutzern die Möglichkeit zu geben, einen Teil ihrer Rechte an einen Client weiterzugeben, ohne das eigene Passwort mit ihm zu teilen. Somit können zum Beispiel Anwendungen das Recht erhalten, im Namen des Benutzers Services aufzurufen.

Mittlerweile wird OAuth bzw. dessen Nachfolger OAuth 2 von Größen wie Google, Facebook, Flickr, Microsoft, Salesforce.com oder Yahoo! eingesetzt. Dabei fällt auf, dass es zunehmend nicht nur zum Delegieren von Rechten (Autorisierung) sondern auch für Single-Sign-On-Szenarien (Authentifizierung) eingesetzt wird. So können sich Benutzer zum Beispiel mit ihrem Google-Konto auch bei anderen Weblösungen anmelden. In diesem Fall erhält die betroffene Weblösung das Recht, auf die Profildaten des angemeldeten Google-Benutzers zuzugreifen. Auch andere der zuvor aufgeführten Unternehmen bieten diese Möglichkeit.

Abbildung 15-1 verdeutlicht die Funktionsweise von OAuth 2 aus der Vogelperspektive. Der Client leitet den Benutzer zur Anmeldung zu einem sogenannten *Authorization Server* weiter. Diese Instanz hat Zugriff auf zentrale Benutzerkonten. Hat sich der Benutzer dort angemeldet, erhält der Client ein sogenanntes Access-Token, das ihm im Namen des Benutzers Zugriff auf Services im Backend – sogenannte *Ressource Server* – gibt.

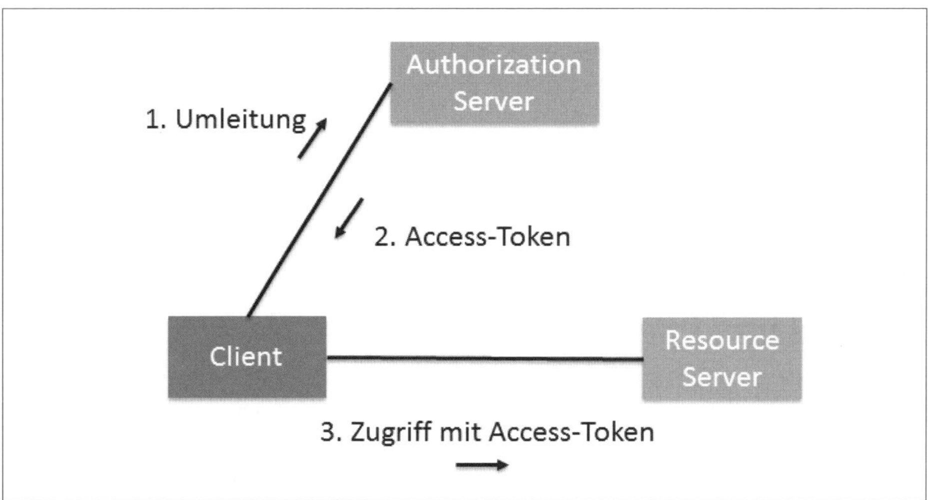

Abbildung 15-1: Die Funktionsweise von OAuth 2 aus Vogelperspektive

Ein Access-Token informiert den Resource Server unter anderem über den entsprechenden Benutzer sowie über die Rechte, die der Client im Namen des Benutzers wahrnehmen darf. Zusätzlich finden sich im Token meist auch Metadaten, wie der Aussteller, das Ausstellungsdatum oder die Gültigkeitsdauer.

Diese vom Prinzip her einfache Vorgehensweise hat mehrere Vorteile:

- Jeder Benutzer kann ein zentrales Benutzerkonto für verschiedene Clients und Services nutzen.
- Da die Anmeldung beim Authorization Server erfolgt, bekommt der Client das Passwort nicht in die Hand.
- Die Authentifizierung ist vom Client entkoppelt und lässt sich somit in bestehende Identity-Lösungen integrieren.

- Tokens erhöhen die Flexibilität. Beispielsweise könnte ein Service das Token an einen weiteren Service weiterreichen, um zu beweisen, dass er im Namen des Benutzers agiert. Zum Zugriff auf andere Sicherheitsdomänen kann der Service das Token auch gegen eines für diese Domäne tauschen.
- Die Lösung kommt ohne Cookies aus. Somit kann der Client auch auf Services zugreifen, die auf anderen Servern laufen (bzw. einen anderen Ursprung (Origin) haben). Zusätzlich schränkt der Verzicht auf Cookies bestimmte Angriffe ein.

Das Format des Access-Tokens sowie die Maßnahmen, die der Resource Server zum Validieren des Tokens unternimmt, sind Implementierungsdetails, die OAuth 2 nicht näher beschreibt. Häufig kommen digitale Signaturen zum Einsatz, damit der Ressource Server einfach prüfen kann, ob das Token von einem vertrauenswürdigen Authorization Server stammt. Alternativ dazu könnte das Token auch nur aus einer nicht vorhersehbaren ID bestehen, mit der der Ressource Server sich nochmals an den Authorization Server wendet.

Benutzer mit OpenID Connect authentifizieren

Als Ergänzung zu OAuth 2 definiert OpenID Connect (OIDC) unter anderem, wie der Client Informationen über den Benutzer bekommen kann. Diesen Aspekt deckt OAuth 2 nicht ab, und selbst das ausgestellte Token muss für den Client nicht lesbar sein. Dazu spezifiziert OIDC unter anderem ein sogenanntes ID-Token, das der Client zusätzlich zum Access-Token erhalten kann. Während das Access-Token zum Zugriff auf das Backend bestimmt ist, kann der Client aus dem ID-Token direkt Informationen über den Benutzer entnehmen (Abbildung 15-2).

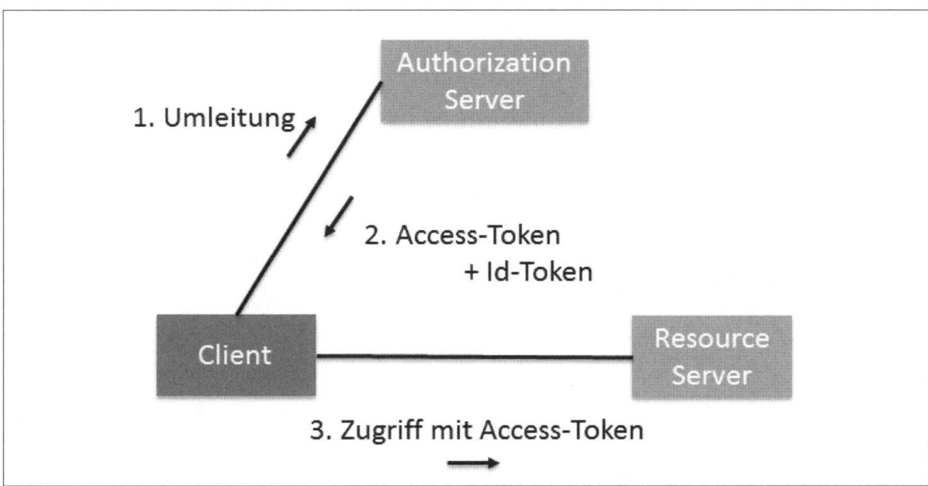

Abbildung 15-2 : Die Funktionsweise von OpenID Connect aus Vogelperspektive

Im Gegensatz zu Access-Tokens bei OAuth 2 ist der Aufbau von ID-Tokens vorgegeben. Es handelt sich dabei immer um ein *JSON Web Token* (JWT), das signiert und/oder verschlüsselt sein kann. Zusätzlich definiert OIDC einen Userinfo-Endpunkt. Dabei handelt es sich um einen Service, der dem Client weitere Informationen zum aktuellen Benutzer preisgibt, sofern dieser das erhaltene Access-Token vorweisen kann.

JSON Web Token

Beim durch OpenID Connect beschriebenen Identitäts-Token handelt es sich um ein JSON Web Token (JWT). Ein JWT beinhaltet unter anderem ein JSON-basiertes Objekt mit Claims. Dabei handelt es sich um Name/Wert-Paare, die ein Subjekt beschreiben, zum Beispiel einen Benutzer. Daneben existieren Claims, die Informationen über das Token selbst liefern, darunter den Zeitraum, in dem das Token gültig ist, oder die Audience des Tokens. Dieses Claims-Set kann der Aussteller signieren und/oder verschlüsseln. Nachfolgend findet sich ein Beispiel für ein signiertes JWT. Es besteht aus drei BASE64-codierten Abschnitten, die durch einen Punkt zu trennen sind. Zur besseren Lesbarkeit haben wir in diesem Listing Zeilenumbrüche eingefügt und den zweiten und dritten Teil unter Verwendung von Auslassungszeichen abgekürzt:

```
eyJ0eXAiOiJKV1QiLCJhbGciOiJSUzI1NiJ9
.
eyJuYmYiOjEz[...]BlbmlkInO
.
Nt5pBRqGvDFn[...]1205awFjw
```

Der erste Teil beinhaltet ein JSON-Objekt, das den Header des JWT repräsentiert. Der zweite Teil enthält das Claims-Set und der dritte Teil die Signatur. Der Header des betrachteten JWT gestaltet sich wie folgt:

```
{"typ":"JWT","alg":"RS256"}
```

Interessant ist hierbei die Eigenschaft *alg*, die den Algorithmus widerspiegelt, der zur Erstellung der Signatur verwendet wurde. *RS256* bedeutet, dass der Aussteller aus dem zu signierenden Claims-Set mit *SHA-256* einen Hash-Wert errechnet und für diesen anschließend mit RSA eine digitale Signatur erstellt hat. Da es sich bei RSA um ein asymmetrisches Verfahren handelt, hat der Aussteller zum Signieren einen privaten Schlüssel verwendet. Ob die Signatur korrekt ist, kann nun jeder mit einem öffentlichen Schlüssel prüfen.

Das folgende Listing zeigt das Claims-Set, das sich im zweiten Teil des JWT befindet:

```
{
    "nbf":1388357979,
    "exp":1388444379,
    "aud":[
        "http://service",
        "http://partner-authsvc",
        "http://myClient"],
    "iss":"http://authsvc",
    "sub":"3ca4ccc8",
```

```
    "name":"Manfred Steyer",
    "role":"Manager",
    "company":"ACME"
}
```

Die Claims *nbf* (*Not Before*) und *exp* (*Expiration Time*), die einen UNIX-Timestamp (Sekunden seit dem 1.1.1970, 0 Uhr GMT) beinhalten, geben die Zeitspanne an, in der das Token gültig ist. Die Audience des Tokens findet sich im Claim *aud*. Es handelt sich dabei um ein JSON-Array mit den einzelnen Parteien, für die das Token ausgestellt wurde. Wird ein JWT nur für eine Partei ausgestellt, kann dieses Claim auch nur aus einem String mit dem Bezeichner dieser Partei bestehen. Der Aussteller des Tokens findet sich im Claim *iss* (Issuer) wieder, und das Claim *sub* repräsentiert das Subjekt, das durch das vorliegende Claims-Set beschrieben wird. Im betrachteten Fall handelt es sich hierbei um eine Benutzer-ID. Die restlichen Claims beinhalten den Namen (name), die Firma (company) und die Rolle (role) des beschriebenen Benutzers.

Während sich Aussteller und Konsumenten von Claims bilateral auf die zu verwendenden Claim-Namen einigen können, ist es sinnvoll, zu prüfen, ob es für den gewünschten Zweck bereits offiziell definierte Namen gibt, um Kollisionen sowie Missverständnisse zu vermeiden. Eine gute erste Anlaufstelle dafür ist die OpenID-Connect-Spezifikation (*http://openid.net/connect*). Darüber hinaus kann der Aussteller auch öffentliche Bezeichner, zum Beispiel URLs, als Namen für Claims heranziehen.

OAuth 2- und OIDC-Flows

Für verschiedene Anwendungsfälle definieren OAuth 2 und OIDC sogenannte Flows. Diese legen fest, welche Nachrichten auszutauschen sind, damit der Client die erwähnten Tokens erhält. Für Single Page Applications kommen zwei Flows infrage: der *Implicit Flow* sowie der sogenannte *Resource Owner Password Credentials Flow*. Letzterer ist zwar nur durch OAuth 2 definiert, schließt jedoch den zusätzlichen Einsatz von OIDC nicht aus.

Implicit Flow

Wie wir in der eingangs präsentierten Übersicht gezeigt haben, sendet beim Implicit Flow der Client eine Autorisierungsanfrage an den Authorization Server. Dieser fordert auf einer eigenen Seite, die sich unter seiner Kontrolle befindet, den Benutzer zur Authentifizierung auf (Abbildung 15-3). Nach Eingabe der Zugangsdaten bestätigt der Benutzer, dass die vom Client angeforderten Rechte an diesen zu übertragen sind. Danach erfolgt eine Umleitung zurück zum Client, im Zuge derer auch ein ID-Token (Benutzerinformation) sowie ein optionales Access-Token (Zugangsrechte) übermittelt werden. Der Client prüft das ID-Token (JWT) auf Plausibilität bzw. Gültigkeit. Mit dem Access-Token können schließlich abgesicherte Bereiche und Ressourcen einer Web-API konsumiert werden.

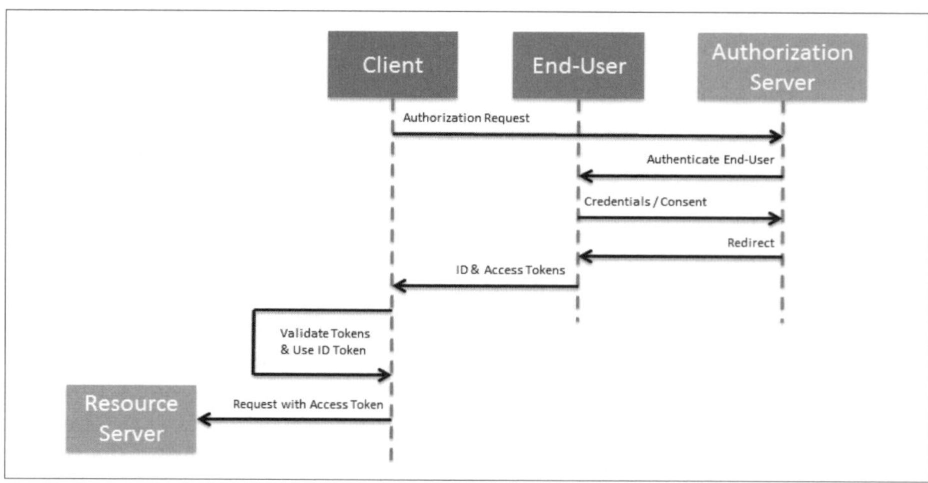

Abbildung 15-3: Implicit Flow

Resource Owner Password Credentials Flow

Der *Resource Owner Password Credentials Flow* ist Teil der in OAuth2 definierten Flows und wird in der OIDC-Spezifikation nicht explizit erwähnt. Da dieser Flow streng genommen die Grundidee von OAuth2 untergräbt – nämlich Clients keinerlei Zugangsinformationen von Benutzern offenzulegen –, sollte er ausschließlich dann zum Einsatz kommen, wenn ein starkes Vertrauensverhältnis zwischen Benutzern und Clients vorherrscht. Anders als beim Implicit Flow geben Benutzer in diesem Fall ihre Zugangsinformationen direkt dem Client preis, der an den Authorization Server delegiert. Im Zuge dessen erfolgt die Authentifizierung und Autorisierung von Benutzern (Abbildung 15-4). Eine Umleitung auf den Authorization Server und das damit verbundene Verlassen der Single Page Application sind hier somit nicht notwendig.

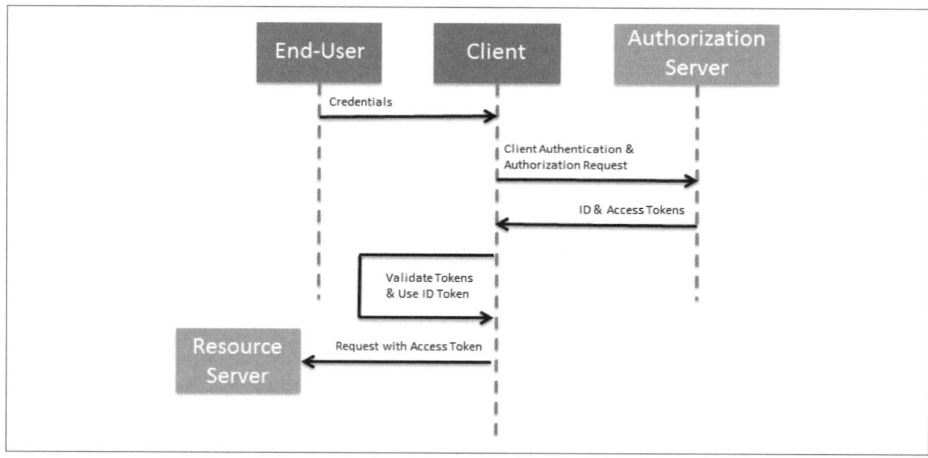

Abbildung 15-4: Resource Owner Password Credentials Flow

Angular konfigurieren

Um den Einsatz der beiden vorgestellten Flows zu demonstrieren, bietet die hier genutzte Angular-Anwendung auch zwei Arten der Anmeldung (Abbildung 15-5). Der Benutzer kann sich zur Anmeldung somit entweder zum Authorization Server umleiten lassen oder dem Client sein Passwort direkt anvertrauen.

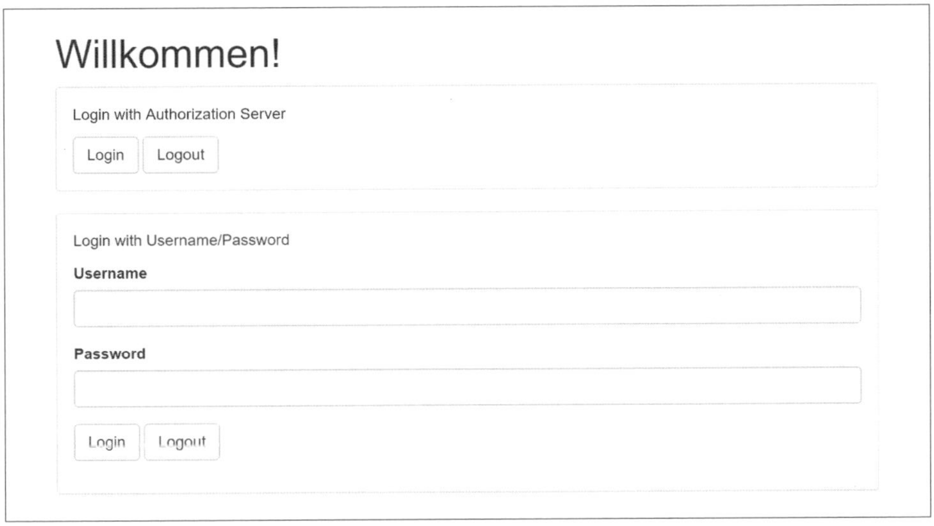

Willkommen!

Login with Authorization Server

Login Logout

Login with Username/Password

Username

Password

Login Logout

Abbildung 15-5: Login-Maske der Anwendung

OAuth2-Bibliothek einrichten und konfigurieren

Für die clientseitige Umsetzung der beiden Flows nutzt der Client die Bibliothek *angular-oauth2-oidc* (*https://www.npmjs.com/package/angular-oauth2-oidc*), die ihr Autor über *npm* zur Verfügung gestellt hat:

```
npm install angular-oauth2-oidc --save
```

Um die Bibliothek nach dem Herunterladen der Angular-Anwendung bekannt zu machen, müssen Sie das *OAuthModule* Root-Module importieren (Listing 15-1):

Listing 15-1: »OAuthModule« referenzieren

```
import { OAuthModule } from 'angular-oauth2-oidc';

@NgModule({
    imports: [
        [...]
        OAuthModule.forRoot()
    ],
   [...]
})
export class AppModule {
}
```

Danach müssen Sie die Bibliothek mit Eckdaten zum registrierten Client sowie zum Authorization Server registrieren. Die hier betrachtete Implementierung übernimmt diese Aufgabe im Konstruktor der *AppComponent*. Dazu lässt sie sich den *OAuthService* injizieren und hinterlegt die benötigten Informationen in ihren Eigenschaften (Listing 15-2):

Listing 15-2: Die Bibliothek konfigurieren

```
import { Component } from '@angular/core';
import { OAuthService } from 'angular-oauth2-oidc';

@Component({
    selector: 'flight-app',
    templateUrl: './app.component.html'
})
export class AppComponent {

    constructor(private oauthService: OAuthService) {

        // Für den Client registrierte ID
        this.oauthService.clientId = 'spa-demo';

        // URL des Angular-Clients, an die das Token zu senden ist
        this.oauthService.redirectUri = window.location.origin + '/index.html';

        // Name/URL des Authorization Servers
        this.oauthService.issuer =
           'https://steyer-identity-server.azurewebsites.net/identity';

        // Rechte, die der Client wahrnehmen möchte
        this.oauthService.scope = 'openid profile email voucher ';

        // Definieren, dass auch ein ID-Token abgerufen werden soll
        this.oauthService.oidc = true;

        // Festlegen, ob Tokens im localStorage
        // oder im sessionStorage zu speichern sind
        this.oauthService.setStorage(sessionStorage);

        // Verwendeter AuthService erzwingt
        // Client Secret Password Flow :-(
        this.oauthService.dummyClientSecret = 'geheim';

        this.oauthService.loadDiscoveryDocument().then((doc) => {

            // Eventuelle Tokens aus der URL entnehmen
            this.oauthService.tryLogin({});

        });
    }
}
```

Zu diesen Informationen gehören die ID des Clients sowie dessen URL, an die die Tokens beim Implicit Flow zu senden sind. Aus Sicherheitsgründen müssen diese beiden Informationen im Vorfeld beim Authorization Server registriert werden.

Auf diese Weise stellt er sicher, dass tatsächlich der Client mit der angegebenen ID und somit jener Client, für den sich der Benutzer anmeldet, die Tokens erhält.

Der Scope repräsentiert die einzelnen Berechtigungen, die der Client im Namen des Benutzers durchführen möchte. Die ersten drei hier definierten Werte stammen aus der Welt von OpenID Connect. Sie erlauben Zugriff auf die Benutzer-ID (*openid*), auf Profilinformationen wie Vorname und Nachname (*profile*) und auf die E-Mail-Adresse (*email*) des Benutzers. Der vierte Scope (*voucher*), der im Authorization Server zu definieren ist, ist use-case-spezifisch und ermöglicht Zugriff auf die Web-API.

Weitere Eckdaten bezieht der Client über das Discovery Document, das der Authorization Server bereitstellt. Dabei handelt es sich um ein durch OpenID Connect definiertes JSON-Dokument, das unter anderem die einzelnen Endpunkte zum Anfordern von Tokens oder Benutzerinformationen widerspiegelt. Per Definition findet sich dieses unter jener URL, die sich ergibt, wenn man an die URL des Authorization Servers die Segmente *.well-known/openid-configuration* anhängt. In Fällen, in denen der Authorization Server Ihrer Wahl kein solches Dokument anbietet, nimmt die Bibliothek die einzelnen Einstellungen auch über Eigenschaften entgegen. Informationen dazu finden sich in der Dokumentation (*https://www.npmjs.com/package/angular-oauth2-oidc*).

Der Aufruf von *tryLogin* prüft gleich zu Programmstart, ob sich in der URL Tokens befinden. Dies ist der Fall, wenn der Authorization Server den Benutzer am Ende des Implicit Flows wieder zur Anwendung umleitet. Sind Tokens vorhanden, entnimmt *tryLogin* diese aus der URL und validiert sie. Anschließend verstaut der OAuthService die extrahierten Tokens im konfigurierten Storage. Entsprechend der betrachteten Konfiguration kommt hierzu der *sessionStorage* zum Einsatz, der Daten für die Dauer eine Benutzersitzung vorhält.

Login mit Implicit Flow

Ist die Bibliothek konfiguriert, gestaltet sich die weitere Vorgehensweise sehr einfach. Um den Implicit Flow anzustoßen, müssen Sie lediglich die Methode *initIm plicitFlow* beim OAuthService aufrufen. Die hier betrachtete Demo-Anwendung kapselt diese Aufrufe in einem anwendungsspezifischen *AdvanceAuthService*. Er ersetzt den *SimpleAuthService*, den wie in Kapitel 8 vorgestellt haben, und implementiert deswegen auch das Interface *AuthService* (Listing 15-3):

Listing 15-3: Login mit Implicit Flow

```
import { Injectable } from '@angular/core';
import { AuthService } from './auth.service';
import { OAuthService } from 'angular-oauth2-oidc';

@Injectable()
export class AdvancedAuthService implements AuthService {

    constructor(private oauthService: OAuthService) {
    }
```

```
    public login(): void {
        this.oauthService.clientId = 'spa-demo';

        this.oauthService.initImplicitFlow();
    }

    public logout(): void {
        this.oauthService.logOut();
    }

    public get isLoggedIn(): boolean {
        return this.oauthService.hasValidAccessToken();
    }

    public get userName(): string {
        let claims = this.oauthService.getIdentityClaims();
        if (!claims) {
            return null;
        }
        return claims.given_name;
    }

}
```

Für das Abmelden steht eine Methode *logOut* zur Verfügung. Sie löscht die im Storage hinterlegten Tokens und leitet den Benutzer zu einer Logout-URL des Authorization Servers um. Auf diese Weise erfährt auch der Authorization Server, dass sich der Benutzer abgemeldet hat.

Um Informationen über den Benutzer in Erfahrung zu bringen, ruft der Client die Methode *getIdentityClaims* auf. Diese beinhaltet die Claims aus dem ID-Token, die durch OpenID Connect definiert sind. Bei Bedarf lassen sich zusätzliche Claims beim Authorization Server registrieren.

Login mit Resource Owner Password Credentials Flow

Über den *Resource Owner Password Credentials Flow* lässt sich ähnlich einfach ein Access Token beziehen. Die Bibliothek *angular-oauth2-oidc* stellt hierzu die Methode *fetchTokenUsingPasswordFlowAndLoadUserProfile* zur Verfügung. Auch diese ruft die hier betrachtete Implementierung in einem anwendungsspezifischen *AdvancedAuthService* auf (Listing 15-4).

Listing 15-4: Login mit dem Resource Owner Password Credentials Flow

```
import { Injectable } from '@angular/core';
import { AuthService } from './auth.service';
import { OAuthService } from 'angular-oauth2-oidc';

@Injectable()
export class AdvancedAuthService implements AuthService {

    constructor(private oauthService: OAuthService) {
```

```
    }

    loginWithPassword(userName: string, password: string): Promise<any> {
        this.oauthService.clientId = 'demo-resource-owner';

        return this
                .oauthService
                .fetchTokenUsingPasswordFlowAndLoadUserProfile(userName, password);
    }

    [...]

}
```

Wie der Name vermuten lässt, kümmert sie sich um zwei Dinge: Zum einen tauscht sie Benutzername und Passwort gegen ein Access-Token ein, und zum anderen ruft sie Daten über den Benutzer ab. Für Letzteres kommt der durch OpenID Connect definierte Userinfo-Endpunkt zum Einsatz. Das explizite Abfragen dieser Daten ist notwendig, da die Spezifikationen beim Einsatz des Resource Owner Password Credentials Flows kein ID-Token vorsehen. Das erhaltene Access-Token kommt zur Authentifizierung beim Userinfo-Endpunkt zum Einsatz. Die Informationen, die die Methode bekommt, behandelt die Bibliothek wie jene aus dem ID-Token und stellt sie auch über die oben besprochene Methode *getIdentityClaims* zur Verfügung.

Zugriff auf die Web-API mit Access Token

Auch der Zugriff auf die Web-API gestaltet sich einfach. Hierzu müssen Sie lediglich das Access-Token über den Authorization-Header in der Form

```
Authorization: Bearer ...Token...
```

an den Server senden (Listing 15-5):

Listing 15-5: Das Access-Token senden

```
@Injectable()
export class FlightService {

    constructor(
        private oauthService: OAuthService,
        private http: Http,
        @Inject(BASE_URL) private baseUrl: string
    ) {
    }

    public flights: Array<Flight> = [];

    find(from: string, to: string): void {

        let url = this.baseUrl + "/api/flight";

        let headers = new Headers();
        headers.set('Accept', 'application/json');
```

```
        headers.set('Authorization', 'Bearer ' +
                                    this.oauthService.getAccessToken());

        let search = new URLSearchParams();
        search.set('from', from);
        search.set('to', to);

        this
            .http
            .get(url, {headers, search})
            .map(resp => resp.json())
            .subscribe(
                (flights) => {
                    this.flights = flights;
                },
                (err) => {
                    console.warn('status', err.status);
                }
            );
    }

}
```

Wichtig ist es hier auch, dass Ihr Code auf einen eventuellen Fehler reagiert, den die Web-API zurückmeldet. Das betrachtete Listing deutet das an, indem es den Fehlercode ausgibt. Besonders die Fehler 401 (*Unauthorized*) und 403 (*Forbidden*) sind im Fall der Zugriffskontrolle zu beachten.

Der Fehler 401 gibt darüber Auskunft, dass der aktuelle Benutzer nicht bekannt ist, und der Fehler 403 informiert darüber, dass der Benutzer nicht die nötigen Berechtigungen aufweist. War der Benutzer zuvor bereits angemeldet, könnten diese Fehler darauf hinweisen, dass das Token nicht mehr gültig und die Benutzersitzung abgelaufen ist. In beiden Fällen könnte man den Benutzer – zum Beispiel mit dem Router von Angular – auf die Login-Seite umleiten und dort eine entsprechende Information ausgeben.

Damit die Anwendung prüfen kann, ob (noch) gültige Token vorliegen, stellt der OAuthService die Methoden *hasValidIdToken* und *hasValidAccessToken* zur Verfügung. Im Zuge des Routings könnte die Anwendung mit einem sogenannten Guard prüfen, ob der Benutzer geschützte Bereiche der Anwendung nutzen darf. Informationen dazu finden Sie in Kapitel 8.

Zusammenfassung

Die Standards OAuth2 und OpenID Connect definieren, wie eine Anwendung zu Security-Token kommt. Sogenannte ID-Tokens beschreiben für die Anwendung, welcher Benutzer gerade vor dem Bildschirm sitzt, und Access-Tokens geben dem Client Zugriff auf das Backend. Durch den Einsatz dieser Standards können Sie flexible Security-Szenarien für moderne Single Page Applications umsetzen und externe Identity-Lösungen einbinden.

KAPITEL 16

Redux mit @ngrx/store

Das aus der Welt von *React* bekannte Muster *Redux* verwaltet den gesamten Anwendungszustand in einer zentralen Datenstruktur. Dies verringert die Komplexität aufwendiger GUIs und führt zu mehr Nachvollziehbarkeit. Mit *@ngrx/store* steht eine Implementierung dieses Musters für Angular zur Verfügung.

Motivation

In Angular-Anwendungen ist es seit jeher gute Praxis, den Zustand der einzelnen Ansichten in Services zu verwalten. Somit können verschiedene Bereiche der Anwendung darauf zugreifen. Außerdem bleiben die in Services hinterlegten Informationen erhalten, auch wenn der Benutzer die aktuelle Ansicht verlässt.

Obwohl dieser Ansatz zunächst vernünftig klingt, führt er zu einer gesteigerten Komplexität und schränkt somit die Nachvollziehbarkeit der Anwendung ein. Abbildung 16-1 veranschaulicht dieses Dilemma. Hier hat jeder Teil der Anwendung direkten Zugriff auf den gesamten Zustand der Anwendung, der auf verschiedene Services verteilt wurde. Somit ist es schwer nachzuvollziehen, warum bestimmte Zustandsänderungen eingetreten sind. Durch die Verteilung des Zustandes ergibt sich darüber hinaus die Gefahr, dass dieser redundant in verschiedenen Bereichen der Anwendung vorliegt. Berücksichtigt die Anwendung nicht ständig sämtliche Redundanzen, sind Inkonsistenzen vorprogrammiert.

Der aus der Welt von React kommende Ansatz Redux verspricht hier Abhilfe, indem er ein zentrales und kontrolliertes Verwalten des gesamten Anwendungszustandes vorsieht. Im folgenden Abschnitt stellen wir Ihnen diesen Ansatz vor dem Hintergrund von Angular vor. Dazu gehen wir auch auf die Redux-Implementierung *@ngrx/store* ein. Im zweiten Abschnitt veranschaulichen wir die Nutzung von *@ngrx/store* anhand eines durchgängigen Beispiels.

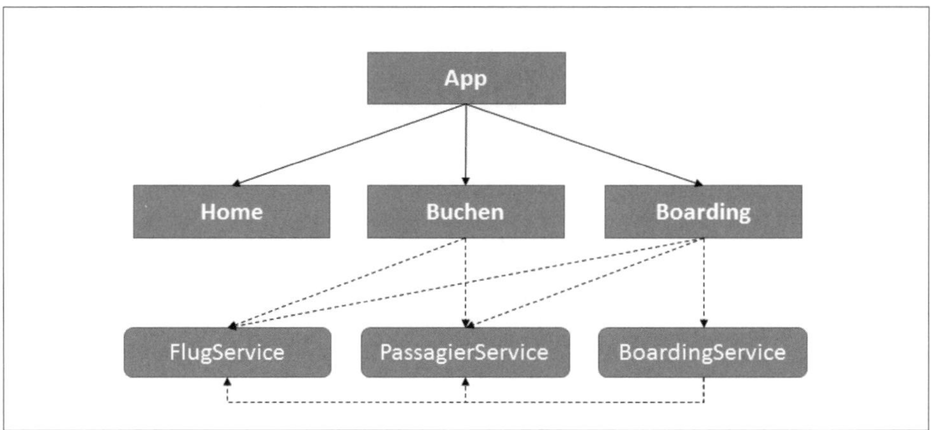

Abbildung 16-1: Verworrene Anwendungsstruktur

Redux

Um die eingangs beschriebene Problemstellung zu lösen, sieht Redux die Verwaltung des gesamten Anwendungszustandes in einem einzigen baumförmigen Objektgraphen vor. Diese zentrale Datenstruktur nennt man einen *Single Immutable State Tree*. Wie der Name schon vermuten lässt, handelt es sich dabei um eine nicht veränderbare („immutable") Datenstruktur. Das bedeutet, dass die Anwendung die gesamte Datenstruktur durch eine neue ersetzen muss, wenn es zu Änderungen kommt.

Dieser von funktionalen Sprachen bekannte Ansatz bringt einige Vorteile mit sich. Beispielsweise kann ein Framework wie Angular solche Strukturen einfacher auf Änderungen hin überwachen. Dazu ist lediglich zu prüfen, ob sich die Struktur als Ganzes geändert hat. Eine Änderungsverfolgung auf der Ebene der einzelnen Eigenschaften und untergeordneten Objekte ist nicht notwendig, da diese ohnehin nicht veränderbar sind. Aber auch ein Zurückkehren zu vorherigen Zuständen („undo") sowie ein Protokollieren einzelner Zwischenzustände ist beim Einsatz von unveränderbaren Strukturen für die Anwendung einfacher zu realisieren.

Wie Abbildung 16-2 veranschaulicht, verwaltet beim Einsatz von Redux ein sogenannter *Store* den Single Immutable State Tree. Dabei handelt es sich aus Sicht von Angular um einen Service, der auf kontrollierte Weise Zugriff auf den Anwendungszustand gewährt. Er gibt jedem Anwendungsteil lesenden Zugriff auf den Zustand.

Um den Zustand zu verändern, senden die einzelnen Komponenten Aktionen (*Actions*) an den Store. Das sind Objekte, die die gewünschte Änderung beschreiben. Diese Aktionen verteilt der Store an sogenannte *Reducer*. Hierbei handelt es sich um Funktionen, die für einen Teilbaum des State Trees verantwortlich sind und diesen in Hinblick auf die empfangenen Aktionen gegen eine aktualisierte Version tauschen.

Die Anwendung kann für jeden Teilbaum auf der obersten Hierarchieebene einen Reducer registrieren. Somit bietet es sich an, dass diese Teilbäume jeweils einen bestimmten Bereich der Anwendung widerspiegeln. Der Store sendet alle empfangenen Aktionen an sämtliche Reducer weiter. Diese entscheiden dann, ob bzw. auf welche Weise sie diese abarbeiten.

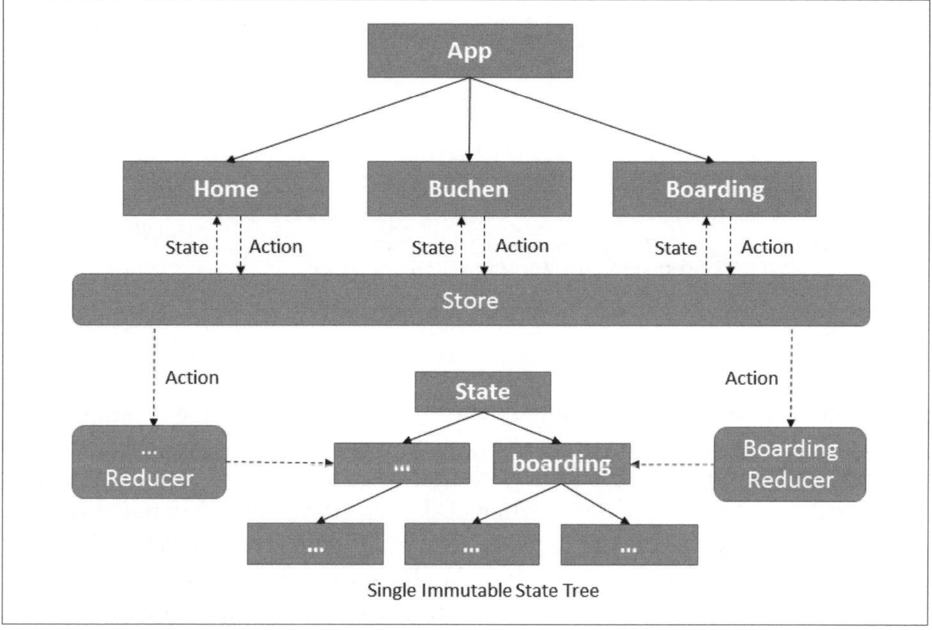

Abbildung 16-2: Redux-basierte Anwendungsarchitektur

Per Definition nimmt ein Reducer seinen Teilbaum sowie die empfangene Aktion entgegen und liefert anschließend einen neuen Teilbaum zurück, der den neuen Zustand repräsentiert. Es handelt sich dabei um eine sogenannte *pure Funktion*. Das sind Funktionen, deren Rückgabewerte einzig und allein von den übergebenen Parametern abhängen und keine Seiteneffekte auslösen. Die Berücksichtigung von anderen Objekten ist nicht erlaubt. Auf diese Weise gestalten sich Funktionen nachvollziehbar und können einfacher automatisiert getestet werden.

Überblick über @ngrx/store

Mit der Bibliothek *@ngrx/store* (*https://github.com/ngrx/store*) existiert eine Umsetzung der Idee hinter Redux für Angular. Sie wurde federführend von einem Mitglied des Angular-Teams entwickelt und genießt somit den Stellenwert eines De-facto-Standards. Sie bietet der Anwendung für einzelne Teile des State Trees sogenannte *Observables* an. Dabei handelt es sich um Objekte, die bei Zustandsänderungen Nachrichten veröffentlichen. Angular ist in der Lage, mit Observables die Performance von Ansichten drastisch zu beschleunigen. Das liegt daran, dass es Observables nicht auf Änderungen überwachen muss. Stattdessen muss das JavaScript-

Framework lediglich warten, bis die Observables es über eine Änderung informieren und daraufhin die Ansicht aktualisieren. Daneben bietet Angular auch Performanceoptimierung für die Arbeit mit unveränderbaren Datenstrukturen, wie dem vom Store verwalteten Single Immutable State Tree (vgl. Kapitel 12).

Für Funktionen, die als Reducer fungieren sollen, stellt *@ngrx/store* den Typ *Reducer<T>* zur Verfügung. Den Typparameter *T* müssen Sie dabei durch den Typ ersetzen, der den betroffenen Teilbaum des Immutable State Trees repräsentiert (Listing 16-1):

Listing 16-1: Schema eines Reducers

```
export const boardingReducer: Reducer<BoardingState> = (state: BoardingState,
action:Action) => {
    switch (action.type) {
        case AKTION1: return action1(state, action.payload);
        case AKTION2: return action2(state, action.payload);
        default: return state;
    }
}
```

Diese Funktionen nehmen den aktuellen Zustand sowie das Aktions-Objekt entgegen und liefern einen neuen Zustand zurück. Das betrachtete Beispiel führt dazu in Abhängigkeit vom empfangenen Aktions-Objekt eine Operation aus. Das Aktions-Objekt hat zwei Eigenschaften: Der Typ (*type*) identifiziert die Aktion. Dabei handelt es sich lediglich um einen String. Die Payload (*payload*) beinhaltet hingegen die von der Aktion benötigten Parameter. Um Missverständnisse zu vermeiden, bietet es sich an, die einzelnen Aktionstypen über Konstanten zu definieren:

```
export const AKTION1 = 'AKTION1';
export const AKTION2 = 'AKTION2';
```

Damit der Store den einzelnen Komponenten und Services zur Verfügung steht, müssen Sie das Angular-Modul *StoreModule* in die Anwendung aufnehmen (Listing 16-2):

Listing 16-2: Referenzieren des »StoreModule«

```
import { StoreModule } from '@ngrx/store';
[...]
@NgModule({
    imports: [
        BrowserModule,
        HttpModule,
        [...]
        StoreModule.provideStore(
            { boarding: boardingReducer },
            { boarding: initialBoardingState }),
    ],
    [...]
})
export class AppModule {
}
```

Beim ersten Parameter von *provideStore* handelt es sich um ein Objekt mit einem Reducer für jeden Zweig der ersten Hierarchieebene des State Trees. Die Eigenschaften dieses Objekts müssen die Namen dieser Zweige aufweisen. Der zweite Parameter verweist auf die Initial-Version des gesamten State Trees.

Einzelne Komponenten und Services können sich den so registrierten Store in weiterer Folge injizieren lassen:

```
export class BoardingComponent {
    constructor(private store: Store<AppState>) {
        [...]
    }
    [...]
}
```

Über den Store erlangen sie Zugriff auf den State Tree. Dieser bietet beispielsweise mit der Funktion *select* Observables für die benötigten Teile des Zustandes an:

```
this.buchungen = this.store.select(s => s.boarding.buchungen);
```

Komponenten und Services können sich mithilfe der Methoden dieser Observables über Änderungen informieren lassen. Darüber hinaus können Komponenten Observables direkt im Rahmen der Datenbindung nutzen. Dazu kommt die Pipe *async* zum Einsatz:

```
<tr *ngFor="let b of buchungen | async">
    <td>{{b.name}}</td>
    [...]
</tr>
```

Diese Pipe führt auch zu einer Aktualisierung der Datenbindung, wenn sich der dahinter stehende Wert ändert. Zum Verändern des Zustands nutzt die Anwendung hingegen die Methode *dispatch*. Diese nimmt ein Aktions-Objekt entgegen und bringt die dazugehörigen Aktionen innerhalb der Dispatcher im Store zur Ausführung:

```
this.store.dispatch({ type: AKTION1, payload: someData });
```

Fallbeispiel

Nachdem wir in den vorigen Abschnitten den Nutzen des Redux-Ansatzes erklärt und die Bibliothek *@ngrx/store* vorgestellt haben, veranschaulichen wir im Rest des Kapitels seine Nutzung anhand eines Fallbeispiels zum Verwalten von Flugbuchungen (Abbildung 16-3). Pro Buchung herrscht einer von drei Zuständen vor: *Gebucht*, *Checked in* oder *Boarded*. Das Beispiel präsentiert den Zustand pro Buchung und erstellt eine Zusammenfassung am Beginn der Seite. Diese Zusammenfassung zeigt, wie viele Buchungen pro Zustand vorliegen.

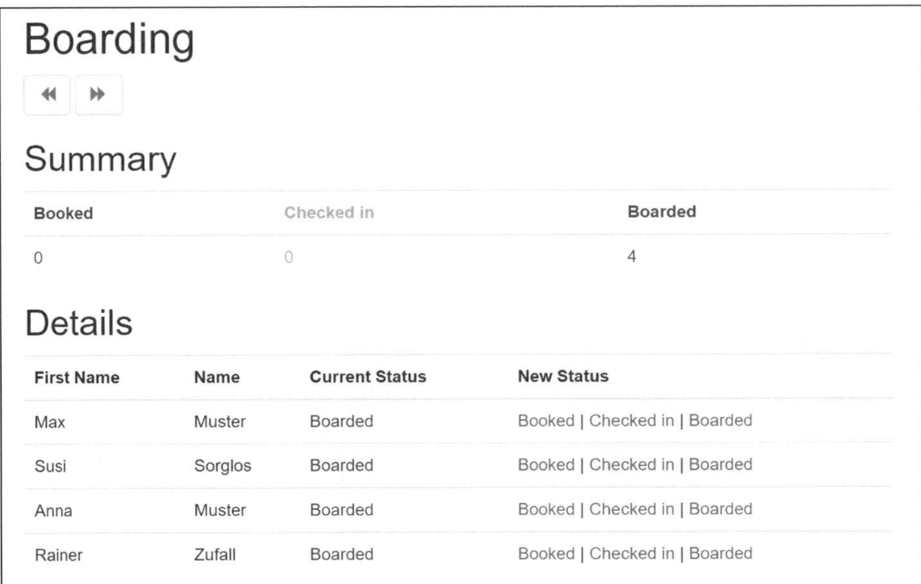

Abbildung 16-3: Fallbeispiel mit Flugbuchungen

Single Immutable State Tree

Das Muster *redux* sieht den Einsatz einer zentralen Datenstruktur vor, die den gesamten Zustand der Anwendung verwaltet. Diesen sogenannten *Single Immutable State Tree* beschreibt das Fallbeispiel über das Interface *AppState*:

```
export interface AppState {
    boarding: BoardingState;

    // ... hier könnten Eigenschaften für weitere Teile der Anwendung definiert werden ...
}
```

Für den hier betrachteten Anwendungsfall gibt das Interface die Eigenschaft *boarding* vor, die einen Ast des Baums repräsentiert. Für weitere Anwendungsfälle könnte der Entwickler zusätzliche Eigenschaften einführen. Das Interface *BoardingState* beschreibt den Aufbau des betrachteten Astes. Es definiert, dass neben den abgerufenen Buchungen auch eine Statistik zu verwalten ist (Listing 16-3).

Listing 16-3: Zustand für Anwendung

```
export interface BoardingState {
    bookings: Array<any>,
    statistics: BoardingStatistic;
}

export interface BoardingStatistic {
    countBoarded: number;
    countCheckedIn: number;
    countBooked: number;
}
```

Reducer

Zum Verwalten des Zustandes weist die Demo-Anwendung einen Reducer auf. Dieser befindet sich im TypeScript-Modul *boarding.reducer* (siehe Listing 16-5), das sich unter anderem auf Typen der Bibliothek *@ngrx/store* stützt. Wie im Angular-Umfeld üblich, steht diese Bibliothek via *npm* zur Verfügung:

```
npm install @ngrx/store --save
```

Die Anwendug definiert den initialen Zustand für den verwalteten Anwendungsbereich in Form eines Objekts, das sich am Interface *BoardingState* orientiert (Listing 16-4):

Listing 16-4: Initialer Anwendungszustand

```
import {BoardingState} from './boarding.state';

export var initialBoardingState: BoardingState = {
    bookings: [],
    message: "",
    statistik: {
        countBoarded: 0,
        countBooked: 0,
        countCheckedIn: 0
    }
};
```

Danach richtet das Modul *boarding.reducer* den Reducer ein. Dieser ist lediglich eine Funktion, deren Signatur das Interface *Reducer<T>* vorgibt. Den Typparameter *T* müssen Sie dabei durch den Typ ersetzen, der den betroffenen Teilbaum des Immutable State Trees repräsentiert. Somit kommt hier ein *Reducer<BoardingState>* zum Einsatz (Listing 16-5):

Listing 16-5: Reducer

```
import {Reducer, Action} from '@ngrx/store';

export const BOOKINGS_LOADED = 'BOOKINGS_LOADED';
export const BOOKING_STATE_CHANGED = 'BOOKING_STATE_CHANGED';

export const boardingReducer: ActionReducer<BoardingState> = (state: BoardingState,
action:Action) => {
    switch (action.type) {
        case BOOKINGS_LOADED: return bookingsLoaded(state, action.payload);
        case BOOKING_STATE_CHANGED: return bookingStateChanged(state, action.payload);
        default: return state;
    }
}
```

Der Reducer nimmt den aktuellen Zustand vom Typ *BoardingState* sowie eine Aktion vom Typ *Action* entgegen und liefert einen neuen Zustand zurück, der ebenfalls vom Typ *BoardingState* ist. Die Action besteht aus zwei Eigenschaften: Der Typ (*type*) zeigt, um welche Aktion es sich handelt, und nutzt dazu eine der eingangs eingerichteten Konstanten. Diese Information könnte man mit dem

Namen einer aufzurufenden Funktion vergleichen. Die Payload (*payload*) ist hingegen ein Objekt, das die übergebenen Parameter repräsentiert.

Die Aktion *BOOKINGS_LOADED* verstaut geladene Buchungen im Store. *BOOKING_STATE_CHANGED* nimmt hingegen eine Buchung mit einem geänderten Zustand entgegen und aktualisiert dahingehend den Immutable State Tree.

Damit der Reducer nicht unübersichtlich wird, besteht er lediglich aus einem *switch*, das abhängig vom übergebenen Aktions-Typ eine passende Funktion anstößt. Diese bekommt den aktuellen Zustand und die Payload übergeben.

Für die Aktion *BOOKINGS_LOADED* kommt die folgende Funktion zur Ausführung (Listing 16-6):

Listing 16-6: Hilfsmethode für Reducer

```
function bookingsLoaded(state: BoardingState, bookings): BoardingState {

    return {
        message : "",
        bookings: bookings,
        statistics: calcStatistic(bookings)
    };

}
```

Diese Funktion erzeugt unter Verwendung der übergebenen Buchungen einen neuen *BoardingState*. Die Statistiken zu diesem abgerufenen Array mit Buchungen berechnet die Hilfsmethode *calcStatistic* (die wir aus Platzgründen hier nicht abbilden). Die Erzeugung eines neuen Zustandsobjekts ist notwendig, da *Redux* – wie im vorangegangenen ersten Teil besprochen – auf Immutables setzt. Ein Abändern des übergebenen Zustandes wäre aus diesem Grund nicht zulässig.

Zum Abarbeiten der Aktion *BOOKING_STATE_CHANGED* kommt die Funktion *buchungStateChanged* zum Einsatz (Listing 16-7):

Listing 16-7: Hilfsmethode zum Aktualisieren einer Buchung

```
function bookingStateChanged(state: BoardingState, booking): BoardingState {

    let idx = state.bookings.findIndex(b => b.flugID == booking.flugID &&
b.passagierID == booking.passagierID);

    let bookings = [
        ...state.bookings.slice(0, idx),
        booking,
        ...state.bookings.slice(idx+1)
    ];

    return {
        message: "",
        bookings: bookings,
        statistics: calcStatistic(bookings)
    }
}
```

Sie nimmt eine Buchung entgegen und ermittelt die Position dieser Buchung innerhalb des Zustandes. Hierzu nutzt sie die Eigenschaften *flugID* und *passagierID*, die eine Buchung eindeutig auszeichnen. Da der Einsatz von Immutables das Verändern eines bestehenden Arrays verbietet, kopiert *buchungStateChanged* das Array *buchungen* mit der JavaScript-Funktion *slice*. Dies fördert eine flache Kopie des Arrays zutage, also ein neues Array, das auf die Objekte des ursprünglichen Arrays verweist. In diesem Array ersetzt *buchungStateChanged* die betroffene Buchung durch ihre neue Version. Anschließend liefert sie einen neuen *BoardingState* mit diesen Buchungen und neu berechneten Statistiken zurück.

Aus Gründen der Performance sowie zur Vereinfachung verweist der neue Zustand auf die unveränderten Buchungen seines Vorgängers. Dies ist ein übliches Vorgehen, das auch Bibliotheken und funktionale Sprachen zur Optimierung nutzen. Beachten Sie aber, dass sämtliche geänderten Knoten des Baums neu zu erzeugen sind. Ein Knoten ist dann als geändert zu betrachten, wenn er selbst oder ein ihm untergeordneter Knoten geändert wurde.

Bootstrapping

Damit *@ngrx/store* zur Laufzeit zur Verfügung steht, ist das *StoreModule* in die Anwendung aufzunehmen. Ihre *forRoot*-Methode nimmt zwei Parameter entgegen (Listing 16-8). Beim ersten Parameter handelt es sich um ein Objekt mit einem Reducer für jeden Zweig der ersten Hierarchieebene des State Trees. Die Eigenschaften dieses Objekts müssen die Namen dieser Zweige aufweisen. Der zweite Parameter verweist auf die Initial-Version des gesamten State Trees.

Listing 16-8: Referenzieren des »Store-Module«

```
import { StoreModule } from '@ngrx/store';
[…]
@NgModule({
    imports: [
        BrowserModule,
        HttpModule,
        […]
        StoreModule.forRoot(
            { boarding: boardingReducer },
            { boarding: initialBoardingState }),
    ],
    […]
})
export class AppModule {
}
```

Komponente

Zur Interaktion mit dem Store können sich die einzelnen Komponenten und Services nun eine Instanz der Klasse *Store<T>* injizieren lassen. Den Typparameter *T* müssen Sie dabei durch den Typ des State Trees ersetzen. Ein Beispiel dafür findet sich in Listing 16-9.

Es handelt sich dabei um die Komponente *BoardingComponent*, die einen Provider für einen *BoardingService* (aus Platzgründen hier nicht abgebildet) zum Laden von Buchungen definiert. Außerdem definiert sie ein paar Pipes und die Change-Detection-Strategy *OnPush*. Wie wir in Kapitel 12 ausgeführt haben, aktiviert diese Option die Optimierungen für *Immutables* und *Observables*.

Listing 16-9: Komponente, die »Redux« nutzt

```
@Component({
    templateUrl: 'app/boarding/boarding.component.html',
    providers: [BoardingService],
    changeDetection: ChangeDetectionStrategy.OnPush
})
export class BoardingComponent {

    constructor(private boardingService: BoardingService,
                      private store: Store<AppState>) {
    }
    statistics: Observable<BoardingStatistic>;

    // Lifecycle-Hooks
    ngOnInit() {
        const FLIGHT_ID = 1;

        var that = this;
        this.boardingService.find(FLIGHT_ID).subscribe(
            (bookings) => {
                this.store.dispatch({ type: BOOKINGS_LOADED, payload: bookings});
            },
            (err) => {
                console.debug(err);
            }
        );

        this.statistics = this.store.select(s => s.boarding.statistics);
    }

    get bookings() {
        return this.store.select(s => s.boarding.bookings);
    }

    get countBoarded() {
        return this.statistics.map(s => s.countBoarded);
    }

    get countBooked() {
        return this.statistics.map(s => s.countBooked);
    }

    get countCheckedIn() {
        return this.statistics.map(s => s.countCheckedIn);
    }

    public changeState(buchung, state) {
        if (buchung.buchungsStatus == state) return;
        let newBuchung = Object.assign({}, buchung, { buchungsStatus: state } );
        this.store.dispatch({type: BOOKING_STATE_CHANGED, payload: newBuchung });
    }
}
```

Der Konstruktor der *BoardingComponent* lässt sich neben dem *BoardingService* einen *Store<AppState>* injizieren. Die Methode *ngOnInit*, die Angular beim Initialisieren der Komponente anstößt, lädt anschließend mit dem *BoardingService* alle Buchungen des Fluges 1. Diese hinterlegt sie anschließend im Store. Dazu stößt sie mit der Methode *dispatch* die Aktion *BUCHUNGEN_LOADED* an und übergibt die Buchungen als Payload.

Zusätzlich bezieht sie mit der Methode *select* ein Observable, das über Änderungen an den Statistiken informiert. Der Getter *buchungen* ruft analog dazu ein Observable, das über geänderte Buchungen informiert, beim Store ab. Die restlichen Getter registrieren sich beim Observable mit den Statistiken und bilden das davon erhaltene Statistik-Objekt mit *map* auf weitere Observables ab. Diese präsentieren die einzelnen Werte des Statistik-Objekts.

Die Funktion *changeState* veranlasst durch den Aufruf von *dispatch* die Ausführung der Aktion *BUCHUNG_STATE_CHANGED*. Um zu verhindern, dass die bestehende Buchung geändert werden muss, nutzt *changeState* die Methode *Object.assign*. Diese erzeugt unter Nutzung der übergebenen Objekte ein neues Objekt.

Template

Das Template der Komponente bindet sich an die bereitgestellten Eigenschaften (Listing 16-10). Um anzugeben, dass es die von der Komponente zurückgelieferten Observables konsumieren soll, kommt die Pipe *async* im Rahmen der Datenbindungsausdrücke zum Einsatz. Die Pipe abonniert das Observable und gibt erhaltene Änderungen an die Ansicht weiter. Angular muss somit auch nicht von sich aus prüfen, ob sich Daten geändert haben. Das wirkt sich positiv auf die Performance aus.

Listing 16-10: Template für das Fallbeispiel

```
<h1>Boarding</h1>
<h2>Summary</h2>
<table class="table table-striped">
    <tr>
        <th style="color:red">Booked</th>
        <th style="color:orange">Checked in</th>
        <th style="color:green">Boarded</th>
    </tr>
    <tr>
        <td style="color:red">{{countBooked | async}}</td>
        <td style="color:orange">{{countCheckedIn | async}}</td>
        <td style="color:green">{{countBoarded | async}}</td>
    </tr>
</table>

<h2>Details</h2>
<table class="table table-striped">

    <tr>
        <th>First Name</th>
```

```
        <th>Name</th>
        <th>Current Status</th>
        <th>New Status</th>
    </tr>

    <tr *ngFor="let b of bookings | async">

        <td>{{b.passagier.vorname}}</td>
        <td>{{b.passagier.name}}</td>
        <td [style.color]="b.buchungsStatus | buchungsStatusColor ">
          {{b.buchungsStatus | buchungsStatus}}
        </td>
        <td>
            <a style="cursor:hand" (click)="changeState(b, 0)">Booked</a> |
            <a style="cursor:hand" (click)="changeState(b, 1)">Checked in</a> |
            <a style="cursor:hand" (click)="changeState(b, 2)">Boarded</a>
        </td>
    </tr>

</table>
```

Undo/Redo

Wie wir eingangs erwähnt haben, erleichtert Redux auch die Implementierung einer Undo/Redo-Funktionalität. Eine einfache Umsetzung dieser Idee soll hier betrachtet werden. Dazu erhält der Zustand zwei Stacks: Der *undoStack* beinhaltet alle vorherigen Zustände, zu denen der Entwickler via Undo zurückkehren kann. Der Stack *redoStack* erhält hingegen alle rückgängig gemachten Zustände, die die Anwendung bei einem Redo wiederherstellen kann:

```
export interface BoardingState {
    undoStack: Array<BoardingState>;
    redoStack: Array<BoardingState>;
    bookings: Array<any>,
    statistics: BoardingStatistic;
}
```

Beide Stacks repräsentiert das Beispiel zur Vereinfachung als Array. Die einzelnen Aktionen fügen den bisherigen Zustand am Ende des Undo-Stacks ein. Da ein Redo nur unmittelbar nach einem Undo und nicht nach einer herkömmlichen Aktion möglich ist, erhält *redoStack* ein leeres Array (Listing 16-11):

Listing 16-11: Den alten Zustand zu »undoStack« hinzufügen

```
function buchungStateChanged(state: BoardingState, buchung): BoardingState {

    [...]

    return {
        undoStack: [...state.undoStack, state],
        redoStack: [],
        buchungen: [...],
        statistik: [...],
        message: ""
    };
}
```

Um einen neuen Eintrag zu einem unveränderbaren Array hinzuzufügen, nutzt dieses Beispiel den mit ECMAScript 6 eingeführten *Spread*-Operator (die drei Punkte dienen als Präfix): Die Angabe *...state.undoStack* repräsentiert die Einträge dieses Arrays in der Form *eintrag1, eintrag2, ..., eintragN*. Die Schreibweise *[...state.undoStack, state]* ergänzt diese Sequenz um das Element *state* und erzeugt mit ihr ein neues Array.

Idealerweise verstaut die Anwendung die einzelnen Zustände im *undo*-Stack auf eine generische Art. Somit muss man diese Aufgabe nicht bei der Behandlung sämtlicher Aktionen berücksichtigen. Aus Gründen der Übersichtlichkeit weicht das hier gezeigte einführende Beispiel davon ab.

Die Aktion, die sich um das Undo kümmert, sehen Sie in Listing 16-12. Sie entfernt das letzte Element aus dem Undo-Stack. Dabei handelt es sich um jenen Zustand, den es wiederherzustellen gilt. Damit der Anwender zum aktuellen Zustand per Redo zurückkehren kann, fügt sie diesen zum neuen Redo-Stack hinzu. Abgesehen davon übernimmt der neue Zustand die Daten aus dem wiederherzustellenden Zustand.

Listing 16-12: Letzte Aktion rückgängig machen (Undo)

```
function undo(state: BoardingState) {
    var oldState = state;
    var prevState = state.undoStack[state.undoStack.length-1];

    // Neues Array ohne das letzte Element mit slice erzeugen
    var newUndoStack = state.undoStack.slice(0, state.undoStack.length-1);

    return {
        undoStack: newUndoStack,
        redoStack: [...oldState.redoStack, oldState],
        buchungen: prevState.buchungen,
        message: prevState.message,
        statistik: prevState.statistik,
    }
}
```

Die Redo-Aktion funktioniert ähnlich: Sie entfernt das letzte Element aus dem Redo-Stack und nutzt dessen Eigenschaften für den neuen Zustand. Das gilt sogar für den *undoStack* dieses Elements (Listing 16-13):

Listing 16-13: Rückgängig gemachte Aktion wiederherstellen (Redo)

```
function redo(state: BoardingState) {
    var oldState = state;
    var redoState = state.redoStack[state.redoStack.length-1];
    var newRedoStack = oldState.redoStack.slice(0, oldState.redoStack.length-1);

    return {
        undoStack: redoState.undoStack,
        redoStack: newRedoStack,
```

```
            message: redoState.message,
            buchungen: redoState.buchungen,
            statistik: redoState.statistik
        }
}
```

Zeitreisende Debugger

Der aktuelle Anwendungszustand ergibt sich beim Einsatz von *Redux* aus dem initialen Zustand sowie aus einer Abfolge von stattgefundenen Aktionen. Somit vereinfacht das Protokollieren der Aktionen unter anderem das Nachvollziehen von Fehlern. Darüber hinaus erlaubt dieser Umstand auch „Was-wäre-wenn"-Betrachtungen, indem man eine aufgezeichnete Aktion bei der nächsten Ausführung weglässt.

Beim Einsatz dieser Techniken helfen Ihnen Debugging-Werkzeuge, die auch im Lieferumfang von *@ngrx* enhalten sind. Hierbei ist häufig auch in Hinblick auf die erwähnten „Was wäre wenn"-Analysen von „zeitreisenden Debuggern" die Rede. Abbildung 16-4 zeigt dieses Werkzeug. Es listet die stattgefundenen Aktionen samt der von ihnen herbeigeführten Zustände auf. Die Zustände lassen sich durch ein Drilldown näher betrachten. Ein Klick auf eine aufgezeichnete Aktion deaktiviert diese vorübergehend. Das führt dazu, dass das System den Zustand heranzieht, der ohne diese Aktion nun vorliegen würde.

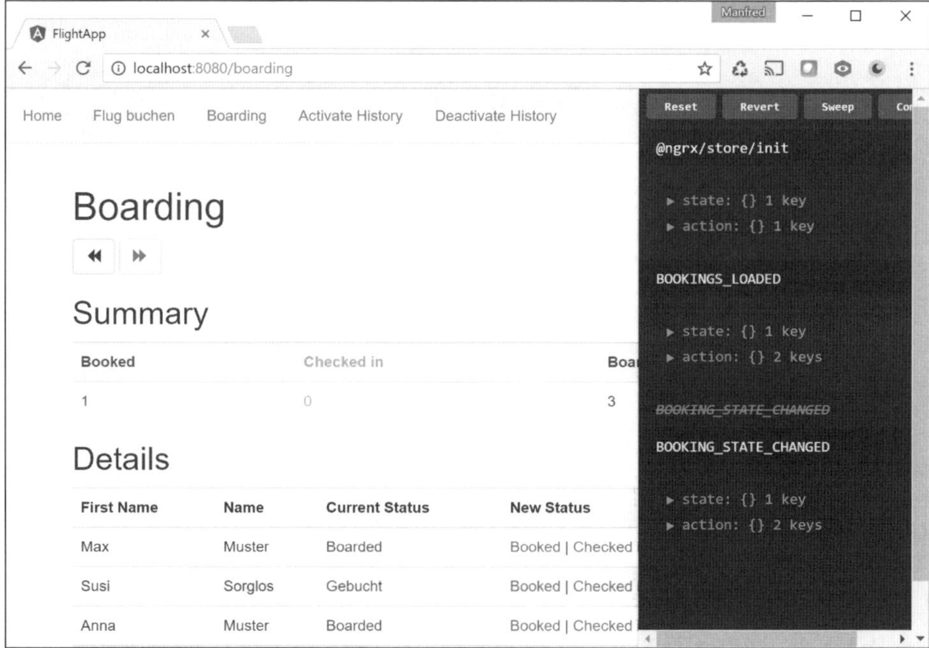

Abbildung 16-4: »Zeitreisender Debugger« für @ngrx/store

Um in den Genuss dieses Werkzeugs zu kommen, müssen Sie zunächst die *npm*-Pakte *@ngrx/store-devtools* und *@ngrx/store-log-monitor* in Ihr Projekt aufnehmen. Danach müssen Sie *StoreLogMonitorModule* sowie das darauf aufbauende *StoreDevtoolsModule* referenzieren, die den betrachteten Debugger beherbergen (Listing 16-14):

Listing 16-14: Nutzung der Module »StoreLogMonitorModule« und »StoreDevtoolsModule«

```
import { StoreDevtoolsModule } from '@ngrx/store-devtools';
import { StoreLogMonitorModule, useLogMonitor } from '@ngrx/store-log-monitor';
import { StoreModule } from '@ngrx/store';
[…]
@NgModule({
    imports: [
        BrowserModule,
        HttpModule,
        StoreModule.provideStore(
            { boarding: boardingReducer },
            { boarding: initialBoardingState }),
        StoreDevtoolsModule.instrumentStore({
            monitor: useLogMonitor({
                visible: true,
                position: 'right'
            })
        }),
        StoreLogMonitorModule,
        […]
    ],
    […]
})
export class AppModule {
}
```

Zusammenfassung

Die Bibliothek *@ngrx/store* unterstützt Sie bei der Nutzung des Musters *Redux* in Angular und verbessert somit die Wartbarkeit komplexer Anwendungen. Sie ist äußerst schlank und bietet primär eine Store-Implementierung sowie Vorgaben für Reducer. Außerdem unterstützt sie das Provider-Konzept von Angular. Wenn Sie bereits die Konzepte hinter *Redux* kennen, werden Sie auch sehr rasch mit *@ngrx/store* zurechtkommen. Da hinter *@ngrx/store* ein Mitglied des Angular-Teams steht, hat diese Implementierung den Stellenwert eines De-facto-Standards.

Eine Herausforderung beim Einsatz von *Redux* stellt der Umgang mit Immutables dar. Das liegt daran, dass JavaScript hierfür nicht primär konzipiert wurde und dass JavaScript-Entwickler den Umgang mit solchen Strukturen auch nicht gewohnt sind. Mit ein wenig Übung und mit ein paar Mustern, die teilweise von den hier gezeigten Beispielen genutzt wurden, können Sie dies jedoch überwinden.

KAPITEL 17
Testing

Durch die Nutzung von Frameworks wie Angular und ihrer Konzepte wandert immer mehr Logik in den Client-Teil der Applikation. Manuelles Testen reicht nach kurzer Zeit nicht mehr aus, um die fortlaufende Stabilität einer Applikation zu gewährleisten und deren Komplexität zu kontrollieren. Automatisierte Tests helfen Ihnen jedoch nicht nur dabei, Funktionalität schnell zu prüfen, sie beeinflussen auch positiv die Art, wie Programmcode geschrieben wird. Die Regel dabei ist einfach: Schwer testbarer Code kann auch nur schwer verstanden und gewartet werden. Mit diesem Gedanken können auch frühzeitig Probleme außerhalb der eigentlich zu testenden Funktionalität erkannt und Konzepte überdacht werden.

Das Team um Angular hat dies erkannt. Angular bietet Ihnen daher viele Möglichkeiten, Ihren eigenen Code effektiv zu testen. Im folgenden Abschnitt vermitteln wir Ihnen die Grundlagen zum Testen mit Angular.

Testbausteine

Um die eigene Applikation testen zu können, sind Grundbausteine notwendig, wie sie in Abbildung 17-1 zu sehen sind. Bei der Test-Art wird zwischen Unit-Tests und End-2-End-Tests unterschieden. Unit-Tests prüfen einzelne Codeteile. End-2-End-Tests simulieren Benutzereingaben in einem Browser und ermöglichen es Ihnen, die gesamte Applikation aus Benutzersicht zu testen.

Das Test-Framework bildet dabei die Basis, um die Test-Spezifikation schreiben und damit den Test-Bereich prüfen zu können. Der Test-Runner stellt dann die notwendige Testumgebung für die tägliche Arbeit zur Verfügung. Er sorgt auch für die notwendige Kommunikation mit dem ausführenden Browser. Test-Runner wie *Karma* und *Protractor* bieten Unterstützung für verschiedenste Browser an. Probleme zwischen den Varianten werden damit erkennbar. Dies ist speziell bei E2E-Tests relevant.

Unit-Test	Test-Art	End-2-End-Test
overview-table.ts	Test-Bereich	Seite: Übersicht Flüge
overview-table.spec.ts	Test-Spezifikation	flight-overview.e2e-spec.ts
Jasmine	Test-Framework	Jasmine
Karma	Test-Runner	Protractor
Chrome	Ausführender Browser	Chrome

Abbildung 17-1: Bausteine eines Tests im Frontend

Jasmine

Bei Jasmine (*https://jasmine.github.io/*) handelt es sich um ein JavaScript-Framework zur Implementierung von automatisierten Tests, das die Ideen des *Behavior Driven Developments* (BDD) unterstützt. Das bedeutet, dass der Entwickler mit jedem Testfall ein Verhaltensmerkmal der Anwendung beschreibt. Allerdings ist Jasmine nicht von Angular abhängig, sodass man es auch für andere Frameworks heranziehen kann.

Sie können Jasmine, wie viele andere populäre JavaScript-Frameworks auch, über NodeJS beziehen:

```
npm install jasmine-core
```

Anatomie eines Jasmine-Tests

Testfälle befinden sich beim Einsatz von Jasmine innerhalb von Blöcken, die sich *Test Suites* nennen. Diese definieren Sie mit der Methode *describe*. Dazu nimmt *describe*, wie Listing 17-1 demonstriert, zwei Parameter entgegen. Beim ersten Parameter handelt es sich um eine Beschreibung des erwarteten Verhaltens oder eines Teils davon. Der zweite Parameter repräsentiert eine Funktion, die den Test enthält. Innerhalb dieser Funktion können weitere Aufrufe von *describe* stattfinden, um das beschriebene Verhalten weiter zu konkretisieren. Auf diese Weise lässt sich eine Hierarchie mit Anforderungen aufbauen. Am Ende dieser Hierarchie befinden sich die einzelnen Testfälle, die Sie mit der Funktion *it* beschreiben. Wie *describe*, so erwartet auch *it* eine Beschreibung zur Konkretisierung des erwarteten Verhaltens sowie eine Funktion. Letztere beinhaltet den Test.

Abbildung 17-2 zeigt die Hierarchie, die auf diese Weise Listing 17-1 aufbaut und die Jasmine bei der Ausführung ausgibt. Es handelt sich dabei, den Ideen von BDD folgend, um eine ausführbare Spezifikation. Die Tatsache, dass die Ausgabe die Blätter dieser Hierarchie mit grüner Schrift darstellt, deutet darauf hin, dass die Tests erfolgreich ausgeführt wurden.

Abbildung 17-2: Ausgabe eines Jasmine-Tests

Innerhalb der mit *it* definierten Testfälle führen Sie Prüfungen durch, um herauszufinden, ob der Testfall die gewünschten Ergebnisse erzielt hat. Der betrachtete Testfall prüft zum Beispiel mit dem folgenden Code, ob die Eigenschaft *objectUnderTest.ok* den Wert *true* aufweist:

```
expect(objectUnderTest.ok).toBe(true)
```

Funktionen wie *toBe* nennt man im Jasmine-Jargon *Matcher*. Die Bedeutung eines Matchers können Sie umkehren, indem Sie die Eigenschaft *not* verwenden:

```
expect(objectUnderTest.ok).not.toBe(true)
```

Neben *toBe* bietet Jasmine einige weitere Matcher an, deren jeweiliger Name Programm ist. Dazu zählen *toBeDefined*, *toBeNull*, *toBeNaN*, *toBeFalsy*, *toBeTruthy*, *toContain*, *toBeLessThan*, *toBeGreaterThan* und *toThrow*. Daneben kann der Entwickler mit *toMatch* prüfen, ob ein Wert einem übergebenen regulären Ausdruck entspricht. Dem Umstand, dass Fließkommazahlen kleine Ungenauigkeiten aufweisen können, trägt der Matcher *toBeCloseTo* Rechnung. Er nimmt zwei Werte entgegen: jenen Wert, den der Testfall erwartet, sowie ein erlaubtes Delta. Informationen dazu finden Sie unter *https://jasmine.github.io/pages/docs_home.html*.

Mit *beforeEach* und *afterEach* registrieren Sie jeweils weitere Funktionen, die vor oder nach sämtlichen Testfällen der aktuellen sowie der untergeordneten Ebenen der beschriebenen Hierarchie zur Ausführung kommen. Daneben bietet Jasmine auch die beiden Alternativen *beforeAll* und *afterAll*. Mit ihnen registrieren Sie Funktionen, die Jasmine ein einziges Mal vor der Ausführung sämtlicher Testfälle bzw. nach der Ausführung sämtlicher Testfälle anstößt.

Listing 17-1: Ein sehr einfacher Jasmine-Test

```
describe('Object under test', () => {

    beforeEach(() => {
    });

    afterEach(() => {
    });

    describe('when this', () => {

        beforeEach(() => {
        });

        afterEach(() => {
        });

        describe('and when that', () => {

            it ('should do this', () => {
                let objectUnderTest = { ok: true };
                expect(objectUnderTest.ok).toBe(true);
            });

            it('should do that', () => {
                let objectUnderTest = { notOk: false };
                expect(objectUnderTest.notOk).toBe(false);
            });
        });
    });
});
```

Neben Jasmine existieren noch weitere gute JavaScript-Test-Frameworks wie *Mocha* (*http://mochajs.org*) oder *Cucumber.js* (*https://cucumber.io*). Angular bietet jedoch nur für Jasmine ausreichend Unterstützung an, um effektiv testen zu können. Es ist also möglich, ein anderes Framework zu benutzen, aber immer mit Einschränkungen verbunden.

Wie in Listing 17-1 zu sehen ist, werden Arrow-Funktionen *() => {}* eingesetzt. Dadurch ist der Jasmine-Kontext über das Schlüsselwort *this* nicht erreichbar und Werte können darüber nicht geteilt werden. Die Test-Suite in Listing 17-2 zeigt den Unterschied. Da die Funktionen in *beforeEach* und im ersten *it*-Block über *function* definiert werden, können sie sich über *this* Daten teilen.

Der zweite *it*-Block nutzt hingegen eine Arrow-Funktion, weshalb *this.data* hier *undefined* ist. Die Rolle von *this* übernimmt hier eine Variable, die im *describe*-Block definiert wurde. Beide Varianten haben ihre Vor- und Nachteile. Während die erste Variante auf extra Variablen verzichtet und Codeteile schneller wiederverwendbar macht, ist die Unterstützung von Entwicklungsumgebungen wie *Webstorm* oder *Visual Studio Code* in der zweiten Variante besser.

Listing 17-2: Verschiedene Ansätze, um Werte in Jasmine zu verteilen

```
describe('A spec', () => {

    let data: string;

    beforeEach(function () {
        this.data = 'values';
        data = 'values';
    });

    it('use "this" to share data', function () {
        expect(this.data).toBe('values');
    });

    it('use variables to share data', () => {
        expect(this.data).toBeUndefined();
        expect(data).toBe('values');
    });

});
```

Test-Runner

Um Jasmine-Tests, wie sie im letzten Abschnitt beschrieben wurden, auszuführen, benötigen Sie einen Test-Runner. Im einfachsten Fall ist ein Test-Runner eine HTML-Datei, die die notwendigen JavaScript-Dateien referenziert. Listing 17-3 zeigt den im Jasmine-Standalone-Paket enthaltenen Test-Runner *SpecRunner.html* sowie die Referenzierung des Tests aus Listing 17-1. Durch das Ausführen der Datei im Browser wird die Ausgabe erzeugt, die Sie schon in Abbildung 17-2 gesehen haben.

Listing 17-3: Jasmine-Test-Runner (»SpecRunner.html«)

```
<!DOCTYPE html>
<html>
<head>
  <meta charset="utf-8">
  <title>Jasmine Spec Runner v2.5.2</title>

  <link rel="shortcut icon" type="image/png" href="lib/jasmine-2.5.2/
jasmine_favicon.png">
  <link rel="stylesheet" href="lib/jasmine-2.5.2/jasmine.css">

  <script src="lib/jasmine-2.5.2/jasmine.js"></script>
  <script src="lib/jasmine-2.5.2/jasmine-html.js"></script>
  <script src="lib/jasmine-2.5.2/boot.js"></script>

  <!-- include spec files here... -->
  <script src="example.spec.js"></script>

</head>

<body>
</body>
</html>
```

In den meisten Fällen ist eine einfache HTML-Datei jedoch nicht ausreichend. Normalerweise möchte beispielsweise kein Entwickler alle notwendigen JavaScript-Dateien für einen Testlauf selbst einbinden. Spezielle Test-Runner wie Karma oder Protractor bieten dafür entsprechende Funktionalität an, um den gegebenen Anforderungen gerecht zu werden. Die Spanne reicht hier vom Bereitstellen eines Webservers bis hin zum Transpilieren von TypeScript in JavaScript oder bis zum Weiterverarbeiten der Testergebnisse zur Auswertung der Code-Coverage.

Unit-Tests mit Karma

Nachdem wir Ihnen im letzten Abschnitt eine Übersicht über die notwendigen Werkzeuge geboten und eine Einführung in Jasmine geliefert haben, zeigen wir hier, wie Sie Jasmine nutzen können, um Unit-Tests für Angular mit Karma als Test-Runner zu erstellen.

Karma, das früher unter dem Namen *Testacular* entwickelt wurde, ist während der Arbeit an AngularJS entstanden und kommt daher wie Angular selbst von Google. Karma verfolgt das Ziel, schnell lauffähig zu sein, weshalb es auch als Kommandozeilentool konzipiert ist. Über die Angular CLI können Sie Karma mit dem Befehl *ng test* ausführen. Mit einer einfachen Konfiguration schaffen Sie alle notwendigen Voraussetzungen, um Tests starten zu können.

Installation und Konfiguration

Mit der neuen Angular-Version ist jetzt auch TypeScript als zentrale Programmiersprache beim Testen angelangt. Um also Unit-Tests in TypeScript ausführen zu können müssen diese, wie auch der zu testende Programmcode, zuerst transpiliert werden. Unter Transpilieren ist die Konvertierung von TypeScript in JavaScript-Code zu verstehen. Der ausführende Browser kann somit den Code korrekt interpretieren. Dies übernimmt Karma mit einem Preprocessor.

Preprocessor-Module bearbeiten Dateien, bevor diese an den ausführenden Browser übergeben werden. Solche Module können Sie über die Karma-Konfiguration einbinden. Unter *http://karma-runner.github.io/1.0/config/preprocessors.html* finden Sie weitere Informationen zum Thema *Preprocessor*.

Um die Beispielapplikation des Seed-Projekts ohne Angular CLI zu erzeugen, verwenden wir Webpack. Es ist somit sinnvoll, auch Webpack mittels Preprocessor für die anstehenden Tests einzubinden. Dafür installieren Sie zuerst die nötigen *npm*-Pakete aus Listing 17-4:

Listing 17-4: Installation von Karma, Jasmine und Preprocessor für Webpack

```
npm install karma karma-jasmine jasmine-core @types/jasmine karma-webpack karma-
chrome-launcher --save-dev
```

Die Angular CLI, die ebenfalls Webpack im Hintergrund einsetzt, stellt bereits die notwendige Konfigurationsdatei bereit. Sie ähnelt der Konfiguration aus Listing 17-5, nutzt jedoch ein eigenes Preprocessor-Modul.

In Listing 17-4 ist zu sehen, dass nun mehrere *npm*-Pakete installiert werden müssen, um Karma ohne CLI nutzen zu können. Das Paket *karma* stellt den eigentlichen Test-Runner dar. *karma-jasmine* stellt der Testumgebung das nötige Test-Framework *Jasmine* zur Verfügung. Die Installation von Jasmine erfolgt über *jasmine-core*, das die Jasmine-Library enthält. Mit *@types/jasmine* kommen die passenden Typings hinzu. So kann der TypeScript-Compiler die Library korrekt interpretieren.

Damit Karma, wie schon erwähnt, mit Webpack arbeiten kann, benötigt es einen Preprocessor. In diesem Fall wird der Preprocessor *karma-webpack* genutzt, um den vorhandenen Code vorher von TypeScript in JavaScript zu transpilieren und alle notwendigen Abhängigkeiten aufzulösen. In Kapitel 18 gehen wir genauer auf das Thema Webpack-Konfigurationen ein.

Zum Schluss wird noch der Launcher *karma-chrome-launcher* installiert. Er ist die Schnittstelle zu dem Browser, den Sie nutzen wollen. Im kommenden Beispiel nutzen wir Chrome. Dieser Browser eignet sich besonders gut als Debugger für Unit-Tests. Beachten Sie, dass der gewünschte Browser lokal vorhanden sein muss.

Es gibt Launcher für alle gängigen und für viele ausgefallene Browser. Wie diese zu konfigurieren sind, können Sie unter *http://karma-runner.github.io/latest/config/browsers.html* nachschlagen.

Sobald alle Pakete installiert sind, brauchen Sie noch die Karma-Konfigurationsdatei (Listing 17-5), um mit dem Testen beginnen zu können:

Listing 17-5: Karma-Konfigurationsdatei

```
// Import von webpack, um TypeScript in JavaScript zu transpilieren
var webpack = require('webpack');

// Karma-Konfiguration
module.exports = function (config) {
    config.set({
        // Das genutzte Test-Framework
        frameworks: ['jasmine'],
        // Ausgabe der Testergebnisse in die Konsole
        reporters: ['progress'],
        // Der ausführende Browser
        browsers: ['Chrome'],
        // Wenn dieses Flag true ist, werden die Tests ausgeführt. Karma und der
        // Browser werden danach beendet.
        singleRun: false,
        // Konfiguration aller Dateien, die während des Tests benötigt werden
        files: [
            'src/test.ts'
        ],
```

```
        // Dateien, die vor dem eigentlichen Test durch ein Preprocessor-Modul
        // bearbeitet werden müssen
        preprocessors: {
            'src/test.ts': ['webpack']
        },
        // Webpack-Preprocessor-Konfiguration, um TypeScript in JavaScript zu
        // transpilieren
        webpack: {
            module: {
                rules: [
                    {
                        test: /\.ts$/,
                        use: [
                            'awesome-typescript-loader?configFileName=src/
                             tsconfig.spec.json',
                            'angular2-template-loader',
                            'angular-router-loader'
                        ],
                        exclude: /node_modules/
                    },
                    {test: /\.(html|css)$/, use: 'raw-loader'}
                ]
            },
            resolve: {
                extensions: ['.ts', '.js']
            },
            plugins: [
                // Build-Warnung: https://github.com/angular/angular/issues/11580
                new webpack.ContextReplacementPlugin(
                    /angular(\\|\/)core(\\|\/)@angular/,
                    __dirname + './src'
                )
            ],
            performance: {
                hints: false
            }
        },
        // Der Webpack-Preprocessor soll nur relevante Logs an der Konsole ausgeben.
        webpackMiddleware: {stats: 'errors-only'},
        // Chrome benötigt den korrekten MIME-Type
        mime: {
            'text/x-typescript': ['ts', 'tsx']
        },
    });
};
```

Da die Installation der Pakete nicht global erfolgt ist, sollten Sie ein Skript in der Datei *package.json* des Projekts erstellen, wie in Listing 17-6 gezeigt, um die Tests einfach starten zu können. Über die Angular-CLI-Projektgenerierung ist das Skript bereits vorhanden. Es ruft jedoch *ng test* auf.

Listing 17-6: Das »npm«-Skript in »package.json« zum Starten von Karma

```
{
    "scripts": {
        "test": "karma start ./karma.conf.js"
    }
}
```

Der Start erfolgt dann über die Kommandozeile mit folgendem Befehl:

Listing 17-7: Start der Tests über ein »npm«-Skript

```
npm test
```

NodeJS bietet eine Reihe von speziellen Skript-Tags an. Eines davon ist das Schlüsselwort *test*. Skripte, die mit diesem Wort gekennzeichnet sind, müssen beim Aufruf nicht mit *run* oder *run-script* annotiert werden. Es ist also nicht nötig, Tests wie folgt aufzurufen:

```
npm run test
```

Weitere Informationen dazu finden Sie unter:

https://docs.npmjs.com/misc/scripts

Ein Test-Bundle nutzen

Damit Tests mit Angular interagieren können, müssen Sie zunächst einige Libraries einbinden und Angular entsprechend konfigurieren. Dies geschieht, wie in Listing 17-8 zu sehen ist, über die Datei *src/test.ts*. Mit diesem Bundle werden auch alle Test-Spezifikationen über die Webpack-Funktionalität *require.context* importiert. In der Karma-Konfigurationsdatei (Listing 17-5) ist zu sehen, dass nur noch diese Datei angegeben werden muss. Über die Angular CLI kommt *test.ts* von Haus aus mit. Das hier gezeigte Beispiel enthält für die Nutzung ohne CLI lediglich die ersten drei Import-Statements. Der Rest entspricht der Angular CLI. Somit sind alle Vorausetzungen für den ersten Unit-Test in Kombination mit Angular erfüllt.

Listing 17-8: Bundle mit der Konfiguration für Unit-Tests

```
// Imports, die ohne CLI benötigt werden
import 'core-js/es6';
import 'core-js/es7/reflect';
import 'zone.js/dist/zone';

import 'zone.js/dist/long-stack-trace-zone';
import 'zone.js/dist/proxy';
import 'zone.js/dist/sync-test';
import 'zone.js/dist/jasmine-patch';
import 'zone.js/dist/async-test';
import 'zone.js/dist/fake-async-test';
import { getTestBed } from '@angular/core/testing';
import {
    BrowserDynamicTestingModule,
```

```
    platformBrowserDynamicTesting
} from '@angular/platform-browser-dynamic/testing';

// Typ-Definition für globale Variablen
declare var __karma__: any;
declare var require: any;

// Verhindern, dass Karma zu früh startet
__karma__.loaded = function () {
};

// Initalisierung der Angular-Testumgebung
getTestBed().initTestEnvironment(
    BrowserDynamicTestingModule,
    platformBrowserDynamicTesting()
);

// Import aller Test-Spezifikationen über Webpack mit require.context
// https://webpack.js.org/guides/dependency-management/#require-context
const context = require.context('./', true, /\.spec\.ts$/);
context.keys().map(context);

// Karma starten
__karma__.start();
```

Ein erster Unit-Test

Angular-Code ist durch ECMAScript 2015 in Module und Klassen aufgebaut, was besonders bei der Arbeit mit Unit-Tests hilfreich ist. So haben Sie je nach Anforderung die Möglichkeit, sich zwischen zwei Testaufbau-Arten zu entscheiden.

Die erste Möglichkeit nennt sich *Isolated Unit Tests*. Diese zeichnen sich dadurch aus, dass Angular selbst nicht für den Test benötigt wird und deshalb auch bewusst nicht zum Einsatz kommt. Sie instanziieren die Klassen der zu testenden Komponenten, Services oder Pipes über das Keyword *new*.

Als zweite Möglichkeit nutzen Sie die *Angular Testing Utilities*. Dieser Werkzeugkasten ermöglicht es, Tests mithilfe von Angular-spezifischer Funktionalität zu schreiben, ohne dabei die Applikation als Ganzes starten zu müssen. Sie erhalten die zu testenden Komponenten, Services oder Pipes hierbei über die Angular Dependency Injection.

Um den Unterschied zu demonstrieren – und damit auch gleich den ersten Unit-Test zu erstellen – zeigt Listing 17-9 den *SimpleAuthService* der Beispielapplikation, der nun getestet werden soll.

Isolated Unit Test

Bei einem Login im Browser wird beim Aufruf der Methode *login* das Attribut *_userName* der Klasse *SimpleAuthService* durch den übergebenen Wert der Variablen *loginName* gesetzt. Dadurch ändert sich der Rückgabewert des Getters *isLog gedIn* von *false* auf *true*. Außerdem gibt der Getter *userName* nun den übergebenen Usernamen zurück. Bei Aufruf der Methode *logout* wird durch das Zurücksetzen des Attributs *_userName* der Service wieder in die Ausgangssituation gebracht.

Listing 17-9: Zu testender Service »SimpleAuthService«

```
@Injectable()
export class SimpleAuthService implements AuthService {

    private _userName = '';

    public login(loginName): void {
        this._userName = loginName;
    }
    public logout(): void {
        this._userName = '';
    }
    public get isLoggedIn(): boolean {
        return this._userName !== '';
    }
    public get userName(): string {
        return this._userName;
    }
}
```

Um diesen Service testen zu können, erstellen Sie zunächst eine Datei *simple-auth.service.spec.ts*, die die Unit-Tests beinhalten soll. Die Endung *spec.ts* ist notwendig, da die Test-Bundle-Konfiguration daran erkennt, ob es sich um einen Test oder um Programmcode handelt. Der eigentliche Name ist dabei nicht entscheidend. Es ist aber der Übersichtlichkeit halber von Vorteil, der Test-Spezifikation den gleichen Namen zu geben wie dem Modul, das sie testen soll.

Listing 17-10 zeigt den Inhalt. Die Unit-Tests sind dabei als *Isolated Unit Tests* aufgebaut.

Als Erstes lösen Sie die notwendigen Abhängigkeiten auf bzw. stellen Sie dem Test alles zur Verfügung, was er benötigt. Im Fall dieser Test-Spezifikation benötigen die Unit-Tests eine Instanz des zu testenden Service *SimpleAuthService*. Dafür wird zuerst der *SimpleAuthService* importiert und über die Jasmine-Funktion *before Each* instanziiert. Jeder *it*-Test-Block erhält somit seine eigene *SimpleAuthService*-Instanz. Nun können in den *it*-Blöcken die eigentlichen Tests stattfinden.

Listing 17-10: Isolated Unit Tests für »AuthService«

```
import { SimpleAuthService } from './simple-auth.service';

describe('SimpleAuthService', () => {

    let simpleAuthService: SimpleAuthService;

    beforeEach(() => {
        simpleAuthService = new SimpleAuthService();
    });
```

```
    it('should login and logout correctly', () => {
        simpleAuthService.login('Max');
        expect(simpleAuthService.isLoggedIn).toBe(true);
        simpleAuthService.logout();
        expect(simpleAuthService.isLoggedIn).toBe(false);
    });

    it('should set user name to Max after login', () => {
        simpleAuthService.login('Max');
        expect(simpleAuthService.userName).toEqual('Max');
    });

});
```

Auffällig ist hier, dass – wie zuvor angedeutet – für die gesamte Test-Spezifikation kein Angular zum Einsatz kommt. Es werden lediglich Methoden der Klasse *SimpleAuthService* getestet. Im Falle der *SimpleAuthService*-Klasse ist dies auch vollkommen ausreichend.

Sollte Ihr Service im Konstruktor weitere Services per Dependency Injection erwarten, können Sie beim Instanziieren der Klasse die entsprechenden Services auch als Parameter übergeben:

```
beforeEach(() => {
    const otherService = new OtherService();
    simpleAuthService = new SimpleAuthService(otherService);
});
```

Angular Testing Utilities

Die Test-Spezifikation *simple-auth.service.atu.spec.ts* in Listing 17-11 zeigt nun den gleichen Testaufbau, jedoch unter Verwendung der *Angular Testing Utilities*. Dafür importiert die Test-Spezifikation die Klasse *TestBed* und die Methode *inject* aus den Angular Testing Utilites. *TestBed* bildet für Unit-Tests mit Angular die Basis. Sie sorgt dafür, dass Unit-Tests eine eigene Angular-Umgebung erhalten. Dafür legt *TestBed* im Hintergrund mit der Methode *configureTestingModule()* ein Test-Modul an. Der übergebene Parameter stellt dabei den *SimpleAuthService* als Provider zur Verfügung. Damit ist Angular vorbereitet, um den einzelnen Tests den *SimpleAuthService* zur Verfügung zu stellen.

Damit ein Jasmine-*it*-Block den Service von Angular erhält, kommt hier die Methode *inject* zum Einsatz. Diese Funktion existiert speziell für Jasmine, um damit in Blöcken wie *beforeEach* oder *it* direkt die Angular Dependency Injection nutzen zu können. Im Hintergrund ruft die Funktion *TestBed.get* sowie *TestBed.compileComponents* auf. Dazu sagen wir später noch mehr.

Die Prüfungen innerhalb des *it*-Blocks bleiben jedoch unverändert. Es zeigt sich also, dass es hier nicht notwendig ist, Angular zu benutzen. Dieser Aufbau ist jedoch zum Beispiel für Komponententests notwendig, die die Interaktion mit dem dazugehörigen HTML zum Ziel haben.

Listing 17-11: Unit-Tests für den »SimpleAuthService« unter Verwendung der »Angular Testing Utilities«

```
import { TestBed, inject } from '@angular/core/testing';

import { SimpleAuthService } from './simple-auth.service';

describe('SimpleAuthService with Angular Testing Utilities', () => {
    beforeEach(() => {
        TestBed.configureTestingModule({
            providers: [{provide: SimpleAuthService, useClass: SimpleAuthService}]
        });
    });

    it('should login and logout correctly',
        inject([SimpleAuthService], (simpleAuthService: SimpleAuthService) => {

            simpleAuthService.login('Max');
            expect(simpleAuthService.isLoggedIn).toBe(true);
            simpleAuthService.logout();
            expect(simpleAuthService.isLoggedIn).toBe(false);

        }));

    it('should set user name to Max after login',
        inject([SimpleAuthService], (simpleAuthService: SimpleAuthService) => {

            simpleAuthService.login('Max');
            expect(simpleAuthService.userName).toEqual('Max');

        }));
});
```

Isolated Unit Tests können für alle Klassen geschrieben werden, was auch Komponenten und Pipes einschließt. Sollte es bei der zu testenden Funktionalität nicht darum gehen, mit Angular zu interagieren, ist diese Art des Tests zu bevorzugen, da der Testaufbau einfacher zu bewerkstelligen ist. Ein Mix aus beiden Varianten, je nach Anforderung, ist die beste und effektivste Art, Unit-Tests zu schreiben.

Debugging über Source Maps

Tests, wie die im vorigen Abschnitt gezeigten, müssen auch gewartet werden. Speziell wenn es zu Fehlern kommt, kann die Analyse durch detaillierte Log-Ausgaben sowie durch die Möglichkeit, Breakpoints zu setzen, sehr erleichtert werden.

Das Problem ist, dass der Code dem ausführenden Browser als kompiliertes Bundle in ECMA Script 5 zur Verfügung steht. Kommt es zu einem Fehler im Test, liefert die Log-Ausgabe keine Information darüber, welche Zeile im eigentlichen TypeScript-Code betroffen ist (Abbildung 17-3). Lediglich die Information der kompilierten Variante steht zur Verfügung. Daraus Rückschlüsse auf den originalen Code zu ziehen ist schwer bis unmöglich.

```
Chrome 57.0.2987 (Linux 0.0.0) FlightSearchComponent should show flights of FlightService
FAILED

        Expected 3 to be 4.

            at Object.<anonymous> (http://localhost:9877src/test.ts:79328:36) [ProxyZone]

...

Chrome 57.0.2987 (Linux 0.0.0): Executed 5 of 18 (1 FAILED) (0 secs / 0.267 secs)
```

Abbildung 17-3: Log-Ausgabe bei einem Fehler ohne Source-Map-Integration

Für dieses Problem gibt es sogenannte *Source Maps*. Sie verbinden die kompilierte Version mit den Originaldateien. Karma und der ausführende Browser nutzen diese Informationen, um bei Log-Ausgaben nun die eigentlichen Dateien anzuzeigen. Source Maps werden meist als eigenständige Datei mit der kompilierten Version mitgeliefert. Sie tragen den gleichen Namen wie die JavaScript-Datei, haben jedoch die Endung *.map* (*app.js -> app.js.map*). Browser-Developer-Tools wie jene von Chrome nutzen Source Maps auch, um damit Breakpoints im Originalcode setzen zu können, wie Abbildung 17-4 zeigt.

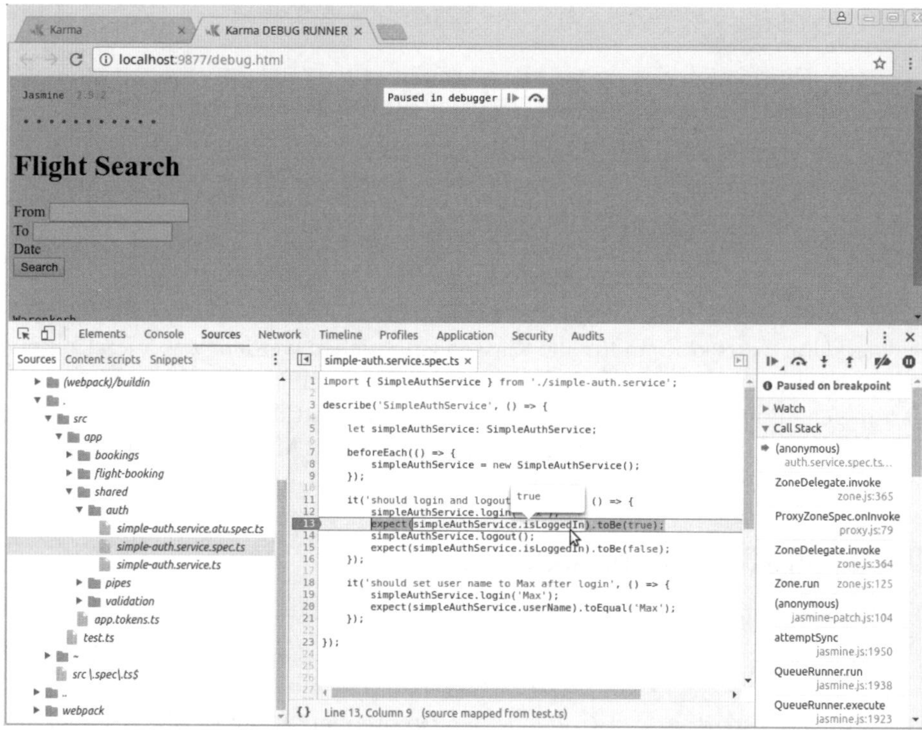

Abbildung 17-4: Test-Debugging über die Developer Tools von Chrome

Alle größeren Browser wie Chrome, Firefox, Safari und Internet Explorer bzw. Edge bieten eigene Developer Tools an. Diese können Sie meist über die Taste F12 aufrufen. Eine zentrale Eigenschaft dieser Tools ist die Möglichkeit, Breakpoints zu setzen. Wenn Sie einen Breakpoint an eine gewünschte Stelle im Code setzen, wird der Debugger dort anhalten, sodass Sie Analysen durchführen können.

Ohne Angular CLI benötigt Karma zum Laden der Source Maps noch einen weiteren Preprocessor. Sie installieren ihn mit dem Befehl aus Listing 17-12:

Listing 17-12: Installation des »Karma-Source-Map-Loader«

```
npm install karma-sourcemap-loader --save-dev
```

Mit einer einfachen Konfiguration kann Karma nun Source Maps auch ohne Angular CLI nutzen und zudem dem ausführenden Browser diese Source Maps zur Verfügung stellen. Dazu erweitern Sie die Karma-Konfiguration so, wie in Listing 17-13 zu sehen ist:

Listing 17-13: Erweitere Karma-Konfiguration für Source-Map-Support

```
config.set({

    preprocessors: {
        'src/test.ts': ['webpack', 'sourcemap']
    },

    webpack: {
        devtool: 'inline-source-map',
        plugins: [
            new webpack.SourceMapDevToolPlugin({
                filename: null,
                test: /\.(ts|js)($|\?)/i
            })
        ]
    }

});
```

Auch die Log-Ausgabe in der Konsole ändert sich dadurch, wie Abbildung 17-5 zeigt. Nun werden die tatsächlich betroffenen Dateien angezeigt, was die Fehlersuche deutlich vereinfacht.

```
Chrome 57.0.2987 (Linux 0.0.0) FlightSearchComponent should show flights of FlightService
FAILED

        Expected 3 to be 4.

            at Object.<anonymous> (http://localhost:9877webpack:///src/app/flight-
booking/flight-search/flight-search.component.spec.ts:58:35 <- src/test.ts:79328:36)
[ProxyZone]

...

Chrome 57.0.2987 (Linux 0.0.0): Executed 5 of 18 (1 FAILED) (0 secs / 0.297 secs)
```

Abbildung 17-5: Log-Ausgabe bei einem Fehler – bei jetzt vorhandener Source-Map-Integration

Komponenten testen

Um die Interaktion zwischen dem HTML der Komponente und deren Klasse prüfen zu können, stellt Angular Ihnen mit den *Angular Testing Utilities* eine Reihe an Hilfsmethoden zur Verfügung.

Im Beispiel aus Listing 17-14 wird die Komponente *BookingsComponent* der Beispielapplikation *Flug suchen* geprüft. Wir möchten wissen, ob das Klassenattribut *title* im HTML-Tag *h1* über eine Angular-Expression gesetzt wird und ob sich das HTML bei einer Änderung von *title* aktualisiert.

Listing 17-14: Die Komponente »BookingsComponent« wird getestet.

```
import { Component } from '@angular/core';

@Component({
    template: `
        <h1>{{title}}</h1>
        <p>Dummy-Component for Demos ...</p>
    `
})
export class BookingsComponent {
    title = 'Bookings';
}
```

Um dies zu bewerkstelligen, müssen Sie wie im Abschnitt *Ein erster Unit-Test* mittels *TestBed.configureTestingModule* den Angular-Kontext definieren (Listing 17-15). Diesmal kommt das Attribut *declarations* zum Einsatz, um die zu testende Komponente zu registrieren. Mit dem Befehl *TestBed.createComponent* wird eine Instanz der Komponente erstellt und ein *ComponentFixture* vom Typ *BookingsComponent* zurückgeliefert. Das *ComponentFixture* bietet eine Reihe an Attributen, um mit der Komponente während des Tests interagieren zu können. Sobald dieser Aufruf erfolgt ist, kann *TestBed* nicht weiter konfiguriert werden.

Über die Instanz *fixture* möchten wir nun für die darauffolgenden Tests das DOM-Element *h1* ermitteln. Dafür kommt das Attribut *debugElement* zum Einsatz. Dieses spiegelt das HTML der Komponente wider. *DebugElement* bietet speziell für den HTML-Teil der Komponente Methoden an, um Sie bei Ihrer Arbeit am Test zu unterstützen. Eine dieser Methoden ist *query*. Wie im *beforeEach*-Block gezeigt, kann damit das gewünschte Element *h1* abgefragt werden. Hier nutzt *query* die statische Methode *By.css*, die das Element per CSS-Selektor findet. Die Klasse *By* bietet noch weitere Möglichkeiten der Abfrage, wie Tabelle 17-1 zeigt.

Tabelle 17-1: Methoden der statischen Klasse »By« zur DOM-Abfrage

Methode	Beschreibung
all	Liefert alle Elemente: *query(By.all());*
css	Findet Elemente anhand eines CSS-Selektors: *query(By.css('h1'))*
directive	Findet Direktiven über deren Klasse: *query(By.directive(RoundTrip))*

Die Methode *query* liefert selbst wieder eine Instanz vom Typ *DebugElement*. Das Attribut *nativeElement*, das das eigentliche DOM-Element repräsentiert, ist wie auch *query* selbst eine Eigenschaft von *DebugElement*.

Listing 17-15: »BookingsComponent«: Testvorbereitung

```
import { ComponentFixture, TestBed } from '@angular/core/testing';
import { By } from '@angular/platform-browser';

import { BookingsComponent } from './bookings.component';

let fixture: ComponentFixture<BookingsComponent>;
let h1: HTMLElement;

describe('BookingsComponent', () => {
    beforeEach(() => {
        TestBed.configureTestingModule({
            declarations: [BookingsComponent]
        });
        fixture = TestBed.createComponent(BookingsComponent);
        h1 = fixture.debugElement.query(By.css('h1')).nativeElement;
    });
});
```

Nun, da alles Nötige vorbereitet ist, können die eigentlichen Tests durchgeführt werden. Mit dem ersten Test (Listing 17-16) möchten wir feststellen, ob der Titel tatsächlich im HTML angezeigt wird. Dafür wird das zuvor erstellte *nativeElement h1* mit *textContent* nach seinem Inhalt gefragt. Hier zeigt sich eine Besonderheit beim Testen mit Angular, die Sie immer beachten müssen: Angular ist in Tests passiv eingestellt. Das bedeutet, Änderungen müssen manuell mit dem Befehl *detectChanges()* bekannt gegeben werden. Im Testbeispiel ist es damit möglich, die Änderung vor und nach dem ersten Rendering des HTML zu prüfen.

Listing 17-16: Titel-Test

```
it('should display Bookings title', () => {
    expect(h1.textContent).toBe('');
    fixture.detectChanges();
    expect(h1.textContent).toBe('Bookings');
});
```

Es besteht jedoch die Möglichkeit, die automatische Änderungserkennung (Auto Change Detection) von Angular zu aktivieren. Dafür konfigurieren Sie einen neuen Provider (Listing 17-17):

Listing 17-17: Aktivierung der Auto Change Detection

```
TestBed.configureTestingModule({
[...]
            providers: [
                {provide: ComponentFixtureAutoDetect, useValue: true}
            ]
        });
[...]
});
```

Der geänderte Test aus Listing 17-18 zeigt die damit verbundene Änderung: Der Ausdruck im HTML wird nun sofort ausgewertet, wodurch das Element *h1* den Wert *Bookings* auch ohne den Befehl *detectChanges()* beinhaltet.

Listing 17-18: »BookingsComponent«-Test mit Auto Change Detection

```
it('should display Bookings title', () => {
    expect(h1.textContent).toBe('Bookings');
});
```

Der zweite Test (Listing 17-19) soll feststellen, ob bei einer Änderung des Klassenattributs *title* auch das HTML angepasst wird. Dafür müssen Sie zuerst das Attribut selbst über die *ComponentFixture*-Eigenschaft *componentInstance* ändern. Die Eigenschaft *componentInstance* verweist auf die Klasseninstanz der Komponente *BookingsComponent*. Alle Eigenschaften und Methoden der Klasse können damit aufgerufen und geändert werden. Nun wird wieder, über *detectChanges()*, Angular mitgeteilt, dass es eine Änderung gegeben hat, um als letzten Schritt den neuen Wert im HTML zu prüfen. Auch mit aktivierter Auto Change Detection ist dies notwendig. Das Ändern von Klassenattributen erzeugt kein Event, das eine neue Change Detection rechtfertigt.

Listing 17-19: Die Titeländerung prüfen

```
it('should change Bookings title', () => {
    fixture.componentInstance.title = 'changed title';
    fixture.detectChanges();
    expect(h1.textContent).toBe('changed title');
});
```

Komplexe Komponenten vorbereiten

Die meisten Komponenten haben keinen so simplen Aufbau wie den im letzten Abschnitt gezeigten. Beispielsweise werden in ihnen Services per Dependency Injection geholt; andere Komponenten, Pipes und Direktiven werden im HTML verwendet, die wiederum Abhängigkeiten aufweisen können; Dateien, die über *templateUrl* und *styleUrls* angegeben sind, sollen ebenfalls geladen werden – diese ganzen Abhängigkeiten aufzulösen kann mitunter zur Mammutaufgabe mutieren. Außerdem möchte man in einer Test-Spezifikation, bei der es um eine bestimmte Komponente geht, nicht dazu übergehen, Tests zu schreiben, die sich mit anderen Stellen beschäftigen.

Im folgenden Test möchten wir die Komponente *FlightSearchComponent* prüfen (Listing 17-20). Über diese Komponente werden in der Beispielapplikation die Suche nach Flügen sowie die Anzeige der Ergebnisse abgehandelt. Im Konstruktor der Klasse ist zu sehen, dass hier Services per Dependency Injection geholt werden. Außerdem werden mit *templateUrl* und *styleUrls* HTML und CSS geladen.

Listing 17-20: Auszug aus »FlightSearchComponent«

```
@Component({
    selector: 'flight-search',
    templateUrl: './flight-search.component.html',
    styleUrls: ['./flight-search.component.css']
})
export class FlightSearchComponent {

    public from: string = 'Hamburg';
    public to: string = 'Graz';

    constructor(private flightService: FlightService, route: ActivatedRoute) {...}

    public get flights() {
        return this.flightService.flights;
    }
    [...]
    public search(): void {
        this.flightService.find(this.from, this.to);
    }

}
```

Die vereinfachte HTML-Version der Komponente (Listing 17-21) zeigt, dass hier Attribut-Direktiven wie *round-trip* oder Komponenten wie *flight-card* nötig sind. Das HTML beinhaltet auch ein Formular, weshalb auch Angular Forms zum Einsatz kommen.

Listing 17-21: Auszug des HTML der »FlightSearchComponent«

```
<form #f="ngForm" round-trip>

    <div class="form-group">
        <label>From</label>
        <input class="form-control" [(ngModel)]="from" name="from" async-city>
    </div>
    <div class="form-group">
        <label>To</label>
        <input class="form-control" [(ngModel)]="to" name="to">
    </div>
    <div class="form-group">
        <button (click)="search()">Search</button>
```

```
    </div>

</form>
[...]
<div class="row">
    <div *ngFor="let f of flights">
        <flight-card></flight-card>
    </div>
</div>
```

Listing 17-22 zeigt nun, wie Sie diese Abhängigkeiten auflösen können. Zuerst werden für die Services *FlightService* und *ActivatedRoute* sogenannte Stubs angelegt. Diese werden der Methode *configureTestingModule* als Provider übergeben und dem jeweiligen Service zugewiesen. Stubs sind Objekte, die als Ersatz für die eigentlichen Services genutzt werden können. Sie beinhalten nicht die eigentliche Implementierung des Service, sondern bieten das Nötigste an, um testen zu können.

Die Formularelemente werden für die folgenden Tests benötigt, weshalb wir das Angular-*FormModule* über das Attribut *imports* nutzen. Wie hier zu sehen ist, funktioniert die Registrierung der benötigen Elemente über *TestBed* genauso wie die Deklaration über *@NgModule*.

Es fällt auf, dass *declarations* nur *FlightSearchComponent* registriert. Weitere Komponenten und Direktiven (wie die zuvor erwähnten *round-trip* oder *flight-card*) finden sich nicht. Trotzdem kommt es beim Ausführen der Tests zu keinen Fehlermeldungen, wie Angular sie normalerweise erzeugen würde, wenn Elemente oder Attribute im HTML existieren, die nicht registriert sind. Möglich macht dies die Eigenschaft *NO_ERRORS_SCHEMA*. Sie sorgt dafür, dass Fehlermeldungen in diesem Zusammenhang ignoriert werden.

Jetzt fehlen noch das dazugehörige HTML und CSS. Beides wird über die Methode *compileComponents()* geladen. Das Laden dieser Dateien stellt einen asynchronen Vorgang dar, weshalb der Test an dieser Stelle warten muss, bis der Prozess abgeschlossen ist. Dafür wird die Methode *async* aus den Angular Testing Utilities dem *beforeEach*-Block als Methode übergeben. Somit kann Angular dem Test-Framework Jasmine Bescheid geben, sobald die Dateien geladen sind.

In den weiteren Tests wird *compileComponents()* nicht mehr benötigt, da über die Karma-Konfiguration (Listing 17-5) Webpack angewiesen ist, bestehendes HTML und CSS als JavaScript-Modul zu integrieren. Die kompilierte Version der Applikation enthält somit die Attribute *templateUrl* und *styleUrls* nicht mehr.

Zum Schluss erstellen wir wie gewohnt mit *createComponent()* die Instanz der zu testenden Komponente und schließen damit die Konfiguration über *TestBed* ab:

Listing 17-22: »FlightSearchComponent«: Testvorbereitung

```
import { ComponentFixture, TestBed, async } from '@angular/core/testing';
import { By } from '@angular/platform-browser';
import { FormsModule } from '@angular/forms';

import { FlightSearchComponent } from './flight-search.component';
import { FlightService } from '../services/flight.service';
import { NO_ERRORS_SCHEMA, DebugElement } from '@angular/core';
import { ActivatedRoute } from '@angular/router';
import { Flight } from '../../entities/flight';

let fixture: ComponentFixture<FlightSearchComponent>;
const flightServiceStub = {
    flights: [],
    find: () => {
    }
};
const activatedRouteStub = {
    queryParams: {
        subscribe: () => {
        }
    }
};

describe('FlightSearchComponent', () => {

    beforeEach(async(() => {
        TestBed.configureTestingModule({
            declarations: [FlightSearchComponent],
            providers: [
                {provide: FlightService, useValue: flightServiceStub},
                {provide: ActivatedRoute, useValue: activatedRouteStub}
            ],
            imports: [FormsModule],
            schemas: [NO_ERRORS_SCHEMA]
        })

        // Lädt CSS- und HTML-Dateien, die über styleUrls oder
        // templateUrl angegeben werden
        TestBed.compileComponents().then(() => {
            fixture = TestBed.createComponent(FlightSearchComponent);
        });
    }));
});
```

Nun, da alle notwendigen Vorbereitungen getroffen sind, können wir mit dem ersten Test (Listing 17-23) beginnen. Dieser soll herausfinden, ob Flüge im HTML über die Komponente *flight-card* angezeigt werden, wenn der *FlightService* diese bereitstellt.

Als Erstes holt sich der Test dafür den Service *FlightService* über den Root-Injector. Dies passiert nun über den Aufruf *TestBed.get*. Weil wir hier Jasmine verwenden, wäre es auch möglich, *inject* aus Listing 17-11 zu nutzen. Es zeigt eine weitere Variante, um die Dependency Injection zu nutzen.

Die Variable *flightService* beinhaltet nun das von Angular generierte Objekt des zuvor erstellten Stubs *flightServiceStub*. Beachten Sie, dass es sich dabei um ein neues Objekt handelt, das nicht mehr in Beziehung zu dem Stub steht. Änderungsversuche im *flightServiceStub* haben also keine Auswirkungen mehr auf *flightService* und umgekehrt.

Nun wird das Attribut *flights*, das von der Komponente mithilfe von *ngFor* (Listing 17-21) ausgegeben wird, mit Elementen vom Typ *Flight* befüllt. Nach Aufruf der Change Detection prüft der Test, ob im HTML drei Elemente existieren, die als Namen *flight-card* haben. Für den Test selbst ist es nicht relevant, dass Angular die Komponente *flight-card* nicht bereitgestellt hat. An dieser Stelle soll sie auch nicht geprüft werden. Das ist Sache einer eigenen Test-Spezifikation.

Listing 17-23: Test zur Anzeige von Flügen

```
it('should show flights of FlightService', () => {
    const flightService: FlightService = TestBed.get(FlightService);

    const flightItem: Flight = {
        id: 1,
        from: 'Graz',
        to: 'Hamburg',
        date: new Date().toISOString()
    };
    flightService.flights = [flightItem, flightItem, flightItem];

    fixture.detectChanges();

    const flightCards = fixture.debugElement.queryAll(By.css('flight-card'));
    expect(flightCards.length).toBe(3);

});
```

Der zweite Test (Listing 17-24) soll prüfen, ob bei einem Klick auf den *Search*-Button tatsächlich auch die Methode *search()* und der dahinter liegende Service *flightService* aufgerufen werden.

Wie zuvor holt sich der Test den *FlightService* – diesmal jedoch über den Komponenten-Injector *fixture.debugElement.injector.get*. Dies demonstriert die letzte mögliche Methode, um einen Service zu erhalten. Der Unterschied zu *TestBed.get* kommt nur zum Tragen, sollte der gewünschte Service nicht mit *TestBed* konfiguriert worden sein. In diesem Fall kann *TestBed* den Service nicht liefern und es muss auf diese Methode zurückgegriffen werden.

Damit der Test also auf den Button klicken kann, muss dieser über eine *DebugElement*-Abfrage wie im Abschnitt zuvor geholt werden. Hier zeigt sich eine weitere Stärke dieser Technik. Indem zuerst das Formular abgefragt wird, kann es als Parent-Element genutzt werden. Somit ist das HTML außerhalb des Formular-Elements ausgeschlossen.

Nun kommt die Methode *spyOn* von Jasmine zum Einsatz. Dabei handelt es sich um eine Ummantelung für Funktionen, die Aufrufe dieser Funktion aufzeichnet.

Sogenannte Spies können an die ummantelte Funktion delegieren oder stattdessen einen eigenen Rückgabewert zurückliefern.

Um die eigentlich dahinterliegende Funktion aufzurufen, kann zusätzlich *and.callThrough* an *spyOn* angehängt werden. Weitere Informationen zur Nutzung von Jasmine Spies finden Sie unter:

https://jasmine.github.io/pages/docs_home.html

Die *DebugElement*-Methode *triggerEventHandler* stößt nun ein Klick-Ereignis an. Mit dem Spy-Matcher *toHaveBeenCalled* prüft der Testfall am Ende, ob *find* aufgerufen wurde:

Listing 17-24: Test der Suchfunktion

```
it('should search if button is clicked', () => {
    const flightService: FlightService =
fixture.debugElement.injector.get(FlightService);

    const searchForm: DebugElement = fixture.debugElement.query(By.css('form'));
    const button: DebugElement = searchForm.query(By.css('button'));

    spyOn(flightService, 'find');

    // Klick auf Button
    button.triggerEventHandler('click', null);
    expect(flightService.find).toHaveBeenCalled();

});
```

Attribut-Direktiven

Attribut-Direktiven benötigen immer eine Host-Komponente, um zu funktionieren. Im folgenden Beispiel soll dafür der Validator *flightRoundTrip* (Listing 17-25) geprüft werden. Eine Möglichkeit, um das Problem der notwendigen Host-Komponente zu umgehen, sind *Isolated Unit Tests*. Mit ihnen testen Sie die Methode *validate* durch einen einfachen Aufruf und Prüfung des Rückgabewertes. Meistens möchte man jedoch prüfen, wie das Zusammenspiel mit der Host-Komponente funktioniert.

Listing 17-25: Auszug aus dem »RoundTrip«-Validator

```
@Directive({
    selector: '[flightRoundTrip]',
    providers: [{provide: NG_VALIDATORS, useExisting: RoundTripDirective, multi: true}]
})
export class RoundTripDirective implements Validator {
    validate(control: AbstractControl): any {...}
}
```

Der erste Impuls wäre nun, eine Komponente zu finden, die den Validator nutzt, um über sie die Attribut-Direktive zu prüfen. Eine bessere Methode zeigt Listing 17-26: Hier wird eine Dummy-Komponente erstellt, auf deren HTML die Direktive gesetzt wird, die wir eigentlich prüfen wollen. Damit können wir die Direktive im Fokus der Komponente testen, ohne uns dabei um weitere Abhängigkeiten kümmern zu müssen.

Listing 17-26: Eine Dummy-Komponente nutzen

```
@Component({
    template: `
<form #f="ngForm" flightRoundTrip>
        <input [(ngModel)]="from" name="from">
        <input [(ngModel)]="to" name="to">
</form>
`
})
class DummyComponent {
}

describe('RoundTripDirective', () => {

    beforeEach(async(() => {
        fixture = TestBed.configureTestingModule({
            imports: [FormsModule],
            declarations: [RoundTripDirective, DummyComponent]
        }).createComponent(DummyComponent);
    }));

});
```

Asynchrone Tests und der Http-Service

Angular nutzt für die Verarbeitung asynchroner Prozesse das Observable-Pattern. Dieses Entwurfsmuster bildet einen zentralen Bestandteil. Viele der Services von Angular bieten somit Funktionalität über Observables an. Auch selbst geschriebener Code kann – je nach Anforderung – Observables beinhalten.

Eines der am häufigsten verwendeten Services in diesem Bereich ist *Http*. Alle Anfragen an ein externes System laufen in der Regel darüber. Im folgenden Testaufbau erfahren Sie, wie Sie eigenen Code in Verbindung mit dem *Http*-Service testen können, ohne dass dafür ein externes System vorhanden sein muss.

Den Http-Service vorbereiten

Der zu testende Service *FlightService* (Listing 17-27) sorgt dafür, dass die Beispielapplikation über ein externes System Flugdaten erhält. Dafür wird der Angular-*Http*-Service genutzt.

Die Methode *findById* fragt nach einem bestimmten Flug und liefert ein Observable zurück, das zu einem späteren Zeitpunkt asynchron Flugdaten liefert. Für den Aufruf *http.get* werden noch der Request-Header sowie die URL-Parameter vorbereitet.

Listing 17-27: Auszug aus »FlightService«

```
@Injectable()
export class FlightService {

    constructor(
        private oauthService: OAuthService,
        private http: Http,
        @Inject(BASE_URL) private baseUrl: string
    ) {
    }

    public flights: Array<Flight> = [];

    findById(id: string): Observable<Flight> {

        const url = this.baseUrl + '/api/flight';

        const headers = new Headers();
        headers.set('Accept', 'text/json');
        headers.set('Authorization', 'Bearer ' + this.oauthService.getAccessToken());

        const search = new URLSearchParams();
        search.set('id', id);

        return this
            .http
            .get(url, {headers, search})
            .map(resp => resp.json());

    }
    [...]
}
```

Normalerweise würde beim Aufruf der Methode *findById* der *Http*-Service einen AJAX-Request im Browser starten. Dies müssen Sie jedoch in einem Unit-Test vermeiden. Eine Möglichkeit besteht darin, den Service durch einen eigenen Stub zu ersetzen. Aufgrund der Komplexität des *Http*-Service erweist sich dies allerdings als schwierig, weshalb Angular den Service *MockBackend* anbietet.

MockBackend wird als Ersatz für *XHRBackend* eingesetzt, der sich um den Aufruf im *Http*-Service kümmert. Dadurch nimmt *MockBackend* wie auch sein Original Anfragen entgegen, setzt jedoch keine Anfrage im Browser ab. Stattdessen wird, wie die folgende Konfiguration zeigt, ein vorgegebenes Objekt an den Test zurückgeliefert.

Die Klasse *MockBackend* ist, wie auch der *Http*-Service, momentan noch als *Experimental* gekennzeichnet. Das bedeutet, dass sich im Laufe der kommenden Angular-Version noch strukturelle Änderungen ergeben können. Über die API-Dokumentation (*https://angular.io/docs/ts/latest/api/*) können Sie den aktuellen Status einzelner Implementierungen einsehen.

Zu Beginn der Test-Spezifikation (Listing 17-28) wird wieder, wie in den vorangegangenen Beispielen auch, alles bereitgestellt, damit die späteren Tests lauffähig sind. Achten Sie dabei besonders auf die Konfiguration des *Http*-Service: Hier wird über den Parameter *deps* die Klasse *MockBackend* als Ersatz für *XHRBackend* angegeben.

Listing 17-28: Konfiguration von »MockBackend« als Ersatz für »XHRBackend«

```
import { TestBed, inject, async, fakeAsync, tick } from '@angular/core/testing';
import { ConnectionBackend, BaseRequestOptions, Http, Response, ResponseOptions } from
'@angular/http';
import { MockBackend, MockConnection } from '@angular/http/testing';
import { OAuthService } from 'angular-oauth2-oidc';
import { BASE_URL } from '../../app.tokens';
import 'rxjs/add/operator/map';

import { Flight } from '../../entities/flight';
import { FlightService } from './flight.service';

let flightService: FlightService;

const flight: Flight = {
    id: 12,
    date: new Date().toISOString(),
    from: 'Graz',
    to: 'Hamburg'
};

describe('FlightService', () => {

    beforeEach(() => {
        const oAuthServiceStub = {
            getAccessToken: () => {
                return 'ACCESS_TOKEN';
            }
        };

        TestBed.configureTestingModule({
            providers: [
                FlightService,
                MockBackend,
                BaseRequestOptions,
                {provide: OAuthService, useValue: oAuthServiceStub},
                {provide: BASE_URL, useValue: 'localhost'},
                {
                    provide: Http,
                    useFactory: function (backend: ConnectionBackend,
                                 defaultOptions: BaseRequestOptions) {
                        return new Http(backend, defaultOptions);
                    },
                    deps: [MockBackend, BaseRequestOptions]
                }
            ]
        });
    });
});
```

Die Methode *findById* des zu testenden Service *FlightService* erwartet als Response des HTTP-Requests ein Objekt vom Typ *Flight*. In diesem Test wird die Antwort immer das Objekt der Konstante *flight* enthalten.

Der *Http*-Service und alle weiteren Abhängigkeiten sind nun konfiguriert. Was fehlt, ist die Konfiguration der Response, die zurückgeliefert werden soll. Dafür wird ein zweiter *beforeEach*-Block erzeugt (Listing 17-29). Er holt sich über *inject* das zuvor registrierte *MockBackend* sowie den *FlightService*, der der Variablen *flightService* übergeben wird. Die folgenden Tests nutzen diese Variable, um die zu testende Methode *findById* aufrufen zu können.

Die Service-Instanz *mockBackend* enthält nun das Attribut *connections*, das ein Observable liefert, das Sie über die Methode *subscribe* nutzen können, um die gewünschte Response zu konfigurieren. Dabei wird ein Objekt vom Typ *Mock Connection* übergeben.

Die Variable *mockConnection* beinhaltet die Informationen der späteren HTTP-Anfragen der Tests und kann über die Methode *mockRespond* eine Antwort zurückliefern. Um dies zu erreichen, wird der Methode ein Objekt vom Typ *Response* übergeben, das wiederum als Parameter ein Objekt vom Typ *ResponseOptions* enthält. Darin befindet sich das eigentliche Objekt, das der Test als Antwort erwartet. Jeder Aufruf des *Http*-Service liefert jetzt als Antwort das Objekt *flight* zurück.

In größeren Szenarien ist es eventuell notwendig, für verschiedene Anfragen verschiedene Antworten zu liefern. Dies kann zum Beispiel durch die Abfrage der URL

```
if (mockConnection.request.url.startsWith('/url/from/test')) {...}
```

realisiert werden.

Listing 17-29: Konfiguration der Http-Service-Response

```
beforeEach(inject([MockBackend, FlightService], (mockBackend: MockBackend,
_flightService: FlightService) => {

    flightService = _flightService;

    mockBackend.connections.subscribe((mockConnection: MockConnection) => {

        // Timeout zur Simulation längerer Response-Zeit
        setTimeout(() => {

            // HTTP-Response
            mockConnection.mockRespond(new Response(
                new ResponseOptions(
                    {
                        body: JSON.stringify(flight)
                    }
                )
            ));

        }, 200);

    });

}));
```

Asynchron testen

Die folgenden Tests zeigen nun die verschiedenen Möglichkeiten, um das zurückgelieferte Observable der Methode *findById* asynchron zu prüfen.

Jasmine.done ist die Möglichkeit, die das Test-Framework direkt bietet. Dabei wird dem Test eine Callback-Funktion *done* übergeben. Sie wird im *subscribe* des Observables aufgerufen, sobald alle Prüfungen abgeschlossen sind. Diese Methode kann zum Einsatz kommen, wenn die folgenden Möglichkeiten Probleme verursachen, wie das bei der Nutzung von RxJS-Delay in Observables momentan der Fall ist.

Listing 17-30: Observable-Test mit »Jasmine.done«

```
it('should find a flight by id with jasmine.done', (done) => {
    flightService.findById('12').subscribe(item => {
        expect(item).toEqual(flight);
        done();
    });
});
```

Die am häufigsten genutzte Variante ist die bereits bekannte Funktion *async*, die dem Test übergeben wird. Hier erkennt Angular selbstständig, dass noch asynchrone Prozesse offen sind:

Listing 17-31: Observable-Test mit »async«

```
it('should find a flight by id with async', async(() => {
    flightService.findById('12').subscribe(item => {
        expect(item).toEqual(flight);
    });
}));
```

Eine weitere interessante Art stellt *fakeAsync* bereit. Hier erhält man über die Methode *tick* die Möglichkeit, die Zeit selbst zu steuern. Nach dem Aufruf der Methode *findById* wird mit *tick* die Zeit um 100 Millisekunden nach vorne verstellt. Die Variable *response* hat zu diesem Zeitpunkt noch keinen Wert, da im *beforeEach* für diesen Aufruf eine Verzögerung von 200 Millisekunden (Listing 17-29) eingebaut ist. Dies zeigt die erste Assertion durch den Matcher *toBeUndefined.* Weitere 100 Millisekunden später – wieder durch *tick* versetzt – kommt die Response an und kann geprüft werden.

Listing 17-32: Observable-Test mit »fakeAsync«

```
it('should find a flight by id with fakeAsync', fakeAsync(() => {
    let response;
    flightService.findById('12').subscribe(item => response = item);

    tick(100);
    expect(response).toBeUndefined();

    tick(100);
    expect(response).toEqual(flight);
}));
```

Pipes

Pipes sind wie Services sehr einfach zu testen. Sie implementieren die Methode *transform*, die nach ihrem Aufruf einen Rückgabewert liefert – perfekt also für einen Isolated Unit Test, den wir im Abschnitt *Ein erster Unit-Test* beschrieben haben. Das Beispiel Listing 17-33 zeigt eine Pipe, die bei Angabe einer Stadt den dazugehörigen Flughafen zurückliefert.

Listing 17-33: Pipe, die für die angegebene Stadt einen Flughafen zurückgibt

```
import { Pipe, PipeTransform } from '@angular/core';

@Pipe({
    name: 'flightCity',
    pure: true
})
export class CityPipe implements PipeTransform {

    transform(value: any, ...args: any[]): any {

        const fmt = args[0]; // short, long
        let short, long;

        switch (value) {
            case 'Graz':
                long = 'Flughafen Graz Thalerhof';
                short = 'GRZ';
                break;
            case 'Hamburg':
                long = 'Airport Hamburg Fuhlsbüttel Helmut Schmidt';
                short = 'HAM';
                break;
            default:
                long = short = 'ROM';
        }
        if (fmt === 'short') {
            return short;
        }
        return long;
    }
}
```

Um dies zu prüfen, müssen Sie, wie in Listing 17-34 zu sehen ist, lediglich die Klasse in den Test importieren und mit einer Variablen instanziieren. Es ist hier nicht notwendig, *beforeEach* zu nutzen, da die *transform*-Methode der Pipe rein funktional ist. Das bedeutet, der Rückgabewert ist ausschließlich von den übergebenen Parametern abhängig. Somit benötigt die gesamte Test-Suite nur eine Instanz.

Listing 17-34: Isolated Unit Test der »CityPipe«

```
import { CityPipe } from './city.pipe';

describe('CityPipe', () => {
```

```
    const cityPipe = new CityPipe();

    it('should transform "Graz" to long "Flughafen Graz Thalerhof"', () => {
        expect(cityPipe.transform('Graz')).toBe('Flughafen Graz Thalerhof');
    });

    it('should transform "Graz" to short "GRZ" when second parameter is short', () =>
{
        expect(cityPipe.transform('Graz', 'short')).toBe('GRZ');
    });

    it('should transform a not existing city to "ROM"', () => {
        expect(cityPipe.transform('Angular City')).toBe('ROM');
    });
});
```

Code-Coverage-Report

Unter *Code Coverage* versteht man in Zusammenhang mit Unit-Tests einen Bericht oder Report, der Auskunft über die aktuelle Testabdeckung liefert. Je nach Report-Typ kann dies zur genauen Visualisierung der getesteten Codeteile wie in Abbildung 17-6 dienen oder eine weitere Auswertung in größeren Systemen erlauben. Um diese Berichte über Karma generieren zu können, dient das Projekt *Istanbul* (*https://gotwarlost.github.io/istanbul/*) als Basis. Die Angular CLI bietet über den Befehl *ng test --code-coverage* oder kurz *ng test –cc* bereits eine fertige Implementierung an.

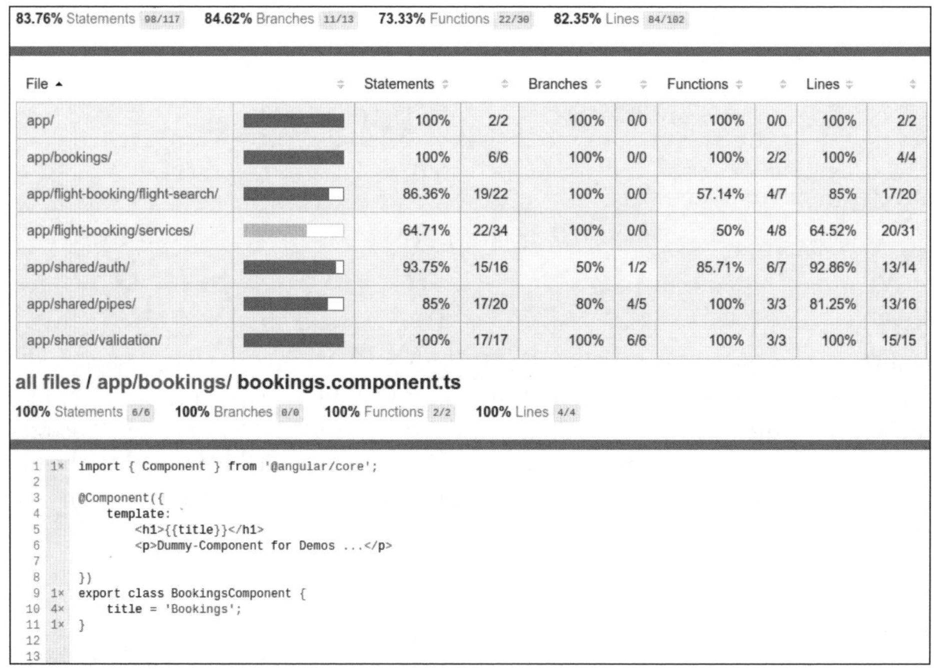

83.76% Statements 98/117 84.62% Branches 11/13 73.33% Functions 22/30 82.35% Lines 84/102

File		Statements		Branches		Functions		Lines	
app/		100%	2/2	100%	0/0	100%	0/0	100%	2/2
app/bookings/		100%	6/6	100%	0/0	100%	2/2	100%	4/4
app/flight-booking/flight-search/		86.36%	19/22	100%	0/0	57.14%	4/7	85%	17/20
app/flight-booking/services/		64.71%	22/34	100%	0/0	50%	4/8	64.52%	20/31
app/shared/auth/		93.75%	15/16	50%	1/2	85.71%	6/7	92.86%	13/14
app/shared/pipes/		85%	17/20	80%	4/5	100%	3/3	81.25%	13/16
app/shared/validation/		100%	17/17	100%	6/6	100%	3/3	100%	15/15

all files / app/bookings/ bookings.component.ts

100% Statements 6/6 100% Branches 0/0 100% Functions 2/2 100% Lines 4/4

```
import { Component } from '@angular/core';

@Component({
    template: `
        <h1>{{title}}</h1>
        <p>Dummy-Component for Demos ...</p>

})
export class BookingsComponent {
    title = 'Bookings';
}
```

Abbildung 17-6: HTML-Report über die Code-Coverage

Unter der Voraussetzung, dass Tests vorhanden sind, generiert Karma in der CLI-Standardkonfiguration im Ordner *coverage* zwei Arten von Reports: einmal im HTML-Format, wodurch Sie einen schnellen Überblick über die aktuelle Testabdeckung erhalten, sowie einen LCOV-Report über die Datei *lcov.info* zur weiteren Nutzung – zum Beispiel durch *SonarQube* (*https://www.sonarqube.org/*).

In der Standardkonfiguration des Test-Bundles *src/test.ts* werden nur Dateien im Coverage-Report beachtet, die über Testdateien mit der Endung **.spec.ts* importiert wurden. Der Report gibt also nur Auskunft über Programmteile, die Tests importieren. Um dies zu ändern, können Sie, wie in Listing 17-35 zu sehen ist, die folgende Zeile des Test-Bundles ändern. Dadurch gibt der Report auch Dateien an, die noch nicht getestet wurden.

Listing 17-35: Alle TypeScript-Dateien in den Coverage-Report einbinden

```
// const context = require.context('./', true, /\.spec\.ts$/);
const context = require.context('./app', true, /\.ts$/);
```

Konfiguration ohne Angular CLI

Um das gleiche Ergebnis auch ohne Angular CLI zu erhalten, müssen Sie die NodeJS-Pakete aus Listing 17-36 installieren:

Listing 17-36: Notwendige npm-Pakete für den Coverage-Report

```
npm install karma-coverage istanbul-instrumenter-loader karma-remap-istanbul --save-
dev
```

Mit *karma-coverage* und *istanbul-instrumenter-loader* bietet Karma Ihnen in Verbindung mit Webpack und Istanbul die Möglichkeit, einen Report zu erstellen. Die Anfertigung des Coverage-Reports erfolgt über den bereits transpilierten JavaScript-Code. Deshalb ist es notwendig, ihn danach über Source Maps zu konvertieren, um TypeScript- und nicht JavaScript-Dateien anzuzeigen. Deshalb ist zusätzlich noch *karma-remap-istanbul* notwendig.

In Listing 17-37 sehen Sie die dafür notwendige Erweiterung der Karma-Konfiguration. Kapitel 18 macht weitere Angaben zum Thema Webpack.

Listing 17-37: Karma-Konfiguration für Code-Coverage ohne Angular CLI

```
module.exports = function (config) {
    config.set({
        // Ausgabe der Testergebnisse über verschiedene Reporter
        reporters: ['progress', 'coverage', 'karma-remap-istanbul'],
        // Integration des Istanbul-Instrumenters, um die nötigen
        // Code-Coverage-Informationen zu erhalten
        webpack: {
            module: {
                rules: [
                    {
                        test: /\.ts$/,
```

```
                        use: [
                            'awesome-typescript-loader?configFileName=src/
tsconfig.spec.json&compilerOptions={"sourceMap": false,"inlineSourceMap": true}',
                            'angular2-template-loader',
                            'angular-router-loader'
                        ],
                        exclude: /node_modules/
                    },
                    {
                        test: /\.ts$/,
                        use: 'istanbul-instrumenter-
loader?embedSource=true&noAutoWrap=true',
                        exclude: ['node_modules', /\.spec\.ts$/, /test\.ts$/]
                        enforce: 'post'
                    }
                ]
            }
        },
        // Den Coverage-Report über Istanbul generieren
        coverageReporter: {
            reporters: [
                {type: 'in-memory'}
            ]
        },
        // Konvertiert das Istanbul-Ergebnis so, dass TypeScript
        // und nicht JavaScript angezeigt wird.
        // Es können verschiedene Report-Typen, zum Beispiel
        // HTML und LCOV, generiert werden.
        remapIstanbulReporter: {
            reports: {
                html: 'coverage',
                lcovonly: 'coverage/lcov.info'
            }
        }

    });
};
```

End-2-End-Tests mit Protractor

Neben Unit-Tests, die die Interna einer Applikation und deren Funktionen testen, spielen auch End-2-End-Tests (E2E-Tests) eine erhebliche Rolle bei der Qualitätssicherung moderner Web-Anwendungen.

Während Unit-Tests dafür sorgen, dass die Abläufe für den Kreis der Entwickler gewährleistet werden, kümmern sich E2E-Tests um den Nachweis, dass die Applikation auch das tut, was sie laut den Anforderungen verspricht. Die größere Gewichtung ergibt sich dadurch, dass E2E-Tests im Wesentlichen die Automatisierung von Benutzereingaben zum Ziel haben und sicherstellen sollen, dass die Erwartungen der Benutzer erfüllt werden. Dies führt dazu, dass sich manuelles Testen auf ein Minimum reduzieren lässt. Der besondere Vorteil für Entwickler jedoch ist, dass sich damit Testabläufe jederzeit starten lassen und dass die Verifikation von neuen Entwicklungen rasch geschieht.

Um Entwicklern von automatisierten Tests unter die Arme zu greifen, stellt Angular das E2E-Testing-Werkzeug *Protractor* (*http://www.protractortest.org*) zur Verfügung. Dabei handelt es sich um eine NodeJS-Anwendung, die die bekannte Browser-Automatisierungssoftware *Selenium* mit der Welt von Angular vereint. Um den Umsetzungen verschiedener Browserhersteller gerecht zu werden, kommt des Weiteren jeweils eine Schnittstelle namens *WebDriver* zum Einsatz, die die native Browser-API verwendet, um Funktionen auf dem jeweiligen Browser umzusetzen.

Abbildung 17-7 zeigt den Arbeitsablauf einer Protractor-E2E-Umgebung. Die vom Entwickler geschriebenen Tests kommunizieren mittels Protractor und der WebDriverJS-API mit den pro Browser definierten WebDriver-APIs. Eine der großen Stärken von Protractor ist die Kommunikation mit Angular selbst. Dabei erfährt dieser, wann er bei der Abarbeitung von Tests warten muss. Der Einsatz von Verzögerungsmethoden wie *browser.sleep()* als Notlösung kann damit entfallen.

Für die Definition der Tests kommt – wie bei Unit-Tests – die Bibliothek *Jasmine* zum Einsatz, deren *Expectations* Protractor so modifiziert, dass sie mit Promises (siehe Kapitel 2) umgehen können. Somit lassen sich sämtliche asynchronen Abläufe innerhalb von Tests auf synchrone Art und Weise ausdrücken, was die Arbeit des Entwicklers stark vereinfacht.

Die Kommunikation geht nun über einen optionalen *Selenium Server* weiter. Dieser hat den Vorteil, dass sämtliche WebDriver sowie testrelevante Umfelder gegeben sind und der Entwickler seine Tests auch über einen Remote-Selenium-Server starten kann. Wir gehen im weiteren Verlauf des Kapitels nicht auf den Selenium Server ein. Es ist jedoch egal, ob Sie Ihre Software lokal oder über einen Selenium Server testen, letzten Endes sprechen die automatisierten Tests ein oder mehrere WebDriver an. Diese übersetzen die Befehle auf die native Ebene des jeweiligen Browsers. Dadurch lässt sich während der Ausführung der Tests beobachten, wie sich ein Browserfenster öffnet und wie von Geisterhand die definierten Befehle umgesetzt werden. Wichtig zu ergänzen ist, dass sich Protractor nicht um das Bereitstellen der Anwendung selbst kümmert: Hier ist der Entwickler gefragt, selbstständig einen Webserver zu betreiben, der die zu testende Applikation zur Verfügung stellt.

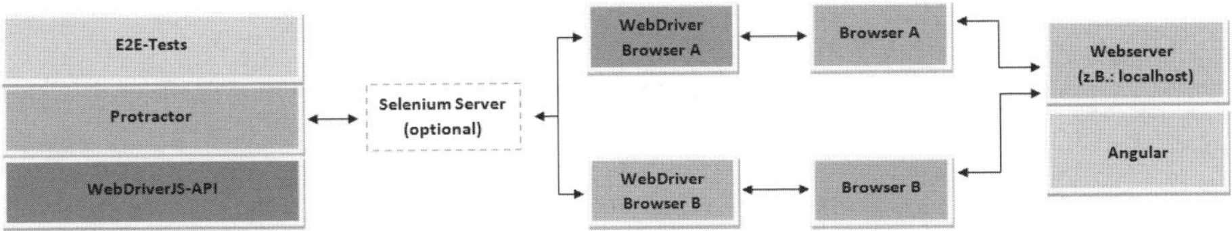

Abbildung 17-7: Ablauf der automatisierten E2E-Tests mit Protractor

WebDriver gibt es mittlerweile für alle gängigen Browser. Dazu zählen sämtliche weit verbreiteten Browser wie Google Chrome, Safari, Firefox und Internet Explorer bzw. Edge. Darüber hinaus lassen sich jedoch auch mobile Browser sowie sogenannte *Headless-Browser* verwenden, das sind Browser ohne GUI. In der Protractor-Dokumentation (*http://www.protractortest.org/#/browser-setup*) finden Sie die zahlreichen Varianten sowie ihre passenden WebDriver.

Asynchrone Befehle und der WebDriver-ControlFlow

Die von Protractor angesprochene WebDriverJS-API ist so verfasst, dass sämtliche Befehle ein Promise zurückliefern. Ein Promise ist ein Objekt, das eine asynchrone Operation repräsentiert und Callbacks anstößt, die über das Ergebnis dieser asynchronen Operation informieren. Dies ist notwendig, um eine Webanwendung im Browser korrekt testen zu können, da die einzelnen Funktionen nicht alle gleichzeitig sichtbar sind, sondern nach und nach auftreten. Um die Übersicht und den korrekten Ablauf der zahlreichen Promises zu gewährleisten, verwendet die WebDriverJS-API dazu einen sogenannten *ControlFlow*. Dieser sorgt dafür, dass unnötig komplexe Verschachtelungen von Promise-Definition und -Auflösung mit Handlern wie *then* nicht mehr notwendig sind. Des Weiteren sorgt die Reihung dafür, dass sich Tests auf synchrone Art und Weise schreiben lassen.

Protractor ergänzt nun dazu auch die *Expectations* von Jasmine so, dass diese auf die vollständige Abarbeitung des *ControlFlows* warten und erst dann, nach erfolgreichem Auflösen aller Promises, die Assertion durchführen.

Listing 17-38 verdeutlicht dieses Vorgehen. Der dargestellte Test navigiert auf die Startseite der Beispielapplikation und holt mit dem Befehl *browser.getTitle* den Titel der Applikation, den er dann in *pageTitle* ablegt. Nun enthält jedoch *page Title* statt des Titels tatsächlich ein Promise, das noch nicht aufgelöst ist. Die Adaption von Protractor ermöglicht es jedoch, die Assertion so zu schreiben, als wäre das erwähnte Promise bereits aufgelöst. Alternativ dazu müsste der Entwickler sonst – wie im zweiten Test-Block an einem Beispiel demonstriert wird – die Assertion innerhalb des *then*-Handlers verschieben, da erst dort der tatsächliche Titel verfügbar wäre.

Listing 17-38: Verwendung asynchroner Befehle mit Protractor und WebDriverJS auf synchrone Weise

```
import { browser } from 'protractor';

describe('Page Title E2E Test', () => {

    beforeEach(() => {
        browser.get('http://localhost:4200');
    });

    it('should verify the page title', () => {

        const pageTitle = browser.getTitle();
        expect(pageTitle).toEqual('Flug Portal');

    });

    it('should verify the page title manually', (done) => {
```

```
        // Manuelle Auflösung des Promise
        browser.getTitle()
            .then(function (pageTitle) {
                expect(pageTitle).toEqual('Flug Portal');
                done();
            });

    });

});
```

Da Angular stark auf die Verwendung von Jasmine setzt, werden die notwendigen Adaptionen von Protractor automatisch bereitgestellt. Entwickler, die stattdessen andere Bibliotheken bevorzugen, beispielsweise *Mocha* (*http://mochajs.org*), müssen ein promise-orientiertes *Assertion Framework* verwenden, beispielsweise *Chai* (*http://chaijs.com*) mit dem Plug-in *Chai as Promised* (*http://chaijs.com/plugins/chai-as-promised*). Eine hilfreiche Anleitung dafür ist in der Protractor-Dokumentation (*https://github.com/angular/protractor/blob/master/docs/frameworks.md*) zu finden.

Installation und Konfiguration

Die Angular CLI bietet über den Befehl *ng e2e* oder *npm run e2e* bereits eine fertige Implementierung von Protractor an. Außerhalb der CLI installieren Sie zuerst mit dem Befehl aus Listing 17-39 Protractor sowie TS-Node für die TypeScript-Unterstützung:

Listing 17-39: Installation von Protractor mittels »npm«

```
npm install protractor ts-node --save-dev
```

Danach können Sie in der NodeJS *package.json* ein Skript für den Aufruf erstellen (Listing 17-40):

Listing 17-40: »npm«-Skript in »package.json« zum Starten von Protractor

```
{
    "scripts": {
        "e2e": "protractor protractor.conf.js"
    }
}
```

Nun ist es möglich, Protractor über die Konsole mit dem Befehl *npm run e2e* aus Listing 17-41 zu starten. Die Ausführung des Befehls muss auf der Ebene der *package.json* erfolgen.

Listing 17-41: Befehl, um Protractor über ein »npm«-Skript zu starten

```
npm run e2e
```

Als weitere Methode zum Starten von Protractor steht der Aufruf der *cli.js* direkt zur Verfügung (Listing 17-42):

Listing 17-42: Befehl, um Protractor über »NodeJS« zu starten

```
node node_modules/protractor/built/cli.js
```

Der Vorteil ist hier die Möglichkeit, über eine IDE wie Webstorm eine *Run Configuration* zu definieren. Das Debugging des End-2-End-Tests mit Breakpoints innerhalb der IDE ist somit möglich. Weitere Informationen dazu finden Sie unter *http://www.protractortest.org/#/debugging.*

Sie brauchen die serverseitige JavaScript-Plattform *NodeJS*, um Protractor und dessen Abhängigkeiten installieren und verwenden zu können. Auf der Homepage (*http://nodejs.org*) steht für macOS ein *dmg*-Paket zur Verfügung, für Linux je nach Distribution *apt get*, *yum* und weitere Befehle, und für Windows finden Sie dort einen vorgefertigten Installer. Die Seite (*https://nodejs.org/en/download/package-manager*) listet die zahlreichen Optionen auf. Für die hier beschriebenen Werkzeuge ist kein größeres Wissen über die Verwendung von NodeJS nötig. Für interessierte Entwickler und jene, die erste Schritte mit NodeJS unternehmen möchten, sind die Workshops der NodeSchool (*http://nodeschool.io*) sehr zu empfehlen.

Mit dem Paket *protractor* installieren Sie auch noch das zusätzliche Hilfsprogramm *webdriver-manager*. Dieses dient im nächsten Schritt (Listing 17-43) dazu, den gewünschten WebDriver sowie einen lokalen *Standalone Selenium Server* zu installieren. Dafür ist das Java Development Kit (JDK) erforderlich. Wie Sie einen Remote-Server verwenden, erfahren Sie in der Online-Dokumentation unter *http://www.protractortest.org/#/server-setup*. Standardmäßig installiert der Befehl den *ChromeDriver*, der für den Browser Google Chrome zum Einsatz kommt. Falls Sie einen anderen WebDriver installieren wollen, um beispielsweise den Internet Explorer anzusprechen, kann dies mit dem Suffix *--ie* zum erläuterten Befehl geschehen. Beachten Sie, dass der gewünschte Browser lokal vorhanden sein muss.

Listing 17-43: Installation des Standalone Selenium Servers und des ChromeDrivers

```
webdriver-manager update
```

In früheren Versionen von Protractor war es zudem notwendig, vor dem Test eine Instanz des lokalen Selenium Servers manuell mit dem Befehl *webdriver-manager start* zu starten. Mit der aktuellen Version von Protractor entfällt dieser Schritt.

Um den Webdriver vor einem Testlauf zu installieren, können Sie ebenfalls ein npm-Skript einrichten, wie Listing 17-40 zeigt. Da das Präfix *pre* im Namen *pree2e* eingesetzt wurde (Listing 17-44), startet das Skript automatisch vor Protractor durch den Befehl *npm run e2e*.

Listing 17-44: »npm«-Skript für »webdriver-manager«

```
{
    "scripts": {
        "pree2e": "webdriver-manager update"
    }
}
```

Protractor-Konfigurationsdatei

Nun, da sämtliche Voraussetzungen installiert sind, müssen Sie eine Konfigurationsdatei für Protractor erstellen. Dazu legen Sie eine Datei, beispielsweise *protractor.conf.js*, im Root-Verzeichnis des Angular-Projekts an. Listing 17-46 zeigt die von der Beispielapplikation genutzte Konfiguration, die auch in weiten Teilen der Angular-CLI-Standardkonfiguration entspricht.

Bei der eigentlichen Konfiguration handelt es sich um ein NodeJS-Modul, was Sie an dem *exports*-Objekt erkennen, das eine Eigenschaft *config* erhält. Ihr wird ein Objekt übergeben, das sämtliche Einstellungen für die künftigen E2E-Tests vornimmt.

Vor Version 5 von Protractor war es noch notwendig, die Eigenschaft *useAllAngular2AppRoots: true* anzugeben.

Protractor ruft die Methode *onPrepare* auf, sobald die Initialisierung abgeschlossen ist, jedoch bevor der erste Test gestartet wird. Zu diesem Zeitpunkt haben Sie bereits Zugriff auf den ausführenden Browser. Es kann auch ein Promise zurückgegeben werden, wodurch auch asynchrone Arbeiten möglich sind.

Im verwendeten Beispiel wird die Auflösung des ausführenden Browsers in der Methode *onPrepare* eingestellt. Die Eigenschaft *directConnect* sorgt dafür, dass der lokal installierte WebDriver zur Anwendung kommt, weshalb das Starten eines Standalone Selenium Servers nicht mehr notwendig ist. Diese Eigenschaft wird jedoch nur von Chrome und Firefox unterstützt. Mit *capabilities* und der darin enthaltenen Eigenschaft *browserName* können Sie einstellen, welcher Browser für die Tests zu starten ist. Chrome ist hier die Standardeinstellung und deshalb auskommentiert.

Um mehrere Browser gleichzeitig für Tests einzusetzen, müssen Sie stattdessen die ebenfalls kommentierte Eigenschaft *multiCapabilities* verwenden. Die Eigenschaft *specs* dient zum Laden von Testspezifikationen. Dem Array der Eigenschaft lassen sich entweder einzelne Dateien oder mit dem Stern-Symbol als Platzhalter auch ganze Ordner und mehrere Dateien zuweisen. Hierbei hat es sich eingebürgert, dass Testdateien nach dem Schema *[thema].e2e-spec.js* benannt werden. Möchten Sie jedoch nicht stets alle Tests ausführen, lassen sich auch sogenannte Suites definieren, die Sie in der kommentierten Eigenschaft *suites* sehen. Sie aktivieren eine Suite, indem Sie den Parameter *--suite* beim Aufruf von Protractor angeben. Über das *npm*-Skript *e2e* ist dies ebenfalls möglich, wie Listing 17-45 zeigt. Die ersten beiden Bindestriche benötigt *npm*, um den Parameter übergeben zu können.

Listing 17-45: Aufruf der Suite »home«

```
npm run e2e -- --suite=home
```

Die Eigenschaft *jasmineNodeOpts* dient dazu, den Timeout und andere Konfigurationen für Jasmine anzugeben.

Um auch End-2-End-Tests in TypeScript schreiben zu können, nutzen Sie das *npm*-Paket *ts-node* (*https://github.com/TypeStrong/ts-node*). Es ermöglicht das Ausführen von TypeScript über NodeJS. Aktiviert wird es über *require('ts-node')* in der Methode *beforeLaunch*.

Listing 17-46: Konfigurationsdatei von Protractor

```
const {SpecReporter} = require('jasmine-spec-reporter');

// Protractor-Konfiguration
exports.config = {
    onPrepare: function () {

        // Einstellung der Browser-Auflösung
        browser.driver.manage().window().setSize(1280, 1024);
    },

    directConnect: true,

    // allScriptsTimeout: 11000,

    // capabilities: {
    //     'browserName': 'chrome'
    // },

    // Alternative für mehrere Browser
    //multiCapabilities:[
    //  {
    //    'browserName' : 'safari'
    //  },
    //  {
    //    'browserName' : 'firefox'
    //  },
    //  {
    //    'browserName' : 'chrome'
    //  }
    //],

    specs: ['e2e/specs/*.e2e-spec.ts'],
    // suites: {
    //     home: [
    //         'e2e/specs/check-page-title.e2e-spec.ts',
    //         'e2e/specs/flight-overview.e2e-spec.ts'
    //     ],
    //     search: 'e2e/specs/flight-search.e2e-spec.ts'
```

```
    // },

    framework: 'jasmine',
    jasmineNodeOpts: {
        showColors: true,
        defaultTimeoutInterval: 30000,
        print: function () {
        }
    },

    beforeLaunch: function () {
        require('ts-node').register({
            project: 'e2e/tsconfig.e2e.json'
        });
    }
};
```

Auf der Github-Seite (*https://github.com/angular/protractor/blob/master/lib/config.ts*) finden Sie eine Übersicht der weiteren Konfigurationsmöglichkeiten. Diese Eigenschaften können auch über die Kommandozeile mitgegeben werden. Es ist somit in vielen Fällen nicht notwendig, mehrere Konfigurationsdateien zu erzeugen, um verschiedene Szenarien abzudecken. Besonders bei der Verwendung in Continuous-Integration-Systemen (CI-Systemen) kann dies ein Vorteil sein.

Tests lassen sich nun über *npm run e2e* starten. Die Angular CLI startet dabei automatisch vor Beginn der Tests auch die Applikation selbst. Dies ist auch außerhalb der CLI durch die Nutzung des *npm*-Pakets *concurrently* (*https://github.com/kimmobrunfeldt/concurrently*) möglich, wie Listing 17-47 zeigt. Die Parameter *-s* und *-k* sorgen dafür, dass bei Beendigung von Protractor auch die Applikation stoppt.

Listing 17-47: »npm«-Skript, um die Applikation und Protractor simultan zu starten

```
{
    "scripts": {
        "e2e:start": "concurrently -s first -k \"npm start\" \"npm run e2e\"",
    }
}
```

E2E-Tests mit Jasmine

Wie eingangs erwähnt, kommt das BDD-Testing-Framework (BDD – *Behavior Driven Development*) Jasmine in für E2E-Tests adaptierter Form als Werkzeug zum Schreiben von Tests zum Einsatz. Dies hat den Vorteil, dass sowohl für Unit-Tests als auch für E2E-Tests eine einheitliche Schreibweise zur Anwendung kommt und Sie somit keinen zusätzlichen Einarbeitungsbedarf haben. Für die Arbeit mit Browsern, wie das Warten auf Seitenereignisse oder das Finden und Auslesen von Elementen, stellt Protractor zusammen mit der WebDriverJS-API einige Hilfsmethoden zur Verfügung. Auf diese gehen wir nun schrittweise im Zuge der Tests ein.

Die Tests selbst liegen im Ordner *e2e/specs* bereit und lassen sich mit Protractor aus dem Beispielhauptverzeichnis durch den Befehl *npm run e2e:start* sowohl in der Angular CLI als auch in der Seed-Variante starten.

Protractor ist in der momentan aktuellen Version nicht in der Lage, auf Animationen zu warten. Als Workaround wird die Applikation deshalb ohne Animationen gestartet.

Um Animationen in Angular generell zu deaktivieren, konfigurieren Sie folgenden Provider im Root-Module:

```
{provide: AnimationDriver, useValue: AnimationDriver.NOOP}
```

Spezifikation und Resultat eines E2E-Tests mit Jasmine

Listing 17-12 zeigt, wie die Struktur einer Testspezifikation für E2E-Tests aussieht. Die zu testende Suite, sprich der Abschnitt oder die Sektion, ist mit der eröffnenden Funktion *describe* beschrieben. Diese erhält neben der Beschreibung eine Funktion, die die kommenden Tests umschließt. Im Falle von E2E-Tests ist es oft notwendig, jeden Test von Neuem zu starten – also so, als ob der Benutzer für jedes zu testende Feature die Seite neu lädt und dann seinen Test durchführt. Dies lässt sich mit der Funktion *beforeEach* bewerkstelligen, die die Methode *get* des globalen Hilfsobjekts *browser* mit der Zieladresse der Webseite aufruft. Hier wäre es auch denkbar, Cookies über *browser.driver.manage().deleteAllCookies();* zu löschen, falls die Anforderung dies notwendig macht.

Die darauffolgende Funktion *it* beschreibt nun einen Testfall, der den Titel der geladenen Seite vergleichen soll. Hierfür kommt die Methode *browser.getTitle* zum Einsatz, die – wie alle Protractor-Methoden – ein Promise zurückliefert. Der Befehl *expect* wartet auf die Beendigung des Promise und vergleicht dessen Ergebnis mit dem erwarteten Titel.

Listing 17-48: Struktur einer Test-Spezifikation für E2E-Tests

```
import { browser } from 'protractor';
describe('Page Title E2E Test', () => {

    beforeEach(() => {
        browser.get('http://localhost:4200');
    });

    it('should verify the page title', () => {

        const pageTitle = browser.getTitle();
        expect(pageTitle).toEqual('Flug Portal');

    });
});
```

Nachdem der Protractor-Befehl ausgeführt wurde, sehen Sie eine Ausgabe ähnlich der in Abbildung 17-8. Der Testlauf gibt Auskunft darüber, dass der *ChromeDri ver* ausgeführt worden ist und dass bei einem Test mit einer Assertion keine Fehler auftraten. Wie zu sehen ist, beendet der Testlauf am Ende die verwendeten

WebDriver-Instanzen und gibt mit der Schlussbemerkung *chrome #1 passed* an, dass sämtliche Testfälle erfolgreich waren.

```
[19:05:35] I/direct - Using ChromeDriver directly...
[19:05:35] I/launcher - Running 1 instances of WebDriver
Started
.....


5 specs, 0 failures
Finished in 8.052 seconds
[19:05:45] I/launcher - 0 instance(s) of WebDriver still running
[19:05:45] I/launcher - chrome #01 passed
```

Abbildung 17-8: Resultat des Protractor-Testlaufs

Elemente mit dem Hilfsobjekt by finden

Damit Sie auf Elemente innerhalb der geladenen Seite zugreifen können, stellt die WebDriverJS-API das Objekt *by* zur Verfügung. Es beinhaltet die in Tabelle 17-2 gezeigten Hilfsmethoden, sogenannte *Locators*. Sämtliche Funktionen lassen sich somit nach dem Schema *by.[Methode](Parameter)* ausführen und geben ein Promise zurück, das bei seiner Auflösung ein oder mehrere Elemente zurückliefert.

Tabelle 17-2: WebDriverJS-API: Methoden des Hilfsobjekts »by« für das Finden von Elementen

Methode	Beschreibung
className	Findet Elemente, die den übergebenen Klassennamen verwenden.
css	Findet Elemente anhand eines CSS-Selektors.
id	Findet ein Element anhand seines ID-Attributs.
linkText	Findet *a*-Tags, deren sichtbarer Link-Text gleich dem übergebenen String ist.
partialLinkText	Findet *a*-Tags, deren sichtbarer Link-Text den übergebenen Teilstring enthält.
js	Findet Elemente anhand der Evaluierung des übergebenen JavaScript-Ausdrucks.
name	Findet Elemente anhand des Attributs *name*.
tagName	Findet Elemente anhand ihres Tag-Typs.
xpath	Findet Elemente anhand eines XPath-Selectors.

Listing 17-49 zeigt, wie sich mit der Methode *by.tagName* ein Header-Element mit dessen Tag-Namen auffinden lässt. Der gezeigte Test sucht nach der Willkommensnachricht auf der Startseite der Applikation, indem er die erwähnte Methode mit dem Parameter *h1* für einen Header erster Rangordnung ausführt. Das Resultat der Suche lässt sich mit der Funktion *element* in ein sogenanntes *WebElement* überführen, das der Konstante *elem* zugewiesen ist. Die Funktion *element* verwendet dazu einen sogenannten *ElementFinder* bzw. *ElementArrayFinder*, je nachdem, ob ein oder mehrere Elemente zu finden sind. Der *ElementFinder* bzw. *ElementArrayFinder* setzt die durch das *by*-Objekt beschriebene Suche in die Tat um. Das Besondere dabei ist, dass der *ElementFinder* dabei auf Angular Rücksicht nimmt und Elemente erst dann erzeugt, wenn Angular bereit und geladen ist. Dies stellt sicher, dass sämtliche Konfigurationen und Ladeprozeduren der Single Page Application abgeschlossen sind, bevor der Testfall eintritt.

Suchmethoden wie *by.tagName* sind dafür ausgelegt, einzelne Elemente zu finden. Findet die WebDriverJS-API jedoch mehrere Vorkommnisse, nimmt sie automatisch das erste der gefundenen Elemente für die weitere Verarbeitung.

Das gefundene *WebElement* stellt nun einige Methoden zur Verfügung. Mit *isPresent* lässt sich feststellen, ob ein Element überhaupt vorhanden ist. Die Methode *getText* ermöglicht es, den sichtbaren Wert zu erfassen – also nicht durch CSS versteckte *innerText*-Inhalte. Um nochmals auf die asynchrone Unterstützung von Jasmine und deren durch Protractor abgewandelten *Expectations* hinzuweisen, zeigt der Testfall, dass sämtliche Funktionen, also auch *getText*, ein Promise zurückliefern. Benötigt der Entwickler vorzeitig Zugriff auf den tatsächlichen Wert, kann er jederzeit einen angehängten *then*-Promise-Handler verwenden, der eine Funktion mit dem Ergebnis als Parameter aufruft. Darin ließe sich dann ebenso die Assertion durchführen.

Listing 17-49: Suche nach einem Element mithilfe von »by.tagName«

```
import { browser, by, element } from 'protractor';

describe('Flight Overview', () => {
    it('should find a welcome message', () => {
        browser.get('http://localhost:4200');
        const expectedHeaderText = 'Welcome!';

        // Suche mittels des TagName
        const elem = element(by.tagName('h1'));

        // Existiert das Element auch tatsächlich?
        expect(elem.isPresent()).toBe(true);

        // Methoden wie getText liefern ein Promise zurück
        elem.getText().then(function (text) {
            expect(text).toBe(expectedHeaderText);
        });

        // Automatisch Promises auflösen
        expect(elem.getText()).toBe(expectedHeaderText);
    });

});
```

Da die Abarbeitung zahlreicher Tests eine gewisse Zeit in Anspruch nimmt, kann es teils mühsam sein, einen gezielten Test zu implementieren und wiederholt auszuführen. Um einzelne Tests bzw. ganze Suites gezielt aus einem Testlauf auszunehmen, kann der Entwickler dem jeweiligen *it* oder *describe* ein *x* voranstellen.

Eigene Locators nutzen

Protractor stellt für die erste Version von Angular zusätzliche Locators wie *by.repeater* oder *by.model* zur Verfügung. Diese sind jedoch für die aktuelle Version momentan nicht verfügbar. Es besteht aber die Möglichkeit, eigene Locators zu schreiben, die ebenfalls über *by* angesprochen werden können. Dafür stellt Protractor die Methode *addLocator* zur Verfügung.

Der selbst erstellte Locator (Listing 17-50) *by.e2eLocator* sucht im HTML nach dem Attribut *flightE2eLocator* und einem später übergebenen Wert, der den Inhalt des Attributs wiedergibt.

Damit dies funktioniert, wird der Methode *addLocator* als Erstes die Locator-Bezeichnung übergeben. Der zweite Parameter enthält die Funktion der eigentlichen Elementabfrage. Protractor selbst übergibt später dieser die Parameter *value* und *parentElement* anhand der Nutzung im Test.

Damit TypeScript den neuen Locator akzeptiert, müssen Sie sich eines kleinen Tricks bedienen. Dafür wird ein Interface erstellt, das *ProtractorBy* um den eigenen Locator erweitert. Mit diesem Interface können Sie nun die selbst erstellte Variable *by* typisieren. Das originale Hilfsobjekt, das beim Import als *orgBy* bezeichnet wurde, wird nun nun der Variablen zugewiesen. Das Fragezeichen in *e2eLocator?(...);* weist den TypeScript-Compiler an, die Methode *e2eLocator* als optional zu betrachten. Wäre dies nicht der Fall, könnte *orgBy* aufgrund eines Typkonflikts nicht zugewiesen werden.

Listing 17-50: Locator, der nach dem Attribut »flightE2eLocator« suchen kann

```
// custom-locator.ts
import { by as orgBy } from 'protractor';
import { ProtractorBy } from 'protractor/built/locators';

orgBy.addLocator('e2eLocator', (value, parentElement) => {

    // HTML-Element, in dem gesucht werden soll
    const using: HTMLElement = parentElement || document;

    // Suche nach dem Attribut flightE2eLocator mit übergebenem Wert
    return using.querySelectorAll(`[flightE2eLocator="${value}"]`);

});

interface ProtractorByWithE2eLocator extends ProtractorBy {
    e2eLocator?(value, parentElement?);
}
export let by: ProtractorByWithE2eLocator = orgBy;
```

Die exportierte Variable *by* kann, wie Listing 17-51 zeigt, nun im Test importiert und genutzt werden. Dabei stehen Ihnen nun der selbst erstellte Locator sowie alle anderen Locators zur Verfügung.

Listing 17-51: Import und Nutzung des neu erstellten Locators

```
import { by } from '../lib/custom-locator';
element(by.e2eLocator('login'));
element(by.tagName('button'));
```

Im zuvor erstellten Locator fällt auf, dass er ein Attribut (*flightE2eLocator*) erwartet, das im normalen HTML nicht vorkommt. Angular würde bei der Benutzung einen Fehler im Browser ausgeben. Abhilfe schafft hier die Attribut-Direktive aus Listing 17-52. Sie hat nur die Aufgabe, am Element zu bleiben und eine eventuell übergebene Expression als Attributwert anzuzeigen.

Angular löscht verarbeitete Direktiven aus dem DOM. Dies ist normalerweise in Ordnung. Speziell hier soll das Attribut aber erhalten bleiben, um Protractor den Weg zu weisen, weshalb das Attribut nochmals per *setElementAttribute* gesetzt wird:

Listing 17-52: Import und Nutzung des neu erstellten Locators

```
import { Directive, Input, ElementRef, Renderer } from '@angular/core';

@Directive({selector: '[flightE2eLocator]'})
export class E2eLocatorDirective {

    @Input() set flightE2eLocator(flightE2eLocator: string) {
        this.renderer.setElementAttribute(this.el.nativeElement, 'flightE2eLocator',
flightE2eLocator);
    }

    constructor(private el: ElementRef, private renderer: Renderer) {
    }
}
```

Eigene Attribute (Listing 17-53) im HTML einzusetzen, die nur für E2E-Tests existieren, hat für viele Entwickler einen merkwürdigen Beigeschmack: Normalerweise gilt es, den Programmcode nicht speziell für Tests anzupassen. Diese Technik hat jedoch viele Vorteile. Eigene Attribute sind schnell erkennbar und haben keine Auswirkung auf den eigentlichen Code, weshalb sie auch an jedes Element gebunden werden können. Dadurch müssen Sie im Test nicht mit komplexen Parent/Child-Konstrukten arbeiten. Bei Elementen, die dieses Attribut aufweisen, kann jeder erkennen, dass es sich um ein HTML-Tag handelt, das getestet wird. So kann sich nicht nur ein Entwickler, sondern auch ein Designer bei Änderungen am DOM darauf einstellen. Durch die Nutzung von Attributen wie *class* können immer wieder Tests fehlschlagen, da diese häufig geändert werden. Einschränkungen wie zum Beispiel für das Attribut *id* – es muss eindeutig sein – gelten für ein eigenes Attribut nicht.

Im Endeffekt müssen Sie entscheiden, ob solche Attribute in Ihrer Applikation zulässig sind oder nicht.

Listing 17-53: Nutzung von »by.e2eLocator« in Kombination mit der Attribut-Direktive »flightE2eLocator«

```
// Test
element(by.e2eLocator('login'));
// HTML
<button class="btn btn-default" flightE2eLocator="login" (click)="login()">
Login</button>

// Test
element(by.e2eLocator('flight-card-12'));
// HTML
<div [flightE2eLocator]="'flight-card-' + item.id">...</div>
```

Interaktion mit Elementen

Selbstverständlich kann Protractor mit den gefundenen Elementen auch interagieren. Die nachfolgenden Tests zeigen dazu, wie sich die Seite *Flug buchen* (Abbildung 17-9) prüfen lässt. Dabei kommt auch der Locator zum Einsatz, den wir im letzten Abschnitt vorgestellt haben.

Die Tests in Listing 17-55 und Listing 17-56 möchten die Suche prüfen. Als Voraussetzung dafür muss zuerst der Login erfolgen und danach die Seite *Flug buchen* aufgerufen werden.

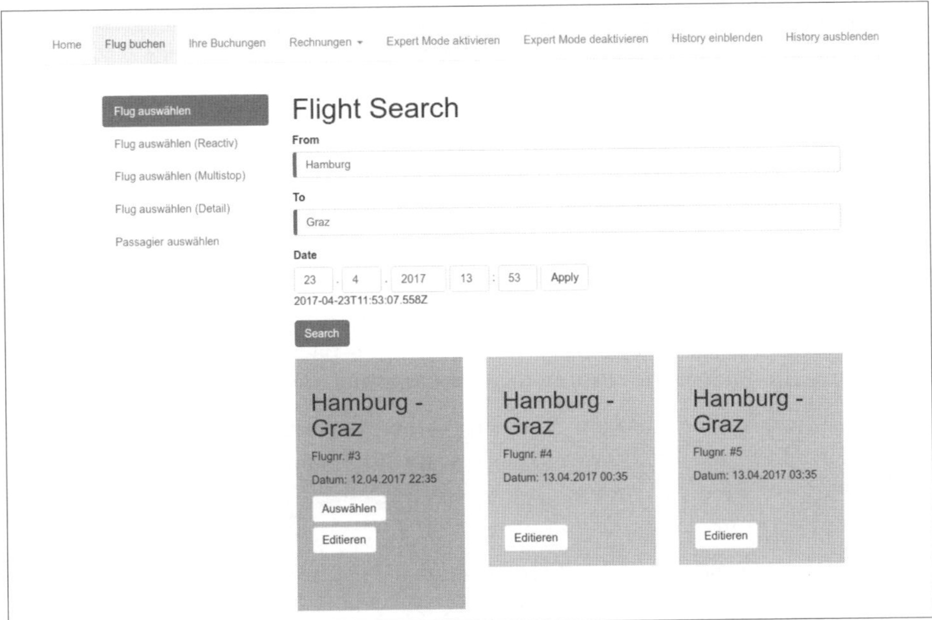

Abbildung 17-9: Zu prüfende Seite: Flug buchen

Beginnend mit dem Import der zuvor erstellten Variable *by*, die die Protractor-Variante von *by* inklusive eines eigenen Locators darstellt, benötigt die Test-Spezifikation noch *browser* und *element* von Protractor (Listing 17-54).

Der Jasmine-Block *beforeEach* sorgt für die nötigen Voraussetzungen, um testen zu können. Mit *browser.get* ruft zunächst die Test-Spezifikation die Applikation im Browser auf. Durch *sendKeys* zur Simulation von Tasteneingaben am Input-Feld und Klick auf den Button *Login* erfolgt der Login. Zum Schluss wird das Menü-Element *Flug buchen* angeklickt, um auf die zu testende Seite zu gelangen. Die Methode *click* stellt, wie auch mit *sendKeys* gezeigt, bereits eine der möglichen Interaktionen dar.

Listing 17-54: Nutzung von »beforeEach« zur Vorbereitung

```
import { by } from '../lib/custom-locator';
import { browser, element } from 'protractor';

describe('Flight Search', () => {

    beforeEach(() => {
        browser.get('http://localhost:4200');
        element(by.e2eLocator('user')).sendKeys('max');
        element(by.e2eLocator('password')).sendKeys('geheim');
        element(by.e2eLocator('login')).click();
        element(by.e2eLocator('flug-buchen')).click();
    });

});
```

Auf der Seite *Flug buchen* angelangt, wird mit einem Klick auf den Button *Search* die Suche ausgelöst (Listing 17-55). Um zu verifizieren, ob die Suche erfolgreich war, prüft die Assertion, ob alle drei erwarteten Flüge vorhanden sind. Dafür kommt *element.all* zum Einsatz. Durch die Benutzung von *all* erwartet Protractor mehrere Elemente, wodurch hier ein *ElementArrayFinder* zurückgeliefert wird. Dieser Typ enthält erweiterte Methoden (wie *count*), die Abfragen über die gefundenen Elemente zulassen. Weitere Beispiele wären hier *first*, *last*, *each* und viele mehr. Diese können Sie der Protractor-API-Dokumenation entnehmen.

Da der Button für die Auswahl eines Fluges erst erscheint, wenn die Maus über einem der Flüge platziert ist, muss dies erst mit *browser.actions* simuliert werden. Dafür wird der Methode *mouseMove* das WebElement *flight* übergeben und die Aktion mit *perform* ausgeführt.

Eine weitere Funktion von WebElements ist die Methode *getAttribute*, die Attributwerte eines DOM-Elements zurückgibt. Die zweite und dritte Assertion zeigt, wie sich der *style* des WebElements *flights* dazu nutzen lässt, die Auswahl zu verifizieren.

Listing 17-55: Interaktion über »mouseMove« und »click«

```
it('should find flights between Hamburg and Graz and select one', () => {
    element(by.e2eLocator('search')).click();
    expect(element.all(by.tagName('flight-card')).count()).toBe(3);

    let flight = element(by.e2eLocator('flight-card-12'));

    browser.actions().mouseMove(flight.getWebElement()).perform();

    expect(flight.getAttribute('style')).toContain('lightgrey');
    flight.element(by.tagName('input')).click();
    expect(flight.getAttribute('style')).toContain('orange');
});
```

Der abschließende Test prüft, ob der Button *Search* nicht genutzt werden kann, wenn Start- und Ziel-Destination gleich sind (Listing 17-56). Mit *clear* wird das Input-Element *to* geleert, und mit *sendKeys* werden wieder Tasteneingaben am Input-Feld simuliert. Da nun in beiden Feldern *Hamburg* definiert ist, schlägt die Validierung an, weshalb eine Suche nicht mehr möglich ist. Diese Information liefert die Methode *isEnabled* dem Matcher *toBe*.

Listing 17-56: Nutzung von »by.e2eLocator« in Kombination mit der Attribut-Direktive »flightE2eLocator«

```
it('should disable search button if from and to location are the same', () => {

    expect(element(by.e2eLocator('search')).isEnabled()).toBe(true);

    element(by.e2eLocator('to')).clear();
    element(by.e2eLocator('to')).sendKeys('Hamburg');

    expect(element(by.e2eLocator('search')).isEnabled()).toBe(false);

});
```

Jasmine-Reporter

In größeren Projekten ist es üblich, Tests nicht nur von Entwicklern ausführen zu lassen. Es gibt zentrale Systeme, die die Tests selbstständig starten und im Fehlerfall Rückmeldung geben. Damit die nötigen Informationen (wie Screenshots oder XML-Dateien mit Ergebnissen) zustande kommen, bietet Jasmine die Möglichkeit, Reporter einzubinden. Die Reporter selbst sind JavaScript-Objekte, die spezielle Methoden implementieren. Jasmine ruft, je nach Fall, diese Methoden auf und übergibt Testinformationen. Diese verarbeitet der Reporter zum gewünschten Resultat weiter. Die Konfiguration der Reporter erfolgt dabei über die Datei *protractor.conf.js*. Listing 17-57 zeigt die Konfiguration des Reporters *jasmine-spec-reporter*:

Listing 17-57: Reporter konfigurieren

```
const {SpecReporter} = require('jasmine-spec-reporter');
exports.config = {
    onPrepare() {
        jasmine.getEnv().addReporter
           (new SpecReporter({spec: {displayStacktrace: true}}));
    }
};
```

Über die Angular CLI kommt dieser Reporter bereits mit; ansonsten müssen Sie mit dem Befehl aus Listing 17-58 das entsprechende *npm*-Paket installieren:

Listing 17-58: Installation des Reporters »jasmine-spec-reporter«

```
npm install jasmine-spec-reporter --save-dev
```

Durch den Einsatz dieses Reporters werden nun noch Informationen über den Testablauf in die Log-Ausgabe geschrieben, wie Abbildung 17-10 zeigt:

```
Spec started

  Page Title E2E Test
    ✓ should verify the page title
    ✓ should verify the page title manually

  Flight Overview
    ✓ should find a welcome message

  Flight Search
    ✓ should find flights between Hamburg and Graz and select on
    ✓ should disable search button if from and to location are the same

Executed 5 of 5 specs SUCCESS in 8 secs.
```

Abbildung 17-10: Resultat des Protractor-Testlaufs mit »jasmine-spec-reporter«

Im Beispiel aus Listing 17-59 ist zu sehen, wie ein selbst erstellter Reporter aussehen kann. Dieser generiert einen Screenshot, sobald ein Test fehlgeschlagen ist. Die Methode *specDone* wird dabei von Jasmine aufgerufen. Im Internet finden Sie reichlich fertige Reporter für verschiedenste Zwecke, etwa auf der GitHub-Seite *https://github.com/larrymyers/jasmine-reporters*. Weitere Details zum Erstellen eigener Reporter finden Sie in der Jasmine-Dokumentation unter *https://jasmine.github.io/2.5/custom_reporter.html*.

Listing 17-59: Eigener Reporter, der im Fehlerfall einen Screenshot erstellt

```
exports.config = {
    onPrepare: function () {

        // Eigener Reporter, der im Fehlerfall einen Screenshot erstellt
        const fs = require('fs');
        const mkdirp = require('mkdirp');
        jasmine.getEnv().addReporter(new function () {
            this.specDone = function (result) {
                if (result.failedExpectations.length > 0) {
```

```
                browser.takeScreenshot().then(png => {
                    mkdirp('dist/screenshots', err => {
                        if (err) {
                            console.error(err);
                        } else {
                            let stream = fs.createWriteStream(
                                'dist/screenshots/' +
                                result.description.replace(/[\|&;\$%@"<>\(\)\+,\/
]/g, "") + '.png'
                            );
                            stream.write(new Buffer(png, 'base64'));
                            stream.end();
                        }
                    });
                });
            }
        };
    });
  },
  [...]
};
```

Zusammenfassung

Das populäre Testing-Framework Jasmine ermöglicht es Ihnen, automatisierte Tests für JavaScript-Anwendungen zu erstellen. Es folgt dem Ansatz des *Behavior Driven Development* (BDD) und ist das bevorzugte Werkzeug zum Testen von Angular-Anwendungen, zumal Angular mit den *Angular Testing Utilities* Unterstützung für Jasmine bietet. Durch die Bereitstellung von Source Maps können Sie auch TypeScript-Dateien über den Browser debuggen. Daneben hilft Angular beim Simulieren von Abhängigkeiten, zum Beispiel durch die Verwendung von *MockBackend* für den *Http*-Service.

Während sich all dies genauso wie das Spy-Konzept von Jasmine für das Erstellen isolierter Komponententests als äußerst nützlich herausstellt, bietet Protractor darauf aufbauend die Möglichkeit, schichtenübergreifende Integrationstests bzw. End-2-End-Tests zu automatisieren. Durch die Nutzung von Reportern für die Code-Coverage in Unit-Tests oder zur Erstellung von Screenshots in End-2-End-Tests ist es möglich, dass Sie Ihre Tests besser visualisieren und analysieren.

KAPITEL 18

Tools und erweiterter Projektaufbau

Die Entwicklung von Single Page Applications (SPA) stellt den Entwickler vor eine große Anzahl an Aufgaben, um das gewünschte Ergebnis zu erzielen. Angular bietet dafür bereits ein hauseigenes Commandline Interface über das *npm*-Paket *@angular/cli* (*cli.angular.io*) an, das wir in Kapitel 1 beschrieben haben. Obwohl dieses Tool bereits viel von der gewünschten Funktionalität bietet, kann es sein, dass es für Ihre Projektanforderungen trotzdem nicht ausreicht. In diesem Kapitel befassen wir uns mit verschiedenen Werkzeugen und Techniken, die die alltägliche Arbeit mit Angular auch außerhalb der CLI stark vereinfachen.

Nach einer Einführung zum strukturellen Aufbau eines Angular-Projektes erklären wir die Grundlagen des mächtigen Module-Bundlers *Webpack* in der Version 2 (*https://webpack.js.org/*), den auch die Angular CLI unter der Haube nutzt. Webpack sorgt dafür, dass alle Dateien zu einer funktionierenden Anwendung zusammenwachsen. Auch gehen wir darauf ein, wie Ihre Anwendung dabei Schritt für Schritt Produktionsreife erlangt.

Zum Schluss stellen wir die Tools *TSLint* (*https://palantir.github.io/tslint/*) und *Augury* (*https://augury.angular.io/*) vor. Sie erfahren, wie Sie mit diesen Tools Ihre eigene Anwendung sauberhalten und im Bedarfsfall analysieren können.

Projektaufbau allgemein

Angular-Projekte können auf verschiedenste Weise konfiguriert und aufgebaut werden. Den „einen" Weg gibt es leider nicht. Jedoch haben sich gewisse Konventionen etabliert, wodurch viele Projekte in diesem Bereich ähnlich aufgebaut sind. Auch die Projektgenerierung der CLI mittels *ng new* legt eine sehr ähnliche Struktur an.

Tabelle 18-1 zeigt relevante Dateien und Ordner, die in Angular-Projekten mit Webpack häufig vorkommen, und beschreibt, was dahintersteckt. Die Tabelle entspricht auch der Struktur des Seed-Projekts, das Sie über die Website zu diesem Buch (*www.angular-akademie.com*) herunterladen können.

Tabelle 18-1: Projektdateien einer Angular-Applikation

Datei bzw. Ordner	Beschreibung
dist/	Hier legt Webpack die gebaute Variante der Applikation ab. Neben *dist* ist auch der Name *target* dafür üblich.
e2e/	Dieser Ordner beinhaltet E2E-Tests. Je nach Projekt sind E2E-Tests auch innerhalb der Applikationsstruktur *src/app/* zu finden. Ein externer Ordner weist meistens auf Integrationstests hin, also auf Tests, die die Anwendung als Ganzes prüfen.
src/	Der Ordner *src* beinhaltet alle Quellcodedateien (TypeScript, HTML, CSS etc.). In anderen Projekten kann diese Ebene auch fehlen. Hier liegt dann der Inhalt meistens im Root-Verzeichnis des Projekts. Unterordner wie *src/assets/* oder *src/locale/* beinhalten meistens statische Dateien, die entweder mitgeliefert oder während der Kompilierungsphase benötigt werden.
src/index.html *src/index.ejs*	Auch *index.html*. Sie ist der Einstiegspunkt der Anwendung im Browser. Die hier gezeigte Variante mit der Endung *.ejs* beinhaltet spezielle Tags <% %>, die Webpack durch ein Plug-in verarbeiten und zum Beispiel durch konfigurierte Werte ersetzen kann. Das Ergebnis im Ordner *dist* ist die Datei *index.html*.
src/main.aot.ts *src/main.ts*	Beinhaltet den Bootstrap von Angular und wird als Einstiegspunkt von Webpack genutzt, um ein Bundle der Anwendungsdateien zu erhalten. Da der Bootstrap der beiden Angular-Kompilierungsvarianten JiT und AoT unterschiedlich ist, existieren dafür häufig zwei Dateien.
src/test.ts	Bundle-Konfiguration für Unit-Tests
src/polyfills.ts *src/vendor.ts*	Externe Libraries sowie Polyfills werden über diese Dateien konfiguriert. Das ermöglicht eine saubere Trennung zwischen eigenen und externen Dateien. Die Namenswahl ist hier frei, jedoch sind diese üblich.
src/typings.d.ts	Projektspezifische TypeScript-Definition
src/app/	Ordner der Angular-Applikationsdateien
karma.conf.js	Karma-Konfiguration für Unit-Tests
node_modules/	NodeJS-Paket-Ordner. Beinhaltet sämtliche Module, die über *npm* bezogen wurden. Dazu gehören der TypeScript-Compiler und andere Werkzeuge für den Build, aber auch sämtliche Bibliotheken für Angular.
package.json	Konfigurationsdatei für NodeJS. Referenziert sämtliche Bibliotheken, die benötigt werden inklusive der gewünschten Versionen. Diese lassen sich mit dem Paket-Manager *npm* beziehen (*npm install*). Sie enthält auch die Skriptkonfiguration wie *npm start* oder *npm test*.
protractor.conf.js	Protractor-Konfiguration für E2E-Tests
*tsconfig***.json*	TypeScript-Konfigurationsdateien. Je nach Projektanforderung können mehrere existieren.
tslint.json	Enthält ein Regelwerk, das von TSLint zur Prüfung von TypeScript-Dateien genutzt wird.
webpack.config.js	Webpack-Konfigurationsdatei. Bei größeren Projekten wird die Konfigurationsdatei oft aufgeteilt, um mehr Übersicht zu schaffen und Wiederholungen zu vermeiden. Das ist auch im Seed-Beispielprojekt durch die Datei *webpack.common.config.js* der Fall. Die Angular CLI generiert diese Datei im Hintergrund. Sie kann mit dem Befehl *ng eject* im Projekt ausgegeben werden.

Style Guide

Neben dem Basisaufbau bietet Angular über die Seite *https://angular.io/docs/ts/latest/guide/style-guide.html* einen detaillierten und leicht verständlichen Style Guide an, der in vielen Bereichen klar definiert, wie in einer Angular-Applikation gearbeitet werden sollte und wie deren Struktur aufgebaut sein sollte. Die Einhaltung der Guidelines sorgt dafür, dass Entwickler immer die gleiche Struktur für den Code und den Dateiaufbau vorfinden. Dadurch wird das Arbeiten mit Angular sowie das Einarbeiten in andere Projekte wesentlich erleichtert. Einige Definitionen dieses umfangreichen Regelwerks sorgen auch für den strukturellen Aufbau der Anwendung innerhalb des Projekts.

Die in Listing 18-1 gezeigte Struktur der Anwendung setzt sich somit aus einem Auszug der folgenden Regeln zusammen:

- Jeglicher Applikationscode ist unter dem Ordner *src* abzulegen. *(Regel: 04-06)*
- Komponenten mit mehreren Dateien (*.ts*, *.html*, *.css*, *.spec.ts*, ...) erhalten einen eigenen Ordner. *(Regel: 04-06)*
- Dateinamen sollen dem Inhalt und Typ entsprechen. *(Regel: 02-03)*
- Zur Unterteilung sind Punkte und Bindestriche zu nutzen. *(Regel: 02-02)*
- Code, der projektübergreifend genutzt wird, kommt in einen *shared*-Ordner. *(Regel: 04-10)*
- Unit-Test-Dateinamen sollen mit *.spec.ts* enden. *(Regel: 02-10)*

Listing 18-1: Durch den Style Guide von Angular definierte Struktur

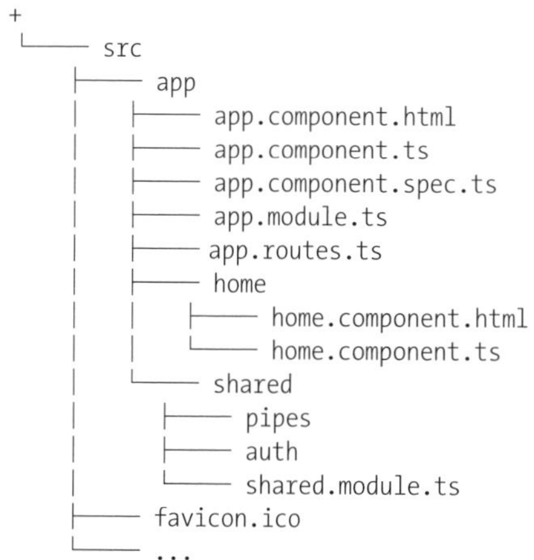

```
+
└── src
    ├── app
    |   ├── app.component.html
    |   ├── app.component.ts
    |   ├── app.component.spec.ts
    |   ├── app.module.ts
    |   ├── app.routes.ts
    |   ├── home
    |   |   ├── home.component.html
    |   |   └── home.component.ts
    |   └── shared
    |       ├── pipes
    |       ├── auth
    |       └── shared.module.ts
    ├── favicon.ico
    └── ...
```

Projekte mit Webpack

Um aus den einzelnen Dateien eines Angular-Projekts eine lauffähige Software für den Browser zu erhalten, sind einige Schritte notwendig. Der Module-Bundler Webpack erledigt diese Aufgaben. Durch einen definierten Einstiegspunkt wie *main.ts* löst das Tool alle referenzierten Dateien (Module) über alle Ebenen hinweg auf. Die Dateien werden dann verarbeitet, transformiert, optimiert und als Bundle bereitgestellt.

Als Module werden nicht nur TypeScript-Dateien betrachtet, sondern sämtliche Dateien, die über Referenzen erkannt werden. So kann Webpack neben den üblichen Referenzen, wie etwa *import* oder *require*, auch beispielsweise *src: url('...')* in CSS-Dateien oder *<img src="..." />* in HTML auflösen.

Damit Webpack weiß, wie Referenzen aufgelöst und gefundene Dateien verarbeitet werden müssen, ist es notwendig, sogenannte Loader zu definieren, die anhand einer selbst definierten Regex auf passende Dateien reagieren.

Oft wird Webpack als Task-Runner wie *Grunt* oder *Gulp* missverstanden. Task-Runner arbeiten konfigurierte Tasks nacheinander ab, zum Beispiel das Kopieren oder Komprimieren von Dateien. Das Gesamtergebnis der einzelnen Tasks ist für den Task-Runner nicht relevant. Webpack kann in diesem Zusammenhang als ein Task angesehen werden. Obwohl das Tool durch Plug-ins erweiterbar ist und somit teilweise einen Task-Runner imitiert, besteht seine primäre Aufgabe darin, ein lauffähiges Bundle aus einzelnen zusammenhängenden Modulen zu erzeugen.

Webpack selbst – und durch Loader und Plug-ins erweitert – bietet eine riesige Auswahl an Möglichkeiten, um Ihre eigene Anwendung als lauffähiges Bundle zur Verfügung zu stellen. In diesem Kapitel gehen wir auf die Grundlagen von Webpack ein sowie auf die notwendigen Konfigurationen für Angular. Weitere Informationen finden Sie auf der Seite *https://webpack.js.org/*.

Bevor Sie mit der Konfiguration beginnen können, müssen Sie das *npm*-Paket aus Listing 18-2 im Projekt installieren:

Listing 18-2: Installation von Webpack

```
npm install webpack --save-dev
```

Sollten Sie bereits an einem Angular-Projekt arbeiten, das Version 1 von Webpack nutzt, empfehlen wir Ihnen, die Seite *https://webpack.js.org/guides/migrating* zu konsultieren. Dort sind die notwendigen Informationen zur Migration gesammelt.

In den folgenden Abschnitten verwenden wir Webpack, um ein Bundle des Beispielprojekts wie in Abbildung 18-1 zu erhalten. Der Aufbau und die Funktionsweise ähneln dabei sehr dem Build-Prozess der Angular CLI und können so als Referenz genutzt werden, um zu verstehen, wie die CLI im Hintergrund arbeitet.

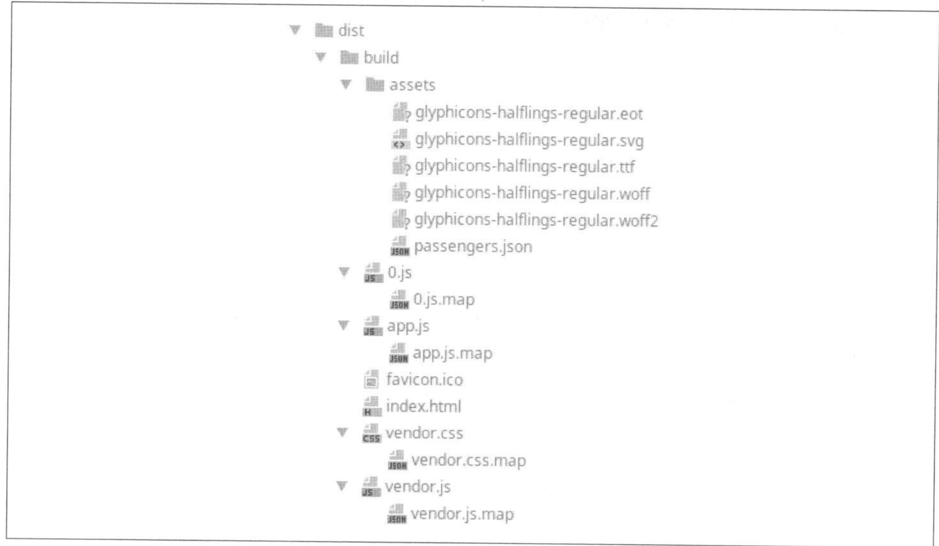

Abbildung 18-1: Projekt-Bundle über Webpack

Einstiegspunkt festlegen

Wie wir im letzten Abschnitt erwähnt haben, wird zu Beginn ein Einstiegspunkt benötigt. Für die Beispielanwendung ist dies die Datei *main.ts*. Als Bootstrap für Angular verbindet sie auch für Webpack alle relevanten Dateien. Über die in ihr enthaltenen Import-Statements (Listing 18-3) kann Webpack einen Dependency Graph aufbauen und auflösen.

Listing 18-3: Import-Statements aus »main.ts«

```
import { platformBrowserDynamic } from '@angular/platform-browser-dynamic';
import { AppModule } from './app/app.module';
import { LOCALE_ID, TRANSLATIONS_FORMAT, TRANSLATIONS, enableProdMode } from
'@angular/core';
```

Um diesen Einstiegspunkt nutzen zu können, müssen Sie zunächst eine Konfigurationsdatei im Projekt-Hauptverzeichnis für Webpack erstellen. Ihr Standardname lautet *webpack.config.js*. Als Nächstes müssen Sie ein Skript in der *package.json* des Projektes erstellen (Listing 18-4), um das Kommandozeilen-Tool *webpack* zu starten. Der Name *build* des Skripts markiert bereits den ersten Teil einer typischen Projektkonfiguration. Er signalisiert, dass die Applikation für die spätere Verwendung im Browser gebaut wird. Der optionale Parameter *progress* sorgt dafür, dass Webpack über die Konsole einen Status während der Kompilierung anzeigt. Die Konfigurationsdatei muss nicht angegeben werden, da Webpack standardmäßig die Datei *webpack.config.js* im ausführenden Verzeichnis erwartet.

Listing 18-4: Skript zum Starten von Webpack

```
{
    "scripts": {
        "build": "webpack --progress"
    }
}
```

Nun müssen Sie in der Datei *webpack.config.js* den Einstiegspunkt so wie in Listing 18-5 konfigurieren. Webpack erwartet ein NodeJS-Modul, das über *module.exports* angegeben wird. Entweder kann ein Objekt oder (wie hier) eine Funktion zurückgeliefert werden. Der Vorteil einer Funktion besteht darin, dass nun über das Kommandozeilen-Tool eine Umgebungsvariable angegeben werden kann. Darauf gehen wir im nächsten Abschnitt näher ein.

Eine weitere Möglichkeit, um Umgebungsvariablen zur Konfiguration zu nutzen, zeigt das Webpack-Beispiel unter *https://github.com/webpack/webpack/tree/master/examples/multi-compiler*. Hier kommt ein Array von Konfigurationsobjekten zum Einsatz.

Die Datei *main.ts* ist über den Key *app* im Bereich *entry* eingetragen. Somit ist der erste Einstiegspunkt definiert. In Listing 18-5 sehen Sie, dass neben *app* noch ein zweiter Key namens *vendor* definiert ist. Die Beispielapplikation soll externe Libraries (dazu gehört auch Angular) sowie Polyfills getrennt von der eigentlichen Anwendung ausliefern. Daher existieren im Verzeichnis *src* noch die Dateien *vendor.ts* und *polyfills.ts*. Durch die Angabe eines Arrays von Dateien kann für den Browser eine kombinierte Datei aus mehreren Quellen erstellt werden. Für Sie als Entwickler bleiben diese Bereiche trotzdem getrennt. Wie Sie sehen, können auch Node-Module wie *@angular/platform-browser-dynamic* direkt angegeben werden. Alle Dateien, die aus dem Ordner *node_modules* stammen, sind über ein spezielles Webpack-Plug-in ebenfalls integriert. Dazu folgt später mehr.

In Angular-CLI-Projekten existiert keine *vendor.ts*-Datei. Die Datei *polyfills.ts* erhält einen eigenen Einstiegspunkt. Externe Skripte und Dateien werden über die Konfigurationsdatei *.angular-cli.json* eingebunden. Die Webpack-Konfigurationsdatei selbst wird dabei im Hintergrund generiert. Weitere Informationen dazu finden Sie auf der Seite *https://github.com/angular/angular-cli/wiki*.

Im Bereich *output* legen Sie fest, wo Webpack das Ergebnis speichert. Der Platzhalter *[name]* steht für die zuvor definierten Keys. Somit werden im Ordner *dist/build/* die Dateien *app.js* und *vendor.js* angelegt, wenn Sie das Skript mit dem Befehl *npm run build* über die Konsole starten.

Der Parameter *path* unter *output* erwartet im Gegensatz zu *entry* einen absoluten Pfad, den Sie über die NodeJS-Variable *__dirname* erhalten. Ebenfalls möglich wäre hier der Aufruf von *process.cwd()*. Die häufig genutzten Methoden *path.resolve* oder *path.join* zur Konkatenierung der Pfade haben wir hier bewusst weggelassen, um bei der wesentlichen Konfiguration zu bleiben. Informationen zu den hier genannten Methoden können Sie über die API-Dokumentation auf der Seite *https://nodejs.org* beziehen.

Die Konfiguration *extensions* im Bereich *resolve* weist Webpack an, bei Referenzen, die keinen Dateityp aufweisen, nach Dateien mit den Werten des Arrays als Endung zu suchen. Somit muss bei der Anweisung *import { AppModule } from './app/app.module';* nicht *'./app/app.module.ts';* angegeben werden.

Zum Schluss wird durch die Angabe von *devtool* eine Source Map für die jeweilige JavaScript-Datei erstellt. Der Wert bestimmt die Art der Source-Map-Generierung. In Kapitel 17 finden Sie weitere Informationen zum Thema Source Map.

Die hier gezeigten Konfigurationen der Bereiche wie *entry* oder *resolve* zeigen nur einen kleinen Teil der Möglichkeiten von Webpack auf. Den vollen Umfang können Sie über den Link *https://webpack.js.org/configuration* einsehen.

Listing 18-5: Einstiegspunkte für Webpack definieren

```
module.exports = function (env) {
    return {
        entry: {
            'vendor': ['./src/polyfills.ts', './src/vendor.ts',
              '@angular/platform-browser-dynamic'],
            'app': './src/main.ts'
        },
        output: {
            path: __dirname + '/dist/build',
            filename: '[name].js'
        },
        resolve: {
            extensions: ['.ts', '.js']
        },
        devtool: 'cheap-module-source-map'
    };
};
```

Loader definieren

Das Ausführen von *npm run build* löst bereits jetzt Abhängigkeiten auf und legt im Ordner *dist/build* die Dateien *app.js* und *vendor.js* inklusive der Source Maps an. Der Durchlauf führt jedoch zu Fehlern in der Konsole, und auch der Inhalt der gebauten Dateien ist nicht korrekt. Das liegt daran, dass noch keine Loader konfiguriert sind. Somit weiß Webpack nicht, wie es mit Dateien (wie TypeScript, CSS, HTML, Bildern, Fonts usw.) umgehen soll. JavaScript und JSON-Dateien versteht Webpack auch ohne Loader.

Loader werden nicht mit Webpack mitgeliefert und müssen als *npm*-Paket installiert werden. Charakteristisch ist, dass sie auf *-loader* enden. Die Installation läuft immer nach dem gleichen Schema ab, weshalb Listing 18-6 nur die Installation für einen Loader zeigt. Die in den kommenden Beispielen eingesetzten Loader müssen auf die gleiche Art installiert werden.

Listing 18-6: Installation eines Webpack-Loaders

```
npm install raw-loader --save-dev
```

Auf der Seite *https://webpack.js.org/loaders/* sind die von Webpack zur Verfügung gestellten Loader inklusive einer detaillierten Beschreibung aufgelistet. Loader können ebenso wie Plug-ins auch selbst erstellt werden. Einige Loader, die wir gleich nutzen werden (wie *awesome-typescript-loader*), stammen deshalb nicht von Webpack selbst.

Im Bereich *module.rules* können Sie ein Array mit Loader-Konfigurationen anlegen. Wie in Listing 18-7 zu sehen ist, benötigt die Konfiguration dabei immer zwei Parameter. Über den Parameter *test* wird ein Regex (regulärer Ausdruck) angegeben. Hier kann nicht nur die Dateiendung, sondern auch der gesamte Name sowie Pfad abgefragt werden. Alle gefundenen **.css-*, **.html-* und **.xlf*-Dateien kann somit der Loader *raw-loader* verarbeiten, der mit dem Parameter *use* festgelegt wurde. Der Loader liefert den Inhalt der Dateien als String zurück. Der Parameter *exclude* sorgt dafür, dass Dateien ignoriert werden, die dem Regex aus *test* entsprechen, jedoch das Wort *node_modules* aufweisen. Sollte Webpack jetzt Dateien finden, die im Namen oder Pfad *node_modules* aufweisen, ist dafür eine eigene Regeldefinition notwendig. Diese wird im nächsten Abschnitt hinzugefügt.

Für Dateien wie CSS oder HTML gibt es verschiedene Loader (wie *css-loader*, *style-loader* oder *html-loader*), die erweiterten Support für das jeweilige Format bieten. Diese können Sie je nach Projektanforderung auswählen.

Die zweite Regel kümmert sich um Dateien wie Bilder oder Fonts. Über den Loader *file-loader* werden diese im Bundle unter dem Ordner *assets/* abgelegt. Die Konfiguration ist an den Loader angehängt. Der ursprüngliche Pfad der gefundenen Referenz wird durch den neuen ersetzt.

Die letzte Konfiguration, die sich um TypeScript kümmert, hat gleich mehrere Loader definiert. Die Dateien durchlaufen hier die Pipeline vom letzten Array-Eintrag zum ersten. Dabei sorgt *angular-router-loader* dafür, dass die Angular-Router-Definitionen über *loadChildren* funktionieren und dass sie in einen eigenständigen Block ausgelagert werden, der auch als *Chunk* bezeichnet wird. Webpack generiert später daraus eine eigene Datei mit dem Namen *0.js*. Der Loader *angular2-template-loader* löst die in den Komponenten konfigurierten HTML- und CSS-Dateien über die Metadatenangabe *templateUrl* und *styleUrls* auf. Über die zuvor definierte Regel, die *raw-loader* nutzt, ersetzt *angular2-template-loader* die Metadaten durch *template* und *styles* sowie den Pfad durch den Inhalt der jeweiligen Datei. Zum Schluss verwandelt *awesome-typescript-loader* den TypeScript-Code in JavaScript.

Listing 18-7: Konfiguration von Webpack-Loadern

```
module.exports = function (env) {
    [...]
    return {
        module: {
            rules: [
                {
                    test: /\.(css|html|xlf)$/,
                    use: 'raw-loader',
                    exclude: /node_modules/
                },
                {
                    test: /\.(png|woff|woff2|eot|ttf|svg|gif)$/,
                    use: 'file-loader?name=assets/[name].[ext]'
                },
                {
                    test: /\.ts$/,
                    use: [
                        'awesome-typescript-loader?configFileName=src/tsconfig.app.json',
                        'angular2-template-loader',
                        'angular-router-loader'
                    ]
                }
            ]
        }
    };
};
```

Externe Libraries und Dateien einbinden

Die bisherigen Konfigurationsarbeiten würden für eine reine Angular-Applikation ohne *vendor*-Bundle bereits ausreichen. In den meisten Fällen, so auch im Beispielprojekt, werden jedoch externe Libraries eingesetzt. Dafür existiert der Einstiegspunkt *vendor* (Listing 18-5). Code, der nicht selbst geschrieben wurde, wird hier importiert, um eine saubere Trennung zwischen eigenen und externen Dateien zu ermöglichen. Webpack kümmert sich um die Auflösung der dahinterliegenden Dateien und ersetzt die Import-Statements durch den jeweiligen Inhalt.

Bevor dies jedoch sinnvoll funktioniert, ist ein Webpack-Plug-in notwendig. Wie Sie in Listing 18-8 sehen, kommt dafür ein neuer Konfigurationsbereich *plugins* hinzu, der wiederum das konfigurierte Plug-in in einem Array hält. Durch den Einsatz von *CommonsChunkPlugin* wird Webpack angewiesen, alle Referenzen, die über den Einstiegspunkt *vendor* definiert sind, nur in *vendor.js* zu integrieren, jedoch nicht nochmals in anderen Dateien wie *app.js*. Über die Funktion, die per *minChunks* angegeben ist, werden auch alle Skript-Dateien aus dem Ordner *node_modules*, die über den Einstiegspunkt *app* eingebunden sind, in das Bundle *vendor.js* abgelegt. Somit müssen diese nicht extra im Einstiegspunkt angegeben werden.

Listing 18-8: Konfiguration des Webpack Plug-ins »CommonChunkPlugin«

```
const webpack = require('webpack');

module.exports = function (env) {
    return {
       [...]
        plugins: [
            new webpack.optimize.CommonsChunkPlugin({
                name: 'vendor',
                minChunks: module => module.resource &&
module.resource.startsWith(__dirname + '/node_modules'),
                chunks: [
                    'app'
                ]
            }),
        ]
    };
};
```

Anders als Loader haben Plug-ins Zugriff auf den gesamten Ablauf und können so auch allgemeine Funktionalität einbringen. Einige Plug-ins sind in Webpack enthalten, bei anderen müssen Sie das entsprechende *npm*-Paket installieren. Das Modul selbst wird dabei über *require* in die Konfiguration geladen. Plug-ins können auch Loader zur Verfügung stellen, falls die Anforderung dies notwendig macht.

Die in den kommenden Beispielen eingesetzten Plug-ins, die nicht über *webpack = require('webpack')* zur Verfügung stehen, müssen über ihren Modulnamen installiert werden (Listing 18-9). Alle Plug-ins bieten neben den hier gezeigten Beispielen noch viele weitere Möglichkeiten. Wie diese zu konfigurieren sind, können Sie über *https://webpack.js.org/plugins/* nachschlagen.

Listing 18-9: Installation von Webpack-Plug-ins

```
npm install html-webpack-plugin --save-dev
```

Für das Beispiel aus Kapitel 11 benötigt die Anwendung die Datei *passengers.json,* die über den *Http*-Service von Angular geladen wird. Ein direkter Zusammenhang während der Kompilierung existiert somit nicht. Abhilfe schafft die Angabe über *import*. Die reine Definition der JSON-Datei würde dazu führen, dass Webpack diese als Teil der Datei *vendor.ts* ausliefert. Es ist jedoch möglich, auch hier Loader anzugeben (Listing 18-10). In diesem Fall wird wieder *file-loader* eingesetzt, um die Datei separat in den Ordner *assets/* auszuliefern.

Die Syntax sieht dabei wie folgt aus: Das Ausrufezeichen zu Beginn der Anweisung teilt Webpack mit, dass Loader, die über die Konfiguration definiert sind, ignoriert werden sollen. Somit ist es möglich, in Ausnahmefällen spezielle Dateien unabhängig von der Basiskonfiguration zu behandeln. Danach wird der Name des Loaders angegeben. Durch ein Fragezeichen getrennt, können Parameter (wie in diesem Beispiel *name*) an den Loader übergeben werden. Weitere Parameter können Sie – vergleichbar einer URL-Anweisung – über das Und-Zeichen erweitern (*!example-loader?param1=value¶m2=value¶mx=value*). Mit einem weiteren Ausrufezeichen ist die Loader-Konfiguration komplett, und die Ressource, auf die die Konfiguration reagieren soll, kann angegeben werden.

Listing 18-10: Die Datei »vendor.ts« der Seed-Beispielapplikation

```
// HammerJS-Touch-Gestures
import 'hammerjs';

// Twitter-Bootstrap
import 'bootstrap/dist/css/bootstrap.css';
import 'bootstrap';

// Unabhängige Dateien kopieren
import '!file-loader?name=/assets/passengers.json!./assets/passengers.json';
```

Das Beispielprojekt nutzt auch Twitter-Bootstrap (*http://getbootstrap.com/*) für das Styling und verwendet JavaScript-Features wie *Dropdown* daraus. In Kapitel 1 haben wir bereits die Konfiguration über die Angular CLI vorgenommen. Um alles über Webpack nutzen zu können, müssen das CSS sowie das JavaScript der Library vorhanden sein. Auch jQuery als Abhängigkeit ist notwendig. Bootstrap und jQuery können als *npm*-Paket installiert werden.

Die ersten beiden Voraussetzungen sind durch die Import-Statements geschaffen. Ohne relative Pfadangabe ('./...') im Import-Statement sucht Webpack im Ordner *node_modules* danach. Über den Bereich *resolve* der Konfiguration aus Listing 18-5 kann dieses Standardverhalten angepasst bzw. erweitert werden.

Als Entwickler sollten Sie immer versuchen, native Angular-Libraries zu nutzen. Für Bootstrap existiert zum Beispiel *ngx-bootstrap* (*https://github.com/valor-software/ngx-bootstrap*).

Zwei Probleme sind noch zu lösen: jQuery ist nicht verfügbar, und die CSS-Datei *bootstrap.css* muss über die *index.html* integriert werden.

Um jQuery oder andere Libraries einzubinden, die auf der globalen JavaScript-Ebene eine Variable definieren, bietet Webpack das Plug-in *ProvidePlugin* (Listing 18-11) an. Es hat die Möglichkeit, über NodeJS jQuery als Modul direkt einer globalen Variablen zuzuweisen.

Listing 18-11: Konfiguration von jQuery über »ProvidePlugin«

```
const webpack = require('webpack');

module.exports = function (env) {
   return {
      [...]
```

```
        plugins: [
            [...]
            new webpack.ProvidePlugin({
                $: 'jquery',
                jQuery: 'jquery'
            })
        ]
    };
};
```

In der Datei *vendor.ts* könnte man theoretisch denselben Effekt durch Hinzufügen der Zeilen aus Listing 18-12 erzielen. Die Angular CLI nutzt dafür den Loader *script-loader*.

Listing 18-12: Konfiguration von jQuery über »verndor.ts«

```
const jQuery = require('jquery');
window['$'] = window['jQuery'] = jQuery;
```

Jetzt müssen Sie noch die Datei *bootstrap.css* bereitstellen. Mit dem Plug-in *extract-text-webpack-plugin* können CSS-Dateien gesammelt und in ein Bundle abgelegt werden. Dafür ist eine weitere Regel (Listing 18-13) notwendig, die diese Dateien dem Plug-in zur Verfügung stellen. Auch hier wird über einen Regex nach allen CSS-Dateien gesucht. Diesmal ist jedoch über *include* festgelegt, dass nur Dateien aus *node_modules* beachtet werden. Den Loader stellt diesmal das Plug-in, so erhält es später einen Bezug zum CSS.

In der *extract*-Methode des Plug-ins ist ein weiterer Loader definiert, der die eigentliche Datei verarbeitet. Diesmal wird dafür der Loader *css-loader* verwendet. Er kann eine Source Map erstellen und eventuell vorhandene Dateireferenzen im CSS weiter auflösen. Da Twitter-Bootstrap auch Fonts und Bilder (*glyphicons-halflings-regular*) liefert, werden diese somit auch im Ordner *assets/* abgelegt. Die Konfiguration im Bereich *plugins* gibt jetzt noch den Dateinamen an.

Da im Einstiegspunkt *vendor* eine Datei gefunden wird, die auf die definierte Regel passt, kommt als Ergebnis *vendor.css* mit dem Inhalt von *bootstrap.css* heraus.

Listing 18-13: Separate CSS-Dateien mit »extract-text-webpack-plugin«

```
const ExtractTextPlugin = require('extract-text-webpack-plugin');

module.exports = function (env) {
    return {
        module: {
            [...]
            rules: [
                [...]
                {
                    test: /\.css$/,
                    include: /node_modules/,
                    use: ExtractTextPlugin.extract({
                        use: 'css-loader?sourceMap'
                    })
                }
```

```
            ]
        },
        plugins: [
            [...]
            new ExtractTextPlugin({filename: '[name].css'})
        ]
    };
};
```

Um alle Dateien zu einer lauffähigen Anwendung zu verbinden, brauchen Sie abschließend die Datei *index.html*. Generiert über das Plug-in *html-webpack-plugin*, werden die Dateien *vendor.js*, *vendor.css* und *app.js* an die richtige Stelle im Template *index.ejs* gesetzt. Wie in Listing 18-14 zu sehen ist, können auch weitere Konfigurationen vorgenommen werden:

Listing 18-14: Generierung der »index.html« durch »html-webpack-plugin«

```
const HtmlWebpackPlugin = require('html-webpack-plugin');

module.exports = function (env) {
    return {
        [...]
        plugins: [
            [...]
            new HtmlWebpackPlugin({
                title: 'Flug Portal',
                template: './src/index.ejs',
                favicon: './src/favicon.ico'
            })
        ]
    };
};
```

Durch spezielle Tags wie <%= *htmlWebpackPlugin.options.title* %> in Listing 18-15 kann das Plug-in auch Daten wie den Titel setzen. Neben EJS können Sie auch andere Template-Engines verwenden, z. B. *jade/pug*. Weitere Informationen dazu finden Sie auf *https://github.com/ampedandwired/html-webpack-plugin*. Über die Angular CLI wird die Datei *index.html* unter *src* als Vorlage genutzt.

Listing 18-15: Das Template »index.ejs« zur Generierung von »index.html«

```
<!doctype html>
<html>
<head>
    <meta charset="utf-8">
    <title><%= htmlWebpackPlugin.options.title %></title>
    <base href="/">
</head>
<body>

<flight-app></flight-app>

</body>
</html>
```

Das Ergebnis ist eine *index.html*-Datei (Listing 18-16) im Ordner *dist/build*, die automatisch alle generierten Dateien korrekt referenziert. Das im Plug-in angegebene Icon *favicon.ico* wird ebenfalls eingesetzt und im Bundle-Ordner abgelegt.

Listing 18-16: Die generierte »index.html«-Datei

```
<!doctype html>
<html>
<head>
    <meta charset="utf-8">
    <title>Flug Portal</title>
    <base href="/">
<link rel="shortcut icon" href="favicon.ico">
<link href="vendor.css" rel="stylesheet"></head>
<body>

<flight-app></flight-app>

<script type="text/javascript" src="vendor.js"></script>
<script type="text/javascript" src="app.js"></script></body>
</html>
```

Durch den Befehl *npm run build* entsteht nun das Paket aus Abbildung 18-1 im Dateisystem. Die Konsole bestätigt die Erstellung durch die Ausgabe der generierten, kopierten und verarbeiteten Dateien, wie in Abbildung 18-2 zu sehen ist.

Momentan kommt es noch zu einer Warnung während der Ausführung, die folgende Log-Meldung produziert: *Critical dependency: the request of a dependency is an expression*

Als Workaround können Sie das Plug-in aus Listing 18-17 einsetzen. Nähere Informationen dazu finden Sie unter *https://github.com/angular/angular/issues/11580*.

Listing 18-17: Workaround für die Dependency-Warnung

```
new webpack.ContextReplacementPlugin(
    /angular(\\|\/)core(\\|\/)@angular/,
    __dirname + './src'
)
```

Asset	Size	Chunks			Chunk Names
vendor.js	4 MB	2	[emitted]	[big]	vendor
assets/glyphicons-halflings-regular.eot	20.1 kB		[emitted]		
assets/glyphicons-halflings-regular.ttf	45.4 kB		[emitted]		
assets/glyphicons-halflings-regular.woff	23.4 kB		[emitted]		
assets/glyphicons-halflings-regular.woff2	18 kB		[emitted]		
/assets/passengers.json	535 bytes		[emitted]		
0.js	79.3 kB	0	[emitted]		
app.js	200 kB	1	[emitted]		app
assets/glyphicons-halflings-regular.svg	109 kB		[emitted]		
vendor.css	146 kB	2	[emitted]		vendor
0.js.map	59.4 kB	0	[emitted]		
app.js.map	121 kB	1	[emitted]		app
vendor.js.map	4.66 MB	2	[emitted]		vendor
vendor.css.map	184 kB	2	[emitted]		vendor
favicon.ico	5.43 kB		[emitted]		
index.html	362 bytes		[emitted]		

Abbildung 18-2: Webpack-Konsolenausgabe durch »npm run build«

Workflow mit Webpack

Die Generierung einer lauffähigen Anwendung, die im Browser durch einen entsprechenden Webserver aufgerufen werden kann, ist im letzten Abschnitt gelungen. Das entstandene Paket unter *dist/build* würde man in dieser Form jedoch nicht unbedingt als produktionsreif betrachten: Die Dateien sind nicht komprimiert. Über die generierten Source Maps kann die Anwendung analysiert werden. Angular selbst läuft nicht im Produktivmodus; dadurch sind ebenfalls Analysen mit Augury möglich. Es entspricht also eher den Erwartungen an eine Test-Umgebung. Um ein Bundle zu erhalten, das optimiert und für den realen Betrieb ausgelegt ist, benötigen wir jedoch eine leicht geänderte Konfiguration. Das betrifft sowohl Webpack als auch Angular. Das simple Kopieren und Ändern der verantwortlichen Dateien führt aber schnell zu Unübersichtlichkeit.

Als Entwickler können Sie mit diesem Paket auch nur bedingt etwas anfangen. Sie haben zwar die Möglichkeit, die Anwendung zu erstellen und zu analysieren, benötigen allerdings dafür immer einen eigenen Webserver, der die Daten auch an den Browser liefern kann. Außerdem muss bei Änderungen der Bundle-Prozess komplett durchlaufen werden. Je nach Projektgröße kann dies lange dauern. Beides ist jedoch mit Unterstützung entsprechender Tools leicht lösbar.

Die Angular CLI bietet für die Entwicklung das bereits bekannte Kommando *ng serve* an, das im Hintergrund den Webpack-Dev-Server startet. Mit *ng build --prod* erhalten Sie ein produktionsreifes Bundle, das komprimierte Dateien liefert und den Entwicklungsmodus von Angular deaktiviert. Steuern und Erweitern können Sie das Verhalten des Build-Prozesses über den Parameter *environments* in der Konfigurationsdatei *.angular-cli.json*. Der Parameter *--prod* entspricht dabei einer Umgebungsvariablen, ähnlich dem Beispiel der folgenden Abschnitte.

Wenn Sie ohne CLI entwickeln, installieren Sie zusätzlich den Entwicklungsserver Webpack-Dev-Server (*https://webpack.js.org/configuration/dev-server/*) sowie das Tool *webpack-merge* (*https://github.com/survivejs/webpack-merge*), um die Konfigurationsdatei aufzuteilen und zu verwalten (Listing 18-18):

Listing 18-18: Installation des »Webpack-Dev-Server« und des »Webpack-Merge«-Tools

```
npm install webpack-dev-server webpack-merge --save-dev
```

Konfiguration über Umgebungsvariablen steuern

Sie können verschiedene Anforderungen an dieselbe Programmbasis definieren. Dazu setzen Sie sogenannte Umgebungsvariablen ein. Im Beispielprojekt wollen wir erreichen, dass neben dem zuvor erstellten Bundle auch ein Bundle für den realen Betrieb erstellt werden kann.

Dafür müssen wir als Erstes in der *package.json* ein neues Skript definieren. Wie in Listing 18-19 zu sehen ist, unterscheidet sich dieses Skript von dem zuvor erstellten *build* nur dadurch, dass eine Umgebungsvariable mit dem Parameter *env* angegeben wird. Den Wert sowie den Skriptnamen selbst können Sie frei wählen, jedoch weisen der Skriptname *build:prod* und der Wert *prod* für *env* schon eindeutig auf die dahinterliegende Absicht hin.

Listing 18-19: Skript, um ein produktionsreifes Bundle zu erhalten

```
{
    "scripts": {
        "build": "webpack --progress",
        "build:prod": "webpack --env=prod --progress"
    }
}
```

Diese Angabe können wir nun in der Webpack-Konfiguration weiterverwenden, um das gewünschte Ergebnis zu steuern. Als Beispiel erhält in Listing 18-20 die Konfigurationsdatei *webpack.config.js* nun über den Parameter *env* den Wert *prod*. Über das Plug-in *DefinePlugin* kann der Wert dann dazu eingesetzt werden, um in der eigentlichen Angular-Anwendung Abfragen auszuführen.

Listing 18-20: Umgebungsvariablen mit »DefinePlugin« bereitstellen

```
const webpack = require('webpack');

module.exports = function (env) {
    return {
      [...]
       plugins: [
           [...]
           new webpack.DefinePlugin({
               ENV: JSON.stringify(env)
           })
       ]
    };
};
```

Somit ist es möglich, in der Datei *main.ts* den Produktivmodus von Angular über eine Abfrage der jetzt verfügbaren Konstante *ENV* zu aktivieren (Listing 18-21). Anstelle von *ENV* wird in Projekten häufig die NodeJS-Umgebungsvariable *process.env.NODE_ENV* definiert.

Standardmäßig wird Angular im Entwicklermodus ausgeführt. Erst durch den Aufruf der Funktion *enableProdMode* ist dieser deaktiviert. Anders als im Entwicklermodus werden im Produktivmodus keine Prüfungen innerhalb des Frameworks vorgenommen und auch keine zusätzlichen Informationen für externe Tools wie Augury zur Analyse bereitgestellt. Sie erkennen dies auch an der Browser-Konsolenausgabe, die im Entwicklermodus folgende Meldung ausgibt:

Angular is running in the development mode. Call enableProdMode() to enable the production mode.

Listing 18-21: Aktivierung des Produktivmodus von Angular in »main.ts«

```
import { platformBrowserDynamic } from '@angular/platform-browser-dynamic';
import { AppModule } from './app/app.module';
import { enableProdMode } from '@angular/core';

if (ENV === 'prod') {
    enableProdMode();
}

platformBrowserDynamic().bootstrapModule(AppModule)
```

Listing 18-22 zeigt das Ergebnis im Bundle. Beachten Sie, dass die zuvor genutzte Konstante durch den Wert ersetzt wurde. Der Name *ENV* spiegelt also nicht wirklich eine Konstante wider, sondern dient Webpack als Referenzpunkt. Deshalb muss in Listing 18-20 auch mit *JSON.stringify* gearbeitet werden, da sonst der Wert ohne Anführungszeichen *if (prod === 'prod')* zu einem Fehler in der Abfrage führen würde.

Listing 18-22: Ergebnis durch »DefinePlugin« im Bundle

```
if ('prod' === 'prod') {
    core_1.enableProdMode();
}
```

Damit der TypeScript-Compiler die Konstante *ENV* aus Listing 18-21 erkennt, muss eine Type-Definition (Listing 18-23) erstellt werden. Im Beispielprojekt existiert dafür die Datei *typings.d.ts* unter *src/*.

Listing 18-23: TypeScript-Definition der Konstante »ENV« in »typings.d.ts«

```
declare const ENV: string;
```

Produktivkonfigurationen mit webpack-merge auslagern

Angular wurde im letzten Abschnitt bereits für eine Produktivumgebung eingerichtet. Zusätzlich wollen wir erreichen, dass die generierten Dateien selbst ebenfalls einen Optimierungsprozess durchlaufen.

Die bisher erstellte Konfiguration in der Datei *webpack.config.js* hat jetzt aber einen Punkt erreicht, an dem es sinnvoll ist, weitere Schritte zu separieren. Das schafft Übersicht und verhindert Duplizierungen. Dafür benennen wir die Datei in *webpack.common.config.js* um und erstellen eine neue *webpack.config.js* mit dem Inhalt aus Listing 18-25.

Da die bisherige Konfiguration jetzt in der Datei *webpack.common.config.js* nach wie vor als Funktion über *module.exports* definiert ist, kann sie mit *require* nun wieder in die neu erstellte *webpack.config.js* – im Beispiel als Konstante *common Config* – importiert werden.

Die Umgebungsvariable *env* kann als Parameter übergeben werden. Der zuvor erstellte Loader für die Datei *bootstrap.css* erhält noch eine Abfrage, um die minifizierte Variante auszugeben (Listing 18-24):

Listing 18-24: Abfrage über den Parameter »env« in »webpack.common.config.js«

```
use: ExtractTextPlugin.extract({
    use: env === 'prod' ? 'css-loader?minimize' : 'css-loader?sourceMap'
})
```

Für die Dateioptimierung sind, wie Listing 18-25 zeigt, in der Variablen *optimize* zwei Plug-ins definiert. Mit *UglifyJsPlugin* werden das generiete JavaScript sowie das Bundle als Ganzes durch verschiedene Verfahren verkleinert, z. B. durch das Entfernen von Leerzeichen, das Löschen von Source Maps oder durch Tree Shaking. (Als Tree Shaking bezeichnet man ein Verfahren, bei dem nicht genutzte Module entfernt werden.) Sofern vorhanden, aktiviert das Plug-in auch Loader-Optimierungen.

Mit *compression-webpack-plugin* kann noch eine komprimierte Variante der Dateien erzeugt werden. Oft kommen diese ZIP-Dateien vom Webserver selbst, der sie auf Anfrage eines Browsers erstellt und ausliefert. Die hier gezeigten Parameter zur Konfiguration entsprechen der Standardeinstellung des Plug-ins und können auch weggelassen werden.

Über eine einfache JavaScript-Switch-Case-Anweisung, die die Umgebungsvariable *env* abfragt, wird nun mit der Konstante *customConfig* eine Webpack-Konfiguration aufgebaut, die nur diejenigen Anpassungen enthält, die für den Produktivmodus notwendig sind.

Wie zu sehen ist, wird an den Bereich *plugins* einfach das Array der Variablen *optimize* gehängt. Hier müssen Sie sich nicht darum kümmern, wie die zuvor definierten Plug-ins aus *commonConfig* in die Konfiguration gelangen. Das erledigt *webpack-merge* später automatisch. Da das Test-Bundle nicht überschrieben werden soll, wurde noch das Ausgabeverzeichnis in *dist/build-prod* geändert.

Zum Schluss werden die beiden Konfigurationen aus *commonConfig* und *customConfig* mithilfe von *webpack-merge* zu einem Objekt zusammengefügt. Prinzipiell ist das Ergebnis auch mit dem JavaScript-Befehl *Object.assign({}, obj1, obj2, obj3);* vergleichbar. Jedoch erkennt das Tool darüber hinaus Webpack-typische Eigenheiten und reagiert darauf. Durch den Aufruf über *smart* erkennt das Tool doppelte Einträge wie zwei gleiche Plug-ins oder Loader-Konfigurationen und versucht, diese intelligent zu verschmelzen. Im Abschnitt *Ahead-of-Time-Kompilierung* kommt diese Eigenschaft noch speziell zum Tragen.

Listing 18-25: Konfiguration der Produktivumgebung

```
const webpack = require('webpack');
const merge = require('webpack-merge');
const CompressionPlugin = require('compression-webpack-plugin');

module.exports = function (env) {
```

```
    const commonConfig = require('./webpack.common.config')(env);

    const optimize = [
        new webpack.optimize.UglifyJsPlugin({
            output: {comments: false}
        }),
        new CompressionPlugin({
            asset: '[path].gz[query]',
            algorithm: 'gzip',
            test: /\.js$|\.html$/,
            threshold: 10240,
            minRatio: 0.8
        })
    ];

    let customConfig;

    switch (env) {
        case 'prod':
            customConfig = {
                plugins: optimize,
                output: {
                    path: __dirname + '/dist/build-prod'
                }
            };
            break;
    }

    return merge.smart(commonConfig, customConfig);
};
```

Durch das Ausführen von *npm run build:prod* entsteht nun ein Bundle (Abbildung 18-3) für den Einsatz in einer Produktivumgebung.

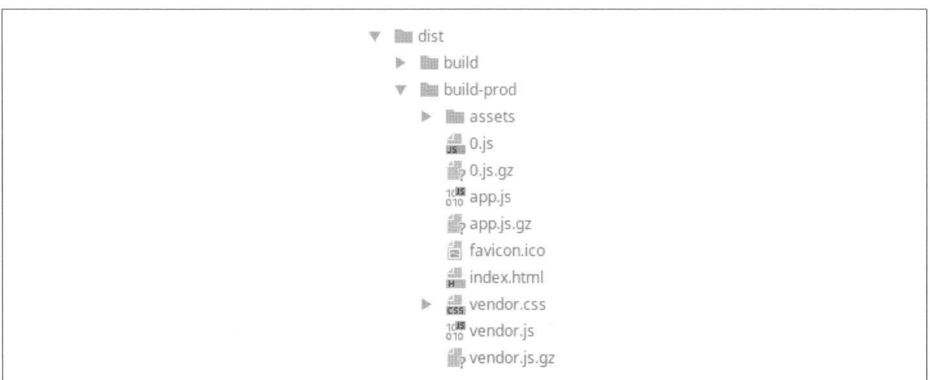

Abbildung 18-3: Produktiv-Bundle

Die Konsole bestätigt wiederum die Erstellung. Im Vergleich mit Abbildung 18-2 zeigt sich in Abbildung 18-4 eine deutlich verkleinerte Dateigröße. Die komprimierten Dateien *vendor.js.gz*, *app.js.gz* und *0.js.gz* stehen dabei für die notwendige Ladegröße des JavaScript vom Webserver zum Browser.

```
                                    Asset       Size  Chunks                    Chunk Names
                                vendor.js    1.27 MB       2  [emitted]  [big]  vendor
  assets/glyphicons-halflings-regular.eot    20.1 kB          [emitted]
  assets/glyphicons-halflings-regular.ttf    45.4 kB          [emitted]
 assets/glyphicons-halflings-regular.woff    23.4 kB          [emitted]
assets/glyphicons-halflings-regular.woff2      18 kB          [emitted]
                   /assets/passengers.json  535 bytes          [emitted]
                                     0.js    37.3 kB       0  [emitted]
                                   app.js    88.7 kB       1  [emitted]         app
  assets/glyphicons-halflings-regular.svg     109 kB          [emitted]
                               vendor.css     120 kB       2  [emitted]         vendor
                           vendor.css.map   82 bytes       2  [emitted]         vendor
                                  0.js.gz    7.47 kB          [emitted]
                                app.js.gz    12.5 kB          [emitted]
                             vendor.js.gz     316 kB          [emitted]  [big]
                              favicon.ico    5.43 kB          [emitted]
                               index.html  362 bytes          [emitted]
```

Abbildung 18-4: Webpack-Konsolenausgabe durch »npm run build:prod«

Entwicklermodus mit Webpack-Dev-Server

Webpack stellt über das zuvor installierte *npm*-Paket *webpack-dev-server* einen Entwicklungs-Webserver zur Verfügung. Es handelt sich dabei um einen NodeJS-Express-Server, der das Bundle mithilfe der Middleware *webpack-dev-middleware* (*https://github.com/webpack/webpack-dev-middleware*) an einen Browser liefern kann. Die Middleware erkennt Änderungen im Code und baut die Dateien daraufhin inkrementell neu auf. Das bedeutet, dass nur die geänderten Stellen im Ergebnis angepasst werden, was die Verarbeitungszeit wesentlich verringert. Der Browser wird danach ebenfalls neu geladen. Für dieses Standardverhalten ist keine eigene Konfiguration notwendig. Der Webserver nutzt die vorhandene Webpack-Konfiguration.

Über das *npm*-Paket *webpack-dev-middleware* können Sie auch einen eigenen NodeJS-Dev-Server realisieren, sollten die Projektanforderungen dies notwendig machen. Weitere Information dazu finden Sie unter:

https://webpack.js.org/guides/development/#webpack-dev-middleware

Zum Starten wird ein neues *npm*-Skript erstellt, das Sie aber schon aus den vorangegangenen Kapiteln kennen (Listing 18-26):

Listing 18-26: Skript, um den »Webpack-Dev-Server« zu starten

```
{
    "scripts": {
        "start": "webpack-dev-server --env=dev",
    }
}
```

Auch ohne die Angabe von *--env=dev* und der nachfolgenden Konfiguration würde durch die Ausführung von *npm start* der Webserver korrekt funktionieren, und die Anwendung wäre so über *http://localhost:8080* erreichbar. Soll der Server auch über andere Rechner erreichbar sein, können Sie noch den Parameter *--host 0.0.0.0* hinzufügen.

Um das Standardverhalten des Webservers anzupassen bzw. zu erweitern, können Sie, wie Listing 18-27 zeigt, den Bereich *devServer* zur Konfiguration hinzufügen. Wie im letzten Abschnitt auch kommt diese Konfiguration als eigenständiger Bereich in die Switch-Case-Anweisung und wird somit über *webpack-merge* mit der Standardkonfiguration verbunden. Der Parameter *port* setzt den Server-Port nun auf 4200, der auch von der Angular CLI genutzt wird.

Die Beispielanwendung nutzt *PathLocationStrategy*, weshalb *historyApiFallback* für den Entwicklungsserver aktiviert ist. Da Pfade wie */home* nur über den Router existieren, müssen alle nicht gefundenen Pfade (HTTP-Status 404) auf die Basis *http://localhost:4200* umgeleitet werden. So ist es möglich, *http://localhost:4200/home* aufzurufen, ohne dabei einen Fehler zu erhalten. Mehr zum Thema Router-Location-Strategie lesen Sie in Kapitel 8.

Der Parameter *contentBase* sorgt dafür, dass statische Inhalte ebenfalls erreichbar sind. Auf der Seite *https://webpack.js.org/configuration/dev-server/* finden Sie weitere Konfigurationsmöglichkeiten, wie die Einrichtung eines Proxys.

Listing 18-27: Erweiterte Konfiguration des »Webpack-Dev-Server«

```
module.exports = function (env) {
    [...]
    switch (env) {
        case 'prod':
            [...]
        case 'dev':
            customConfig = {
                devServer: {
                    port: 4200,
                    historyApiFallback: true,
                    contentBase: 'src'
                }
            };
            break;
    }

    return merge.smart(commonConfig, customConfig);
};
```

Ahead-of-Time-Kompilierung

Bei Angular kommt es vor der eigentlichen Ausführung immer zu einer Kompilierung über den Angular-Compiler. Dies geschieht entweder mit der Just-in-Time-Methode (online) oder der Ahead-of-Time-Methode (offline). Bei Just-in-Time (JiT) erfolgt die Kompilierung im Browser, während die Anwendung startet.

Bei der Ahead-of-Time-Methode (AoT) übernimmt der Build-Prozess diesen Vorgang, schon bevor die Anwendung überhaupt ausgeliefert wurde. Der Angular-Compiler wird dabei über das Kommandozeilen-Tool *ngc* eingesetzt, das ein Wrapper des TypeScript-Compilers ist. Dadurch kommt es zu einer optimierten Variante der Anwendungsdateien, aus denen Webpack ein Bundle erstellt.

Im Browser entfällt nun dieser Teil: Die Applikation startet wesentlich schneller. Der Compiler muss nicht mehr mitgeliefert werden: Das verringert die Größe der externen Libraries. Template-Fehler werden schon beim Kompilieren entdeckt. Diese Methode hat jedoch auch andere Auswirkungen: Die fertige Dateigröße der Anwendung *app.js* ist im Normalfall höher als bei der JiT-Methode. Da der Angular-Compiler auf die AoT-Methode empfindlich reagiert, müssen Sie beim Erstellen der Anwendung auf ein paar Besonderheiten achten.

JiT wird normalerweise während der Entwicklung der Anwendung genutzt, da Änderungen im Code schneller am Browser ankommen. Erst bei der fertigen Auslieferung sollte auf AoT umgestellt werden. Dies ist aber nicht zwingend notwendig und vergleichbar mit anderen Optimierungen.

Kurz gesagt: JiT ist fexibler, AoT ist schneller.

Die bisherige Konfiguration nutzt die Just-in-Time-Methode, die über die Datei *main.ts* und das Modul *@angular/platform-browser-dynamic* konfiguriert ist.

Um ein AoT-Bundle zu erhalten, gibt es verschiedene Möglichkeiten. Die Angular CLI erstellt dieses Bundle über den Parameter *--aot*, den Sie zum Beispiel mit dem Befehl *ng build --aot* nutzen können. Das dahinterliegende Webpack-Plug-in inklusive Loader, das über das *npm*-Paket *@ngtools/webpack* erhältlich ist, können Sie auch in Projekten ohne Angular CLI einsetzen. Dadurch ist es möglich, den Angular-Compiler als Teil der Webpack-Konfiguration zu nutzen, wie Listing 18-28 zeigt:

Listing 18-28: AoT-Kompilierung über »@ngtools/webpack«

```
const {AotPlugin} = require('@ngtools/webpack');

customConfig = {
    plugins: [
        new AotPlugin({
            tsConfigPath: './tsconfig.aot.json',
            entryModule: 'src/app/app.module#AppModule'
        })
    ],
    module: {
        rules: [
            {
                test: /\.ts$/,
                use: '@ngtools/webpack'
            }
        ]
    }
};
```

Die letzte Möglichkeit ist, den Angular-Compiler direkt einzusetzen. Dabei müssen Sie in zwei Phasen vorgehen: Zuerst erstellen Sie über das Tool *ngc* die AoT-Variante der Applikationsdateien. Danach rufen Sie Webpack auf und verbinden die Applikationsdateien wie zuvor zu einer ausführbaren Anwendung.

Wenn Sie die AoT-Methode nicht über einen Loader integrieren, hat das den Vorteil, dass so auch andere Modul-Bundler wie *rollup.js* (*http://rollupjs.org/*) die zweite Phase übernehmen können. In den nächsten beiden Abschnitten gehen wir darauf ein.

In den kommenden Versionen von Angular wird sich die Methode zum Erstellen eines AoT-Bundles ändern, da durch das künftige Plug-in-Konzept des TypeScript-Compilers eine bessere Integration möglich ist. Sobald dies der Fall ist, finden Sie weitere Information dazu auf der Website zum Buch unter *www.angular-akademie.com*.

Wie zu Beginn erwähnt, ist der Angular-Compiler über *ngc* etwas empfindlicher. Tabelle 18-2 zeigt ein paar Dinge, die bei der Programmierung mit der AoT-Methode zu beachten sind.

Tabelle 18-2: Tipps zum Umgang mit der AoT-Methode

Nicht möglich	Alternative	Beschreibung
`form.controls.myControl` `control.errors.myError`	`form.get('myControl')` `form.control.hasError('myError')`	Da bei der Kompilierung Typsicherheit herrscht und eigene Elemente im Typ *Control* oder *Error* nicht existieren, kommt es zu einem Fehler.
`default export`		Das Export-Statement *default export* ist nicht möglich.

`@NgModule({`
`    imports: [`
`        TranslateModule.forRoot({`
`            useFactory: (http: Http) =>`
`{`
`                return …`
`            }`
`        })`
`    ]`
`})`
	`export function loader(http: Http) {`
	`    return …`
	`}`
	
	`@NgModule({`
	`    imports: [`
	`        TranslateModule.forRoot({`
	`            useFactory: (loader)`
	`        })`
	`    ]`
	`})`
		Es können keine Funktionen in Provider, Routen oder Deklarationen eingesetzt werden. Diese müssen exportiert und referenziert werden.

`@Input() private date: string;`	`@Input() date: string;`	Annotierte Attribute wie *@Input* oder *@Output* dürfen nicht *private* sein.

Phase 1: Den Angular-Compiler über ngc einrichten

Als Erstes werden zwei Angular-Module benötigt. Sollten diese noch nicht installiert sein, können Sie die Installation wie in Listing 18-29 vornehmen:

Listing 18-29: Installation des Angular-Compilers

```
npm install @angular/compiler-cli @angular/platform-server --save
```

Nun steht das Kommandozeilen-Tool *ngc* zur Verfügung. Dieses können Sie durch Angabe eines *npm*-Skripts aufrufen. In Listing 18-30 sind dafür zwei Skripte definiert. Über *npm run ngc* wird *ngc* mit der TypeScript-Konfiguration aus *tsconfig.aot.json* gestartet. Mit *npm run ngc:german* kompiliert das Tool die Applikation unter Verwendung der deutschen Übersetzung aus Kapitel 10.

Listing 18-30: Skripte für »ngc«

```
{
  "scripts": {
    "ngc": "ngc -p tsconfig.aot.json",
    "ngc:german": "ngc -p tsconfig.aot.json --i18nFile=src/locale/messages.de.xlf --
locale=de --i18nFormat=xlf"
  }
}
```

Wie in Listing 18-30 zu sehen ist, benötigt der Angular-Compiler eine eigene TypeScript-Konfiguration (Listing 18-31). Beachten Sie, dass hier ECMAScript-2015-Module als Ergebnis entstehen! Nur mit Modulen, die über *import* und *export* verbunden sind, kann Webpack eine Optimierung mittels Tree Shaking durchführen. Das Ergebnis der Kompilierung speichert *ngc* in den Ordner *out-tsc/aot*. Dazu haben wir *genDir* in den *angularCompilerOptions* angegeben. Der Parameter *skipMetadataEmit* sorgt dafür, dass unnötig generierte Metadaten wegfallen.

Listing 18-31: TypeScript-Konfiguration für die AoT-Kompilierung

```
{
    "compilerOptions": {
        "target": "es5",
        "module": "es2015",
        "outDir": "out-tsc",
        "moduleResolution": "node",
        "experimentalDecorators": true,
        "emitDecoratorMetadata": true,
        "baseUrl": "./",
        "lib": [
            "es2016",
            "dom"
        ]
    },
    "exclude": [
        "**/*.spec.ts",
        "src/main.aot.ts"
```

```
    ],
    "include": [
        "src"
    ],
    "angularCompilerOptions": {
        "genDir": "out-tsc/aot",
        "skipMetadataEmit": true
    }
}
```

Abbildung 18-5 zeigt das Ergebnis durch die Ausführung von *npm run ngc* oder *npm run ngc:german* in der Konsole. Im Ordner *out-tsc/aot* ist nun eine Variante der Anwendungsdateien generiert, die durch den Angular-Compiler optimiert wurden.

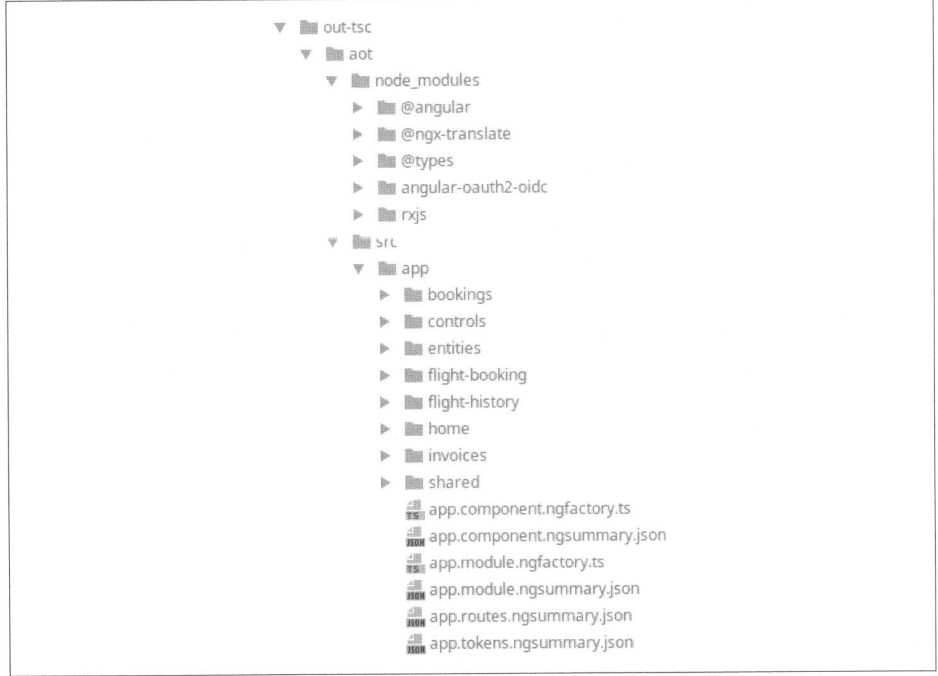

Abbildung 18-5: Ergebnis durch den Angular-Compiler

Phase 2: Mit Webpack ein Bundle generieren

Die erste Phase ist abgeschlossen. Die generierten Dateien müssen jetzt noch zu einem Bundle zusammengeführt werden. Dafür richten Sie als Erstes in der Datei *package.json* die Skripte aus Listing 18-32 ein. Diese sind so konfiguriert, dass zuerst das Skript *ngc* bzw. *ngc:german* aufgerufen wird. Nach dessen Fertigstellung startet durch *&&* Webpack. Der Befehl für Webpack enthält wiederum dem Parameter *env* zur Steuerung.

Listing 18-32: Skript zur Erstellung eines AoT-Bundles über Webpack

```
{
  "scripts": {
    "build:aot": "npm run ngc && webpack --env=aot --progress",
    "build:aot-german": "npm run ngc:german && webpack --env=aot-german --progress",
  }
}
```

Als Einstiegspunkt der Anwendung ist *main.ts* nicht mehr geeignet. Listing 18-33 zeigt die korrekte Konfiguration. Der Bootstrap und das Laden der Applikationsdateien erfolgen nun über *out-tsc/aot/src/app/*. Damit auch Angular Bescheid weiß, dass es sich um eine AoT-kompilierte Variante handelt, wird statt *platformBrowserDynamic* die Funktion *platformBrowser* für den Bootstrap verwendet. Im Beispielprojekt ist der Produktivmodus von Angular für AoT immer aktiv. Das kann jedoch wie zuvor für JiT in der *main.ts* über Webpack gesteuert werden.

Listing 18-33: Einstiegspunkt für Webpack: »main.aot.ts«

```
import { platformBrowser } from '@angular/platform-browser';
import { AppModuleNgFactory } from '../out-tsc/aot/src/app/app.module.ngfactory';
import { enableProdMode } from '@angular/core';

enableProdMode();

platformBrowser().bootstrapModuleFactory(AppModuleNgFactory);
```

Da nun ein neuer Einstiegspunkt für Webpack existiert, kann dieser mit der entsprechenden Konfiguration auch genutzt werden, um aus den neuen Dateien ein Bundle zu genieren. Wie Sie in Listing 18-34 sehen, kommt dafür ein neuer Switch-Case-Bereich hinzu. Da für die Werte *aot* und *aot-german* aus *--env* keine gesonderte Konfiguration definiert ist, verweisen beide auf dieselbe Konfiguration.

Wieder werden nur die Bereiche der Konfiguration angepasst, die von der Standardkonfiguration durch *commonConfig* abweichen. Die im letzten Abschnitt definierten Plug-ins in der Variablen *optimize* kommen auch hier zum Einsatz.

Als Erstes ändert sich der Einstiegspunkt. Da das Modul *@angular/platform browser-dynamic* hier keine Verwendung mehr findet, fällt es aus der *vendor*-Konfiguration heraus. Der Einstiegspunkt *app* verweist auf die neu erstellte Datei *main.aot.ts*.

Da der Loader *angular-router-loader* für die AoT-Methode wissen muss, wo sich die Dateien befinden, müssen Sie die Regel des Loaders entsprechend anpassen. Hier sehen Sie den Vorteil von webpack-merge.

Es erkennt die Regel anhand der Regex aus der *commonConfig* und erweitert den *angular-router-loader* lediglich um die Konfiguration *aot=true&genDir=out/aot*. Die anderen Loader dieser Regel, *awesome-typescript-loader* und *angular2-template-loader*, bleiben unberührt. Zum Schluss ist als Ausgabepfad */dist/build-aot* konfiguriert.

Ein Problem mit *webpack-merge* löst hier der Einsatz von *smartStrategy* anstelle von *smart*. Da im Konfigurationsbereich *entry* die Einträge für *vendor* nicht verschmolzen, sondern ersetzt werden müssen, wäre die Funktion *smart* hier falsch. Für den Rest passt es aber. Die Lösung bietet *smartStrategy*. Jetzt kann man für jeden Bereich festlegen, ob er anders behandelt werden soll.

Listing 18-34: Webpack-Konfiguration für das AoT-Bundle

```
module.exports = function (env) {
    const commonConfig = require('./webpack.common.config')(env);
    [...]
    switch (env) {
        case 'prod':
            [...]
        case 'dev':
            [...]
        case 'aot':
        case 'aot-german':
            customConfig = {
                plugins: optimize,
                entry: {
                    'vendor': ['./src/polyfills.ts', './src/vendor.ts'],
                    'app': './src/main.aot.ts'
                },
                module: {
                    rules: [{
                        test: /\.ts$/,
                        use: 'angular-router-loader?aot=true&genDir=out-tsc/aot'
                    }]
                },
                output: {
                    path: __dirname + '/dist/build-aot'
                }
            };
            break;
    }

    // return merge.smart(commonConfig, customConfig);
    return merge.smartStrategy(
        {
            entry: 'replace'
        }
    )(commonConfig, customConfig);
};
```

Mit dem Befehl *npm run build:aot* oder *npm run build:aot-german* wird somit das Bundle aus Abbildung 18-6 erzeugt.

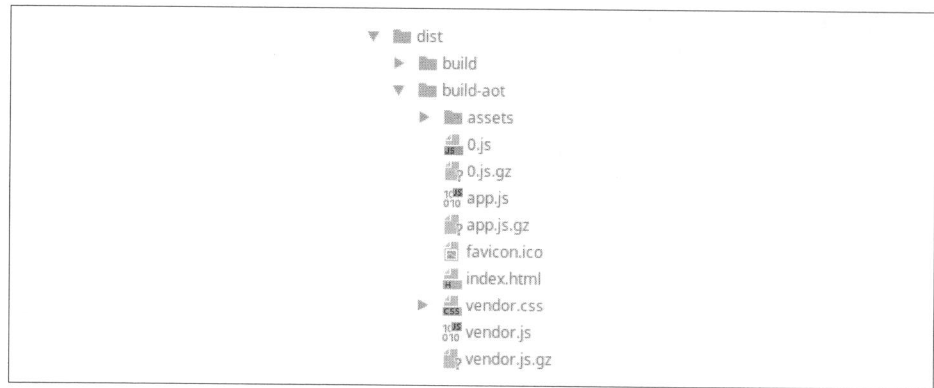

Abbildung 18-6: AoT-Bundle

In der Konsolenausgabe von Webpack (Abbildung 18-7) ist zu erkennen, dass im Gegensatz zur JiT-Methode die Datei *vendor.js* geschrumpft ist, die Dateien *app.js* und *0.js* jedoch zugelegt haben.

Asset	Size	Chunks			Chunk Names
vendor.js	934 kB	2	[emitted]	[big]	vendor
assets/glyphicons-halflings-regular.eot	20.1 kB		[emitted]		
assets/glyphicons-halflings-regular.ttf	45.4 kB		[emitted]		
assets/glyphicons-halflings-regular.woff	23.4 kB		[emitted]		
assets/glyphicons-halflings-regular.woff2	18 kB		[emitted]		
/assets/passengers.json	535 bytes		[emitted]		
0.js	148 kB	0	[emitted]		
app.js	187 kB	1	[emitted]		app
assets/glyphicons-halflings-regular.svg	109 kB		[emitted]		
vendor.css	146 kB	2	[emitted]		vendor
vendor.css.map	184 kB	2	[emitted]		vendor
0.js.gz	20 kB		[emitted]		
app.js.gz	24.7 kB		[emitted]		
vendor.js.gz	233 kB		[emitted]		
favicon.ico	5.43 kB		[emitted]		
index.html	362 bytes		[emitted]		

Abbildung 18-7: Konsolenausgabe des AoT-Bundles

Beim Vergleich der Ladezeiten über Chrome Timeline (Abbildung 18-8 und Abbildung 18-9) zeigt sich aber der wahre Vorteil dieser Methode.

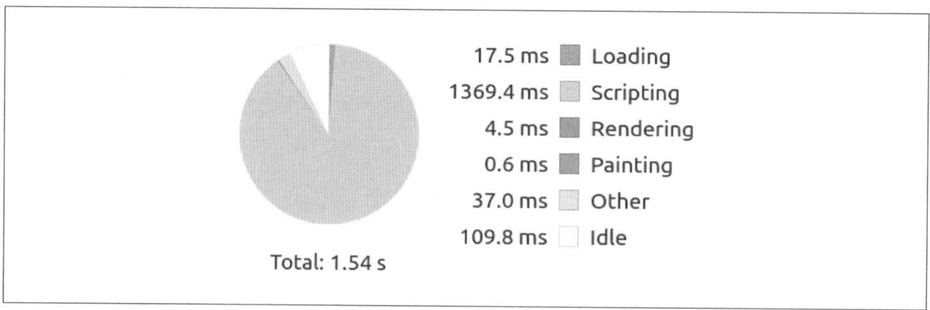

Abbildung 18-8: Ladezeit mit »npm run build:prod« (JiT)

Die Ladezeit, bis die Applikation gestartet ist, hat sich im Vergleich mit der JiT-Methode fast halbiert.

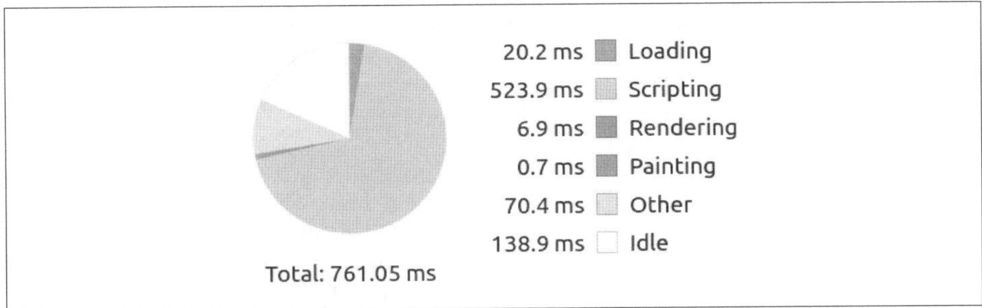

Abbildung 18-9: Ladezeit mit »npm run build:aot« oder »npm run build:aot-german« (AoT)

Sauberer Code mit TSLint

Mit dem Tool *TSLint* ist es möglich, den eigenen Code lesbar und sauber zu halten. Anhand von Regeldefinitionen analysiert TSLint den geschriebenen TypeScript-Code und weist bei einem Regelbruch den Entwickler darauf hin. So wird ein einheitliches Programmierbild geschaffen. Speziell dann, wenn mehrere Entwickler am selben Code arbeiten, kann die gemeinsame Basis dabei helfen, Zeit und Energie zu sparen.

Bei Entwicklungsumgebungen wie *WebStorm* oder *Visual Studio Code* existieren Integrationen für TSLint. Dadurch kann die IDE bereits während der Entwicklung Verletzungen des Regelwerks anzeigen.

Neben TSLint bietet Angular auch den sogenannten *Angular Language Service* an, der entweder als IDE-Plug-in oder über das *npm*-Paket *@angular/language-service* verfügbar ist. Damit erweitert sich die Hilfestellung der genutzten Entwicklungsumgebung zum Beispiel durch Autovervollständigung im HTML, AoT-Diagnose und Sprungmarker.

Installation und Konfiguration

Über die Angular CLI kommen TSLint und eine vordefinierte Regelkonfiguration bereits mit. Da TSLint als *npm*-Paket verfügbar ist, gestaltet sich die Installation außerhalb der CLI einfach, wie Listing 18-35 zeigt. Auch der Webpack-Loader *tslint-loader* wird hier gleich mitinstalliert, um bei Änderungen im Code sofort eine Rückmeldung zu erhalten.

Listing 18-35: Installation von TSLint inklusive »TSLint-Loader« für Webpack

```
npm install tslint tslint-loader --save-dev
```

Als Nächstes benötigt TSLint die Konfigurationsdatei *tslint.json*. Sie beinhaltet das Regelwerk, anhand dessen später der Code analysiert wird. Sollte die Datei nicht vorhanden sein, können Sie sie über den Befehl aus Listing 18-36 im Basisverzeichnis der Anwendung erzeugen. TSLint wird hier als Kommandozeilen-Tool aufgerufen.

Listing 18-36: Die Datei »tslint.json« erstellen

```
"./node_modules/.bin/tslint" --init
```

Die dadurch erzeugte JSON-Datei beinhaltet bereits einige Regeln. Wie in Listing 18-37 zu sehen ist, teilt sich dabei die Konfiguration in *jsRules* und *rules* auf. Der Bereich *rules* wird auf TypeScript-Dateien angewendet, der Bereich *jsRules* auf JavaScript-Dateien. Aus diesem Grund sind viele der darin definierten Regeln gleich bzw. doppelt vorhanden. Da im Beispielprojekt ausschließlich TypeScript-Dateien vorhanden sind, ist der Bereich *jsRules* daher gelöscht.

Im gezeigten Beispiel ist auch die Regeldefinition *semicolon* zu sehen. Durch sie prüft TSLint, ob sich am Ende eines Befehls ein Strichpunkt befindet – ein Klassiker im JavaScript-Umfeld.

Listing 18-37: Auszug aus der generierten Datei »tslint.json«

```
{
    "jsRules": {
        "semicolon": [
            "always"
        ],
        [...]
    },
    "rules": {
        "semicolon": [
            "always"
        ],
        [...]
    }
}
```

Die Auswahl an Regeln ist sehr groß. Welche Regeln genutzt werden, ist dabei Ihnen überlassen. Unter *https://palantir.github.io/tslint/rules/* finden Sie die Beschreibungen der einzelnen Regeln sowie die nötigen Informationen, um diese korrekt zu konfigurieren.

Da nun einige Basisregeln bzw. das Regelwerk der Angular CLI über die Konfigurationsdatei *tslint.json* definiert ist, kann die eigentliche Analyse gestartet werden. Wenn Sie die CLI verwenden, ist dies mit dem Befehl *ng lint* möglich. Direkt über das Kommandozeilen-Tool durch Angabe von TypeScript-Dateien (Listing 18-38) wäre eine weitere Option.

Listing 18-38: Analyse durch TSLint

```
"./node_modules/.bin/tslint" src/**/*.ts
```

Eine angenehme Lösung außerhalb der Angular CLI ist die Integration in den Entwicklungsprozess selbst. Dafür kommt der zuvor installierte *Webpack-Loader* zum Einsatz. Er kann im Bereich *rules* als Teil der Webpack-Modulkonfiguration definiert werden (Listing 18-39). Damit ist sichergestellt, dass der Entwickler sofort informiert wird, sollte eine Regel verletzt sein. Durch den Parameter *enforce* kann ein Reihenfolgenbereich bestimmt werden. Mögliche Werte sind hier *pre* oder *post*. Ohne Angabe wird im Hintergrund die Gruppe *normal* gesetzt. Bei der Ausführung von Webpack werden die Regeln in der Reihenfolge *pre*, *normal* und *post* ausgeführt. Durch den Wert *pre* wird so als Erstes TSLint ausgeführt, bevor die Dateien durch andere Loader wandern.

Listing 18-39: Konfiguration des Webpack-TSLint-Loaders

```
module: {
    rules: [
        {test: /\.ts$/, use: 'tslint-loader', enforce: 'pre'}
    ]
}
```

Im Seed-Beispielprojekt ist der Loader als Teil der Standardkonfiguration integriert, die wir im letzten Abschnitt gezeigt haben. Somit wird er beim Aufruf von *npm start* ausgeführt. Ein möglicher Fehler zeigt sich nun, z. B. bei Missachtung der Regel *semicolon* auf der Konsole, wie in Abbildung 18-10 zu sehen ist. Hier wurde offenbar in der Datei *app.component.ts* ein Strichpunkt am Ende eines Befehls in der Zeile 92 vergessen.

```
WARNING in ./src/app/app.component.ts
(Emitted value instead of an instance of Error) [92, 48]: Missing semicolon

 @ ./src/app/app.module.ts 7:0-47
 @ ./src/main.ts
 @ multi (webpack)-dev-server/client?http://localhost:4200 ./src/main.ts
```

Abbildung 18-10: Konsolenausgabe von TSLint über Webpack

Erweitertes Regelwerk durch Codelyzer

Wie im ersten Abschnitt des Kapitels besprochen, bietet Angular einen Style Guide an. Ein Teil dieser Vorschläge existiert als TSLint-Regelwerk unter dem Projektnamen *Codelyzer* (*http://codelyzer.com/*).

Um das Regelwerk nutzen zu können, müssen Sie das dafür nötige *npm*-Paket (Listing 18-40) installieren. Bei der Nutzung der Angular CLI ist dieses Paket bereits vorhanden.

Listing 18-40: Installation von Codelyzer

```
npm install codelyzer --save-dev
```

Über die TSLint-Konfigurationsdatei ist es – abgesehen von der eigentlichen Regeldefinition – nun noch möglich, über *rulesDirectory* die Auswahl der möglichen Regeln um externe Regeln zu erweitern. Es genügt die Angabe des *npm*-Pakets über *node_modules/codelyzer*, um auf diese Regeln zugreifen zu können. Listing 18-41 zeigt eine der dadurch gewonnenen Regeln. Mit ihr können Sie bestimmen, wie der Elementname einer Komponente aussehen muss. Es wird also verlangt, dass als Präfix immer der Wert *flight* steht. Danach muss, durch einen Bindestrich getrennt, der Name der Komponente folgen.

Alle Regeln, die durch Codelyzer verfügbar sind, können Sie unter *https://github.com/mgechev/codelyzer* einsehen. Sie sind ebenfalls in der Konfigurationsdatei *tslint.json* des Beispielprojekts enthalten.

Listing 18-41: Erweiterte Regeln durch Codelyzer

```
{
    "rulesDirectory": "node_modules/codelyzer",
    "rules": {
        "component-selector": [true, "element", "flight", "kebab-case"],
        […]
    }
}
```

Ab jetzt müssen Sie also alle Komponentenelemente über den Parameter *selector* nach dieser Regel definieren (Listing 18-42):

Listing 18-42Listing 42:Elementname nach Codelyzer-Regel

```
@Component({
    selector: 'flight-app',
})
```

Eine Änderung, zum Beispiel in *wrong-app*, würde die Warnung aus Abbildung 18-11 in der Konsolenausgabe erzeugen. Beachten Sie hier, dass nach der Fehlerbeschreibung noch ein weiterführender Link in den Style Guide von Angular angehängt ist. So können Sie nachlesen, welcher Bereich der Guideline damit abgedeckt ist und was genau dahintersteckt.

```
WARNING in ./src/app/app.component.ts
[7, 15]: The selector of the component "AppComponent" should have prefix "flight" (https://goo.gl/cix8BY)

 @ ./src/app/app.module.ts 11:22-48
 @ ./src/main.ts
 @ multi app
webpack: bundle is now VALID.
```

Abbildung 18-11: Konsolenausgabe von TSLint mit Codelyzer über Webpack

Debugging mit Augury

Für eine bessere Analyse von Angular-Anwendungen während der Entwicklung steht Ihnan das Chrome-Plug-in *Augury* zur Verfügung. Es visualisiert die Applikation durch verschiedene Ansichten und bietet unter anderem die Möglichkeit, Werte zu verändern, ohne dabei auf das HTML zugreifen zu müssen.

Um das Plug-in nutzen zu können, müssen Sie Chrome installieren und mit diesem Browser arbeiten. Die Installation selbst können Sie leicht über den Installations-Button durchführen, der auf der Seite *https://augury.angular.io/* verfügbar ist. Sobald das Plug-in im Browser vorhanden ist und Sie die Beispielanwendung geöffnet haben, können Sie die Developer Tools von Chrome mithilfe der Taste `F12` öffnen. Dort befindet sich nun ein neuer Tab *Augury*, wie in Abbildung 18-12 zu sehen ist.

Das Plug-in funktioniert nur im Development-Modus von Angular. Das bedeutet, durch den Aufruf der Funktion *enableProdMode* oder die Kompilierung mit der AoT-Methode (wie im vorigen Abschnitt gezeigt) ist das Plug-in nicht mehr in der Lage, die notwendigen Informationen zu sammeln, um die folgenden Ansichten bereitzustellen.

Das Plug-in unterteilt sich wiederum in zwei Ansichten: *Component Tree* und *Router Tree*. Der Tab *Router Tree* zeigt die in der Applikation definierten Routen als Baum an. Outlet-Routen, wie *FlightHistoryComponent*, werden dabei blau markiert, alle anderen sind in der Farbe Rot zu sehen.

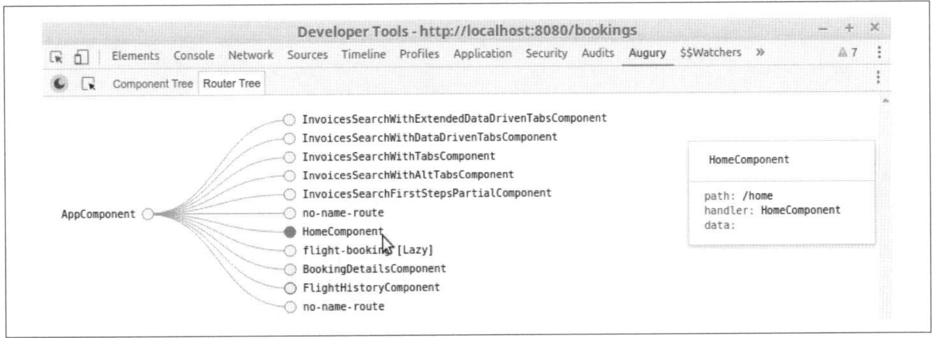

Abbildung 18-12: Die Ansicht »Router Tree«

Die wahre Stärke von Augury zeigt sich im Tab *Component Tree*. Abbildung 18-13 zeigt die Visualisierung der Seite *Flug buchen* der Beispielanwendung. Ähnlich dem Aufbau eines DOM-Baumes werden die Komponenten wie auch Elemente, die Angular-Eigenschaften halten, angezeigt. Dadurch haben Sie auf einen Blick die Übersicht über alle Angular-relevanten Elemente und deren Zugehörigkeit. Der rechte Bereich zeigt detaillierte Informationen über das zuvor links ausgewählte Element. Dort ist auch der Zugriff auf dahinterliegende Services möglich. Sollten in der Applikation Werte geändert werden, erscheinen diese auch sofort hier.

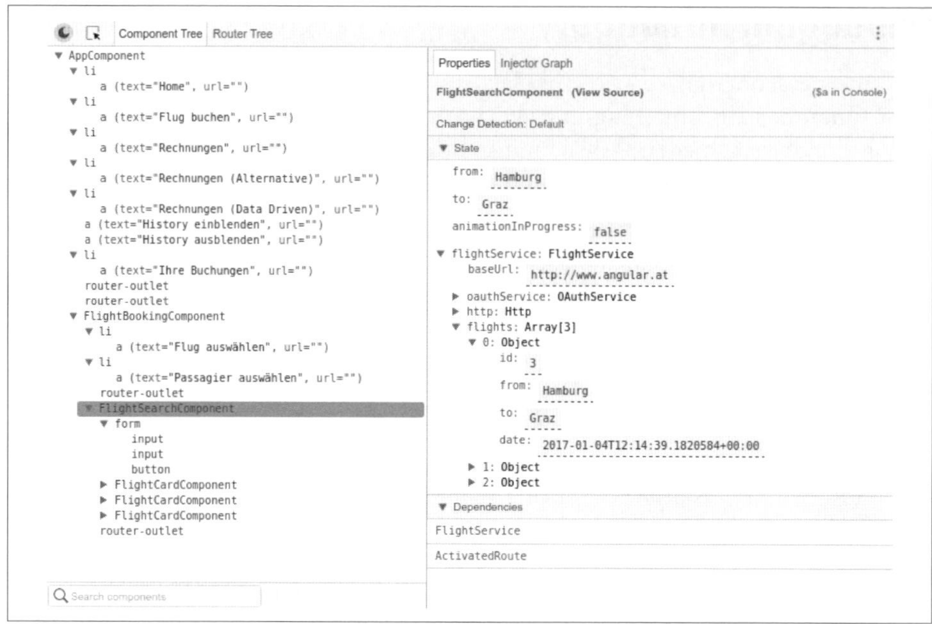

Abbildung 18-13: Die Ansicht »Component Tree«

Werte, die blau hinterlegt sind, können auch direkt in Augury geändert werden. Angular reagiert darauf wie auf eine echte Eingabe, was Abbildung 18-14 verdeutlicht. Wenn Sie z. B. im Attribut *from* den Ort *Hamburg* gegen *Berlin* austauschen, wird die dahinterliegende Logik von Angular ausgelöst und die Validierung schlägt an.

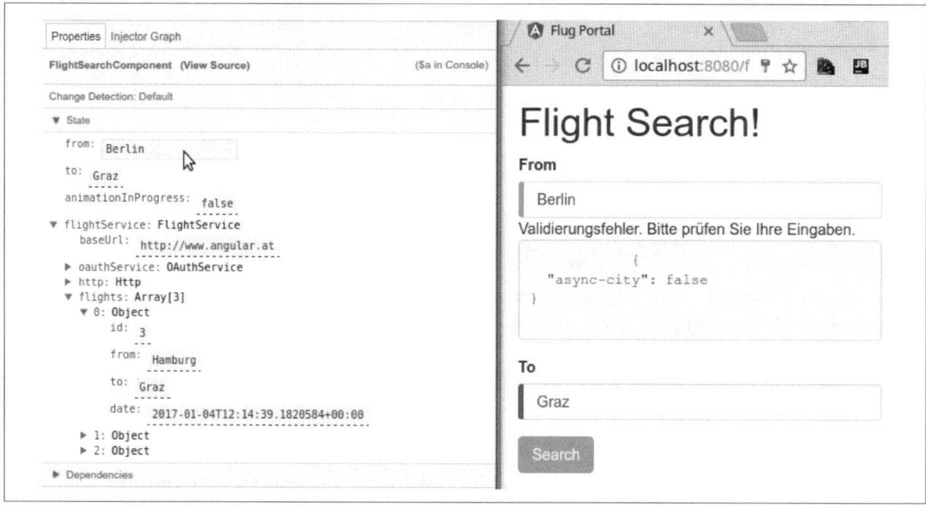

Abbildung 18-14: Änderung von Werten über Augury

Durch diese Übersicht sowie die Möglichkeit, direkt Werte auch in Services zu ändern, können Sie auch komplexe Szenarien schnell im Browser analysieren und testen.

Der Tab *Injector Graph* (Abbildung 18-15) bietet eine weitere Ansicht, um das Zusammenspiel in Angular besser zu verstehen. Durch Auswahl eines Elements auf der linken Seite zeigt er Ihnen, wie – ausgehend vom Bootstrap der Anwendung – Angular das Element erhält. Im Beispiel ist so zu erkennen, dass die ausgewählte *FlightSearchComponent* von *FlightBookingComponent* und diese wiederum von *AppComponent* zur Verfügung gestellt wird. Rot markiert sind dabei die Services der jeweiligen Komponenten.

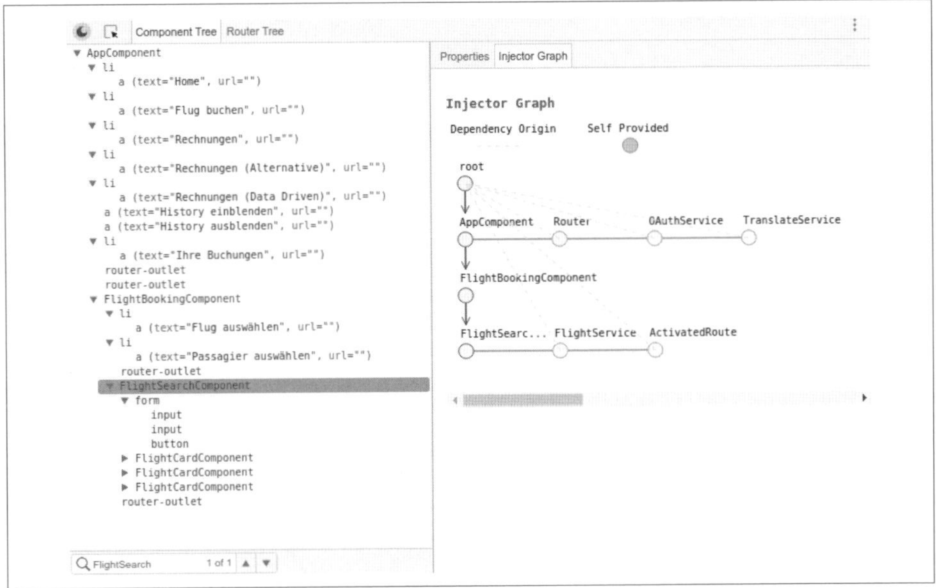

Abbildung 18-15: Die Ansicht »Injector Graph«

Zusammenfassung

Mit *Webpack* erhalten Sie ein mächtiges Werkzeug, das nicht nur die Möglichkeit bietet, aus den Einzelteilen der Anwendung ein gesamtes Bundle zu erstellen, sondern das auch einen Webserver bereitstellt, damit Sie effektiv arbeiten können. Durch Optimierungs-Plug-ins von Webpack in Kombination mit der AoT-Kompilierungsmethode, die der Angular-Compiler liefert, ist es möglich, kleine sowie stark optimierte Applikationspakete auszuliefern. Auch die Angular CLI selbst nutzt Webpack im Hintergrund, um ein Bundle ausliefern zu können.

Über das Tool *TSLint* ist es durch Regeldefinitionen möglich, die eigene Entwicklung zu überwachen bzw. sauber zu halten. Der geschriebene Code bleibt auf diese Weise lesbar, wodurch auch andere Entwickler es leichter haben, sich zurechtzufinden. In Kombination mit dem Regelwerk *Codelyzer* kann auch der Style Guide von Angular so besser eingehalten werden.

Das Chrome-Plug-in *Augury* ist als Unterstützung im Entwicklungsprozess sehr hilfreich. Es bietet neben verschiedenen Visualisierungsarten der Anwendung auch die Möglichkeit, Werte direkt in Komponenten sowie in Services zur Laufzeit zu ändern.

KAPITEL 19

Serverseitiges Rendering

Auch wenn Single Page Applications ein äußerst beliebter Architekturansatz sind, bringen sie nicht nur Vorteile mit sich. Ein Nachteil ist, dass sie in puncto Startperformance nicht mit klassischen Websites mithalten können. Der Grund dafür ist, dass nach dem Herunterladen der ersten Seite noch keine Informationen präsentiert werden. Diese müssen erst via JavaScript gerendert werden, und die dazu benötigten Daten werden in der Regel über weitere HTTP-Zugriffe geladen.

Mit dem serverseitigen Vorrendern der ersten Seite lässt sich dieser Nachteil umgehen. Dies ist vor allem bei Consumer-Apps wichtig, wo Messungen zufolge jeder Sekundenbruchteil zählt, um die Absprungrate zu verbessern. Außerdem hilft serverseitiges Rendering bei der Suchmaschinenoptimierung: Zwar können Suchmaschinen immer besser mit Single Page Applications umgehen, aber mit serverseitig gerenderten Inhalten haben sie doch einige Jahre mehr Erfahrung.

Seit seinen ersten Tagen unterstützt Angular serverseitiges Rendering. Für Version 2 stand das Community-Projekt *Angular Universal* zur Verfügung. Da das Produkt-Team dieses Thema als strategisch wichtig definiert hat, beinhaltet Angular ab Version 4 eine refaktorierte Version. In diesem Kapitel gehen wir auf sie ein.

Serverseitiges Rendering implementieren

Beim Einsatz von serverseitigem Rendering müssen Sie sowohl für die Server- als auch für die Clientseite ein Root-Module bereitstellen. Außerdem muss die serverseitige Logik zum Vorrendern und Ausliefern der Seite implementiert werden. Dieser Abschnitt geht darauf ein.

Benötigte Pakete

Die hier gezeigte Lösung verwendet zum Vorrendern am Server *NodeJS* sowie das darauf aufbauende *Express*-Framework. Die Unterstützung für serverseitiges Rendering finden Sie im Paket *@angular/platform-server*:

```
npm i @angular/platform-server@4.0.0-rc.2 --save
npm i express --save
npm i @types/express --save-dev
```

Vom Paket *@angular/platform-server* sollten Sie dieselbe Version einsetzen, in der auch die anderen Angular-Pakete vorliegen.

Das Root-Module für das serverseitige Rendering

Für die Serverseite benötigt die Anwendung ein eigenes Root-Module, das das von *@angular/platform-server* gebotene *ServerModule* importiert. Um Redundanzen zu vermeiden, importiert dieses *AppServerModule* das eigentliche, clientseitige *AppModule*:

Listing 19-1: Serverseitiges Root-Module

```
// app.server.module.ts

import { NgModule } from '@angular/core';
import { ServerModule } from '@angular/platform-server';
import { AppModule } from './app.module';
import { AppComponent } from './app.component';

@NgModule({
  imports: [
      ServerModule,
      AppModule
  ],
  bootstrap: [
      AppComponent
  ],
  providers: [ ]
})
export class AppServerModule {}
```

Das Root-Module für den clientseitigen Betrieb

Da sich die Anwendung nach dem Laden der vorgerenderten Seite clientseitig aktiviert, um den Komfort von Single Page Applications zu bieten, kommt auch ein clientseitiges Root-Module zum Einsatz. Dieses importiert das *BrowserModule* mit der statischen Methode *withServerTransition* (Listing 19-2). Dabei erhält die Anwendung eine ID. Dieser frei zu vergebende String ist notwendig, da eine Website theoretisch mehrere Angular-Anwendungen beherbergen kann.

Listing 19-2: Clientseitiges Root-Module

```
// app.module.ts

@NgModule({
    imports: [
        BrowserModule.withServerTransition({
            appId: 'demo-app'
        }),
```

```
        HttpModule,
        FormsModule,
        [...]
    ],
    [...]
})
export class AppModule {
}
```

Die Express-Engine für Angular

Das NodeJS-basierte Framework *Express* nutzt sogenannte Engines zum Rendern von Dateien. Für das Vorrendern einer Angular-Anwendung müssen Sie eine eigene solche Engine bereitstellen. Wie Listing 19-3 zeigt, ist das jedoch nicht so kompliziert, wie es sich anhört. Im Wesentlichen brauchen Sie nur eine Funktion mit der folgenden Signatur:

```
function render(filePath, options, callback) { … }
```

Das Argument *filePath* repräsentiert die vom Browser angeforderte Datei, und *options* bietet zusätzliche Optionen, die es beim Rendern zu berücksichtigen gilt. Sobald die Funktion das Rendern erledigt hat, ruft sie per Definition den an den dritten Parameter übergebenen Callback auf. Dieser erhält das Ergebnis des Vorrenderns als String.

Listing 19-3 implementiert solch eine Engine. Um die Erzeugung dieser Engine kümmert sich die Factory-Funktion *ngExpressEngine*. Sie nimmt ein Optionsobjekt entgegen und liefert die Rendering-Funktion zurück. Diese Funktion lädt die angeforderte Datei und verstaut sie in einem Hash, um sie zu cachen.

Listing 19-3: Express-Engine für Angular

```
// express-engine.ts
// Taken from https://github.com/robwormald/ng-universal-demo/

import { renderModule } from '@angular/platform-server';

import * as fs from 'fs';
import * as path from 'path';

const templateCache  = {};

export function ngExpressEngine(setupOptions){

    return function(filePath, options, callback){
        if(!templateCache[filePath]){
            let file = fs.readFileSync(filePath);
            templateCache[filePath] = file.toString();
        }
        renderModule(setupOptions.rootModule, {
            document: templateCache[filePath],
            url: options.req.url
        })
        .then(string => {
```

```
            callback(null, string);
        });
    }
}
```

Das Kernstück der hier betrachteten Lösung ist die Funktion *renderModule* aus dem Paket *@angular/platform-server*. Sie nimmt das serverseitige Root-Module sowie den Inhalt der vom Client angeforderten Datei entgegen. Außerdem erwartet sie in der übergebenen Eigenschaft *url* die angeforderte URL. Als Ergebnis liefert sie ein Promise, das die vorgerenderte Seite als String erhält. Diesen String übergibt die gezeigte Lösung an den Callback der Engine.

Neben *renderModule* bietet Angular auch eine Funktion *renderModuleFactory*. Diese Funktion arbeitet mit der AoT-Kompilierung zusammen, die wir in Kapitel 18 beschrieben haben, indem sie anstelle des Moduls die vom Angular-Compiler aus dem Modul generierte *ModuleFactory* verwendet.

Den Express-Server implementieren

Der auf NodeJS basierende *Express*-Server ist sehr geradlinig implementiert: Er registriert die Express-Engine für Angular für Dateien mit der Endung *html* (Listing 19-4). Die Funktion *ngExpressEngine* aus Listing 19-3 erzeugt diese Engine und bekommt dazu das serverseitige Root-Module übergeben.

Die betrachtete Lösung richtet außerdem serverseitige Routen ein, die die möglichen Teile der Anwendung vorrendern. Daneben stellt *express.static* sicher, dass auch statische Dateien ausgeliefert werden können. Dabei handelt es sich zum Beispiel um die Bundles, die für den clientseitigen Betrieb der Angular-Anwendung benötigt werden, aber auch um Bilder und CSS-Dateien. Die Methode *app.listen* startet den Server auf Port 8000.

Listing 19-4: Express-Server für Angular

```
// main.server.ts

import 'zone.js/dist/zone-node';
import { platformServer, renderModuleFactory } from '@angular/platform-server';
import { enableProdMode } from '@angular/core';
import { AppServerModule } from './app/app.server.module';
import * as express from 'express';
import {ngExpressEngine} from './express-engine';

enableProdMode();

const app = express();

app.engine('html', ngExpressEngine({
    baseUrl: 'http://localhost:8000',
    bootstrap: AppServerModule,
}));
```

```
app.set('view engine', 'html');
app.set('views', '.')

app.get('/', (req, res) => {
   res.render('index', {req});
});

app.get('/home*', (req, res) => {
   res.render('index', {req});
});

app.get('/flight-booking*', (req, res) => {
   res.render('index', {req});
});

app.get('/passenger*', (req, res) => {
   res.render('index', {req});
});

app.get('/history*', (req, res) => {
   res.render('index', {req});
});

app.use(express.static('.'));

app.listen(8000,() => {
   console.log('listening...');
});
```

Build und Start

Nach dem Bereitstellen der nötigen serverseitigen Logiken müssen Sie die Anwendung für den Betrieb auf der Serverseite bauen. Dieser Abschnitt geht darauf ein und zeigt, wie Sie die Lösung danach testen.

Webpack-Konfiguration

Als dieser Text geschrieben wurde, war eine direkte Unterstützung durch die CLI zwar geplant, aber noch nicht implementiert. Deswegen verwendet die hier gezeigte Lösung Webpack. Als Einstiegspunkt dient die in Listing 19-4 gezeigte Datei *main.server.ts*. Da sie Bundles für die Ausführung mit NodeJS generiert, müssen Sie das Build-Ziel (*target*) *node* festlegen (Listing 19-5):

Listing 19-5: Webpack-Konfiguration für serverseitiges Rendering

```
[...]
target: 'node',
[...]
"entry": {
  "main": [
    "./src/main.server.ts"
  ]
},
```

Wichtig ist auch, dass für die serverseitigen Bundles eigene Dateinamen vergeben werden. Das verhindert, dass Webpack clientseitige Bundles mit serverseitigen Bundles überschreibt (Listing 19-6):

Listing 19-6: Namen für serverseitige Bundles

```
"output": {
  "path": path.join(process.cwd(), "dist"),
  "filename": "[name].server.bundle.js",
  "chunkFilename": "[id].server.chunk.js"
},
```

Neben serverseitigen Bundles müssen Sie auch auf die gewohnte Art und Weise clientseitige Bundles generieren. Damit wird sichergestellt, dass Angular nach dem Laden der vorgerenderten Seite auch clientseitig laufen kann.

Die vollständige Webpack-Konfiguration finden Sie im Beispiel zum Buch unter *www.angular-akademie.com*.

Start des Servers

Nach dem Erstellen der Bundles können Sie den Express-Server im Ordner *dist* starten:

```
cd dist
node main.server.bundle.js
```

Dieser stellt die Anwendung unter *http://localhost:8000* zur Verfügung. Um das serverseitige Rendering nachzuvollziehen, können Sie temporär in den Developer-Tools des Browsers JavaScript deaktivieren. Die Anwendung sollte trotzdem angezeigt werden, und sogar die Links sollten funktionieren. Formulare können hingegen nicht verwendet werden.

Beim Einsatz des Vorrenderns (Prerendering) ergibt sich das sogenannte *Uncanny Valley*. Damit ist die Zeitspanne zwischen dem Eintreffen der vorgerenderten Seite am Client und der Aktivierung der clientseitigen Version der Anwendung gemeint. In dieser Zeitspanne hat der Benutzer das Gefühl, mit der Anwendung interagieren zu können. Da Angular im Browser jedoch noch nicht gestartet ist, reagiert die Anwendung nicht auf die Eingaben des Benutzers.

Eine Möglichkeit, damit umzugehen, ist der Einsatz von Bibliotheken wie *Preboot*. Diese Lösungen zeichnen Benutzerinteraktionen auf und spielen sie erneut ab, wenn der clientseitige Teil aktiviert wurde. Alternativ dazu bieten sich anwendungsspezifische Lösungen an, bei denen nach und nach bestimmte Teile der Seite freigeschaltet werden.

Zusammenfassung

Dank serverseitigem Rendering dringt Angular auch in die Welt der öffentlichen Websites vor. Es verbessert die Antwortzeit und verringert somit Absprungraten. Außerdem unterstützt es bei der Suchmaschinenoptimierung. Das Herzstück der Mechanismen für serverseitiges Rendering, die ab Version 4 in Angular inkludiert sind, sind Methoden, die das Root-Module der Anwendung entgegennehmen und die vorgerenderte Seite in Form eines Strings über ein Promise zurückliefern. Um serverseitiges Rendering zu realisieren, sind diese Methoden lediglich in einem NodeJS-basierten Server aufzurufen. Dieser Server kann daraufhin den erhaltenen String als Antwort zum Aufrufer zurücksenden.

Index

G

H

I

J

K

L

S

T

U

V

W

X

Z

Über die Autoren

Manfred Steyer

Manfred Steyer (GDE) ist Trainer und Berater mit dem Schwerpunkt Angular. Er betreut Firmen im gesamten deutschen Sprachraum und hat Bücher bei O'Reilly, Microsoft Press und Hanser veröffentlicht. Er schreibt für Heise Online, windows.developer und das Java Magazin und gibt sein Wissen regelmäßig auf Konferenzen weiter. Früher war Manfred Steyer mehrere Jahre zunächst als Teamleiter im Bereich der Software-Entwicklung tätig. Danach hat er sich einige Zeit als FH-Professor um die Koordination und Durchführung von Lehrveranstaltungen im Umfeld der Softwareentwicklung gekümmert. Für seine Aktivitäten wurde er von Google als Developer Expert (GDE) und von Microsoft mit dem MVP-Award ausgezeichnet.

Seinen Blog finden Sie unter *www.softwarearchitekt.at*.

Daniel Schwab

Daniel Schwab arbeitet bei BearingPoint (*bearingpoint.com*) als Frontend-Architekt. Dort beschäftigt er sich mit der Konzeption und Entwicklung von webbasierten Anwendungen sowie mit deren Integration im Enterprise-Umfeld. Daneben schreibt er Artikel für das Java Magazin und Heise Online. Zuvor arbeitete Daniel intensiv mit Content-Management-Systemen wie TYPO3 und OpenText und betreute Firmen als selbständiger Berater für IT-Solutions im Bereich Netzwerk- und Softwarearchitektur. Seine berufliche Laufbahn begann Daniel Schwab in der Autoindustrie als Entwickler für Software zur Crashtest-Datenauswertung.

Kolophon

Das Tier auf dem Cover von »Angular« ist ein Ai oder Weißkehl-Faultier (Bradypus tridactylus), das zur Familie der Dreizehen-Faultiere gehört. Die meiste Zeit des Tages – bis zu zwanzig Stunden – verbringen die zu den Säugetieren gehörenden Faultiere schlafend in den Baumkronen des tropischen Regenwalds. Dabei suchen sie sich Astverzweigungen und schmiegen sich mit dem Körper eng an den Baumstamm an, den Kopf auf die Brust geneigt. Nur wenige Stunden werden sie wach und klettern in ungeheurer Langsamkeit von Ast zu Ast auf der Suche nach Blättern, die sie entweder mit dem Maul abrupfen oder mit ihren langen gebogenen Krallen aufspießen. Auf dem Waldboden trifft man sie nur an, wenn sie von einem Baum zum nächsten wechseln.

Faultiere haben einen affenartigen runden, gedrungenen Körper mit langen Armen, einem langen Hals und einem kleinen runden Kopf. Das Gesicht ziert eine gelbe Zeichnung mit schwarzen Augenstreifen. Grau-braunes Fell bedeckt den gesamten Körper, das aus einem dichten Unterfell und langen struppigen Oberhaaren besteht. Der Scheitel der Haare sitzt auf dem Bauch, um das Regenwasser besser abzuleiten. In den teilweise gebrochenen Oberhaaren siedeln sich Grünalgen an. Bei bestimmtem Lichteinfall schimmert das Fell der Faultiere dadurch beinahe grünlich, was ihnen als Tarnung nutzt. Außerdem leben Motten, Käfer und Zecken in den dichten Haarbüscheln der Tiere und gehen eine regelrechte Symbiose miteinander ein: Die Motten geben Stickstoff an die Algen ab, die wiederum als Zusatznahrung von den Faultieren aufgenommen werden.

Faultiere leben einzelgängerisch und kommen nur zur Paarung zusammen. Das Weibchen bringt nach einem halben Jahr ein Junges zur Welt, das sie fünf Monate lang auf dem Rücken oder Bauch mit sich herumträgt. Natürliche Feinde sind der Jaguar, Anakondas und Greifvögel wie die Harpyie.

Faultiere leben im Nordosten Südamerikas von Venezuela bis Brasilien, im sogenannten Hochland von Guayana. Die dortigen Populationen sind stabil und die Tiere werden in ihrem Bestand als nicht gefährdet eingestuft. Die größte Gefahr geht von menschlichen Besiedlungen aus. Durch Autounfälle kommen viele Tiere ums Leben.

Rezensieren & gewinnen!

Besprechen Sie dieses Buch und helfen Sie uns und unseren Autoren, noch besser zu werden.

Als **Dankeschön** verlosen wir jeden Monat unter allen neuen Einreichungen fünf O'Reilly-Bücher. Mit etwas Glück sind dann auch Sie mit Ihrem Wunschtitel dabei.

Wir freuen uns über eine **aussagekräftige Rezension**, aus der hervorgeht, was Sie an diesem Buch gut finden, aber auch was sich verbessern lässt. Dabei ist es egal, ob Sie den Titel auf Amazon, in Ihrem Blog oder bei YouTube besprechen.

Schicken Sie uns einfach den Link zu Ihrer Besprechung und vergessen Sie nicht, Ihren Wunschtitel anzugeben:

www.oreilly.de/besprechungen oder **besprechung@oreilly.de**

dpunkt.verlag GmbH

Wieblinger Weg 17
69123 Heidelberg

fon: 0 62 21/14 83-0
fax: 0 62 21/14 83-99